三訂版
商業登記申請MEMO

青山 修 著

新日本法規

三訂版にあたって

　本書は平成14年10月に初版を発行して以来、多くの方からご好評をいただき、平成19年5月に新版、平成21年8月に補訂新版と、版を重ねて参りました。

　昨年は会社法の改正法が成立し、平成27年5月1日から施行されています。今回の改正は、法制審議会会社法制部会での2年半にわたる審議を経て立案されたものであり、平成17年に会社法が制定されて以来、初めてとなる大きな改正です。改正法では、企業統治の在り方や親子会社の規律、組織再編の規律などについて、多くの項目が見直されています。

　そこで三訂版では、改正会社法に対応した解説の見直しを全面的に行い、新しい設問も多数追加しました。また、取締役等就任者の本人確認証明書の添付等に関する商業登記規則の改正も織り込んでいます。

　本書が旧版以上にご愛読いただき、登記実務に従事される方々のお役に立ち、疑問の解決に活用していただければ幸いです。

　平成27年8月

青　山　　　修

新版に際して

　本書は平成14年10月に初版を発行しましたが、以後、多くの方々にご利用をいただき版を重ねることができました。その間、商法は何度も改正され、その集大成である「会社法」が平成17年法律86号として公布され、平成18年5月1日から施行されています。

　会社法は、従来の商法（会社法編）、有限会社法、商法特例法が1つの法典として統合されたもので、①有限会社制度の廃止、②最低資本金制度の撤廃、③種類株式・新株予約権制度の拡充、④機関設計の柔軟化、⑤会計参与制度の創設、⑥剰余金分配規制の緩和、⑦組織再編行為の自由化、⑧合同会社制度の創設がなされるなど、抜本的な改正が行われました。

　一方、商業登記法についても、平成17年3月にオンライン申請を前提とした改正がなされ、さらに会社法の施行に伴って大幅な改正が行われました。

　そこで、これらに対応すべく、本書を全面的に改訂することとなりました。

　改訂に際しては、旧版と同様に、株式会社と特例有限会社について取り上げ、体系および内容については、会社法に対応して全面的に再検討・見直しを行いました。

　会社法が施行されてほぼ1年が経ちますが、実務を行う者にとっては、会社法の内容を理解し、さらにその会社法に対応した登記実務を適正かつ迅速に行うことは必ずしも容易なことではないと思われます。

　本書は、商業登記を行う上で必要となる会社法の内容と登記申請における疑問点について、即座に回答が得られることを意図して編集しました。

　なお、実務上の具体的な個々の疑問については法務当局から随時回答がされていますが、本書では、これらの個別事案の引用は掲載しておりません。

　本書が、旧版以上にご愛読いただき、登記実務に従事される方々のお役に立てれば幸いです。

　　平成19年5月

　　　　　　　　　　　　　　　　　　　　　　　　　　青　山　　修

補訂新版にあたって

　本書は、会社法の施行を機に、平成19年5月に新版を発行しましたが、以後、好評を得て版を重ねることができました。

　今回、「会社法施行規則、会社計算規則等の一部を改正する省令」（平成21年3月27日法務省令第7号）により、株式に係る規律の改正など所要の改正が行われたこと、その他に上場会社の株券電子化についても触れる必要性が出てきたことから、これらの内容を踏まえて補訂をしました。

　平成21年8月

　　　　　　　　　　　　　　　　　　　　　　　　　青　山　　修

はしがき

　本書は、商業登記にかかる実務で生じるさまざまな「疑問」と、その「回答」および「根拠」を簡潔明瞭に掲げたものです。

　登記手続においては、関係法令はもちろんですが、これまでに蓄積された膨大な数にのぼる先判例や実務慣行の取扱いについても十分に理解しなければなりません。

　しかしながら、これらのすべてを掌握するのは容易なことではなく、しかも、昨今の会社法制のたび重なる改正により商業登記手続は一層わかりにくくなっており、事案の処理に当たって疑問が生じることも少なくないと思われます。また、登記申請を早急に求められたり、事案の処理や疑問点の解決につき結論を急ぐような場面に出くわすこともあると思われます。

　そこで、本書は、調べたいことや知りたいことが素早く容易に確認できるように、「疑問」と「回答」を要領よくまとめるとともに、表組形式による編集方法、図表化やカラー化などの工夫を試みました。また、根拠となる法令や先判例、文献等をていねいに明示し、実務的なコメントや補足説明を「memo.」として随所に掲げることで、より理解を深めていただけるように配慮をしています。

　なお、本書では、わが国に存在する会社のほとんどを占めている株式会社および有限会社について取り上げ、日常業務で現れる頻度の高い事案はほぼ掲載することができたと考えておりますが、今後機会があればさらに内容の充実を図りたいと思います。

　本書が、ご利用いただく方々の執務の一助となれば幸いです。

　平成14年10月

青　山　　修

凡　例

＜本書の意図＞
　本書は、株式会社と特例有限会社の商業登記の実務における疑義につき、膨大な数の先例や参考書籍を検索することなく、即座に回答を得ることができるよう、Q＆A方式で簡潔明瞭に解説し、関係者の利用の便に供しようとするものです。

＜本書の特長＞
(1)　株式会社を「ＢＬＵＥ」、特例有限会社を「ＹＥＬＬＯＷ」で色分けし、株式会社は13項目、特例有限会社は1項目の分類の下に、全体で456問のＱ＆Ａを配置しました。
(2)　解説中、重要な箇所は「memo.」として詳しく解説し、図表中、ポイントとなる箇所には色付けしました。
(3)　質問項目を見開きで左右に配置し、質問の検索がしやすいようにしました。

＜法令等の略称＞
　本文中で使用した法令等の略称は次のとおりです。
①　法　令（〔　〕は、解説本文中で使用した法令の略称）

会計規	会社計算規則	旧非訟	平成17年7月26日法律87号による改正前非訟事件手続法
会　社	会社法		
会社規	会社法施行規則	旧有限	（旧）有限会社法
会社更生	会社更生法	銀　行	銀行法
会社令	会社法施行令	経過措置政令	会社法の施行に伴う関係法律の整備等に関する法律の施行に伴う経過措置を定める政令
企業開示	企業内容等の開示に関する内閣府令		
企業担保	企業担保法	商　登	商業登記法
旧商特	（旧）株式会社の監査等に関する商法の特例に関する法律〔旧商法特例法〕	商登規	商業登記規則
		金　商	金融商品取引法
旧　商	平成17年7月26日法律87号による改正前商法	信託業	信託業法

整　備	会社法の施行に伴う関係法律の整備等に関する法律〔整備法〕	保　険	保険業法
		破　産	破産法
鉄　道	鉄道事業法	分割労働承継	会社分割に伴う労働契約の承継等に関する法律
電　気	電気事業法		
登　税	登録免許税法	民	民法
独　禁	私的独占の禁止及び公正取引の確保に関する法律	民事再生	民事再生法

（略記法）

　会社911③十三＝会社法第911条第3項第13号を指す。

② 　先　例

（略記法）

　昭33・3・18民甲572＝昭和33年3月18日民事甲第572号・法務省民事局長回答を指す。

　平18商業登記記録例＝平成18年4月26日法務省民商第1110号を指す。

　平27商業登記記録例＝平成27年2月6日法務省民商第14号を指す。

③ 　判　例

（略記法）

　最判昭60・12・20民集39・8・1869＝最高裁判所昭和60年12月20日判決、最高裁判所民事判例集39巻8号1869頁を指す。

④ 　その他

　会社＝株式会社

　株式譲渡制限会社＝公開会社でない株式会社

　旧株式会社＝旧商法の規定による株式会社であって整備法の施行の際現に存するものをいう（整備47参照）。

　新株式会社＝旧株式会社であって整備法施行日以後は、会社法の規定による株式会社として存続するものをいう（整備66②参照）。

　平成26年改正会社法＝会社法の一部を改正する法律（平成26年法律90号）の施行後の会社法をいう。

○株主の氏名又は名称、住所及び議決権数等を証する書面（株主リスト）について

1 平成28年6月23日法務省民商第98号法務省民事局長通達

　商業登記規則の改正（平成28年10月1日施行）により、以下に該当する株式会社の登記の申請には、「株主の氏名又は名称、住所及び議決権数等を証する書面」（以下本書において「株主リスト」という場合がある）を添付しなければならないとされた（商登規61②③）。

(1) 登記すべき事項につき株主または種類株主全員の同意を要する場合（商登規61②関係）

　（ア）　株主全員の同意を要する場合

　　　登記すべき事項につき株主全員の同意を要する場合には、申請書に、株主全員につき次に掲げる事項を証する書面を添付しなければならない（商登規61②一）。

　　　①　氏名または名称
　　　②　住所
　　　③　各株主が有する株式の数（種類株式発行会社にあっては、株式の種類および種類ごとの数を含む）
　　　④　議決権の数

　（イ）　種類株主全員の同意を要する場合

　　　登記すべき事項につき種類株主全員の同意を要する場合には、当該種類株主全員につき次に掲げる事項を証する書面を添付しなければならないとされた（商登規61②二）。

　　　①　氏名または名称
　　　②　住所
　　　③　当該種類株主が有する当該種類の株式の数
　　　④　当該種類の株式に係る議決権の数

(2) 登記すべき事項につき株主総会または種類株主総会の決議を要する場合（商登規61③関係）

　（ア）　株主総会の決議を要する場合

　　　登記すべき事項につき株主総会の決議を要する場合には、申請書に、総株主の議決権（当該決議において行使することができるものに限る。以下同じ）の数に対するその有する議決権の数の割合が高いことにおいて上位となる株主であって、10名またはその有する議決権の割合を当該割合の多い順に順次加算し、その加算した割合が3分の2に達するまでの人数のうちいずれか少ない人数の株主につき、次に掲げる事項を証する書面を添付しなければならない（商登規61③）。

① 氏名または名称
② 住所
③ 当該株主のそれぞれが有する株式の数（種類株式発行会社にあっては、株式の種類および種類ごとの数を含む）および議決権の数
④ 当該株主のそれぞれが有する議決権の数の割合

なお、一の登記申請で、株主総会の決議を要する複数の登記すべき事項について申請される場合には、当該登記すべき事項ごとに上記①から④までの事項を証する書面の添付を要することになる。ただし、決議ごとに添付を要する当該書面に記載すべき内容が一致するときは、その旨の注記がされた当該書面が1通添付されていれば足りる。

(イ) 種類株主総会の決議を要する場合

登記すべき事項につき種類株主総会の決議を要する場合には、申請書に、その種類の株式の総株主の議決権の数に対するその有する議決権の数の割合が高いことにおいて上位となる株主であって、10名またはその有する議決権の割合を当該割合の多い順に順次加算し、その加算した割合が3分の2に達するまでの人数のうちいずれか少ない人数の株主につき、次に掲げる事項を証する書面を添付しなければならない（商登規61③）。
① 氏名または名称
② 住所
③ 当該株主のそれぞれが有するその種類の株式の数および議決権の数
④ 当該種類の株式の総株主の議決権数に対する当該株主のそれぞれが有する議決権の数の割合

(ウ) 株主総会の決議があったものとみなされる場合

株主総会または種類株主総会の決議について、会社法319条1項［株主全員の同意による株主総会の決議の省略］（同法325条［種類株主総会］において準用する場合を含む）の規定により当該決議があったものとみなされる場合にも、(ア)または(イ)記載の書面を添付しなければならない（商登規61③）。

|2| 平成28年6月23日法務省民商第99号法務省民事局商事課長依命通知

登記すべき事項につき株主総会または種類株主総会の決議を要する場合等における登記の申請書に添付すべき書面について

1 登記すべき事項につき株主全員の同意等を要する場合

商業登記規則（以下「規則」という）61条2項に規定する書面としては、代表取締役の作成に係る同項1号または2号に定める事項を証明する書面であって、登記所に提出された印鑑が押印されたものがこれに該当する。

2 登記すべき事項につき株主総会等の決議を要する場合
 (1) 規則第61条3項に規定する書面に記載すべき株主または種類株主
  (ア) 株主総会の決議を要する場合
    登記すべき事項につき株主総会の決議を要する場合における規則61条3項に規定する書面には、株主総会に出席した株主に限られず、自己株式等の議決権を有しない株式の株主を除き、当該株主総会において、当該決議事項につき議決権を行使することができた株主すべての中から対象となる株主が記載されている必要がある。
  (イ) 種類株主総会の決議を要する場合
    登記すべき事項につき種類株主総会の決議を要する場合における規則61条3項に規定する書面には、種類株主総会に出席した株主に限られず、自己株式等の議決権を有しない株式の株主を除き、当該種類株主総会において、当該決議事項につき議決権を行使することができた株主すべての中から対象となる株主が記載されている必要がある。
 (2) 具体例
    規則61条3項に規定する書面としては、代表取締役の作成に係る同項に規定する事項を証明する書面であって、登記所に提出された印鑑が押印されたものがこれに該当する。

(1-1　61条3項の証明書)

証　明　書

　〇〇年〇〇月〇〇日付け〇〇株主総会の第〇号議案につき、総議決権数（当該議案につき、議決権を行使することができる全ての株主の有する議決権の数の合計をいう。以下同じ。）に対する株主の有する議決権（当該議案につき議決権を行使できるものに限る。以下同じ。）の数の割合が高いことにおいて上位となる株主であって、次の①と②の人数のうち少ない方の人数の株主の氏名又は名称及び住所、当該株主のそれぞれが有する株式の数（種類株主総会の決議を要する場合にあっては、その種類の株式の数）及び議決権の数並びに当該株主のそれぞれが有する議決権の数に係る当該割合は、次のとおりであることを証明します。
① 10名
② その有する議決権の数の割合をその割合の多い順に順次加算し、その加算した割合が3分の2に達するまでの人数

	氏名又は名称	住所	株式数（株）	議決権数	議決権数の割合
1					
2					
3					
4					
5					
6					
7					
8					
9					
10					
			合計		
			総議決権数		

　　　　　平成〇〇年〇〇月〇〇日
　　　　　　〇〇株式会社
　　　　　　　代表取締役　〇〇　〇〇　㊞
　　　　　　　　　　　　　　　※法務局届印

目　次

株式会社

1	大会社・中小会社の区分	1
2	公開会社・公開会社でない会社	2
3	株式会社の機関	3

1 株式会社の設立

1　発起設立・募集設立の共通事項

- Q 1 〔設立方法の種類〕……………………4
- Q 2 〔発行可能株式総数〕……………………4
- Q 3 〔発行可能種類株式総数〕………………4
- Q 4 〔設立時資本金の額〕……………………5
- Q 5 〔定款の絶対的記載事項〕………………6
- Q 6 〔変態設立事項〕…………………………7
- Q 7 〔認証後定款の変更〕……………………8
- Q 8 〔設立時発行株式に関する事項〕………9
- Q 9 〔現物出資ができる者〕…………………9
- Q10 〔現物出資財産等〕………………………9
- Q11 〔検査役の調査不要の現物出資財産等〕………10
- Q12 〔出資の履行時期〕………………………11
- Q13 〔払込場所〕………………………………12
- Q14 〔失権株がある場合〕……………………12
- Q15 〔本店・支店等の決定〕…………………13

2　発起設立

- Q16 〔手続の概要〕……………………………14
- Q17 〔払込みの証明書〕………………………15
- Q18 〔設立時役員等とは〕……………………15
- Q19 〔役員の選任時期〕………………………15
- Q20 〔役員等の選任方法〕……………………16
- Q21 〔設立時代表取締役の選定〕……………17

目次

1 株式会社の設立

Q22〔設立時取締役等の調査〕……………18

3 募集設立

Q23〔募集事項の決定〕……………………19
Q24〔申込者に対する通知〕………………19
Q25〔申込証の記載事項〕…………………20
Q26〔設立時募集株式の割当て〕…………20
Q27〔設立時募集株式の引受け〕…………21
Q28〔払込み〕………………………………21
Q29〔払込金の保管証明〕…………………21
Q30〔創立総会の招集時期〕………………22
Q31〔創立総会の招集の決定〕……………22
Q32〔創立総会の招集の通知・方法〕……22
Q33〔招集手続の省略〕……………………23
Q34〔議決権の数〕…………………………23
Q35〔創立総会の決議〕……………………24
Q36〔決議の省略〕…………………………24
Q37〔創立総会への報告〕…………………25
Q38〔議事録〕………………………………25
Q39〔設立時取締役等の選任〕……………26
Q40〔設立時取締役等による調査〕………26
Q41〔定款の変更〕…………………………27

4 登記手続

Q42〔会社成立〕……………………………28
Q43〔登記期間〕……………………………28
Q44〔本店所在地における登記事項〕……28
Q45〔添付書面－発起設立〕………………31
Q46〔添付書面－募集設立〕………………35

目　次

②　株式制度	1　株式一般

- Q47〔発行可能株式総数の制限〕……………………39
- Q48〔発行可能種類株式総数〕………………………40
- Q49〔発行可能株式総数・種類株式総数との関係〕……………………………………………………40
- Q50〔株券の不発行〕……………………………………40
- Q51〔旧株式会社と株券発行〕………………………41
- Q52〔株券発行会社〕……………………………………41
- Q53〔株券不所持の制度〕………………………………42
- Q54〔株券発行の定めの廃止〕………………………43
- Q55〔株券発行廃止の登記〕…………………………44
- Q56〔株券発行設定の登記〕…………………………44
- Q57〔株式の種類〕………………………………………44
- Q58〔発行する全部の株式についての定め〕………45

2　種類株式

- Q59〔異なる種類の株式〕………………………………48
- Q60〔剰余金の配当〕……………………………………49
- Q61〔残余財産の分配〕…………………………………50
- Q62〔議決権制限株式〕…………………………………51
- Q63〔議決権制限株式の発行数〕……………………52
- Q64〔議決権制限株式の復活〕………………………52
- Q65〔譲渡制限株式〕……………………………………53
- Q66〔取得請求権付株式〕………………………………54
- Q67〔取得条項付株式〕…………………………………55
- Q68〔全部取得条項付種類株式〕……………………57
- Q69〔拒否権条項付株式〕………………………………59
- Q70〔役員選任権付種類株式〕………………………60

Q71〔定款による要綱の定め〕……………………63
　Q72〔種類株式等と定款変更の特則〕………………64
　Q73〔株式の内容等の登記〕…………………………65
3　自己株式の取得
　Q74〔自己株式の取得〕………………………………68
　Q75〔自己株式取得と登記の要否〕…………………69
　Q76〔合意による自己株式取得の形態〕……………70
　Q77〔合意による自己株式取得の手続〕……………70
　Q78〔特定の株主からの取得〕………………………73
　Q79〔相続人等からの自己株式の取得〕……………76
　Q80〔市場取引等による取得〕………………………78
　Q81〔自己株式取得の財源規制〕……………………79
4　株式の消却・併合・分割・株式無償割当て

|2|　株式制度

　Q82〔株式の消却〕……………………………………81
　Q83〔株式の消却と発行可能株式総数等との関係〕……………………………………………………82
　Q84〔株式の消却の登記〕……………………………82
　Q85〔株式の併合〕……………………………………82
　Q86〔株式の併合の手続〕……………………………83
　Q87〔株券提出公告〕…………………………………84
　Q88〔株式の併合の登記〕……………………………85
　Q89〔株式の分割〕……………………………………86
　Q90〔株式の分割の手続〕……………………………87
　Q91〔株式の分割の登記〕……………………………88
　Q92〔株式無償割当て〕………………………………89
　Q93〔株式無償割当ての手続〕………………………90
　Q94〔株式無償割当ての登記〕………………………92

目次

②　株式制度	5　単元株制度	
	Q95〔単元株式〕……………………93	
	Q96〔単元株制度の手続〕…………94	
	Q97〔単元株制度の登記〕…………95	
	6　株券失効制度	
	Q98〔株券失効制度〕………………96	
	Q99〔株券喪失登録〕………………96	
	Q100〔登録の抹消申請〕……………99	
	Q101〔株主名簿の書換え〕…………99	
	Q102〔議決権の行使〕……………100	
	Q103〔株券の無効・再発行〕……100	
③　募集株式の発行等	1　概　説	
	Q104〔募集株式の発行等〕………101	
	Q105〔廃止された制度〕…………101	
	2　第三者割当ての場合	
	Q106〔手続の概要〕………………102	
	Q107〔利益相反取引〕……………103	
	Q108〔募集事項〕…………………104	
	Q109〔決定機関〕…………………104	
	Q110〔募集事項の決定の委任〕…105	
	Q111〔募集株式が譲渡制限株式〕…106	
	Q112〔複数の種類株式の発行〕…107	
	Q113〔募集事項の通知・公告〕…107	
	Q114〔通知・公告期間の短縮〕…109	
	Q115〔ブックビルディング方式〕…109	
	Q116〔申込み・割当ての概要〕…110	
	Q117〔引受申込希望者への通知〕…111	

|3| 募集株式の発行等

Q118〔募集株式の引受けの申込み〕……………113
Q119〔割当てを受ける者の決定〕………………113
Q120〔総数引受け〕…………………………………114
Q121〔支配株主の異動を伴う第三者割当て〕……115
Q122〔株主となる時期〕……………………………118
Q123〔金銭出資の履行〕……………………………118
Q124〔失権株〕………………………………………118
Q125〔資本金等増加限度額〕………………………119
Q126〔添付書面〕……………………………………122

3　株主割当ての場合

Q127〔手続の概要〕…………………………………125
Q128〔株主割当てとは〕……………………………126
Q129〔募集事項〕……………………………………126
Q130〔決定機関〕……………………………………126
Q131〔単元未満株主〕………………………………127
Q132〔基準日の公告〕………………………………128
Q133〔株主への通知〕………………………………128
Q134〔通知期間の短縮〕……………………………128
Q135〔引受けの申込み〕……………………………129
Q136〔端数の取扱い〕………………………………130
Q137〔金銭出資の履行〕……………………………130
Q138〔失権株〕………………………………………130
Q139〔株主となる時期〕……………………………130
Q140〔資本金等増加限度額〕………………………130
Q141〔添付書面〕……………………………………130

4　現物出資

Q142〔検査役の調査手続〕…………………………132

目　次

③ 募集株式の発行等	Q143〔定款の定め〕……………………………132 Q144〔調査不要の現物出資〕…………………133 Q145〔出資の履行・失権〕……………………135 Q146〔添付書面〕………………………………135 Q147〔資格証明書・印鑑証明書〕……………136
④ 新株予約権	1　新株予約権の発行 Q148〔発行手続の概要図〕……………………137 Q149〔新株予約権とは〕………………………138 Q150〔ストック・オプション〕………………138 Q151〔割当先〕…………………………………139 Q152〔新株予約権の内容〕……………………139 Q153〔発行方法〕………………………………142 Q154〔決定機関〕………………………………142 Q155〔新株予約権無償割当て〕………………144 Q156〔新株予約権無償割当ての決議等〕……146 Q157〔行使期間延長と変更登記〕……………148 Q158〔行使期間延長の新株予約権行使の登記〕…148 Q159〔募集事項の決定〕………………………149 Q160〔株主に対する通知〕……………………151 Q161〔端数の処理〕……………………………153 Q162〔申込者に対する通知〕…………………153 Q163〔引受けの申込み〕………………………155 Q164〔新株予約権の割当て〕…………………155 Q165〔総数引受け〕……………………………156 Q166〔新株予約権者となる日〕………………157 Q167〔払込み〕…………………………………157 Q168〔登記の手続〕……………………………158

④	新株予約権	Q169〔添付書面〕………………………………159
		2　新株予約権の行使
		Q170〔新株予約権の行使〕……………………………161
		Q171〔払込み〕……………………………………162
		Q172〔端数の処理〕………………………………162
		Q173〔登記の手続〕………………………………163
		Q174〔添付書面〕…………………………………164
⑤	機　関	1　株主総会
		Q175〔株主総会の権限〕……………………………166
		Q176〔招集地〕……………………………………166
		Q177〔招集事項の決定者〕…………………………167
		Q178〔招集事項〕…………………………………167
		Q179〔書面による議決権行使〕……………………171
		Q180〔招集通知の時期〕……………………………172
		Q181〔招集の方法〕………………………………173
		Q182〔通知・開催の省略〕…………………………173
		Q183〔議決権の行使の制限〕………………………174
		Q184〔決議の種類〕………………………………176
		Q185〔議事録の作成〕……………………………178
		Q186〔議事録の押印〕……………………………181
		2　種類株主総会
		Q187〔種類株主総会とは〕…………………………182
		Q188〔種類株主総会の権限〕………………………182
		Q189〔損害のおそれと種類株主総会〕………………183
		Q190〔決議不要の定め〕……………………………184
		Q191〔決議の種類〕………………………………184

目　次

5　機　関

3　機関設計
Q192〔必要的設置機関〕…………………187
Q193〔定款で定める機関〕………………187
Q194〔定款の定め方〕……………………187
Q195〔機関の設置義務〕…………………188
Q196〔機関設計〕…………………………189

4　取締役・代表取締役・取締役会・監査役

〔1〕　取締役

Q197〔取締役の資格〕……………………191
Q198〔株主に限定〕………………………191
Q199〔取締役の選任〕……………………192
Q200〔決議方法〕…………………………192
Q201〔補欠役員〕…………………………193
Q202〔解任決議〕…………………………194
Q203〔員　数〕……………………………194
Q204〔任　期〕……………………………195
Q205〔任期の変更〕………………………196
Q206〔任期の起算点〕……………………196
Q207〔社外取締役〕………………………197
Q208〔社外取締役の設置義務〕…………198
Q209〔特別取締役〕………………………198
Q210〔利益相反取引〕……………………199
Q211〔取締役の権限〕……………………200
Q212〔執行役・執行役員〕………………201

〔2〕　代表取締役

Q213〔会社の代表〕………………………202
Q214〔代表取締役の欠員〕………………203

〔3〕 取締役会

Q215〔取締役会の権限〕……………………………204

Q216〔監査役の出席〕………………………………204

Q217〔取締役会の決議〕……………………………205

Q218〔取締役会議事録〕……………………………205

〔4〕 監査役

Q219〔監査役の資格〕………………………………208

Q220〔株主に限定〕…………………………………208

Q221〔監査役の選任〕………………………………208

Q222〔決議方法〕……………………………………209

Q223〔補欠監査役〕…………………………………209

Q224〔解任決議〕……………………………………209

Q225〔員　数〕………………………………………210

Q226〔任　期〕………………………………………210

Q227〔任期の起算点〕………………………………211

Q228〔兼任禁止〕……………………………………211

Q229〔社外監査役〕…………………………………212

Q230〔監査役の権限〕………………………………213

Q231〔監査役の監査の範囲に関する登記①〕……214

Q232〔監査役の監査の範囲に関する登記②〕……215

Q233〔監査の範囲限定の設定登記の添付書面〕…216

Q234〔監査の範囲限定の議事録を添付できない
　　　場合〕……………………………………………217

Q235〔取締役会への出席〕…………………………217

〔5〕 取締役・代表取締役・監査役の変更登記

Q236〔役員就任登記の添付書面〕…………………218

Q237〔10年の任期満了〕……………………………220

5 機　関

|5| 機　関

　　　Q238〔特別取締役による決議の設定の添付書面〕………………………221
　　　Q239〔取締役会設置会社の廃止〕…………………222
　　　Q240〔役員等の責任免除・制限の概要〕…………223
　　　Q241〔責任限定契約の登記〕………………………224
　　　Q242〔監査役設置会社の廃止〕……………………225
　5　会計参与
　　　Q243〔会計参与の設置〕……………………………226
　　　Q244〔資　格〕………………………………………226
　　　Q245〔会計参与の権限〕……………………………226
　　　Q246〔選　任〕………………………………………227
　　　Q247〔任　期〕………………………………………227
　　　Q248〔添付書面〕……………………………………228
　6　会計監査人
　　　Q249〔会計監査人の設置〕…………………………229
　　　Q250〔資　格〕………………………………………229
　　　Q251〔選　任〕………………………………………230
　　　Q252〔任　期〕………………………………………230
　　　Q253〔設置会社の定めによる添付書面〕…………230
　　　Q254〔会計監査人変更の添付書面〕………………231
　7　監査等委員会
　　　Q255〔監査等委員会〕………………………………232
　　　Q256〔監査等委員会設置会社の要件・構成員〕…232
　　　Q257〔取締役の選任・任期〕………………………233
　　　Q258〔代表取締役の選定〕…………………………234
　　　Q259〔定款変更と取締役等の退任〕………………235
　　　Q260〔監査等委員会設置会社の定めの設定登記事項〕………………………………………235

	Q261〔監査等委員会設定の登記〕……………………236
	Q262〔取締役の就任原因〕……………………………237
	Q263〔監査等委員のみの辞任〕………………………237
	Q264〔監査等委員である取締役の解任〕……………237
	8　指名委員会等・執行役
	Q265〔指名委員会等設置会社〕………………………238
	Q266〔機関設計〕………………………………………238
	Q267〔委員の選任〕……………………………………239
	Q268〔取締役会の権限〕………………………………241
5 機　関	Q269〔取締役の業務執行権〕…………………………241
	Q270〔取締役の任期〕…………………………………242
	Q271〔指名委員会等の権限〕…………………………242
	Q272〔執行役〕…………………………………………244
	Q273〔代表執行役〕……………………………………245
	Q274〔指名委員会等設置会社・執行役等の登記〕……………………………………………………245
	Q275〔指名委員会等設置会社の登記〕………………245
	Q276〔委員・執行役の変更の登記〕…………………246
	Q277〔代表執行役の変更の登記〕……………………247
	Q278〔指名委員会等設置会社の定めの廃止による変更の登記〕……………………………………248
	1　資本金の額の減少
	Q279〔減資の態様〕……………………………………249
6 資本金の額の変更	Q280〔減資の方法〕……………………………………249
	Q281〔決議機関〕………………………………………250
	Q282〔効力発生日〕……………………………………251

	Q283〔債権者異議手続〕……………………………252
	Q284〔各別の催告の不要〕…………………………253
	Q285〔公告後の処理〕………………………………254
	Q286〔株券等の提出〕………………………………254
	Q287〔添付書面〕……………………………………255
	2　剰余金の額の減少に伴う資本金の額の増加
	Q288〔剰余金の資本組入れ〕………………………256
6　資本金の額の変更	Q289〔株主総会の決議〕……………………………256
	Q290〔債権者異議手続〕……………………………256
	Q291〔添付書面〕……………………………………257
	3　準備金の額の減少に伴う資本金の額の増加
	Q292〔準備金〕………………………………………258
	Q293〔準備金の資本組入れ〕………………………258
	Q294〔株主総会の決議〕……………………………258
	Q295〔債権者異議手続〕……………………………259
	Q296〔添付書面〕……………………………………260
7　解散・清算	1　解　散
	Q297〔解散事由〕……………………………………261
	Q298〔制限事項〕……………………………………261
	Q299〔職権抹消事項〕………………………………262
	Q300〔株式譲渡制限と解散〕………………………262
	Q301〔添付書面〕……………………………………263
	Q302〔休眠会社〕……………………………………263
	Q303〔休眠会社整理の概要〕………………………264
	Q304〔継　続〕………………………………………265
	2　清　算
	〔1〕　清算の概要

7 解散・清算	Q305〔通常清算の概要〕……………………266
	Q306〔清算会社の能力〕……………………267
	Q307〔清算の開始原因〕……………………267
	Q308〔法定清算〕……………………………268
	Q309〔裁判所の関与〕………………………268
	〔2〕 清算会社の機関
	Q310〔清算会社の機関〕……………………269
	Q311〔清算人の種類〕………………………270
	Q312〔員　数〕………………………………271
	Q313〔清算人会〕……………………………271
	Q314〔任　期〕………………………………271
	Q315〔代表清算人〕…………………………272
	Q316〔監査役の任期〕………………………272
	Q317〔各清算事務年度〕……………………273
	Q318〔定時株主総会〕………………………273
	〔3〕 清算事務
	Q319〔清算人の職務〕………………………274
	Q320〔債権者に対する公告等〕……………274
	Q321〔清算事務の終了〕……………………275
	〔4〕 清算の登記
	Q322〔清算人就任の添付書面〕……………276
	Q323〔結了登記の申請時期〕………………277
	Q324〔結了登記の添付書面〕………………277
8 継　続	Q325〔継　続〕………………………………278
	Q326〔休眠会社の継続〕……………………278
	Q327〔継続登記の手順〕……………………278
	Q328〔添付書面〕……………………………280

⑨ 組織変更		Q329〔組織変更〕……………………282
		Q330〔手続の概要〕…………………283
		Q331〔総社員の同意〕………………283
		Q332〔組織変更計画〕………………283
		Q333〔債権者異議手続〕……………284
		Q334〔効力発生日の変更〕…………285
		Q335〔資本金の額〕…………………286
		Q336〔登記の方法〕…………………286
		Q337〔添付書面〕……………………286
⑩ 合　併	1	株式会社間の吸収合併
		Q338〔手続の概要〕…………………288
		Q339〔合併規制〕……………………289
		Q340〔株主の地位の承継〕…………290
		Q341〔吸収合併契約〕………………291
		Q342〔効力発生日〕…………………293
		Q343〔効力発生日の変更〕…………293
		Q344〔合併の承認機関〕……………294
		Q345〔買取請求と分配可能額〕……298
		Q346〔債権者の異議手続〕…………298
		Q347〔各別の催告の不要〕…………299
		Q348〔公告後の処理〕………………300
		Q349〔株券等の提出〕………………300
		Q350〔資本金の額〕…………………301
		Q351〔取締役等の任期〕……………302
		Q352〔申請の方式〕…………………302
		Q353〔添付書面〕……………………303

|10| 合　併

2　簡易合併・略式合併
Q354〔簡易合併の要件〕……………………305
Q355〔特別支配会社〕………………………307
Q356〔略式合併〕……………………………308
Q357〔添付書面〕……………………………309

|11| 会社分割

1　会社分割制度の概要
Q358〔会社分割の制度〕……………………310
Q359〔新設・吸収分割〕……………………310
Q360〔分割の可否〕…………………………311

2　新設分割
Q361〔新設分割手続の概要〕………………313
Q362〔新設分割計画〕………………………314
Q363〔株主総会の承認〕……………………316
Q364〔簡易分割〕……………………………317
Q365〔債権者異議手続〕……………………317
Q366〔効力発生日〕…………………………320
Q367〔会社分割の登記申請〕………………320
Q368〔添付書面〕……………………………321

3　吸収分割
Q369〔吸収分割手続の概要〕………………324
Q370〔吸収分割契約〕………………………326
Q371〔株主総会の承認〕……………………327
Q372〔簡易分割の要件〕……………………332
Q373〔略式分割の要件〕……………………333
Q374〔債権者異議手続〕……………………334
Q375〔効力発生日〕…………………………338
Q376〔会社分割の登記申請〕………………338

11 会社分割	Q377〔添付書面〕……………………339	
12 株式交換・株式移転	1 株式交換	
	Q378〔株式交換とは〕…………………341	
	Q379〔株式交換の手続概要〕…………342	
	Q380〔株式交換契約〕…………………343	
	Q381〔株主総会等の承認〕……………345	
	Q382〔債権者異議手続〕………………349	
	Q383〔株券等の提出〕…………………352	
	Q384〔効力発生日〕……………………353	
	Q385〔株式交換の申請手続〕…………353	
	Q386〔添付書面〕………………………355	
	2 株式移転	
	Q387〔株式移転とは〕…………………357	
	Q388〔株式移転の手続概要〕…………357	
	Q389〔株式移転計画の作成〕…………358	
	Q390〔株式移転計画〕…………………359	
	Q391〔計画の承認機関〕………………361	
	Q392〔債権者異議手続〕………………362	
	Q393〔株券等の提出〕…………………364	
	Q394〔設立の定款・特則〕……………365	
	Q395〔効力発生日〕……………………366	
	Q396〔当事会社の申請〕………………366	
	Q397〔申請の方式〕……………………367	
	Q398〔添付書面〕………………………368	
13 公 告	Q399〔公告の方法〕……………………371	
	Q400〔電子公告〕………………………371	
	Q401〔貸借対照表等の公告〕…………372	

| 13 公 告 | Q402〔公告を要しない会社〕……………373 |
| | Q403〔添付書面〕……………………374 |

特例有限会社

14 特例有限会社	1 経過措置等
	Q404〔有限会社の取扱い〕……………375
	Q405〔みなし規定〕……………………375
	Q406〔定　款〕…………………………376
	Q407〔特例有限会社の登記〕…………378
	Q408〔計算書類の開示〕………………379
	2 機　関
	〔1〕 機関の設置
	Q409〔機　関〕…………………………380
	Q410〔役員登記事項の比較〕…………380
	Q411〔監査限定の登記〕………………381
	〔2〕 株主総会・定款変更
	Q412〔招集時期〕………………………382
	Q413〔招集権者〕………………………382
	Q414〔招集期間〕………………………382
	Q415〔招集方法〕………………………383
	Q416〔参考書類等の交付〕……………384
	Q417〔株主総会の権限〕………………384
	Q418〔決議の方法〕……………………385
	Q419〔議事録の作成方法〕……………385
	Q420〔定款変更〕………………………385
	3 取締役
	Q421〔取締役の任期〕…………………386
	Q422〔員　数〕…………………………386

14 特例有限会社

Q423〔補欠役員〕……………………………386
Q424〔選任の決議〕…………………………386
Q425〔書面による選任〕……………………388
Q426〔解任の決議〕…………………………388
Q427〔取締役の権限〕………………………389
Q428〔就任の添付書面〕……………………390

4 代表取締役

Q429〔代表機関〕……………………………391
Q430〔互選規定〕……………………………392
Q431〔株主総会による選任〕………………392
Q432〔代表取締役の地位〕…………………392
Q433〔就任承諾〕……………………………393
Q434〔代表取締役の登記〕…………………394
Q435〔代表取締役の地位のみの辞任〕……396
Q436〔代表取締役の退任と後任手続〕……397
Q437〔代表取締役の氏名抹消〕……………399
Q438〔代表取締役就任の添付書面〕………400

5 監査役

Q439〔監査役の設置〕………………………402
Q440〔権限の範囲〕…………………………402
Q441〔選　任〕………………………………402
Q442〔任　期〕………………………………403
Q443〔添付書面〕……………………………404

6 商号変更による通常の株式会社への移行

Q444〔商　号〕………………………………405
Q445〔移行の手続〕…………………………405
Q446〔変更後の商号〕………………………406

14 特例有限会社

Q447〔定款の作成〕………………………406
Q448〔株主総会の決議〕…………………407
Q449〔効力の発生〕………………………407
Q450〔移行時の役員の任期〕……………408
Q451〔増　資〕……………………………409
Q452〔本店移転〕…………………………410
Q453〔取締役会設置会社・代表取締役の登記〕…410
Q454〔任期満了と代表取締役の登記〕…411
Q455〔登記手続〕…………………………411
Q456〔添付書面〕…………………………412

株式会社　1　大会社・中小会社の区分

会社法における大会社・中小会社の区分の基準は、次による。

	区　分　の　基　準	根　拠
大会社	次の①②のいずれかに該当する株式会社をいう。 ①　最終事業年度に係る貸借対照表（注1）に資本金として計上した額が5億円以上であること。 ②　最終事業年度に係る貸借対照表（注2）の負債の部に計上した額の合計額が200億円以上であること。	会社2六
中小会社	上欄以外の株式会社。会社法では、中会社・小会社という定義はない。	会社法に規定なし

（注1）（注2）　①会計監査人設置会社にあっては、定時株主総会に報告された貸借対照表をいい（会社439）、②株式会社の成立後最初の定時株主総会までの間においては（会社成立後最初の定時株主総会を経ていない会社の場合は）、その成立の日における貸借対照表をいう（会社435①）。

memo.　会社法においては、大会社に該当するか否かは、資本金および負債の額のいずれについても、「最終事業年度に係る貸借対照表」に計上した額が基準となる。したがって、旧商法特例法と異なり、事業年度の途中で資本金を増減しても、直ちに大会社に該当しまたは該当しなくなることはない（平18・3・31民商782第2部第3・1、会社法の解説92頁参照）。

(1) 公開会社とは、その発行する全部または一部の株式の内容として、譲渡による当該株式の取得について株式会社の承認を要する旨の定款の定めを設けていない株式会社をいう（会社2五）。
　①または②の株式を発行する株式会社を、公開会社という。

(2) 公開会社でない会社とは、全部の株式の内容として、譲渡による当該株式の取得について株式会社の承認を要する旨の定款の定めを設けている株式会社をいう（会社107①一参照。以下「株式譲渡制限会社」(注)という）。

(注) 江頭憲治郎『株式会社法』（有斐閣）では、公開会社でない株式会社を「株式譲渡制限会社」と表現している（江頭・会社法133頁）。

memo. (1)の公開会社における「その発行する（略）一部の株式の内容」とは、図②のように、例えば2つの種類株式（甲種類株式・乙種類株式）を発行する場合に、その内のいずれか1つの種類株式（乙種類株式）の全部（例：乙種類株式1,000株中の1,000株）が譲渡制限株式である場合をいう。甲種類株式または乙種類株式の一部（例：乙種類株式1,000株中の500株）をいうものではない。
⇨ 募集株式の募集の条件は、募集ごとに、均等でなければならない（会社58③・199⑤参照）。

1 機関の設置
株式会社の機関は、次のようになる。

(1) 必ず置かなければならない機関	① 株主総会（会社295・296①②） ② 取締役（会社326①）
(2) 定款の定めによって、設置できる機関	取締役会、会計参与、監査役、監査役会、会計監査人、監査等委員会、指名委員会等（指名委員会、監査委員会および報酬委員会をいう（会社二十二））（会社326②）
(3) 設置が義務付けられている機関	① 次に掲げる株式会社は、取締役会を置かなければならない（会社327①）。 　公開会社 　監査役会設置会社 　監査等委員会設置会社 　指名委員会等設置会社 ② 取締役会設置会社（監査等委員会設置会社および指名委員会等設置会社を除く）は、監査役を置かなければならない。ただし、公開会社でない会計参与設置会社については、監査役の設置義務を免れる（会社327②）。 ③ 会計監査人設置会社（監査等委員会設置会社および指名委員会等設置会社を除く）は、監査役を置かなければならない（会社327③）。 ④ 監査等委員会設置会社および指名委員会等設置会社は、監査役を置いてはならないが会計監査人を置かなければならない（会社327④⑤）。 ⑤ 指名委員会等設置会社は、監査等委員会を置いてはならない（会社327⑥）。
(4) 大会社における監査役会等の設置義務	① 大会社（公開会社でないもの、監査等委員会設置会社および指名委員会等設置会社を除く）は、監査役会および会計監査人を置かなければならない（会社328①）。 ② 公開会社でない大会社は、会計監査人を置かなければならない（会社328②）。

2 機関の設置の例
株式会社は、公開会社または大会社に該当するか否かの区分により、株主総会以外の機関を定款で定めることができる。詳細は**Q196**。

発起設立・募集設立の共通事項

Q1〔設立方法の種類〕
株式会社の設立方法の種類

株式会社の設立の方法には、発起設立と募集設立とがある。発起設立は、発起人が設立時発行株式（株式会社の設立に際して発行する株式をいう）の全部を引き受ける方法である（会社25①一）。募集設立は、発起人が設立時発行株式の一部を引き受け、残る設立時発行株式を引き受ける者を募集をする方法である（会社25①二）。

memo. 各発起人は、株式会社の設立に際し、設立時発行株式を1株以上引き受けなければならない（会社25①三）。

Q2〔発行可能株式総数〕
設立に際して発行する株式数と発行可能株式総数との関係

次のように区別される（会社37③）。

公開会社	設立時発行株式の数は、発行可能株式総数の4分の1を下ることができない
株式譲渡制限会社	制限なし

memo. 発行可能株式総数が定款で定められている場合と、定められていない場合における発起人の対処→Q5の表⑥。

Q3〔発行可能種類株式総数〕
発行可能種類株式総数の合計数は、発行可能株式総数と一致するか

(1) 株式会社は、会社法108条2項で定める2以上の種類株式を発行する場合には、それぞれの種類株式についての発行可能種類株式総数を定款で定めなければならない（会社108②）。

(2) A種類株式の発行可能種類株式総数とB種類株式の発行可能種類株式総数の合計とが、必ずしも発行可能株式総数と一致する必要はない（会社法入門115頁、江頭・会社法141頁、千問56頁）。たとえば、①取得条項付株式の対価として、②その1株につき別の種類株式を与える場合を考えると、①と②との各々の発行可能種類株式総数を定めてお

かなければならず（会社108②六）、その場合には、その合計数は発行可能株式総数を超えることもあり得るからである（会社法入門115頁）。

(1) 資本金の額は、設立に際して株主となる者が、当該会社に対して払込みまたは給付をした財産の額である（会社445①）。

(2) 上記の会社法445条1項に規定する株主となる者が当該会社に対して払込みまたは給付をした財産の額とは、下記の表の①および②に掲げる額の合計額から③に掲げる額を減じて得た額（零未満である場合にあっては、零）とされる（会計規43①）。

Q4〔設立時資本金の額〕
設立時の資本金の額に制限はあるか

〔払込みまたは給付をした財産の額＝①＋②－③〕

① 払込みを受けた金銭の額	会社法34条1項［発起設立における出資の履行］または63条1項［設立時募集株式の払込金額の払込み］の規定により払込みを受けた金銭の額（次のイまたはロに掲げる場合における金銭にあっては、当該イまたはロに定める額） 　イ　外国の通貨をもって金銭の払込みを受けた場合（ロに掲げる場合を除く） 　　　当該外国の通貨につき払込みがあった日の為替相場に基づき算出された金額 　ロ　当該払込みを受けた金銭の額（イに定める額を含む）により資本金または資本準備金の額として計上すべき額を計算することが適切でない場合 　　　当該金銭の当該払込みをした者における当該払込みの直前の帳簿価額
＋	
② 給付を受け	会社法34条1項［発起設立における出資の履行］の規定により金銭以外の財産（以下「現物出資財産」という）の給付を受けた場合にあっては、当該現物出資財産の給付があった日における価額（次のイまたはロに掲げる場合における現物出資財産にあっては、当該イまたはロに定める額） 　イ　当該株式会社と当該現物出資財産の給付をした者が共通支配下

発起設立・募集設立の共通事項

給付された現物出資財産の額		関係となる場合（当該現物出資財産に時価を付すべき場合を除く） 　当該現物出資財産の当該給付をした者における当該給付の直前の帳簿価額
	ロ	イに掲げる場合以外の場合であって、当該給付を受けた現物出資財産の価額により資本金または資本準備金の額として計上すべき額を計算することが適切でないとき 　イに定める帳簿価額
③ 減ずべき額	（一）　会社法32条1項3号に掲げる事項［成立後の株式会社の資本金および資本準備金］として、設立に要した費用の額のうち設立に際して資本金または資本準備金の額として計上すべき額から減ずるべき額と定めた額	

↑
　設立に要した費用の額のうち、設立に際して資本金または資本準備金の額として計上すべき額から減ずるべき額と定めた額は、当分の間、零とする（会計規附則11五）。

memo． 設立登記の申請書に添付する「資本金の額の計上に関する証明書」（商登規61⑨）を作成する場合、資本金として計上しない額（資本準備金（会社445②③））があるときは、この計上しない額を記載しなければならない。

Q5〔定款の絶対的記載事項〕
定款の絶対的記載事項　　　　次のとおり（会社27）。

①	目　的		
②	商　号		
③	本店の所在地		
④	設立に際して出資される財産の価額またはその最低額（→memo.1）		
⑤	発起人の氏名（名称）および住所		
		発行可能株式総数を定款で定めていない場合	株式会社の成立の時までに、発起設立にあっては発起人全員の同意により、募集設立にあっては創立総会の決議

⑥	発行可能株式総数	によって、定款を変更して発行可能株式総数の定めを設けなければならない（会社37①・98）（→memo.2）。
	発行可能株式総数を定款で定めている場合	株式会社の成立の時までに、発起設立にあっては発起人全員の同意により、募集設立にあっては創立総会の決議により、発行可能株式総数についての定款の変更をすることができる（会社37②・96）。
備考	発行可能種類株式総数	種類株式を発行する場合には、発行可能種類株式総数を定款で定めなければならない（会社108②）。

memo.1　出資の履行期日までに出資の履行をしない発起人（会社36③）または設立時募集株式の引受人（会社63③）は、設立時発行株式・設立時募集株式の株主となる権利を失うこととなるので、これに備えて確定額ではなく下限（最低額）を定める形が認められる。

memo.2　発行可能株式総数は公証人の認証を受ける時点で定款に記載されている必要はないが、会社の成立の時（本店所在地における設立登記－会社49）までに定款で定めることを要する（会社37①・98）。

　当初の定款作成時において定款に記載（記録）することを必ずしも要求されていないのは、失権等により設立時発行株式数が減少し、発行可能株式総数の4分の1を下ることができないという数値（会社37③）が動く可能性があるからである。

memo.3　設立時発行株式総数は、定款の絶対的記載（記録）事項ではない。旧商法では「会社ノ設立ニ際シテ発行スル株式ノ総数」は定款の絶対的記載（記録）事項とされていた（旧商166①六）。

次のとおり（会社28）。
①　金銭以外の財産を出資する者の氏名（名称）、当該財産、その価額、その者に対して割り当てる設立時発行株式の数（設立しようとする株式会社が種類株式発行会社である場合にあっては、設立時発行株式の種類・種類ご

Q6〔変態設立事項〕
定款の変態設立事項

発起設立・募集設立の共通事項

② 株式会社の成立後に譲り受けることを約した財産、その価額、その譲渡人の氏名（名称）
③ 株式会社の成立により発起人が受ける報酬その他の特別の利益、その発起人の氏名（名称）
④ 株式会社の負担する設立に関する費用（定款の認証の手数料その他株式会社に損害を与えるおそれがないものとして会社法施行規則5条で定めるものを除く）

memo. 会社法施行規則5条で定めるもの＝①定款に係る印紙税、②設立時発行株式と引換えにする金銭の払込みの取扱いをした銀行等（→Q13）に支払うべき手数料および報酬、③検査役の報酬（会社33③）、④株式会社の設立登記の登録免許税

Q7〔認証後定款の変更〕
公証人の認証を受けた定款は、変更できるか

発起設立の場合にあっては、会社の成立前は、次の場合を除き、変更することができない（会社30②）。
① 変態設立事項についての裁判所の変更決定があった場合（会社33⑦）。裁判所の決定により定款変更の効力が生ずる（会社法の解説19頁）。
② ①の決定があった場合においては、発起人全員の同意により、決定確定後1週間以内に限り、決定により変更された事項についての定めを廃止する定款の変更をすることができる（会社33⑨）。
③ 発起人は、発行可能株式総数を定款で定めていない場合には、株式会社の成立の時までに、その全員の同意によって、定款を変更して発行可能株式総数の定めを設けなければならない（会社37①）。変更定款については、公証人の認証不要（千問17頁）。
　発起人は、発行可能株式総数を定款で定めている場合には、株式会社の成立の時までに、その全員の同意によって、発行可能株式総数についての定款の変更をすることができる（会社37②）。変更定款については、公証人の認証不要（千問17頁）。
④ 発起人は、追加認証を受けることにより、認証後定款を変更することができる（昭15・4・17民甲476）。

memo. 募集設立の場合→創立総会の決議（会社73）によって、認証後の定款

株式会社　　1　株式会社の設立

の変更をすることができる（会社96）。→**Q41**。

(1) 定款に定めがある事項を除き、会社の設立に際して次に掲げる事項を定めるときは、発起人全員の同意による（会社32①）。 　① 発起人が割当てを受ける設立時発行株式の数（設立しようとする株式会社が種類株式発行会社である場合にあっては、設立時発行株式の種類・種類ごとの数） 　② ①の設立時発行株式と引換えに払い込む金銭の額 　③ 成立後の株式会社の資本金、資本準備金の額に関する事項 (2) 設立しようとする会社が種類株式発行会社である場合において、設立時発行株式が会社法108条3項前段の規定による定款の定めがあるものであるときは、発起人は、その全員の同意を得て、当該設立時発行株式の内容を定めなければならない（会社32②）。	**Q8〔設立時発行株式に関する事項〕** 発起人が設立時発行株式に関する事項で定めなければならない事項
発起人に限られる。 memo．会社法34条1項と63条1項とを比較→発起設立の場合は「発起人は、（略）その出資に係る金銭の全額を払い込み、又はその出資に係る金銭以外の財産の全部を給付」とあるが、募集設立の場合には「設立時募集株式の引受人は、（略）払込金額の全額の払込みを行わなければならない」とあり、設立時募集株式の引受人について金銭以外の財産の給付の規定がない。	**Q9〔現物出資ができる者〕** 会社設立に際して現物出資ができる者は発起人に限られるか
現物出資財産等とは、①会社設立に際してする金銭以外の出資財産（現物出資財産）、および②会社の成立後に譲り受けることを約した財産のことをいう（財産引受け。会社33⑩一）。	**Q10〔現物出資財産等〕** 現物出資財産等とは、どのような財産か

発起設立・募集設立の共通事項

Q11〔検査役の調査不要の現物出資財産等〕
検査役の調査を要しない現物出資財産等は何か

次に該当する現物出資財産等である（会社33⑩）。

> (1) 少額の現物出資財産等の場合
> 現物出資財産等（→Q10）について定款に記載（記録）された価額の総額が500万円を超えない場合

(イ) 旧商法では、現物出資財産等の総額が500万円を超えなくても、定款で定めた現物出資財産等の価格の総額が資本の5分の1以上の場合には検査役の調査を要したが（旧商173②一）、会社法では資本金の額に対する割合規制はない。

(ロ) 現物出資と財産引受けの双方が行われる場合において、検査役の調査が不要であるためには、両者の合計額が500万円以下であること（平2・12・25民四5666）。

(ハ) 現物出資財産が1,000万円の不動産と100万円の動産の場合には、不動産については弁護士等（後掲(3)）の証明書を受けることによって検査役の調査は不要であるが、定款所定の価額が1,100万円となり500万円を超えることとなるから、動産については検査役の調査を受けなければならない（一問一答会社法（2年）93頁）。

> (2) 市場価格のある有価証券の場合
> 市場価格のある有価証券（金融商品取引法2条1項に規定する有価証券をいい、同条2項の規定により有価証券とみなされる権利を含む）について定款に記載（記録）された価額が当該有価証券の市場価格として会社法施行規則6条で定める方法により算定されるものを超えない場合

(イ) 市場価格のある有価証券には、証券取引所に上場されているもののほか、店頭登録株式（外国の店頭登録を含む）、日本証券業協会のグリーンシート銘柄株式等が該当する（平18・3・31民商782第2部第1・1(4)）。

(ロ) 会社法施行規則6条（検査役の調査を要しない市場価格のある有価証券）
　上記(2)の「会社法施行規則6条で定める方法」とは、次のいずれか高い額をもって有価証券の価格とする方法をいう。
① 定款の認証の日における当該有価証券を取引する市場における最終

の価格（当該日に売買取引がない場合または当該日が当該市場の休業日に当たる場合にあっては、その後最初になされた売買取引の成立価格）。
② 定款の認証の日において当該有価証券が公開買付け等の対象であるときは、当該日における当該公開買付け等に係る契約における当該有価証券の価格。

(3) 弁護士等の証明書がある場合
現物出資財産等について定款に記載（記録）された価額が相当であることについて、弁護士、弁護士法人、公認会計士（外国公認会計士を含む）、監査法人、税理士、税理士法人（以下「弁護士等」という）の証明（現物出資財産等が不動産である場合にあっては、当該証明および不動産鑑定士の鑑定評価）を受けた場合

（イ）弁護士等の印鑑証明書および弁護士等の登録書面は添付不要。証明者、鑑定者が自然人であるときはその資格が証明書、鑑定書に記載されていることを要するが、その者の資格を証する書面の添付は不要（中川・商業登記事務の取扱い90頁、平14・12・27民商3239）。
（ロ）弁護士等の証明の対象となる財産は、不動産に限らない（→memo.）。
（ハ）現物出資財産が、弁護士等の証明の対象となる財産と動産である場合の取扱いについては、(1)(ハ)を参照。

memo. 会社法33条10項3号は、「現物出資財産等が不動産である場合にあっては、当該証明及び不動産鑑定士の鑑定評価」と定めている。

Q12〔出資の履行時期〕
発起人による出資の履行時期はいつか

(1) 発起人は、設立時発行株式の引受け後、遅滞なく、その引き受けた設立時発行株式につき、その出資に係る金銭の全額を払い込み、またはその出資に係る現物出資財産の全部を給付しなければならない（会社34①）。
(2) 出資の履行は定款の作成後であることを要するが、定款認証の前後を問わない。定款認証日前であっても、払込金額が記載された定款または発起人全員の同意書の作成日より後の日付をもって払い込まれた事実が判明する払込みを証する書面を添付した場合には、他に却下する原因がなければ受

発起設立・募集設立の共通事項		理して差し支えないと解されている（宗野・諸問題36頁）。 memo．現物出資財産について、発起人全員の同意があるときは、登記、登録その他権利の設定または移転を第三者に対抗するために必要な行為は、株式会社の成立後にすることができる（会社34①）。
	Q13〔払込場所〕 出資の払込場所は決められているか	出資の払込みは、発起人が定めた銀行等の払込みの取扱場所においてしなければならない（会社34②）。「銀行等」とは、次のものをいう（会社規7）。 ①　銀行法に規定する銀行 ②　信託業法に規定する信託会社 ③　会社法施行規則7条で定める次の金融機関 　　株式会社商工組合中央金庫、農業協同組合、農業協同組合連合会、漁業協同組合、漁業協同組合連合会、水産加工業協同組合、水産加工業協同組合連合会、信用協同組合、協同組合連合会、信用金庫、信用金庫連合会、労働金庫、労働金庫連合会、農林中央金庫
	Q14〔失権株がある場合〕 発起人の引受株式の一部に失権があっても、設立手続を続行できるか	(1)　発起人が引き受けた設立時発行株式の一部に失権株が生じても、定款に記載（記録）された設立に際して出資される財産の最低額（会社27四）が満たされていれば、通常、発起人全員の同意をもって設立手続を続行できる（会社32①参照、会社法の解説17頁）。 (2)　ただし、失権の結果、発起人中のある者が1株の株主にもならないときは、その者は発起人の要件（会社25②）を欠くこととなるので、発起人の記載（記録）を変更した定款に再度公証人の認証を受けて設立手続を更新する（定款の追加認証→Q7④。欠けることとなる発起人が現物出資者の場合は会社30②参照。江頭・会社法84頁）。

Q15〔本店・支店等の決定〕
本店・支店の所在場所等は誰が決定するのか

　会社成立前は、定款記載（記録）の最小行政区画内における本店の所在場所、支店の所在場所の決定、支配人の選任、株主名簿管理人の決定等は、定款に別段の定めがない限り、発起人の議決権の過半数によって行う（平18・3・31民商782第2部第1・1）。

14　株式会社　1　株式会社の設立

Q16〔手続の概要〕
発起設立の手続の概要は、どのようになるか

発起設立の手続の概要図は次のようになる。

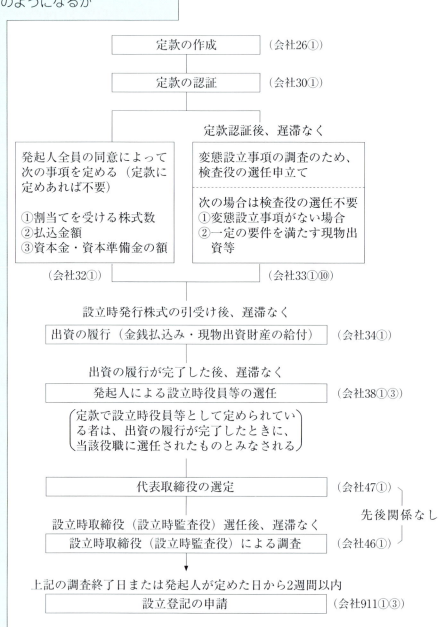

払込取扱銀行等には、払込金の保管証明義務がない（会社64①参照）。「払込みがあったことを証する書面」については**Q45**参照。	**Q17〔払込みの証明書〕** 発起設立の場合、払込金の保管証明書が交付されるか
設立時役員等とは、設立時取締役（設立する会社が監査等委員会設置会社である場合にあっては、設立時監査等委員である設立時取締役またはそれ以外の設立時取締役）、設立時会計参与、設立時監査役、設立時会計監査人をいう（会社39④）。 **memo.1** 設立時取締役とは、株式会社の設立に際して取締役となる者をいう。他の設立時役員等についても、これに準ずる（会社38①③）。 **memo.2** 監査等委員会設置会社を設立しようとする場合にあっては、設立時監査等委員である設立時取締役とそれ以外の設立時取締役とを区別して選任しなければならない（会社38②）。	**Q18〔設立時役員等とは〕** 設立時役員等とは、どのような者をいうのか
(1) 設立時取締役：発起人は、出資の履行が完了した後、遅滞なく、設立時取締役を選任しなければならない（会社38①）。 (2) 設立時取締役以外の役員：発起人は、出資の履行が完了した後、遅滞なく、次の区分に応じ、該当する設立時役員等を選任しなければならない（会社38③）。 | 設置会社 | 選任すべき役員 | |---|---| | 会計参与設置会社 | 設立時会計参与 | | 監査役設置会社（注） | 設立時監査役 | | 会計監査人設置会社 | 設立時会計監査人 | （注） 監査役の監査の範囲を、会計に関するものに限定する旨の定款の定めがある会社を含む（会社38③二）。 (3) 定款による定め：定款で設立時取締役（設立しようとする株式会社が監査等委員会設置会社である場合にあっては、設立時監査	**Q19〔役員の選任時期〕** 設立時役員等は、いつ選任するのか

等委員である設立時取締役またはそれ以外の設立時取締役)、設立時会計参与、設立時監査役または設立時会計監査人として定められた者は、出資の履行が完了した時に、それぞれ設立時取締役、設立時会計参与、設立時監査役または設立時会計監査人に選任されたものとみなされる（会社38④）。

memo. 取締役会設置会社の場合には設立時取締役は3人以上、監査役会設置会社の場合には設立時監査役は3人以上、監査等委員会設置会社の場合には、設立時監査等委員である設立時取締役は、3人以上でなければならない（会社39①②③）。

Q20〔役員等の選任方法〕
設立時役員等の選任はどのようにすべきか

設立時役員等（設立時取締役、設立時会計参与、設立時監査役、設立時会計監査人）の選任の方法は、次の区分による。

	ケース	選任の方法
①	原則	設立時役員等の選任は、発起人の議決権の過半数をもって決定する。発起人は、出資の履行をした設立時発行株式1株（単元株制度をとる場合には1単元）につき1個の議決権を有する（会社40①②）。
②	定款の定めがある場合	定款で設立時取締役（設立しようとする株式会社が監査等委員会設置会社である場合にあっては、設立時監査等委員である設立時取締役またはそれ以外の設立時取締役）、設立時会計参与、設立時監査役または設立時会計監査人として定められた者は、出資の履行が完了した時に、それぞれ設立時取締役、設立時会計参与、設立時監査役または設立時会計監査人に選任されたものとみなされる（会社38④）。
③	議決権制限株式を発行する場合	㋑ 種類株式発行会社において、取締役の選任について議決権を行使することができないとする議決権制限株式（会社108①三）を発行するときは、その株式については、発起人は議決権を行使できない（会社40③）。 ㋺ 設立時会計参与、設立時監査役、設立時会計監査人の選任についても同様である（会社40⑤）。

④	取締役（監査等委員会設置会社にあっては、監査等委員である取締役またはそれ以外の取締役）・監査役の選任に関する種類株式を発行する場合	㈠　各種類の株主の種類株主総会において取締役（監査等委員会設置会社にあっては、監査等委員である取締役又はそれ以外の取締役）または監査役の選任について内容の異なる種類株式（会社108①九）を発行する場合には、会社法108条2項9号に定める事項についての定款の定めの例に従い、その種類の設立時発行株式を引き受けた発起人の議決権の過半数で決定する（会社41①③）。 ㈡　発起人は、出資の履行をした種類の設立時発行株式1株（単元株制度をとる場合には1単元）につき1個の議決権を有する（会社41②）。 ㈢　この種類株式は取締役（監査等委員会設置会社にあっては、監査等委員である取締役またはそれ以外の取締役）・監査役の選任についてのものであり、設立時会計参与・設立時会計監査人には適用されない。
⑤	拒否権条項付株式が発行される場合	㈠　設立時取締役・設立時監査役の選任につき拒否権条項付株式（会社108①八）が発行される場合には、①の原則的な決議のほかに、拒否権条項付株式を引き受けた発起人の議決権の過半数による承認を要する（会社45①）。 ㈡　発起人は、出資の履行をした種類の設立時発行株式1株（単元株制度をとる場合には1単元）につき1個の議決権を有する（会社45②）。

発起設立における設立時代表取締役の選定は、設立しようとする会社が取締役会設置会社（→memo.）であるか否かの区別により、次のようになる（会社47①、矢部・諸問題4頁、会社法Q＆A(3)19・20頁）。

Q21〔設立時代表取締役の選定〕
設立時代表取締役の選定方法

取締役会設	原　則	設立時取締役の過半数をもって、設立時取締役（設立しようとする株式会社が監査等委員会設置会社である場合にあっては、設立時監査等委員である設立時取締役を除く）の中から設立時代表取締役を選定する（会社47①③）。 ただし、定款で選定方法を定めている場合は次欄による（会社29）。

発起設立

取締役会設置会社	定款による選定方法の定め	次のいずれかの方法による。 ① 定款で、特定の者を設立時代表取締役と定める。 ② 定款で、発起人の互選等（注1）によって選定する旨を定め、その定めに従って選定する。
非取締役会設置会社	定款に選定方法の定めなし	発起人が選定する（注2）。
非取締役会設置会社	定款による選定方法の定め	次のいずれかの方法による。 ① 定款で、特定の者を設立時代表取締役と定める。 ② 定款で、設立時取締役の互選等（注3）によって選定する旨を定め、その定めに従って選定する。
非取締役会設置会社	選定が行われない場合	設立時取締役の全員が、設立時代表取締役になる（会社349①参照）。

（注1） 発起人の互選または発起人の過半数等の互選の具体的な方法をいう（会社法Q＆A(3)18頁）。
（注2） 非取締役会設置会社の発起人が設立時代表取締役を選定できることについては、取締役会設置会社の場合のように（会社47）、会社法上、明文の規定が存在しないが、発起人は株式会社の設立事務全般を取り扱う権限を有するものとされている（会社法Q＆A(3)18頁参照）。
（注3） 設立時取締役の互選または設立時取締役の過半数等の互選の具体的な方法をいう（会社法Q＆A(3)18頁）。

memo. 取締役会設置会社であっても、指名委員会等設置会社は除かれる（会社47①）。

Q22〔設立時取締役等の調査〕
設立時取締役等の調査事項は何か

設立時取締役（設立会社が監査役設置会社の場合は、設立時取締役および設立時監査役）は、その選任後遅滞なく、次の事項を調査しなければならない（会社46①）。
① 現物出資財産等（→Q10）のうち、少額免除・有価証券に関する免除の対象となる財産につき、定款に定めた額が相当であること。
② 弁護士等の証明による免除の場合には、弁護士等の証明が相当であること。
③ 出資の履行が完了していること。
④ 会社設立の手続が法令または定款に違反していないこと。

Q23〔募集事項の決定〕
設立時募集株式の募集事項は何を定めるべきか

募集株式を引き受ける者を募集するときは、発起人全員の同意をもって、その都度、設立時募集株式について次の事項を定めなければならない（会社58①②）。
① 設立時募集株式の数。設立会社が種類株式発行会社である場合には、その種類、種類ごとの数。
② 設立時募集株式の払込金額（設立時募集株式1株と引換えに払い込む金銭の額をいう）。
③ 設立時募集株式と引換えにする金銭の払込みの期日、またはその期間
④ 一定の日までに設立の登記がされない場合において、設立時募集株式の引受けの取消しをすることができることとするときは、その旨、その一定の日。

memo.1　設立時募集株式＝設立時発行株式を引き受ける者の募集に応じて、設立時発行株式の引受けの申込みをした者に対して割り当てる設立時発行株式をいう（会社58①）。

memo.2　設立時募集株式の払込金額その他の募集条件は、当該募集（設立会社が種類株式発行会社である場合には、種類および当該募集）ごとに、均等に定めなければならない（会社58③）。

Q24〔申込者に対する通知〕
引受けの申込みをしようとする者に対する通知事項

発起人は、募集株式の募集に応じて設立時募集株式の引受けの申込みをしようとする者に対し、次の事項を通知しなければならない（会社59①）。
① 定款の認証の年月日・その認証をした公証人の氏名
② 定款の絶対的記載事項（会社27）、変態設立事項（会社28）、発起人が引き受けた設立時発行株式に関する事項（会社32①）、設立時募集株式に関する事項（会社58①）
③ 発起人が出資した財産の価額
④ 払込みの取扱いの場所
　「取扱いの場所」であるから、金融機関の名称（株式会社○○銀行）だけでなく、店舗名・住所（最小行政区画でよい）を通知する（昭35・6・27民甲

1559）。
　⑤　会社法施行規則8条で定める次の事項
　　㋑　発起人が割当てを受けた設立時発行株式（出資の履行をしたものに限る）、および引き受けた設立時募集株式の数（設立会社が種類株式発行会社である場合には、種類・種類ごとの数）
　　㋺　会社法32条2項（種類株式発行会社の場合において、定款で定めた要綱についての具体的内容の定め）の規定による決定の内容
　　㋩　株主名簿管理人を置く旨の定款の定めがあるときは、その氏名（名称）および住所ならびに営業所
　　㊁　定款に定められた事項（会社法59条1項1号から4号まで、および㋩に掲げる事項を除く）であって、設立時募集株式の引受けの申込みをしようとする者が、発起人に対して、当該者に対して通知することを請求した事項

memo.1　旧商法で採用されていた発起人から申込みをしようとする者に対する株式申込証の用紙の交付制度は（旧商175）、会社法では採用されていない。会社は適宜の方法で通知すればよい。

memo.2　発起人のうち出資の履行をしていないものがある場合には、発起人は、失権手続の期日（会社36①）後でなければ、①から⑤までの通知をすることができない（会社59②）。

Q25〔申込証の記載事項〕
募集株式の引受けは書面ですべきか、その記載事項は何か

(1)　募集に応じて設立時募集株式の引受けの申込みをする者は、①申込みをする者の氏名（名称）・住所、②引き受けようとする設立時募集株式の数を記載した書面を発起人に交付しなければならない（会社59③）。

(2)　引受けの申込みをする者は、(1)の書面の交付に代えて、会社法施行令1条（会社規230参照）で定めるところにより、発起人の承諾を得て、書面に記載すべき事項を電磁的方法により提供することができる（会社59④）。

(3)　募集株式について総数引受契約を締結する場合には、(1)(2)は適用されない（会社61）。

Q26〔設立時募集株式の割当て〕
設立時募集株式はどのように割り当てるのか

(1)　発起人は、申込者の中から設立時募集株式の割当てを受ける者を定め、かつ、その者に割り当てる設立時募集株式の数を定めなければならない。発起人は、申込者に割り当てる設立時募集株式の数を、申込者がし

た申込みの数よりも減少することができる（会社60①。割当自由の原則）。
(2)　発起人は、払込期日（払込期間を定めた場合には、その期間の初日）の前日までに、申込者に対し、当該申込者に割り当てる設立時募集株式の数を通知しなければならない（会社60②）。
(3)　募集株式について総数引受契約を締結する場合には、(1)(2)は適用されない（会社61）。

設立時募集株式の引受申込者は、発起人が割り当てた設立時募集株式の数につき、設立時募集株式の引受人となる。設立時募集株式の総数引受契約をした者は、その者が引き受けた設立時募集株式の数につき、設立時募集株式の引受人となる（会社62）。

Q27〔設立時募集株式の引受け〕
申込者、総数引受者が引受人となる募集株式の数

---

(1)　設立時募集株式の引受人は、払込期日または払込期間内に、発起人が定めた銀行等の払込みの取扱いの場所において、それぞれの設立時募集株式の払込金額の全額の払込みを行わなければならない（会社63①）。
(2)　設立時募集株式の引受人は、(1)の払込みをしないときは、当該払込みをすることにより設立時募集株式の株主となる権利を失う（会社63②）。
memo．設立時募集株式の引受人が、払込期日または払込期間内に払込みをしないときは、当然に、当該払込みをすることにより設立時募集株式の株主となる権利を失う。発起人の場合と異なり失権手続（会社36）を要しない。

Q28〔払込み〕
設立時募集株式の払込みの時期・払込場所

募集設立の場合には、発起人は、払込みの取扱いをした銀行等（Q13参照）に対し、設立時募集株式について払い込まれた金額に相当する金銭の保管に関する証明書の交付を請求することができる（会社64①）。

Q29〔払込金の保管証明〕
発起人は、払込金の保管証明書の交付を請求できるか

募集設立

募集設立	**Q30〔創立総会の招集時期〕** 創立総会の招集時期はいつか	募集設立においては、発起人は、払込期日または払込期間の末日のうちもっとも遅い日以後、設立時株主（出資の履行をした発起人・設立時募集株式の引受人）の総会を招集しなければならない（会社65①）。 　発起人は、必要があると認めるときは、いつでも創立総会を招集できる（会社65②）。
	Q31〔創立総会の招集の決定〕 創立総会を招集するために決定すべき事項	発起人は、創立総会を招集する場合には、次に掲げる事項を定めなければならない（会社67①）。 ① 創立総会の日時および場所 　招集場所については、定款に定めがない限り制限はない。 ② 創立総会の目的である事項 ③ 創立総会に出席しない設立時株主が書面によって議決権を行使することができることとするときは、その旨 ④ 創立総会に出席しない設立時株主が電磁的方法によって議決権を行使することができることとするときは、その旨 ⑤ 会社法施行規則9条で定める事項 memo．　発起人は、設立時株主（創立総会において決議をすることができる事項の全部につき議決権を行使することができない設立時株主を除く）の数が1,000人以上である場合には、③に掲げる事項を定めなければならない（会社67②）。
	Q32〔創立総会の招集の通知・方法〕 創立総会の招集通知を発する時期・通知の方法	(1)　発起人は、次の日までに、設立時株主に対して招集通知を発しなければならない（会社68①）。

会社の形態等	招集通知を発する時期
原　則	創立総会の2週間前までに

設立会社が株式譲渡制限会社で取締役会設置会社	創立総会の1週間前までに
設立会社が株式譲渡制限会社で非取締役会設置会社	定款で定めれば、1週間未満にできる

(2) 通知の方法は、次の場合には、書面でしなければならない（会社68②）。
① 取締役会設置会社である場合
② 非取締役会設置会社であっても、書面投票（会社67①三）、または電磁的方法で議決権の行使をすることを認めた場合（会社67①四）
(3) 発起人は、(2)の書面による通知の発出に代えて、会社法施行令2条で定めるところにより、設立時株主の承諾を得て、電磁的方法により通知を発することができる（会社68③）。

Q33〔招集手続の省略〕招集手続をしないで創立総会を開催できるか

設立時株主の全員の同意があるときは、招集の手続を経ることなく開催することができる。ただし、書面投票（会社67①三）、または電磁的方法で議決権の行使をすることを認めた場合（会社67①四）は、招集手続を省略できない（会社69）。

Q34〔議決権の数〕設立時株主の議決権の数

(1) 設立時株主は、創立総会において、その引き受けた設立時発行株式1株（単元株制度のときは1単元の設立時発行株式）につき1個の議決権を有する（会社72①）。
ただし、成立後の株式会社がその総株主の議決権の4分の1以上を有することその他の事由を通じて成立後の株式会社がその経営を実質的に支配することが可能となる関係にあるものとして会社法施行規則12条で定める設立時株主を除く（会社72①括弧書）。
(2) 設立会社が種類株式発行会社である場合において、株主総会において議決権を行使することができる事項について制限がある種類の設立時発行株式を発行するときは、創立総会において、設立時株主は、株主総会において議決権を行使することができる事項に相当する事項に限り、当該設立時発行株式について議決権を行使することができる（会社72②）。
(3) (2)にかかわらず、株式会社の設立の廃止については、設立時株主は、その引き受けた設立時発行株式について議決権を行使することができる（会社72③）。

株式会社　1　株式会社の設立

募集設立

Q35〔創立総会の決議〕
創立総会の決議はどのように行うのか

次の区分による（会社73）。

原則	当該創立総会において議決権を行使することができる設立時株主の議決権の過半数であって、出席した当該設立時株主の議決権の3分の2以上に当たる多数をもって行う（会社73①）。	
株式譲渡制限の設定を設ける定款変更	発行する全部の株式の内容として譲渡による当該株式の取得について会社の承認を要する旨の定款の定めを設ける定款の変更を行う場合（設立しようとする株式会社が種類株式発行会社である場合を除く）	当該創立総会において議決権を行使することができる設立時株主の半数以上であって、当該設立時株主の議決権の3分の2以上に当たる多数をもって行う（会社73②）
取得条項付株式	定款を変更してその発行する全部の株式の内容として会社法107条1項3号に掲げる事項（取得条項付株式）についての定款の定めを設け、または当該事項についての定款の変更（当該事項についての定款の定めを廃止するものを除く）をしようとする場合（設立しようとする株式会社が種類株式発行会社である場合を除く）	設立時株主全員の同意を得なければならない（会社73③）。

memo.1　創立総会は、創立総会の目的である事項（会社67①二）以外の事項については、決議をすることができない。ただし、定款の変更または会社の設立の廃止については、決議することができる（会社73④）。

memo.2　設立時株主は、創立総会ごとに代理権を授与した代理人によってその議決権を行使することができる。この場合においては、当該設立時株主または代理人は、代理権を証明する書面を発起人に提出しなければならない（発起人の承諾を得て電磁的方法により提供できる）（会社74①②③）。

Q36〔決議の省略〕
創立総会の決議は省略できるか

発起人が創立総会の目的である事項について提案をした場合において、当該提案につき設立時株主（当該事項について議決権を行使するこ

とができるものに限る）の全員が書面または電磁的記録により同意の意思表示をしたときは、当該提案を可決する旨の創立総会の決議があったものとみなされる（会社82①）。

(1) 発起人は、会社の設立に関する事項を創立総会に報告しなければならない（会社87①）。
(2) 発起人は、次に掲げる場合には、当該事項を記載（記録）した書面（電磁的記録）を創立総会に提出（提供）しなければならない（会社87②）。
　① 定款に変態設立事項（会社法28条各号。会社法33条10項各号［検査役の調査を要しない現物出資等］に掲げる場合における当該各号に定める事項を除く）の定めがある場合には、現物出資等を調査した検査役の報告の内容
　② 現物出資財産等について定款に記載（記録）された価額が相当であることについて、弁護士等の証明を受けた場合には、その証明の内容

Q37〔創立総会への報告〕
発起人による創立総会への報告事項は何か

創立総会の議事については、会社法施行規則16条で定めるところにより、議事録を作成しなければならない（会社81①）。

Q38〔議事録〕
創立総会の議事録は作成すべきか

＜会社法施行規則16条3項・4項＞

> 3　創立総会の議事録は、次に掲げる事項を内容とするものでなければならない。
> 　一　創立総会が開催された日時及び場所
> 　二　創立総会の議事の経過の要領及びその結果
> 　三　創立総会に出席した発起人、設立時取締役（設立しようとする株式会社が監査等委員会設置会社である場合にあっては、設立時監査等委員である設立時取締役又はそれ以外の設立時取締役）、設立時執行役、設立時会計参与、設立時監査役又は設立時会計監査人の氏名又は名称

	四　創立総会の議長が存するときは、議長の氏名 　五　議事録の作成に係る職務を行った発起人の氏名又は名称 4　次の各号に掲げる場合には、創立総会の議事録は、当該各号に定める事項を内容とするものとする。 　一　法第82条第1項［設立時株主全員の同意による決議の省略］の規定により創立総会の決議があったものとみなされた場合　次に掲げる事項 　　イ　創立総会の決議があったものとみなされた事項の内容 　　ロ　イの事項の提案をした者の氏名又は名称 　　ハ　創立総会の決議があったものとみなされた日 　　ニ　議事録の作成に係る職務を行った発起人の氏名又は名称 　二　［省略］
Q39〔設立時取締役等の選任〕 設立時取締役等の選任は創立総会で行うのか	募集設立の場合には、設立時取締役、設立時会計参与、設立時監査役、設立時会計監査人の選任は、創立総会の決議によって行わなければならない（会社88①）。 　設立しようとする株式会社が監査等委員会設置会社である場合には、前項の規定による設立時取締役の選任は、設立時監査等委員である設立時取締役とそれ以外の設立時取締役とを区別してしなければならない（会社88②）。
Q40〔設立時取締役等による調査〕 設立時取締役等の調査事項は何か	(1)　設立時取締役（設立会社が監査役設置会社である場合には、設立時取締役および設立時監査役）は、その選任後遅滞なく、次に掲げる事項を調査しなければならない（会社93①）。 　①　現物出資財産等のうち、少額免除・有価証券に関する免除の対象となる財産につき、定款に定めた額が相当であること。 　②　弁護士等の証明による免除の場合には、弁護士等の証明が相当であること。 　③　発起人による出資の履行および設立時募集株式の引受人による払込みが完了していること。 　④　会社設立の手続が法令または定款に違反していないこと。

募集設立

(2) 設立時取締役は、(1)の調査の結果を創立総会に報告しなければならない（会社93②）。
memo. 設立時取締役（設立会社が監査役設置会社である場合には、設立時取締役および設立時監査役）の全部または一部が発起人である場合には、創立総会においては、その決議によって、(1)の事項を調査する者を選任できる（会社94①）。

1 発起人による変更
　募集設立の場合には、発起人は、金銭の払込期日または払込期間の初日のうち最も早い日以後は、裁判所による変更決定確定後の定款の変更（会社33⑨）、発行可能株式総数の定め（会社37①②）の規定にかかわらず、定款の変更をすることができない（会社95）。

2 創立総会における変更
　公証人の認証を受けた定款は、創立総会の決議によって変更することができる（会社96）。
memo. 創立総会により定款の変更があっても、公証人の認証を要しない（昭15・4・17民甲476）。

Q41〔定款の変更〕
募集設立では定款の変更ができるか

募集設立

登記手続	**Q42**〔会社成立〕 会社はいつ成立するか	株式会社は、その本店の所在地において設立の登記をすることによって成立する（会社49）。
	Q43〔登記期間〕 設立の登記の申請期間は何週間か	本店の所在地においては次に掲げる日のいずれか遅い日から2週間以内に、また、会社の設立に際して支店を設けた場合には当該支店の所在地において、本店の所在地における設立の登記をした日から2週間以内にしなければならない（会社911①②・930①一）。 1　発起設立の場合 　①　設立時取締役等による調査が終了した日（指名委員会等設置会社にあっては、設立時代表執行役が設立時取締役等から調査を終了した旨の通知を受けた日） 　②　発起人が定めた日 2　募集設立の場合 　①　創立総会の終結の日 　②　会社法84条〔種類株主総会の決議を必要とする旨の定めがある場合〕の種類創立総会の決議をしたときは、当該決議の日 　③　会社法97条〔設立時発行株式の引受けの取消し〕の創立総会の決議をしたときは、当該決議の日から2週間を経過した日 　④　会社法100条1項〔譲渡制限株式・取得条項付株式について定款の定めを設けるとき〕の種類創立総会の決議をしたときは、当該決議の日から2週間を経過した日 　⑤　会社法101条1項〔設立時種類株主に損害を及ぼすおそれがあるとき〕の種類創立総会の決議をしたときは、当該決議の日
	Q44〔本店所在地における登記事項〕 本店の所在地における登記すべき事項（会社911③）	①　目　　的 ②　商　　号 ③　本店および支店の所在場所 ④　存続期間または解散の事由についての定款の定めがあるときは、その定め ⑤　資本金の額

⑥　発行可能株式総数
⑦　発行する株式の内容（種類株式発行会社では、発行可能種類株式総数および発行する各種類の株式の内容）
⑧　単元株式数についての定款の定めがあるときは、その単元株式数
⑨　発行済株式の総数ならびにその種類および種類ごとの数
⑩　株券発行会社であるときは、その旨
⑪　株主名簿管理人を置いたときは、その氏名（名称）および住所ならびに営業所
⑫　新株予約権を発行したときは、次に掲げる事項
　　㋑　新株予約権の数
　　㋺　新株予約権の目的である株式の数（種類株式発行会社は、株式の種類および種類ごとの数）またはその数の算定方法
　　㋩　募集新株予約権と引換えに金銭の払込みを要しないこととする場合には、その旨
　　㋥　㋩以外の場合には、募集新株予約権の払込金額またはその算定方法
　　㋭　当該新株予約権の行使に際して出資される財産の価額またはその算定方法
　　㋬　金銭以外の財産を当該新株予約権の行使に際してする出資の目的とするときは、その旨および当該財産の内容および価額
　　㋣　当該新株予約権を行使することができる期間
　　㋠　㋭から㋣までのほか、新株予約権の行使の条件を定めたときは、その条件
　　㋷　取得条項付新株予約権については、一定の事由が生じた日に会社がその新株予約権を取得する旨およびその事由、その取得と引換えに交付する株式の種類および種類ごとの数または新株予約権の内容および数等
⑬　取締役（監査等委員会設置会社の取締役を除く）の氏名
⑭　代表取締役の氏名および住所（指名委員会等設置会社である場合を除く）
⑮　取締役会設置会社であるときは、その旨
⑯　会計参与設置会社であるときは、その旨および会計参与の氏名（名称）および計算書類等の備置場所
⑰　監査役設置会社（監査役の監査の範囲を会計に関するものに限定する旨の定款の定めがある株式会社を含む）であるときは、その旨および次に掲げる事項
　　㋑　監査役の監査の範囲を会計に関するものに限定する旨の定款の定めがある株式会社であるときは、その旨
　　㋺　監査役の氏名
⑱　監査役会設置会社であるときは、その旨および監査役のうち社外監査役で

あるものについて社外監査役である旨
⑲　会計監査人設置会社であるときは、その旨および会計監査人の氏名（名称）
⑳　一時会計監査人の職務を行うべき者を置いたときは、その氏名（名称）
㉑　特別取締役による議決の定めがあるときは、その旨、特別取締役の氏名、取締役のうち社外取締役であるものについて社外取締役である旨
㉒　監査等委員会設置会社であるときは、その旨および次に掲げる事項
　　イ　監査等委員である取締役およびそれ以外の取締役の氏名
　　ロ　取締役のうち社外取締役であるものについて、社外取締役である旨
　　ハ　399条の13第6項［監査等委員会設置会社の取締役会の権限］の規定による重要な業務執行の決定の取締役への委任についての定款の定めがあるときは、その旨
㉓　指名委員会等設置会社であるときは、その旨、取締役のうち社外取締役であるものについて社外取締役である旨、各委員会の委員および執行役の氏名ならびに代表執行役の氏名および住所
㉔　取締役、会計参与、監査役、執行役または会計監査人の責任の免除についての定款の定めがあるときは、その定め
㉕　非業務執行取締役等（→memo.）が負う責任の限度に関する契約の締結についての定款の定めがあるときは、その定め
㉖　貸借対照表を電磁的方法により開示するときは、貸借対照表の内容である情報について不特定多数の者がその提供を受けるために必要な事項であって会社法施行規則220条1項1号で定めるもの（具体的には、当該情報が掲載されているウェブページのアドレス）
㉗　公告方法についての定款の定めがあるときは、その定め
㉘　電子公告を公告方法とするときは、次に掲げる事項
　　イ　電子公告により公告すべき内容である情報について不特定多数の者がその提供を受けるために必要な事項であって会社法施行規則220条1項2号で定めるもの（具体的には、当該情報が掲載されているウェブページのアドレス）
　　ロ　事故その他のやむを得ない事由によって電子公告による公告をすることができない場合の公告方法について定款の定めがあるときは、その定め
㉙　㉗の定款の定めがないときは、官報により掲載する方法を公告方法とする旨

memo.　非業務執行取締役等＝取締役（業務執行取締役等（会社二十五）であるものを除く）、会計参与、監査役または会計監査人をいう（会社427①）。

株式会社　　①　株式会社の設立　　31

> **Q45〔添付書面－発起設立〕**
> 発起設立の登記申請書に添付すべき書面

発起設立の登記の申請書には、次の書面を添付しなければならない（商登47②、平18・3・31民商782第2部第1・2）。
① 定　款
② 出資全額の払込みがあったことを証する書面
　次の書面のいずれかが「払込みがあったことを証する書面」に該当する。
　㋑　払込金受入証明書（平18・3・31民商782別紙1を参照）
　㋺　設立時代表取締役または設立時代表執行役の作成に係る払込取扱機関に払い込まれた金額を証明する書面に、次の書面のいずれかを合てつしたもの
　　ⓐ　払込取扱機関における口座の預金通帳の写し
　　　ⅰ　この口座の名義人は、原則として発起人であることを要する。
　　　ⅱ　ただし、設立時の会社の財産として発起人が実質的に管理し得る体制が確保されている場合には、発起人以外の口座名義人として設立時代表取締役であってもよいと解されている。この場合には、払込金について発起人が実質的に関与していることを登記官において確認させるために、発起人の1人から設立時代表取締役に対して払込金の受領権限を委任したことを明らかにする書面を併せて添付する（宗野・諸問題37頁）。
　　ⓑ　取引明細表その他の払込取扱機関が作成した書面
③ 登記すべき事項につき発起人全員の同意またはある発起人の一致を要するときは、その同意または一致があったことを証する書面（商登47③）
　㋑　次に掲げる場合には、発起人全員の同意があったことを証する書面を添付しなければならない。
　　ⓐ　発起人がその割当てを受ける設立時発行株式の数その他の設立時発行株式に関する事項を定めた場合（会社32）
　　ⓑ　発起人が発行可能株式総数を定め、または変更した場合（会社37）
　㋺　次に掲げる場合には、発起人の過半数の一致があったことを証する書面を添付しなければならない。
　　ⓐ　発起人が設立時取締役、設立時会計参与、設立時監査役または設立時会計監査人を選任したとき（会社40①）
　　ⓑ　設立時代表取締役を定款で定めなかった場合または定款で設立時代表取締役の選定方法を定めなかった場合において、発起人が設立時代表取締役を選定した場合（取締役会設置会社の場合を除く）
　　ⓒ　発起人が設立時の本店・支店の所在場所、株主名簿管理人等を定めた場合
④ 設立時取締役が設立時代表取締役を選定したときは、これに関する書面
　印鑑証明書→memo.2。

⑤ 設立時取締役、設立時監査役および設立時代表取締役が就任を承諾したことを証する書面（設立しようとする会社が監査等委員会設置会社である場合にあっては、設立時監査等委員である設立時取締役およびそれ以外の設立時取締役ならびに設立時代表取締役のもの（商登47②十）。設立しようとする会社が指名委員会等設置会社である場合にあっては、設立時取締役、設立時委員、設立時執行役および設立時代表執行役のもの）

⑥ 設立時取締役、設立時監査役、設立時執行役（以下「取締役等」という）が就任を承諾したことを証する書面に記載した氏名および住所と同一の氏名および住所が記載されている市区町村長その他の公務員が職務上作成した証明書（当該取締役等が原本と相違がない旨を記載した謄本を含む）（本人確認証明書。商登規61⑦）。

＜本人確認証明書の例（平27・2・20民商18）＞
　㋑　住民票の写し、住民票記載事項証明書、戸籍の附票の写し、外国に居住する取締役等の氏名および住所が記載されている日本国領事が作成した証明書。印鑑証明書も該当すると考えられる（佐藤・平成27年商業登記事務の取扱い50頁）。
　㋺　運転免許証、運転経歴証明書、住民基本台帳カード（住所が記載されているもの）、在留カード（出入国管理及び難民認定法19条の3）、特別永住者証明書。
　　これらについては裏面も複写し、本人が「原本と相違がない。」と記載して、署名または記名押印する。
　㋩　取締役等が外国に居住する者であるときは、外国官憲の作成に係る当該取締役等の氏名および住所が記載された証明書（宣誓供述証明書を含む）、外国官憲の発行に係る身分証明書等（住所の記載があるものに限る）の謄本で、当該取締役等が「原本と相違がない。」と記載して、署名または記名押印したもの。
　（注）外国語で作成された証明書については、日本語による訳文の添付を要する。

＜本人確認証明書の添付を要しない場合＞
　㋑　取締役会設置会社でない会社の設立時取締役
　　商業登記規則61条4項の規定により、設立時取締役の就任承諾書の印鑑につき市区町村長の作成した証明書を添付した場合。
　㋺　取締役会設置会社の設立時代表取締役・設立時代表執行役
　　商業登記規則61条5項の規定により、設立時代表取締役または設立時代表執行役の就任承諾書の印鑑につき市区町村長の作成した証明書を添付した場合。

⑦　⑤の書面の設立時取締役（設立しようとする会社が取締役会設置会社である場合にあっては、設立時代表取締役または設立時代表執行役）の印鑑につき市区町村長の作成した証明書（商登規61④⑤）

　取締役会設置会社以外の会社にあっては改正前の有限会社と同様に（旧商登規80・93）、取締役会設置会社にあっては改正前の株式会社と同様に（旧商登規80②）、就任承諾書の印鑑に係る印鑑証明書を添付しなければならない（→memo.2）。

⑧　設立時会計参与または設立時会計監査人を選任したときは、次の書面
　㋑　就任を承諾したことを証する書面
　㋺　これらの者が法人であるときは、当該法人の登記事項証明書
　　　当該法人が登記された登記所に登記の申請をする場合において、当該法人の登記簿からその代表者の資格を確認することができるときは、添付を要しない。
　㋩　これらの者が法人でないときは、会社法333条1項または337条1項に規定する資格者（公認会計士、監査法人、税理士、税理士法人）であることを証する書面
　　　公認会計士にあっては平18・3・31民商782別紙3－1または3－2の証明書をもって、税理士にあっては別紙4の証明書をもって、資格者であることを証する書面として取り扱って差し支えない。

⑨　特別取締役による議決の定めがあるときは、特別取締役の選定およびその選定された者が就任を承諾したことを証する書面
　　定款、発起人の同意書等が特別取締役の選定を証する書面に該当する。

⑩　株主名簿管理人（会社123）を置いたときは、その者との契約を証する書面
　　定款の定めに従い、株主名簿管理人を置いたときに添付する。

⑪　設立しようとする会社が指名委員会等設置会社であるときは、設立時執行役の選任ならびに設立時委員および設立時代表執行役の選定に関する書面

⑫　定款に変態設立事項（会社28）についての記載があるときは、次に掲げる書面
　㋑　検査役または設立時取締役（設立しようとする会社が監査役設置会社である場合にあっては、設立時取締役および設立時監査役）の調査報告を記載した書面およびその附属書類
　　　これらの書面は、定款に変態設立事項の定めがある場合に限り添付する。
　㋺　現物出資財産等が市場価格のある有価証券である場合には（会社33⑩二）、有価証券の市場価格を証する書面
　　　定款の認証の日における最終市場価格（当該日に売買取引がない場合等にあっては、その後最初にされた売買取引の成立価格）または公開買付け等に係る契約における価格のうちいずれか高い額（会社規6）を証する必要

があり、定款の認証の日の属する月の前月の毎日の最終価格の平均額を証するもの（平2・12・25民四5666参照）では足りない。
⑫ 現物出資財産等について定款に記載（記録）された価額が相当であることについて弁護士、弁護士法人、公認会計士（外国公認会計士を含む）、監査法人、税理士または税理士法人の証明を受けた場合には（会社33⑩三）、弁護士等の証明を記載した書面およびその附属書類（→弁護士等の印鑑証明書等の要否はQ11(3)(イ)参照。）
⑬ 検査役の報告に関する裁判があったときは、その謄本
⑭ 委任状（商登18）

【備考】　代表取締役の印鑑届書を提出する（商登20）。印鑑届書には、届出者である代表取締役の印鑑につき、市区町村長の作成した印鑑証明書（作成後3か月以内のもの）を添付しなければならない（商登規9⑤。就任承諾書に添付した印鑑証明書を援用可）。この印鑑証明書は原本還付請求することができる（平11・2・24民四378）。

memo.1　出資に係る財産が金銭のみである場合には、資本金の額が会社法および会社計算規則の規定に従って計上されたことを証する書面（商登規61⑨）の添付は不要である（平19・1・17民商91）。

memo.2　設立時取締役・設立時代表取締役の選任（選定）を証する書面およびその就任承諾書に市区町村長の作成した印鑑証明書を添付すべきか否かは、次のようになる。

(1)　取締役の選任を証する書面の印鑑・印鑑証明書

設立時取締役の就任	①　選任書面に押すべき印鑑・印鑑証明書について規定なし ②　選任書面に市区町村長の作成した印鑑証明書の印が押してある場合は、就任承諾書の添付を省略できる。

(2)　代表取締役の選定を証する書面の印鑑・印鑑証明書

設立時代表取締役の就任	選任書面に押すべき印鑑・印鑑証明書について規定なし

(3)　設立時代表取締役の就任承諾書と印鑑証明書

会社の機関設計	就任承諾書に印鑑証明書の添付を要する者	商業登記規則
取締役会設置会社	設立時代表取締役	61③
非取締役会設置会社	設立時取締役	61②

【備考】　非取締役会設置会社においては、取締役の中から代表取締役を定め

た場合における当該代表取締役が就任を承諾したことを証する書面の印鑑については、印鑑証明書の添付を要しない（代表取締役の就任による変更登記の事案として、平18・3・31民商782第2部第3・3(2)ア）。

memo.3 商業登記法の改正（平25法28）により、平成27年10月5日以降、申請書に会社法人等番号（商登7）を記載した場合やその他の法務省令で定める場合には、登記事項証明書の添付が不要となる（商登19の3）。

募集設立の登記の申請書には、次の書面を添付しなければならない（商登47②、平18・3・31民商782第2部第1・2）。

Q46〔添付書面－募集設立〕
募集設立の登記の添付書面は何か

① 定　款
② 設立時募集株式の引受けの申込みまたは会社法61条の契約［総数引受け契約］を証する書面
　　株式申込証、払込取扱機関の作成に係る証明書、設立時募集株式の総数の引受けを証する契約書等が該当する。
③ 定款に会社法28条各号に掲げる事項（以下「変態設立事項」という）についての記載があるときは、次に掲げる書面
　イ　検査役または設立時取締役（設立しようとする会社が監査役設置会社である場合にあっては、設立時取締役および設立時監査役）の調査報告を記載した書面およびその附属書類
　　　これらの書面は、定款に変態設立事項の定めがある場合に限り添付しなければならないとされ、創立総会が検査役を選任した場合におけるその調査報告書（旧商184③参照）および定款に変態設立事項の定めがない場合における設立時取締役等の調査報告書（平2・12・25民四5666参照）は、添付を要しない。
　ロ　現物出資財産等が市場価格のある有価証券である場合には（会社33⑩二）、有価証券の市場価格を証する書面
　　　定款の認証の日における最終市場価格（当該日に売買取引がない場合等にあっては、その後最初にされた売買取引の成立価格）または公開買付け等に係る契約における価格のうちいずれか高い額（会社規6）を証する必要があり、定款の認証の日の属する月の前月の毎日の最終価格の平均額を証するもの（平2・12・25民四5666参照）では足りない。
　ハ　現物出資財産等について定款に記載（記録）された価額が相当であることについて弁護士等の証明を受けた場合には（会社33⑩三）、弁護士等の証明を記載した書面およびその附属書類
④ 検査役の報告に関する裁判があったときは、その謄本
⑤ 出資全額の払込みがあったことを証する書面

次の書面が該当する。
　払込取扱機関の払込金の保管に関する証明書：募集設立の場合における払込取扱機関の証明書については、従来の様式（昭46・6・9民四302参照）に代えて、平18・3・31民商782別紙2の株式払込金保管証明書をもって、これに該当するものとすることができる。
⑥　株主名簿管理人を置いたときは、その者との契約を証する書面
⑦　設立時取締役が設立時代表取締役を選定したときは、これに関する書面
⑧　設立しようとする会社が指名委員会等設置会社であるときは、設立時執行役の選任ならびに設立時委員および設立時代表執行役の選定に関する書面
⑨　創立総会議事録（募集設立の場合）
⑩　設立時取締役、設立時監査役および設立時代表取締役が就任を承諾したことを証する書面（設立しようとする会社が監査等委員会設置会社である場合にあっては設立時監査等委員である設立時取締役およびそれ以外の設立時取締役並びに設立時代表取締役のもの。設立しようとする株式会社が指名委員会等設置会社である場合にあっては設立時取締役、設立時委員、設立時執行役および設立時代表執行役のもの）
⑪　設立時取締役、設立時監査役、設立時執行役（以下「取締役等」という）が就任を承諾したことを証する書面に記載した氏名および住所と同一の氏名および住所が記載されている市区町村長その他の公務員が職務上作成した証明書（当該取締役等が原本と相違がない旨を記載した謄本を含む）（本人確認証明書。商登規61⑦）。

＜本人確認証明書の例（平27・2・20民商18）＞
　㋑　住民票の写し、住民票記載事項証明書、戸籍の附票の写し、外国に居住する取締役等の氏名および住所が記載されている日本国領事が作成した証明書。印鑑証明書も該当すると考えられる（佐藤・平成27年商業登記事務の取扱い50頁）。
　㋺　運転免許証、運転経歴証明書、住民基本台帳カード（住所が記載されているもの）、在留カード（出入国管理及び難民認定法19条の3）、特別永住者証明書。
　　これらについては裏面も複写し、本人が「原本と相違がない。」と記載して、署名または記名押印する。
　㋩　取締役等が外国に居住する者であるときは、外国官憲の作成に係る当該取締役等の氏名および住所が記載された証明書（宣誓供述証明書を含む）、外国官憲の発行に係る身分証明書等（住所の記載があるものに限る）の謄本で、当該取締役等が「原本と相違がない。」と記載して、署名または記名押印したもの。
　（注）外国語で作成された証明書については、日本語による訳文の添付を要する。

＜本人確認証明書の添付を要しない場合＞
　　㋑　取締役会設置会社でない会社の設立時取締役
　　　　商業登記規則61条4項の規定により、設立時取締役の就任承諾書の印鑑につき市区町村長の作成した証明書を添付した場合。
　　㋺　取締役会設置会社の設立時代表取締役・設立時代表執行役
　　　　商業登記規則61条5項の規定により、設立時代表取締役または設立時代表執行役の就任承諾書の印鑑につき市区町村長の作成した証明書を添付した場合。
⑫　⑩の書面の設立時取締役（設立しようとする会社が取締役会設置会社である場合にあっては、設立時代表取締役または設立時代表執行役）の印鑑につき市区町村長の作成した証明書（商登規61④⑤）
　　取締役会設置会社以外の会社にあっては改正前の有限会社と同様に（旧商登規80・93）、取締役会設置会社にあっては改正前の株式会社と同様に（旧商登規80②）、就任承諾書の印鑑に係る印鑑証明書を添付しなければならない。
⑬　設立時会計参与または設立時会計監査人を選任したときは、次の書面
　　㋑　就任を承諾したことを証する書面
　　㋺　これらの者が法人であるときは、当該法人の登記事項証明書
　　　　当該法人が登記された登記所に登記の申請をする場合において、当該法人の登記簿からその代表者の資格を確認することができるときは、添付を要しない。
　　㋩　これらの者が法人でないときは、会社法333条1項または337条1項に規定する資格者（公認会計士、監査法人、税理士、税理士法人）であることを証する書面
　　　　公認会計士にあっては平18・3・31民商782別紙3-1または3-2の証明書をもって、税理士にあっては別紙4の証明書をもって、資格者であることを証する書面として取り扱って差し支えない。
⑭　特別取締役による議決の定めがあるときは、特別取締役の選定およびその選定された者が就任を承諾したことを証する書面
　　定款、発起人の同意書等が特別取締役の選定を証する書面に該当する。
⑮　登記すべき事項につき発起人全員の同意またはある発起人の一致を要するときは、その同意または一致があったことを証する書面（商登47③）
　　㋑　次に掲げる場合には、発起人全員の同意があったことを証する書面を添付しなければならない。
　　　　ⓐ　発起人がその割当てを受ける設立時発行株式の数その他の設立時発行株式に関する事項を定めた場合（会社32）
　　　　ⓑ　発起人が発行可能株式総数を定め、または変更した場合（会社37）
　　　　ⓒ　発起人が設立時募集株式の数その他の設立時募集株式に関する事項を

定めたとき（会社58①）
　ロ　次に掲げる場合には、発起人の過半数の一致があったことを証する書面を添付しなければならない。
　　　発起人が設立時の本店または支店の所在場所、株主名簿管理人等を定めた場合
⑯　創立総会の決議があったものとみなされる場合（発起人の提案について、設立時株主の全員が同意した場合）には、当該場合に該当することを証する書面（商登47④）
　　この場合にも、創立総会の議事録を作成するとされた（会社規16④一）ため、当該議事録をもって当該場合に該当することを証する書面として取り扱って差し支えない。
⑰　委任状（商登18）
【備考】　代表取締役の印鑑届書を提出する（商登20）。
memo．　商業登記法の改正（平25法28）により、平成27年10月5日以降、申請書に会社法人等番号（商登7）を記載した場合やその他の法務省令で定める場合には、登記事項証明書の添付が不要となる（商登19の3）。

次の制限がある（会社113）。

Q47〔発行可能株式総数の制限〕
発行可能株式総数については、どのような制限があるか

①	上限数	㋑　株式譲渡制限会社にあっては、上限数の制限がない。 ㋺　次に掲げる場合には、当該定款の変更後の発行可能株式総数は、当該定款の変更が効力を生じた時における発行済株式の総数の4倍を超えることができない。 　ⅰ　公開会社が定款を変更して発行可能株式総数を増加する場合 　ⅱ　公開会社でない株式会社が定款を変更して公開会社となる場合
②	廃　止	会社は、定款を変更して発行可能株式総数についての定めを廃止することができない。
③	減　少	定款を変更して発行可能株式総数を減少するときは、変更後の発行可能株式総数は、当該定款の変更が効力を生じた時における発行済株式の総数を下ることができない。
④	新株予約権	新株予約権（会社法236条1項4号の期間［新株予約権を行使することができる期間］の初日が到来していないものを除く）の新株予約権者が282条1項［株主となる時期等］の規定により取得することとなる株式の数は、発行可能株式総数から発行済株式（自己株式を除く）の総数を控除して得た数を超えてはならない。
⑤	その他	株式の消却、株式の分割、株式の併合については、当該関係箇所に掲載。

株式会社　2　株式制度

株式一般

Q48〔発行可能種類株式総数〕
発行可能種類株式総数については、どのような制限があるか

次の制限がある（会社114）。

①	減　少	定款を変更してある種類の株式の発行可能種類株式総数を減少するときは、変更後の当該種類の株式の発行可能種類株式総数は、当該定款の変更が効力を生じた時における当該種類の発行済株式の総数を下ることができない。
②	合計数	ある種類の株式についての次に掲げる数の合計数は、当該種類の株式の発行可能種類株式総数から当該種類の発行済株式（自己株式を除く）の総数を控除して得た数を超えてはならない。 ㋑　取得請求権付株式（会社法107条2項2号への期間［当該株式を取得することを請求することができる期間］の初日が到来していないものを除く）の株主（当該会社を除く）が167条2項の規定により取得することとなる同項4号に規定する他の株式の数 ㋺　取得条項付株式の株主（当該会社を除く）が会社法170条2項の規定により取得することとなる同項4号に規定する他の株式の数 ㋩　新株予約権（会社法236条1項4号の期間［当該新株予約権を行使することができる期間］の初日が到来していないものを除く）の新株予約権者が282条1項［株主となる時期等］の規定により取得することとなる株式の数

Q49〔発行可能株式総数・種類株式総数との関係〕
発行可能種類株式総数の合計数は、発行可能株式総数と一致するか

→Ｑ3

Q50〔株券の不発行〕
株券は発行しなくてもよいか

株式会社では、株式に係る株券を発行しないのが原則。株券を発行する旨を定款で定めた会社だけが、株券を発行することができる（会社214）。株券を発行する旨の定款の定めがある会

株式会社　2　株式制度　41

社を、株券発行会社という（会社117⑦）。株券発行会社である旨は、登記すべき事項である（会社911③十）。

旧株式会社（→memo.1）の定款に株券を発行しない旨の定めがない限り、新株式会社（→memo.2）の定款には、その株式（種類株式発行会社にあっては、全部の種類の株式）に係る株券を発行する旨の定めがあるものとみなされる（整備76③）。 　この新株式会社については、会社法の施行に伴う関係法律の整備等に関する法律（以下「整備法」という）の施行日（平成18年5月1日）に、その本店の所在地において、株券発行会社である旨の登記がされたものとみなされる（登記官の職権で、この登記がされる）（整備113④・136⑫三）。 memo.1　旧株式会社＝旧商法（明治32年法律48）の規定による株式会社であって、整備法の施行の際現に存するものをいう（整備47）。 memo.2　新株式会社＝整備法66条1項の規定により会社法の施行日（平成18年5月1日）以後、旧株式会社は会社法の規定による株式会社として存続する。この存続する株式会社をいう。	**Q51〔旧株式会社と株券発行〕** 旧株式会社は株券発行会社となるか
次のように区分できる。 　上場会社の株式は、平成21年1月5日からすべて振替株式に変更されているので（株券の電子化）、株券の発行はされていない。	**Q52〔株券発行会社〕** 株券発行会社は、必ず株券を発行しなければならないか

株式一般

公開会社	設立 募集株式の発行	株券発行会社は、株式を発行した日以後遅滞なく、当該株式に係る株券を発行しなければならない（会社215①）。
	株式の併合	株券発行会社は、株式の併合をしたときは、株式の併合がその効力を生じた日以後遅滞なく、併合した株式に係る株券を発行しなければならない（会社215②）。

株券発行会社である場合	株式の分割		株券発行会社は、株式の分割をしたときは、株式の分割がその効力を生じた日以後遅滞なく、分割した株式に係る株券（既に発行されているものを除く）を発行しなければならない（会社215③）。
	株式譲渡制限会社	設　立 募集株式の発行 株式の併合 株式の分割	株式譲渡制限会社である株券発行会社は、左欄に係る株式発行にかかわらず、株主から請求がある時までは、当該株式に係る株券を発行しないことができる（会社215④）。
	公開会社・株式譲渡制限会社を問わない		① 株券発行会社は、株主が株券不所持の申出をした場合には、株券の発行を要しない（→Q53）。 ② 株券発行会社は、定款で単元未満株式に係る株券を発行しない旨を定めた場合には、株券の発行を要しない（会社189③）。

memo．旧株式会社と株券発行会社→Q51参照。

Q53〔株券不所持の制度〕
株券不所持の制度とは

(1) 株券不所持の制度は、株券不発行会社には適用されない。
(2) 株券発行会社の株主は、会社に対し、自己の有する株式に係る株券の所持を希望しない旨を申し出ることができる（会社217①）。会社は、株式を発行した日以後遅滞なく株券を発行しなければならない（会社215①）のが原則であるが、その例外が株券不所持の制度である。
(3) 株券不所持の申出をした株主は、いつでも、会社に対し、不所持の申出をした株式に係る株券を発行することを請求できる。この場合において、会社から株券の交付を受けていた株主が、その株券を提出して不所持の申出をしていたときは、株券の発行に要する費用は、その株主の負担になる（会社217⑥）。

memo．　公開会社・株式譲渡制限会社を問わ

ず、すべての株券発行会社において、株主は、会社に対し、株券の所持を希望しない旨を申し出ることができる。株券電子化により、上場会社では株券が発行されていない。

1 株主総会の特別決議による廃止
　株券発行会社は、株式（種類株式発行会社にあっては、全部の種類の株式）に係る株券を発行する旨の定款の定めを廃止する定款の変更をすることができる（会社218①）。この定款の変更は、株主総会の特別決議で行う（会社309②十一）。

Q54〔株券発行の定めの廃止〕
株券を発行する旨の定款の定めは廃止できるか

2 株主・質権者に対する通知等

(1) 株券を発行している場合	株券発行会社が、その株式（種類株式発行会社にあっては、全部の種類の株式）に係る株券を発行する旨の定款の定めを廃止する定款の変更をしようとするときは、当該定款の変更の効力が生ずる日の2週間前までに、次の事項を定款で定める公告方法で公告し、かつ、株主および登録株式質権者には、各別に通知しなければならない（会社218①）。 ① その株式（種類株式発行会社にあっては、全部の種類の株式）に係る株券を発行する旨の定款の定めを廃止する旨 ② 定款の変更がその効力を生ずる日 ③ ②の日において当該株式会社の株券は無効となる旨
(2) 株券を発行していない場合	定款に株券を発行する旨の定めはあるが、株式の全部について株券を発行していない会社が、その株式（種類株式発行会社にあっては、全部の種類の株式）に係る株券を発行する旨の定款の定めを廃止する定款の変更をしようとするときは、定款変更の効力が生ずる日の2週間前までに、株主および登録株式質権者に対し、次の事項を通知すれば足りる。公告の必要はない。なお、この通知は、公告をもって代えることができる（会社218③④）。 ① その株式（種類株式発行会社にあっては、全部の種類の株式）に係る株券を発行する旨の定款の定めを廃止する旨 ② 定款の変更がその効力を生ずる日

3 株券発行廃止の登記
　→**Q55**。

株式一般	memo. 株券を発行する旨の定款の定めを廃止した場合には、既に発行されている株券は、表(1)②の定款の変更がその効力を生ずる日に無効となる（会社218②）。株券電子化により、上場会社では株券が発行されていない。	
	Q55〔株券発行廃止の登記〕 株券を発行する旨の定款の定めを廃止した登記の添付書面	次の書面を添付しなければならない。 ① 定款変更をした株主総会議事録、株主の氏名又は名称、住所及び議決権数等を証する書面（以下「株主リスト」という）（商登46、商登規61③） ② 会社法218条1項〔株券を発行する旨の定款の定めの廃止〕の規定による公告（定款で定める公告の方法で公告）をしたことを証する書面。ただし、株式の全部について株券を発行していない場合にあっては、株式の全部について株券を発行していないことを証する書面（株主名簿その他の当該場合に該当することを証する書面）（商登63、平18・3・31民商782第2部第2・5(2)）。 ③ 委任状（商登18） memo.1 「株式の全部について株券を発行していないことを証する書面」としては、すべての株主から株券不所持の申出がされていることが分かる株主名簿が該当する。株券電子化により、上場会社では株券が発行されていない。 memo.2 株券を発行する旨の定款の定めを廃止する定款変更は、株主総会の特別決議（会社309②十一）による。
	Q56〔株券発行設定の登記〕 株券を発行する旨の定款の定めを設定した登記の添付書面	次の書面を添付しなければならない。 ① 定款変更をした株主総会議事録、株主リスト（商登46、商登規61③） ② 委任状（商登18） memo. 株券を発行する旨の定款の定めを置く定款変更は、株主総会の特別決議（会社309②十一）による。
	Q57〔株式の種類〕 会社が発行できる株式には、どのような種類があるか	次のように分類できる。 ① 普通株式 　会社法上「普通株式」という用語は存在しない。②③の株式と比較して、定款で株式の内容について何も規定されていない場合、当

該会社は、いわゆる普通株式のみを発行していると概念されている。
普通株式のことを、会社法107条1項各号・108条1項各号に掲げる条項が付されていない株式と言い換えることができる。
② 会社法107条の規定による株式
会社は、定款で定めることにより、その発行する全部の株式の内容として、譲渡制限株式、取得請求権付株式、取得条項付株式を発行することができる。この会社を「単一株式発行会社」という（平18商業登記記録例95頁を参照）。
③ 会社法108条の規定による株式
会社は、定款で定めることにより、内容の異なる2以上の種類の株式を発行することができる。内容の異なる2以上の種類の株式を発行する株式会社を「種類株式発行会社」という（会社二十三）。剰余金の配当、残余財産の分配等9種の株式がある。

Q58〔発行する全部の株式についての定め〕
会社が発行する全部の株式の内容として、どのような株式があるか

(1) 会社が発行する全部の株式の内容として、次の3つの株式がある（会社107①）。
① 譲渡制限株式
譲渡による当該株式の取得について当該株式会社の承認を要することを内容とする株式。
② 取得請求権付株式
当該株式について、株主が当該会社に対してその取得を請求することができることを内容とする株式。
③ 取得条項付株式
当該株式について、当該会社が一定の事由が生じたことを条件としてこれを取得することができることを内容とする株式。
(2) 全部の株式の内容として(1)の株式を定める場合には、会社法107条2項で定める次の事項を定款で定めなければならない（会社107②）。

譲渡制限	譲渡による当該株式の取得について会社の承認を要する旨の株式（譲渡制限株式）を発行する場合 ① 当該株式を譲渡により取得することについて会社の承認を要する旨

株式一般	株式	② 一定の場合においては会社が会社法136条［株主からの承認の請求］または137条1項［株式取得者からの承認請求］の承認をしたものとみなすときは、その旨および当該一定の場合
	取得請求権付株式	当該株式について、株主が当該株式会社に対してその取得を請求することができる旨の株式（取得請求権付株式）を発行する場合 ① 株主が当該株式会社に対して当該株主の有する株式を取得することを請求することができる旨 ② ①の株式1株を取得するのと引換えに当該株主に対して当該株式会社の社債（新株予約権付社債についてのものを除く）を交付するときは、当該社債の種類（会社法681条1号に規定する種類をいう）および種類ごとの各社債の金額の合計額またはその算定方法 ③ ①の株式1株を取得するのと引換えに当該株主に対して当該株式会社の新株予約権（新株予約権付社債に付されたものを除く）を交付するときは、当該新株予約権の内容および数またはその算定方法 ④ ①の株式1株を取得するのと引換えに当該株主に対して当該株式会社の新株予約権付社債を交付するときは、当該新株予約権付社債についての②に規定する事項および当該新株予約権付社債に付された新株予約権についての③に規定する事項 ⑤ ①の株式1株を取得するのと引換えに当該株主に対して当該株式会社の株式等（株式、社債および新株予約権をいう）以外の財産を交付するときは、当該財産の内容および数もしくは額またはこれらの算定方法 ⑥ 株主が当該株式会社に対して当該株式を取得することを請求することができる期間
	取	当該株式について、当該株式会社が一定の事由が生じたことを条件としてこれを取得することができる旨の株式（取得条項付株式）を発行する場合 ① 一定の事由が生じた日に当該株式会社がその株式を取得する旨およびその事由 ② 当該株式会社が別に定める日が到来することをもって①の事由とするときは、その旨 ③ ①の事由が生じた日に①の株式の一部を取得することとするときは、その旨および取得する株式の一部の決定の方法 ④ ①の株式1株を取得するのと引換えに当該株主に対して当該株式

得条項付株式	会社の社債（新株予約権付社債についてのものを除く）を交付するときは、当該社債の種類および種類ごとの各社債の金額の合計額またはその算定方法 ⑤　①の株式1株を取得するのと引換えに当該株主に対して当該株式会社の新株予約権（新株予約権付社債に付されたものを除く）を交付するときは、当該新株予約権の内容および数またはその算定方法 ⑥　①の株式1株を取得するのと引換えに当該株主に対して当該株式会社の新株予約権付社債を交付するときは、当該新株予約権付社債についての④に規定する事項および当該新株予約権付社債に付された新株予約権についての⑤に規定する事項 ⑦　①の株式1株を取得するのと引換えに当該株主に対して当該株式会社の株式等以外の財産を交付するときは、当該財産の内容および数もしくは額またはこれらの算定方法

memo．会社法107条は、会社が発行する全部の株式の内容を定めるものであり、2以上の種類の株式を定める規定ではない。会社法107条の規定によって発行する株式は、「その発行する全部の株式の内容」がすべて均一の中身であるから、株式の種類は構成しないことになる（単一株式発行会社）。したがって、2以上の種類の株式を定める場合は同法108条の規定による。

Q59〔異なる種類の株式〕
内容の異なる2以上の種類株式を発行できるか

会社は、次の表に掲げる事項について、異なる定めをした内容の異なる2以上の種類株式を発行することができる（会社108①）。

種類株式

	種類株式	株式の内容
①	剰余金の配当	剰余金の配当につき、内容の異なる種類株式
②	残余財産の分配	残余財産の分配につき、内容の異なる種類株式
③	議決権制限株式	株主総会において議決権を行使することができる事項
④	譲渡制限株式	譲渡による当該種類株式の取得について、会社の承認を要すること
⑤	取得請求権付株式	当該種類株式について、株主が会社に対してその取得を請求することができること
⑥	取得条項付株式	当該種類株式について、会社が一定の事由が生じたことを条件としてこれを取得することができること
⑦	全部取得条項付（種類）株式	当該種類の株式について、会社が株主総会の決議によってその全部を取得すること
⑧	拒否権条項付株式	株主総会（取締役会設置会社にあっては株主総会または取締役会、清算人会設置会社（会社法478条8項に規定する清算人会設置会社をいう）にあっては株主総会または清算人会）において決議すべき事項のうち、当該決議のほか、当該種類株式の種類株主を構成員とする種類株主総会の決議があることを必要とするもの
⑨	役員選任権付種類株式	当該種類株式の種類株主を構成員とする種類株主総会において取締役（監査等委員会設置会社にあっては、監査等委員である取締役またはそれ以外の取締役）または監査役を選任すること

memo.1 2以上の種類の株式を発行する株式会社を、「種類株式発行会社」という（会社2十三）。「2以上の種類の株式を発行する株式会社」という規定の意味するところは、株式会社の定款において内容の異なる2以上の種類の株式の内容が規定されている（会社108②参照）ということであって、現に2以上の種類の株式を発行しているということを意味するものではない。実際に2以上の種類の株式を発行している（発行済みである）ことを前提とする場合には、「現に2以上の種類の株式を発行している」と表現されている（会社184②括弧書を参照）。

memo.2 種類の株式は、会社法が定めるものに限って、発行が認められる。

memo.3 会社が会社法322条1項各号に掲げる行為（一定の定款変更、合併、吸収分割、株式交換等）をする場合において、ある種類株式の種類株主に損害を及ぼすおそれがあるときは、原則として、種類株主総会の決議がなければ、その効力を生じない。会社は、当該場合における種類株主総会の決議を要しない旨を定款で定めることができ、この定めも、各種類株式の内容とされた（会社322①②）。

1 株式の内容

> **Q60〔剰余金の配当〕**
> 剰余金の配当につき、内容の異なる種類株式とは

会社は、剰余金の配当につき、内容の異なる2つ以上の種類株式を発行することができる（会社108①一）。剰余金の配当に関し、他の株式に比べて優先的取扱いを受ける株式を優先株式、劣後的取扱いを受ける株式を劣後株式（後配株式）といい、標準となる株式を普通株式という。優先株式、劣後株式であっても、Q62の議決権制限株式としない限り、当然には議決権を制限されるものではない。

2 累積的優先株式等

(1) 剰余金の配当額が、定款で定められた1事業年度の一定額に達しない場合に、その不足額が次年度以降の剰余金によって填補されるものを累積的優先株式、事業年度ごとに打ち切られて次年度以降の剰余金で填補されないものを非累積的優先株式という。

(2) 優先株主に対して定款で定められた優先的内容に係る剰余金の配当をしても、なお残余の利益があって普通株主に対しても剰余金配当をする場合に、普通株式とともに剰余金配当に参加することができる優先株式のことを参加的優先株式、剰余金配当に参加しない優先株式を非参加的優先株式という。

3 定款で定める事項

剰余金の配当について、内容の異なる2以上の種類株式を発行する場合には、次の事項を定款で定めなければならない（会社108②一）。

① 発行可能種類株式総数
② 当該種類の株主に交付する配当財産の価額の決定の方法、剰余金の配当をする条件、その他剰余金の配当に関する取扱いの内容
　　ただし、定款でその内容の要綱を定めた場合には、剰余金の配当について内容の異なる種類の種類株主が配当を受けることができる額その他法務省令で定める事項（配当財産の種類以外の事項。会社規20①一）の全部または一部については、当該種類株式を初めて発行する時までに、株主総会（取締役会設置会社にあっては株主総会または取締役会、清算人会設置会社にあっては株主総会または清算人会）の決議によって定める旨を、定款で定めることができる（会社108③）。

4 登記事項
　発行可能種類株式総数および発行する各種類株式の内容は、登記すべき事項である（会社911③七）。

memo． 株主は、剰余金の配当を受ける権利および残余財産の分配を受ける権利を有する（会社105①一・二）。したがって、このいずれもの権利を与えないとする定款の定めは無効であるが、この2つの権利のうち、いずれかの権利を与えないとする定款の定めは有効である（会社105②）。

Q61〔残余財産の分配〕
残余財産の分配につき、内容の異なる種類株式とは

1 株式の内容
　会社は、残余財産の分配につき、内容の異なる種類株式を発行することができる（会社108①二）。清算における残余財産の分配は、原則として、株主の有する株式の数に応じて行わなければならないが、残余財産の分配について内容の異なる種類株式（優先的または劣後的な取扱いを受ける種類株式）が発行されている場合には、その内容に従う（会社504③）。

2 定款で定める事項
　残余財産の分配について、内容の異なる2以上の種類株式を発行する場合には、次の事項を定款で定めなければならない（会社108②二）。
① 発行可能種類株式総数
② 当該種類の株主に交付する残余財産の価額の決定の方法、当該残余財産の種類、その他残余財産の分配に関する取扱いの内容

3 登記事項
　発行可能種類株式総数および発行する各種類株式の内容は、登記すべき事項である（会社911③七）。

memo． Q60のmemo．参照。

1 株式の内容

会社は、株主総会において議決権を行使することができる事項について制限のある種類株式を発行できる（会社108①三・115括弧書を参照）。

> **Q62〔議決権制限株式〕**
> 株主総会の議決権行使につき、内容の異なる種類株式とは

株主は、株主総会の決議事項のすべてについて議決権を行使できるのが原則であるが（会社308①。自己株式には議決権がない（会社308②））、会社は、一定の事項の決議、例えば、取締役の選任決議についてのみ議決権を与える株式もしくはその選任決議についてのみ議決権がない株式を発行することができる。また、法律により定められている場合（例：種類株主総会（会社323参照））を除き、一切の議決権を与えない株式を発行することもできる（完全無議決権株式または単に無議決権株式ともいう）。議決権復活条項→**Q64**。

2 付与限度

(1) 種類株式発行会社が公開会社である場合において、株主総会において議決権を行使することができる事項について制限のある種類株式（議決権制限株式）の数が、発行済株式の総数の2分の1を超えるに至ったときは、会社は、直ちに、議決権制限株式の数を発行済株式の総数の2分の1以下にするための必要な措置をとらなければならない（会社115）（→**memo.**）。株式譲渡制限会社については、この規制はない。

(2) 「必要な措置」の例としては、①株主との合意により議決権制限株式を取得して、消却する（会社156・178）、②株主割当て以外の方法による募集株式の発行の手続により（会社199）、議決権制限株式以外の株式を発行する、③議決権制限株式を併合する（会社180②三）、④議決権制限株式以外の種類株式について株式の分割を行う（会社183②三）、⑤議決権制限株式を有する株主以外の者に対して株式無償割当てを行う（会社185）等が考えられる。

3 定款で定める事項

株主総会において議決権を行使することができる事項について、内容の異なる2以上の種類株式を発行する場合には、次の事項を定款で定めなければならない（会社108②三）。

① 発行可能種類株式総数
② 株主総会において議決権を行使することができる事項
③ 当該種類株式につき議決権の行使の条件を定めるときは、その条件

4 登記事項

発行可能種類株式総数および発行する各種類株式の内容は、登記すべき事項である（会社911③七）。

memo. 議決権制限株式の数が発行済株式の総数の2分の1を超えるに至った

ときは、業務執行者に、直ちに、議決権制限株式の数を発行済株式の総数の2分の1以下にするための必要な措置をとらなければならない義務が課せられるのみであり、その義務の履行の有無にかかわらず、当該株式の発行自体が無効となるものではない（千問93頁）。

Q63〔議決権制限株式の発行数〕 議決権制限株式の発行数は制限されているか	種類株式発行会社が公開会社である場合において、議決権制限株式の数が発行済株式の総数の2分の1を超えるに至ったときは、会社は、直ちに、議決権制限株式の数を発行済株式の総数の2分の1以下にするための必要な措置をとらなければならない（会社115）。 **memo.** 「必要な措置をとらなければならない」とは、業務執行者に、議決権制限株式の発行数を減少させるとか、他の種類の発行済株式数を増加させる等の措置をとる義務が生ずるのみであり、当該超過発行が無効となるものではない（江頭・会社法147頁、千問93頁）。
Q64〔議決権制限株式の復活〕 無議決権株式が優先配当を受けられない場合は、議決権が復活するか	優先配当を受けられない場合に議決権が復活する旨を定めるときは、会社法108条2項3号ロに規定する「当該種類の株式につき議決権の行使の条件を定めるときは、その条件」に該当するものとして、定款で定める（会社108②三ロ）。定款で、議決権復活条項を定めない場合には、議決権は復活しないと解される（会社法入門100頁）。 **memo.** 平成13年改正（平成13年法律128号）前商法の下では、無議決権株式について、優先配当を受けられない場合には議決権が復活する旨の規定が設けられていたが（同改正前商法242①ただし書・②）、上記平成13年改正では、議決権復活条項も議決権制限株式の内容に含まれたので、議決権復活条項も定款で定めることになった（旧商222①五・②参照）。

株式会社　②　株式制度

> **Q65〔譲渡制限株式〕**
> 譲渡制限株式とは

① 株式の内容
(1) 会社は、譲渡によるその種類株式の取得について、会社の承認を要する旨の種類株式を発行することができる（会社108①四）。会社法は、会社がその発行する全部または一部の株式の内容として譲渡による当該株式の取得について、当該会社の承認を要する旨の定めを設けている場合における当該株式を、譲渡制限株式というと定めている（会社2十七）。
(2) 旧商法の下では、会社が発行する全部の株式について取締役会の承認を要する旨を定款で定めることはできたが（旧商204）、その発行する一部の株式を譲渡制限株式とすることは認められていなかった。会社法では、株式の内容として譲渡制限を付すことができる種類株式と位置付けられたので、会社が発行する一部の株式について譲渡制限株式とすることもできる（→memo.）。

② 定款で定める事項
譲渡制限株式を発行する場合には、次の事項を定款で定めなければならない（会社108②三）。
① 発行可能種類株式総数
② その株式を譲渡により取得することについて、その株式会社の承認を要する旨
③ 一定の場合においては、株式会社が譲渡の承認（会社136・137①）をしたものとみなすときは、その旨、および、その一定の場合

③ 種類株主総会の決議
種類株式発行会社がある種類株式の内容として譲渡制限株式（会社108①四）についての定款の定めを設ける場合には、当該定款の変更は、定款変更のための株主総会の特別決議（会社466・309②十一）のほか、当該種類株式の種類株主総会において、議決権を行使できる株主の半数以上であって、その出席した株主の議決権の3分の2以上に当たる多数で決議する（会社111②一・324②一。これを上回る頭数割合・議決権割合を定款で定めている場合には、それに従う）。また、当該種類株式をその対価とする取得請求権付株式および取得条項付株式の株主の種類株主総会の決議（上記の特殊決議）も必要である（会社111②二・三・324②一）。

取得請求権付株式および取得条項付株式の株主の種類株主総会の決議を要するのは、これらの株式を取得した当該株式会社が、その引換えとして当該株主に譲渡制限株式を交付し、当該株主は譲渡制限株式の株主となるからである。

上記定款の定めに反対の株主には、株式買取請求権が認められている（会社116①二）。

種類株式

4 登記事項
　発行可能種類株式総数および発行する各種類株式の内容は、登記すべき事項である（会社911③七）。

memo.1　「会社が発行する一部の株式について譲渡制限株式とすることもできる」という概念の図は、次のようになる（→memo.2）。

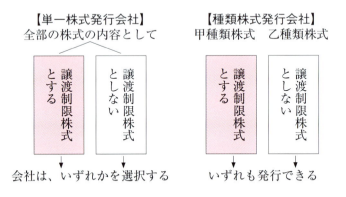

memo.2　種類株式発行会社において「一部の株式」とは、甲種類株式のうちの一部（例えば、甲種類株式2,000株のうちの1,000株）を譲渡制限株式にするという意味ではなく、甲種類株式の全部あるいは乙種類株式の全部のうちの、いずれか一方を譲渡制限株式にするという意味である。

Q66〔取得請求権付株式〕
取得請求権付株式とは

1 株式の内容
　(1)　取得請求権付株式とは、会社がその発行する全部または一部の株式の内容として、株主が会社に対して当該株式の取得を請求することができる旨の定めを設けている場合における当該株式をいう（会社二八）。
　会社は、株主の会社に対する株式の取得の請求について、当該種類株式について、株主が会社に対してその取得を請求することができる種類株式を発行することができる（会社108①五）。
　(2)　会社が取得請求権付株式の取得として交付する対価が金銭であるときは、旧商法の下の償還株式に相当し、会社の他の株式を取得するときは、旧商法の転換予約権付株式に相当する。

2 定款で定める事項
　取得請求権付株式を発行する場合には、次の事項を定款で定めなければならない（会社108②五）。
　① 発行可能種類株式総数

② 当該種類株式についての次（会社107②二）に定める事項
　㋑ 株主が会社に対し、当該株主が有する株式を取得することを請求できる旨
　㋺ 次の区分に応じ、会社が㋑の株式1株を取得するのと引換えに、その株主に対し交付する対価の内容（→memo.1）
　　ⓐ 交付する対価が、当該会社の社債（新株予約権付社債についてのものを除く）の場合は、その社債の種類（会社法681条1号に規定する種類をいう）および種類ごとの各社債の金額の合計額、またはその算定方法
　　ⓑ 交付する対価が、当該会社の新株予約権（新株予約権付社債に付されたものを除く）の場合は、当該新株予約権の内容および数またはその算定方法
　　ⓒ 交付する対価が、当該会社の新株予約権付社債の場合は、その新株予約権付社債についてのⓐに規定する事項、およびその新株予約権付社債に付された新株予約権についてのⓑに規定する事項
　　ⓓ 交付する対価が、当該会社の株式等（株式、社債および新株予約権をいう）以外の場合は、当該財産の内容および数もしくは額、またはこれらの算定方法
　㋩ 株主が当該会社に対して当該株式を取得することを請求できる期間
③ 当該種類株式1株を取得するのと引換えに当該株主に対して当該会社の他の株式を交付するときは、当該他の株式の種類および種類ごとの数またはその算定方法

③ 登記事項
発行可能種類株式総数および発行する各種類株式の内容は、登記すべき事項である（会社911③七）。

memo.1 対価として交付される財産の内容については、特に限定はない（会社107②二ホ、江頭・会社法151頁）。

memo.2 対価の内容が当該会社の他の株式以外である場合において、対価である財産の帳簿価額が当該請求の日における会社の分配可能額（会社461②）を超えているときは、定款の定めいかんにかかわらず、株主は、会社に対し取得請求権付株式の取得を請求できない（会社166①ただし書）。

① 株式の内容
取得条項付株式とは、会社がその発行する全部または一部の株式の内容として、当該会社が一定の事由が生じたことを条件として当該株式を取得することができる旨の定めを設けている場合における当該株式をいう（会社二九）。

Q67〔取得条項付株式〕
取得条項付株式とは

株式会社は、当該種類株式について、当該会社が一定の事由が生じたことを条件としてこれを取得することができることを内容とする種類株式を発行することができる（会社108①六）。

2 定款で定める事項

取得条項付株式を発行する場合には、次の事項を定款で定めなければならない（会社108②六）。

① 発行可能種類株式総数
② 当該種類株式についての次（会社107②三）に定める事項
　　イ　一定の事由が生じた日に、会社がその株式を取得する旨、およびその事由
　　ロ　会社が別に定める日が到来することをもってイの事由とするときは、その旨
　　ハ　イの事由が生じた日にイの株式の一部を取得することとするときは、その旨、および取得する株式の一部の決定の方法
　　ニ　イの株式1株を取得するのと引換えに、その株主に対して対価として交付されるものが、
　　　ⓐ　当該会社の社債（新株予約権付社債についてのものを除く）の場合は、その社債の種類（会社法681条1号に規定する種類をいう）および種類ごとの各社債の金額の合計額、またはその算定方法
　　　ⓑ　当該会社の新株予約権（新株予約権付社債に付されたものを除く）の場合は、新株予約権の内容および数またはその算定方法
　　　ⓒ　当該会社の新株予約権付社債の場合は、その新株予約権付社債についてのⓐに規定する事項、およびその新株予約権付社債に付された新株予約権についてのⓑに規定する事項
　　　ⓓ　当該会社の株式等（株式、社債および新株予約権をいう）以外の場合は、当該財産の内容および数もしくは額、またはこれらの算定方法
③ 当該種類株式1株を取得するのと引換えに当該株主に対して会社の他の株式を交付するときは、他の株式の種類および種類ごとの数またはその算定方法

3 定款の変更

種類株式発行会社がある種類株式の発行後に定款を変更して当該種類株式の内容として取得条項付株式（会社108①六）についての定款の定めを設け、または当該事項についての定款の変更（当該事項についての定款の定めを廃止するものを除く）をしようとするときは、当該種類株式を有する株主全員の同意を得なければならない（会社111①）。

4 登記事項

発行可能種類株式総数および発行する各種類株式の内容は、登記すべき事

項である（会社911③七）。

1 株式の内容

全部取得条項付種類株式とは、当該種類株式について、会社が株主総会の決議（特別決議）によってその全部を取得する旨の定めがある株式をいう（会社171①柱書括弧書）。

> **Q68〔全部取得条項付種類株式〕**
> 全部取得条項付種類株式とは

全部取得条項付種類株式は、種類株式としてのみ発行することができ（会社108①七）、発行する全部の株式の内容として全部取得条項付（種類）株式とすることはできない（会社法107条1項各号に規定されていない）。したがって、種類株式発行会社では、ある種類株式に全部取得条項を付すことはできるが、種類株式発行会社でない株式会社（単一株式発行会社）では、その発行する全部の株式に全部取得条項を付すことはできない。

2 100％減資

(1) 会社法施行前においては、100％減資は、同時に株式発行がなされるのであればできるものの（昭56・6・5民四3466、平17・2・22民商471）、会社更生手続・民事再生手続以外でそれを行う場合には株主全員の同意を要すると解されていた（実務相談5巻125頁）。しかし、株主全員の同意が必要では迅速性に欠けるので、会社法は全部取得条項付種類株式の制度を創設した。

(2) 例えば、普通株式だけを発行している会社が破綻している場合に、①まず、会社法108条の規定に基づく何らかの「新たな種類株式」（いわゆる、当て馬株式）を発行できる旨の定款変更をする。②次に、従来の普通株式に全部取得条項を付する定款変更をする。③株主総会で全部取得条項付種類株式の取得・その対価を決定する。④これにより従来の普通株式は全部取得条項付種類株式になるから、会社はこの株式を全部取得して消却し（会社178）、かつ、資本金の額の減少手続（会社447①）をする。⑤上記の「新たな種類株式」につき、募集株式の引受人（新スポンサー）を募集する。これにより、「新たな種類株式」のみが残る。この方法によって100％減資が可能となる（→memo.）。

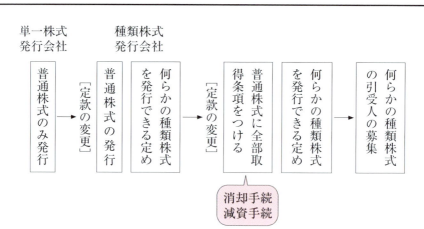

3 定款で定める事項

全部取得条項付種類株式を発行する場合には、次の事項を定款で定めなければならない（会社108②七）。

① 発行可能種類株式総数
② 取得対価の価額の決定方法（会社171①一）
　イ 全部取得条項付種類株式を取得するのと引換えに金銭等を交付するときは、当該金銭等（以下「取得対価」という）についての次に掲げる事項
　　ⓐ 取得対価が会社の株式であるときは、株式の種類および種類ごとの数またはその数の算定方法
　　ⓑ 取得対価が会社の社債（新株予約権付社債についてのものを除く）であるときは、社債の種類および種類ごとの各社債の金額の合計額またはその算定方法
　　ⓒ 取得対価が会社の新株予約権（新株予約権付社債に付されたものを除く）であるときは、新株予約権の内容および数またはその算定方法
　　ⓓ 取得対価が会社の新株予約権付社債であるときは、新株予約権付社債についてのⓑに規定する事項および当該新株予約権付社債に付された新株予約権についてのⓒに規定する事項
　　ⓔ 取得対価が会社の株式等以外の財産であるときは、財産の内容および数もしくは額またはこれらの算定方法
　ロ イの場合には、全部取得条項付種類株式の株主に対する取得対価の割当てに関する事項
　ハ 会社が全部取得条項付種類株式を取得する日（以下「取得日」という）
③ 当該株主総会の決議をすることができるか否かについての条件を定めるときは、その条件

4 登記事項

発行可能種類株式総数および発行する各種類株式の内容は、登記すべき事項である（会社911③七）。

memo. 減資をして新株を発行するという過程における登録免許税等のコスト削減のために、例えば、資本金の額を減少しないで、2(2)③で取得した全部取得条項付種類株式を同⑤の引受人に交付した上で、その全部取得条項を廃止する旨の定款変更をすることにより、100％減資と同様の目的を達することもできる（千問91頁）。

1 株式の内容

Q69〔拒否権条項付株式〕
拒否権条項付株式（拒否権付種類株式）とは

(1) 会社は、株主総会（取締役会設置会社にあっては株主総会または取締役会、清算人会設置会社にあっては株主総会または清算人会をいう）において決議すべき事項のうち、当該決議のほか、当該種類株式の種類株主を構成員とする種類株主総会の決議があることを必要とする株式を発行することができる（会社108①八）。

(2) この種類株式を発行する株式会社においては、株主総会（取締役会設置会社にあっては株主総会または取締役会、清算人会設置会社にあっては株主総会または清算人会。以下「株主総会等」という場合もある）において決議すべき事項について、当該決議のほか、当該種類株式の種類株主を構成員とする種類株主総会の決議があることを必要とする旨の定めがあるときは、当該事項は、その定款の定めに従い、株主総会、取締役会または清算人会の決議のほか、当該種類株主総会において議決権を行使することができる種類株主が存しない場合を除き、当該種類株式の種類株主を構成員とする種類株主総会の決議がなければ、その効力を生じない（会社323）。

ある決議事項につき、当該種類株式の種類株主を構成員とする種類株主総会の決議がない限り、株主総会等の決議の効力が生じないという意味で、拒否権が与えられることになる。

(3) この拒否権条項付株式（拒否権付種類株式）は、経営者側に取締役選任につき種類株主総会の決議も要するという拒否権条項付株式を発行することにより、敵対的買収を阻止する手段として利用されることもある。この例のように利用される拒否権条項付株式は、「黄金株」とも呼ばれている。

【拒否権条項付株式における取締役選任の例】

[2] 定款で定める事項

　拒否権条項付株式を発行する場合には、次の事項を定款で定めなければならない（会社108②八）。
① 発行可能種類株式総数
② 当該種類株主総会の決議があることを必要とする事項
③ 当該種類株主総会の決議を必要とする条件を定めるときは、その条件

[3] 登記事項

　発行可能種類株式総数および発行する各種類株式の内容は、登記すべき事項である（会社911③七）。

memo. この種類株主総会の決議事項は、法定の種類株主総会の場合と異なり、必ずしも種類間の利害対立があるわけではないから、複数の種類の株主が共同して決議するものと定款で定めることもできる（江頭・会社法164頁）。決議要件についても、定款で会社法と異なる別段の定めを置くこともできる（会社324①）。

Q70〔役員選任権付種類株式〕
種類株主総会で取締役・監査役を選任できる株式とは

[1] 株式の内容

(1) 会社は、当該種類株式の種類株主を構成員とする種類株主総会において、取締役（監査等委員会設置会社にあっては、監査等委員である取締役またはそれ以外の取締役）または監査役を選任するものとする種類株式を発行することができる（会社108①九。役員選任権付種類株式ともいう）。

(2) この種類株式は、株式譲渡制限会社だけが発行できる。公開会社および指名委員会等設置会社では発行できない（会社108①ただし書）。

(3) この種類株式を発行した場合には、取締役・監査役の選任は、各種類の株主総会で行われ、全体の株主による通常の株主総会では行われない（会

社347・329①)。

② この種類株式を利用する例
　この種類株式が使用される1つの例として、次のものを挙げることができる。A会社が55％、B会社が45％を出資してC会社を設立する場合に、普通株式のみを発行するときは、A会社の推薦する取締役・監査役のみが常に選任され、B会社の推薦する取締役・監査役は選任されないことになる（会社341参照）。この場合、A会社とB会社で各社から送り出す取締役の数を契約できるが（株主間契約）、これを無視されることもあり得る。
　これを防ぐために、C会社が取締役の選任につき、種類株主総会で取締役を3名選任できる甲種類株式をA会社に発行し、B会社には種類株主総会で取締役を2名選任できる乙種類株式を発行し、それぞれの種類株主総会で取締役を選任すればよい。

③ 定款で定める事項
　役員選任権付種類株式を発行する場合には、次の事項を定款で定めなければならない（会社108②九）。
① 発行可能種類株式総数
② 当該種類株主を構成員とする種類株主総会において取締役または監査役を選任すること、および選任する取締役または監査役の数
③ ②の定めにより選任することができる取締役または監査役の全部または一部を、他の種類株主と共同して選任することとするときは、当該他の種類株主の有する株式の種類および共同して選任する取締役または監査役の数
④ ②または③に掲げる事項を変更する条件があるときは、その条件およびその条件が成就した場合における変更後の②または③に掲げる事項
⑤ 会社法施行規則19条で定める次の事項
　㋐ 当該種類株式の種類株主を構成員とする種類株主総会において取締役（監査等委員会設置会社にあっては、監査等委員である取締役またはそれ以外の取締役）を選任することができる場合にあっては、次に掲げる事項
　　ⓐ 当該種類株主総会において社外取締役（監査等委員会設置会社にあっては、監査等委員である社外取締役またはそれ以外の社外取締役②およびⓑにおいて同じ）を選任しなければならないこととするときは、その旨および選任しなければならない社外取締役の数
　　ⓑ ⓐの定めにより選任しなければならない社外取締役の全部または一部を他の種類株主と共同して選任することとするときは、当該他の種類株主の有する株式の種類および共同して選任する社外取締役の数
　　ⓒ ⓐまたはⓑに掲げる事項を変更する条件があるときは、その条件お

よびその条件が成就した場合における変更後のⓐまたはⓑに掲げる事項
ロ 当該種類の株式の種類株主を構成員とする種類株主総会において監査役を選任することができる場合にあっては、次に掲げる事項
ⓐ 当該種類株主総会において社外監査役を選任しなければならないこととするときは、その旨および選任しなければならない社外監査役の数
ⓑ ⓐの定めにより選任しなければならない社外監査役の全部または一部を他の種類株主と共同して選任することとするときは、当該他の種類株主の有する株式の種類および共同して選任する社外監査役の数
ⓒ ⓐまたはⓑに掲げる事項を変更する条件があるときは、その条件およびその条件が成就した場合における変更後のⓐまたはⓑに掲げる事項

4 役員選任権付種類株式と議決権制限株式との関係
役員選任権付種類株式と議決権制限株式（株主総会における議決権行使の有無を内容とする種類株式）との関係は次のようになる。

	役員選任権付種類株式	議決権制限株式
①	株式譲渡制限会社に限って発行できる。公開会社、指名委員会等設置会社は発行できない。	公開会社、指名委員会等設置会社でも発行できる。
②	取締役・監査役の選任解任についてのものに限られる。	取締役・監査役の選任解任に限らず、株主総会・取締役会・清算人会の各種決議事項を対象にすることができる。
③	取締役・監査役の選任解任は、当該種類株主で構成する種類株主総会で決議する。	取締役・監査役の選任解任は、通常の株主総会で決議する。

5 登記事項
発行可能種類株式総数および発行する各種類株式の内容は、登記すべき事項である（会社911③七）。

(1) 会社法108条2項各号に定める事項（剰余金の配当について内容の異なる種類の種類株主が配当を受けることができる額その他法務省令（会社規20）で定める事項に限る）の全部または一部については、当該種類の株式を初めて発行する時までに、株主総会（取締役会設置会社にあっては株主総会または取締役会、清算人会設置会社にあっては株主総会または清算人会）の決議によって定める旨を定款で定めることができる。この場合においては、その内容の要綱を定款で定めなければならない（会社108③）。

> **Q71〔定款による要綱の定め〕**
> 種類株式の発行については、要綱を定款で定めることができるか

(2) 必ず定款で定めなければならない事項は、次の表に掲げるものである（会社規20①）。これ以外の事項は、(1)で述べたように定款で要綱を定めれば足りる。

	種類株式	定款で定めなければならない事項
①	剰余金の配当の種類株式	配当財産の種類
②	残余財産の配当の種類株式	残余財産の種類
③	議決権制限株式	株主総会において議決権を行使することができる事項
④	譲渡制限株式	当該株式を譲渡により取得することについて当該株式会社の承認を要する旨
⑤	取得請求権付株式	イ 株主が会社に対して当該株主の有する株式を取得することを請求することができる旨 ロ 当該種類の株式1株を取得するのと引換えに当該種類株主に対して交付する財産の種類
⑥	取得条項付株式	イ 一定の事由が生じた日に会社が当該株式を取得する旨 ロ 会社が定める日を一定の事由とする場合にはその旨 ハ イの事由が生じた日にイの株式の一部を取得することとするときは、その旨および取得する株式の一部の決定の方法（株式の数に応じて取得する場合を除く）

		㈢ 当該種類株式1株を取得するのと引換えに当該種類株主に対して交付する財産の種類
⑦	全部取得条項付種類株式	取得対価の価額の決定の方法
⑧	拒否権条項付株式	当該種類株主総会の決議があることを必要とする事項
⑨	種類株主総会で取締役(監査等委員会設置会社にあっては、監査等委員である取締役またはそれ以外の取締役)または監査役を選任することができる株式	㋑ 当該種類株主を構成員とする種類株主総会において取締役(監査等委員会設置会社にあっては、監査等委員である取締役またはそれ以外の取締役)または監査役を選任することおよび選任する取締役または監査役の数 ㋺ ㋑の定めにより選任することができる取締役または監査役の全部または一部を他の種類株主と共同して選任することとするときは、当該他の種類株主の有する株式の種類および共同して選任する取締役または監査役の数

Q72〔種類株式等と定款変更の特則〕

ある種類株式の内容を定款に定める等の場合における定款変更の特則

次の種類株式に関して、定款に定めを設けまたは変更する場合の決議は、次の特則による。

(1) 取得条項付株式(種類株式発行会社である場合を除く)

定款を変更してその発行する全部の株式の内容として会社法107条1項3号に掲げる事項(「当該株式について、当該株式会社が一定の事由が生じたことを条件としてこれを取得することができること」=取得条項付株式)についての定款の定めを設け、または当該事項についての定款の変更(当該事項についての定款の定めを廃止するものを除く)をしようとする場合には、

株主全員の同意を得なければならない(会社110)。

(2) 取得条項付株式（種類株式発行会社に限る）

　　ある種類の株式の発行後に定款を変更して、当該種類の株式の内容として会社法108条1項6号に掲げる事項（「当該株式について、当該株式会社が一定の事由が生じたことを条件としてこれを取得することができること」＝取得条項付株式）についての定款の定めを設け、または当該事項についての定款の変更（当該事項についての定款の定めを廃止するものを除く）をしようとするときは、

　　当該種類の株式を有する株主全員の同意を得なければならない（会社111①）。

(3) 譲渡制限株式または全部取得条項付種類株式（種類株式発行会社に限る）

　　種類株式発行会社が、ある種類の株式の内容として会社法108条1項4号（譲渡制限株式）または7号（全部取得条項付種類株式）に掲げる事項についての定款の定めを設ける場合には、定款の変更は、次の①から③までに掲げる種類株主を構成員とする種類株主総会（当該種類株主に係る株式の種類が2以上ある場合にあっては、当該2以上の株式の種類別に区分された種類株主を構成員とする各種類株主総会）の決議がなければ、その効力を生じない。ただし、当該種類株主総会において議決権を行使することができる種類株主が存しない場合は、この限りでない（会社111②）。

① 当該種類株式の種類株主
② 会社法108条2項5号ロの他の株式を当該種類株式とする定めがある取得請求権付株式の種類株主
③ 会社法108条2項6号ロの他の株式を当該種類の株式とする定めがある取得条項付株式の種類株主

Q73〔株式の内容等の登記〕
発行する株式の内容等の登記手続は、どのようにすべきか

次のとおり（平18・3・31民商782第2部第2・2(3)）。
1 登記記録の編成
　株式の内容についての登記記録は、次のように記録される（商登規別表5）。

```
株式会社登記簿
  ├─ 株式・資本区
      ├─ 発行する株式の内容  欄 ← 単一株式発行会社
      │    全部の株式の内容を記録する。
      ├─ 発行可能種類株式総数および発行する各種類の株式の内容  欄
      │    各種類の株式の内容等を記録する。           ↑
      │                                         種類株式発行会社
      └─ 株式の譲渡制限に関する規定  欄
           譲渡制限株式に係る事項を記録する。
```

② 変更の登記の手続

(1) 登記期間

　発行する株式の内容（種類株式発行会社にあっては、発行可能種類株式総数または発行する各種類の株式の内容）を変更したときは、2週間以内に、本店の所在地において、変更登記をしなければならない（会社915①・911③七）。

(2) 登記の事由

　登記の事由は、「会社が発行する株式の内容の変更」、「発行可能種類株式総数および発行する各種類の株式の内容の変更」、「株式の譲渡制限に関する規定の設定」等である。

(3) 登記すべき事項

　(イ)　登記すべき事項は、①会社法107条2項各号［全部の株式の内容］、または②会社法108条2項各号［異なる種類の株式］に定める事項（会社法322条2項の定めを設けた場合［種類株式の内容として、種類株主総会の決議を要しない旨を定款で定めた場合］にあってはその定め、会社法108条3項後段の要綱［種類株式の内容の要綱］を定めた場合にあってはその要綱）、および③変更年月日である。

　(ロ)　なお、取得請求権付株式または取得条項付株式を取得するのと引換えに新株予約権を交付する旨の定めがある場合において、これらの株式の内容を登記するときは、会社法107条2項2号ハまたは3号ホの新株予約権の内容として、当該新株予約権の名称（当該新株予約権を特定するもの）を登記すれば足りる。取得請求権付株式または取得条項付株式を取得するのと引換えに社債または新株予約権付社債を交付する旨の定めがある場合も同様である。

(4) 添付書面

　①　定款変更の決議機関に応じ、株主総会もしくは種類株主総会の議事録、

または株主全員もしくは種類株主全員の同意があったことを証する書面、株主リスト（商登46、商登規61②③）。
② 株券提供公告等関係書面
株券発行会社がする譲渡制限株式に係る事項の設定の登記の申請書には、①のほか、株券提供公告をしたことを証する書面（当該株式の全部について株券を発行していない場合にあっては、株主名簿その他の当該場合に該当することを証する書面）を添付しなければならない（商登62）。
③ 委任状（商登18）
(5) 定款で各種類の株式の内容の要綱を定めた場合
　(イ) 上記(1)から(4)までにより各種類の株式の内容の要綱（会社108③）を登記した場合において、当該種類の株式を初めて発行する時までにその具体的内容を定めたときは、発行する各種類の株式の内容の変更の登記をしなければならない（会社911③七）。
　(ロ) 登記の申請書には、その決議機関に応じ、株主総会（取締役会設置会社にあっては株主総会または取締役会、清算人会設置会社にあっては株主総会または清算人会）の議事録（登記簿から決議機関が明らかでない場合には、定款を含む）、株主リストを添付しなければならない（商登46、商登規61①③）。
(6) 登記の方法
新たに種類株式発行会社となった場合、または種類株式発行会社に該当しなくなった場合には、申請に係る登記をした後、登記官により、登記記録中「発行する株式の内容」欄、または「発行可能種類株式総数及び発行する各種類の株式の内容」欄における従前の登記事項が抹消される（商登規69）。

Q74〔自己株式の取得〕
会社が自己株式を取得できるのは、どのような場合か

会社は、次の場合に限り自己株式を取得することができる（会社155）。

① 株主との合意により有償で取得する旨の株主総会の決議があった場合（会社156①）詳細
　→Q77
② 相続その他の一般承継があった場合に、その株式会社の株式（譲渡制限株式に限る）を取得した者に対し、当該株式を当該株式会社に売り渡すことができる旨を定款で定めた場合において、株主総会の特別決議（会社176①・309②三）で当該株式会社に売り渡すことを請求した場合
③ 譲渡制限株式を有する株主・株式取得者による譲渡等承認請求の承認をしない場合において、譲渡等承認請求者から当該株式の買取り（会社138一ハ・二ハ）の請求があった場合
④ 取得条項付株式を取得する場合（会社107②三イ）
⑤ 取得請求権付株式の株主から株式会社に対して、その株式を取得することの請求（会社166①）があった場合
⑥ 全部取得条項付種類株式を発行した場合において、その全部を取得する旨の株主総会の特別決議（会社171①・309②三）があった場合
⑦ 単元未満株主から単元未満株式の買取請求（会社192①）があった場合
⑧ 所在不明株主の株式を買い取る場合（会社197③）
⑨ 1株に満たない端数の合計数を売却するに際して、株式会社がそれを買い取ることを定めた場合（会社234④）
⑩ 他の会社（外国会社を含む）の事業の全部を譲り受ける場合において（会社467①三）、その会社が有する譲受会社の株式を取得する場合
⑪ 合併後消滅する会社から、その株式会社の株式を承継する場合
⑫ 吸収分割をする会社から、その株式会社の株式を承継する場合
⑬ 会社法施行規則27条で定める次の場合
　㋑ 当該会社の株式を無償で取得する場合
　㋺ 当該会社が有する他の法人等の株式（持分その他これに準ずるものを含む）につき当該他の法人等が行う剰余金の配当または残余財産の分配（これらに相当する行為を含む）により当該会社の株式の交付を受ける場合
　㋩ 当該会社が有する他の法人等の株式につき当該他の法人等が行う次に掲げる行為に際して当該株式と引換えに当該会社の株式の交付を受ける場合
　　ⓐ 組織の変更
　　ⓑ 合　併

株式会社　2　株式制度　69

　　ⓒ　株式交換（法以外の法令（外国の法令を含む）に基づく株式交換に相当する行為を含む）
　　ⓓ　取得条項付株式（これに相当する株式を含む）の取得
　　ⓔ　全部取得条項付種類株式（これに相当する株式を含む）の取得
　㈡　当該会社が有する他の法人等の新株予約権等を当該他の法人等が当該新株予約権等の定めに基づき取得することと引換えに当該会社の株式の交付をする場合において、当該会社の株式の交付を受けるとき
　㈭　当該会社が会社法116条5項［株式の内容についての特別の定め等の反対］、182条の4第4項［株式の併合による1株未満株式の買取請求］、469条5項［事業譲渡等の反対］、785条5項［吸収合併等の反対］、797条5項［吸収合併等の反対］または806条5項［新設合併等の反対］（これらの規定を会社について他の法令において準用する場合を含む）に規定する株式買取請求に応じて当該会社の株式を取得する場合
　㈻　合併後消滅する法人等（会社を除く）から当該会社の株式を承継する場合
　㈷　他の法人等（会社および外国会社を除く）の事業の全部を譲り受ける場合において、当該他の法人等の有する当該会社の株式を譲り受けるとき
　㈹　その権利の実行に当たり目的を達成するために当該株式会社の株式を取得することが必要かつ不可欠である場合（㈠から㈷までに掲げる場合を除く）

変更登記を要する場合と要しない場合とがある。

(1)　株主との合意による取得の場合
　　株主との合意による自己株式の取得は、既に発行されている株式の名義（株主名義）が変動するのみであり、資本金の額、発行可能株式総数、発行済株式総数に変更はないから、自己株式取得による変更登記をすることはない。
　相続人等（→memo.）に対する売渡しの請求による自己株式の取得は、取得対価が金銭に限られることから（会社177参照）、株式の名義（株主名義）が変動するのみであり、変更登記をすることはない。
(2)　変更登記をする必要がある場合
　①　取得請求権付株式、取得条項付株式、全部取得条項付種類株式を取得した場合において、取得対価として、当該会社の他の株式（新株）を交付したときは（会社108②五ロ・六ロ・171①一イ）、発行済株式総数が増加するの

Q75〔自己株式取得と登記の要否〕
自己株式を取得した場合、株式関係の変更登記を要するか

自己株式の取得

で、その変更登記を要する。なお、当該株式会社の自己株式、社債、金銭を取得対価とする場合は、変更登記をすることはない。

② 取得請求権付株式、取得条項付株式、全部取得条項付種類株式を取得した場合において、取得対価として、当該株式会社が新たに発行する新株予約権または新株予約権社債を交付した場合は新株予約権の数等は登記事項であるから（会社911③十二）、新株予約権の発行による変更登記をしなければならない（会社909）。

memo. 自己株式取得の場合における「相続人等」＝相続その他の一般承継により当該株式会社の株式（譲渡制限株式に限る）を取得した者（会社174①）。

自己株式の取得

Q76〔合意による自己株式取得の形態〕
株主との合意により自己株式を取得する形態には、どのようなものがあるか

株主との合意による自己株式の取得の形態は、次のように分類できる。

```
株主との合意による自己株式の取得
├─ ① すべての株主に申込機会を与えて取得する場合　（会社156以下）
├─ ② 特定の株主から取得する場合　（会社160以下）
│    株主の相続人等から取得する場合を含む（会社174以下）
├─ ③ 市場取引等により取得する場合　（会社165②③）
└─ ④ 子会社から取得する場合　（会社135②）
```

Q77〔合意による自己株式取得の手続〕
すべての株主に申込機会を与えて自己株式を取得する手続はどのようになるか（Q76の図①の場合）

1 自己株式取得の決議（Q76の図①による取得の場合）

Q76の図①で掲げる株主との合意による自己株式取得（すべての株主に申込機会を与えて自己株式を取得）の原則的な手順は、次のようになる。

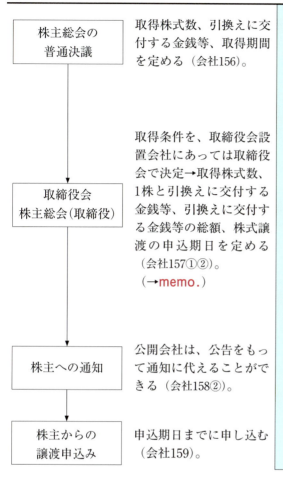

memo. 会社法は、決議機関につき取締役会設置会社の場合は取締役会と規定しているが（会社157②）、非取締役会設置会社については規定していない（2(2)参照）。
(1) 株主総会の普通決議
　(イ) 会社が株主との合意により自己株式を有償で取得するには、あらかじめ、株主総会の普通決議で次の事項を定めなければならない（会社156①）。
　　① 取得する株式の数。種類株式発行会社にあっては、株式の種類および種類ごとの数。
　　② 株式を取得するのと引換えに交付する金銭等（当該会社の株式等を除く）の内容およびその総額

　　　　　　金銭等とは、金銭その他の財産をいう（会社法151条1項柱書。本来ならば、会社法151条1項柱書の規定により「その他の財産」に当該株式会社の株式等も含むが、②の括弧書のとおり株式等は除かれている）。株式等とは、株式、社債、新株予約権をいう（会社107②二ホ）。
　　　③　株式を取得することができる期間
　　　　　この期間は、1年を超えることができない。
　　（ロ）この株主総会の決議は、具体的な自己株式の取得条件を会社が決定するための授権決議である。この株主総会の授権決議に基づく具体的な自己株式の取得条件の決定については、2を参照。
　(2)　決議すべき株主総会の種類
　　　上記(1)の株主総会の決議は、定時株主総会に限られない（会社法156条1項は「株主総会」となっている。旧商法では、原則として定時株主総会の決議とされていた（旧商210①））。
　(3)　取締役会が決議できる場合
　　　次の要件のいずれにも該当するときは、前掲(1)(イ)①から③までの事項（会社156①一・二・三）を、取締役会が定める旨を、定款で定めることができる（会社459①一・②）。
　　　①　会計監査人設置会社であって、取締役の任期をその選任後1年以内の最終決算期に関する定時株主総会の終結の日までとするもの（監査等委員会設置会社、指名委員会等設置会社または監査役会設置会社であるものに限る）。
　　　②　最終事業年度に係る計算書類が法令および定款に従い会社の財産および損益の状況を正しく表示しているものとして法務省令（会計規155）で定める要件に該当すること。
2　自己株式取得についての具体的事項の決定
　(1)　決議事項
　　　前掲1(1)の株主総会の決議（会社156①）に基づいて実際に自己株式を取得しようとするときは、会社は、その都度、次の事項を定めなければならない（会社157①）。
　　　①　取得する株式の数（種類株式発行会社にあっては、株式の種類および数）
　　　②　株式1株を取得するのと引換えに交付する金銭等の内容および数もしくは額、またはこれらの算定方法
　　　③　株式を取得するのと引換えに交付する金銭等の総額
　　　④　株式の譲渡しの申込みの期日
　(2)　決定機関
　　　上記(1)に掲げる事項の決定は、取締役会設置会社においては取締役会

の決議によらなければならない（会社157②）。それ以外の会社では、業務執行の決定として、定款に別段の定めがない限り、取締役の過半数でするという見解が少なくないが、剰余金の配当等に関する責任の規定の仕方（会社462①＝イ、会社計159三ロ）からは、会社法は株主総会決議によることを予定しているとする見解もある（会社法コンメンタール4・23頁〔藤田友敬〕、会社法入門151頁）。

3 株主に対する通知等

会社は、株主（種類株式発行会社にあっては、取得する株式の種類の種類株主）に対し、取締役会（取締役会設置会社の場合）または取締役（非取締役会設置会社の場合）が定めた自己株式取得のための具体的事項（2(1)に掲げる事項）を通知しなければならない（会社158①）。

公開会社においては、上記の通知は、公告をもってこれに代えることができる（会社158②）。

4 株主からの株式譲渡しの申込み

次の手順による（会社159）。

① 上記3の通知を受けた株主は、その有する株式の譲渡しの申込みをしようとするときは、会社に対し、その申込みに係る株式の数（種類株式発行会社にあっては、株式の種類および数）を明らかにして株式譲渡しの申込みを行う。

② 会社は、株式譲渡し申込期日において、株主が申込みをした株式の譲受けを承諾したものとみなす。

③ 株主が申込みをした株式の総数が、会社が取得すると定めた株式総数（会社157①一）を超えた場合には、会社は、按分比例した数を各株主から取得する。

memo. 会社が株主との合意により自己株式を有償で取得するためには、あらかじめ、株主総会の普通決議によって、1の(1)(イ)①②③に掲げる事項を定めなければならないとする会社法156条1項の規定は、その性質上、**Q74**の②から⑬までに掲げる場合には、適用されない（会社156②）。たとえば、④の取得条項付株式を取得する場合については、会社法で具体的事項が別に定められている（会社107②三）。

(1) 特定の株主から取得する旨の株主総会の決議

特定の株主から自己株式を取得するためには、株主総会における自己株式取得のための各事項の決定（会社156①。→**Q77**1(1)(イ)の①から③まで）に併せて、その株主総会の特別決議によって、特定の株

Q78〔特定の株主からの取得〕
特定の株主から自己株式を取得する場合の手続（**Q76**の図②の場合）

74　株式会社　[2]　株式制度

主に対してのみ譲渡しの通知（会社158①［取締役会等で決定した具体的事項の通知］）をする旨を定めることができる（会社160①）。

(イ) すべての株主に申込機　　(ロ) 特定の株主から取得する場合
　　 会を与えて取得する場合

　　　（Q77の場合）　　　　　　　　（Q78の場合）

```
┌─────────────────┐          ┌─────────────────┐
│  株主総会の普通決議  │          │   株主総会の決議   │
│   （会社156①）    │          │ 普通決議（会社156①）│
│  取得株式数・交付  │          │  取得株式数・交付  │
│  する金銭等の決定  │          │  する金銭等の決定  │
└─────────────────┘          │ ─────────────── │
                             │ 特別決議（会社160①）│
                             │  特定の株主のみに  │
                             │   通知する旨の決定  │
                             └─────────────────┘
```

自
己
株
式
の
取
得

```
┌─────────────────┐          ┌─────────────────┐
│   取締役会の決議   │          │   取締役会の決議   │
│  （会社157①②）   │          │  （会社157①②）   │
│  取得株式数等の具  │          │  取得株式数等の具  │
│   体的事項の決定   │          │   体的事項の決定   │
└─────────────────┘          └─────────────────┘
```
非取締役会設置会社は　　　　　　非取締役会設置会社は
株主総会(取締役)の決定　　　　　株主総会(取締役)の決定
（Q77[2](2)参照）

```
┌─────────────────┐          ┌─────────────────┐
│  株主全員への通知  │          │ 「特定の株主」に通知 │
│   （会社158①）   │          │   （会社160①）   │
│   具体的事項の通知  │          │   具体的事項の通知  │
└─────────────────┘          └─────────────────┘
```
　　　　　　　　　　　　　　　　「特定の株主」以外の
　　　　　　　　　　　　　　　　株主による買取追加請
　　　　　　　　　　　　　　　　求権発生(定款排除可)

(2) 他の株主からの買取請求

　　会社は、上記(1)の決定をしようとするときは、法務省令（会社規28・後掲）で定める時までに、他の株主（種類株式発行会社にあっては、取得する株式の種類の種類株主）は、特定の株主に自己をも加えたものを株主総会の議案とすることを、法務省令（会社規29・後掲）で定める時までに、請求（議案修正請求）することができる旨を、通知しなければならない（会社160②③）。

(3) 他の株主が買取請求できない場合
　次の場合には、他の株主は、特定の株主に自己をも加えたものを株主総会の議案とすることを請求することができない。
① 特定の株主から会社が自己株式を取得する際に、定款で、他の株主が自己を特定の株主に追加することを請求することができない旨を定めている場合（会社164→memo.）
② 株主の相続人その他の一般承継人から株式を取得する場合（会社174）
③ 子会社から取得する場合（会社163）
④ 市場価格のある株式の取得の特則の適用がある場合（会社161）
　特定の株主から株式会社が自己株式を取得しようとする場合でも、取得する株式が市場価格のある株式である場合において、当該株式1株を取得するのと引換えに交付する金銭等の額が当該株式1株の市場価格として法務省令（会社規30・後掲）で定める方法により算定されるものを超えないときは、当該特定の株主以外の株主には、自己をも売主に追加するよう請求する権利を付与しない（会社161。会社160②③は不適用）。

(4) 特定の株主の議決権行使
　自己株式の取得の各事項の決定と併せてする特定の株主から自己株式を取得する旨を決議する株主総会においては、特定の株主（自己を特定の株主に加えるように請求した株主も含む）は、議決権を行使することができない。
　ただし、特定の株主以外の株主の全部が当該株主総会において議決権を行使することができない場合（たとえば、株主全員がその請求をした場合）は、議決権を行使することができる（会社160④）。

＜会社法施行規則28条：特定の株主から自己の株式を取得する際の通知時期＞

> 第28条　法第160条第2項に規定する法務省令で定める時は、法第156条第1項の株主総会の日の2週間前とする。ただし、次の各号に掲げる場合には、当該各号に定める時とする。
> 一　法第299条第1項の規定による通知を発すべき時が当該株主総会の日の2週間を下回る期間（1週間以上の期間に限る。）前である場合　当該通知を発すべき時
> 二　法第299条第1項の規定による通知を発すべき時が当該株主総会の日の1週間を下回る期間前である場合　当該株主総会の日の1週間前
> 三　法第300条の規定により招集の手続を経ることなく当該株主総会を開催する場合　当該株主総会の日の1週間前

<会社法施行規則29条：議案の追加の請求の時期>

> 第29条　法第160条第3項に規定する法務省令で定める時は、法第156条第1項の株主総会の日の5日（定款でこれを下回る期間を定めた場合にあっては、その期間）前とする。ただし、前条各号に掲げる場合には、3日（定款でこれを下回る期間を定めた場合にあっては、その期間）前とする。

<会社法施行規則30条：市場価格を超えない額の対価による自己の株式の取得>

> 第30条　法第161条に規定する法務省令で定める方法は、次に掲げる額のうちいずれか高い額をもって同条に規定する株式の価格とする方法とする。
> 一　法第156条第1項の決議の日の前日における当該株式を取引する市場における最終の価格（当該日に売買取引がない場合又は当該日が当該市場の休業日に当たる場合にあっては、その後最初になされた売買取引の成立価格）
> 二　法第156条第1項の決議の日の前日において当該株式が公開買付け等の対象であるときは、当該日における当該公開買付け等に係る契約における当該株式の価格

memo.　<定款による買取請求追加株主の排除>　(1)　会社が特定の株主から自己株式（種類株式発行会社にあっては、ある種類の株式。(2)において同じ）を取得しようとする際に、他の株主に認められている自己も売主に追加すべきという請求権（売主追加請求権）は、定款で廃除することができる（会社164①）。(2)　株式の発行後に定款を変更して当該株式について売主追加請求権廃除の定款の定めを設け、または当該定めについての定款の変更（同項の定款の定めを廃止するものを除く。）をしようとするときは、当該株式を有する株主全員の同意を得なければならない（会社164②）。

Q79〔相続人等からの自己株式の取得〕
相続人等から自己株式を取得できるか

1　相続人等からの自己株式の取得方法

株主に相続または合併等の一般承継が生じた場合において、その株主が有していた株式を、その相続人その他の一般承継人から会社が取得する方法としては、①会社と相続人等の間の合意によって取得する方法（後掲2）と、②会社から相続人等に対する売渡しの請求によって取得する方法（後掲3）とがある。

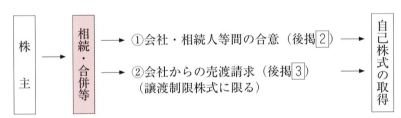

2 合意による相続人等からの取得
(1) 会社は、株主の相続人その他の一般承継人からその相続その他の一般承継により取得した当該会社の株式を、合意により取得できる。これは、特定の株主からの自己株式の取得に含まれる。
(2) 株主の相続人その他の一般承継人からその相続その他の一般承継により取得した自己株式取得については、(イ)特定の株主から株主総会の特別決議によって取得する場合に、株主に通知して（会社160②）、(ロ)特定の株主に自己をも加えたものを株主総会の議案とすることを請求することができる（会社160③）、という規定は適用されない（会社162本文）。これにより、会社は、株主の相続人その他の一般承継人からのみ自己株式を取得することができる。ただし、次の①または②に該当する場合には、上記(イ)(ロ)は適用されない（会社162ただし書）。
① 株式会社が公開会社である場合
② 当該相続人その他の一般承継人が、株主総会または種類株主総会において当該株式について議決権を行使した場合

3 相続人等に対する売渡しの請求
(1) 定款の定め
相続、合併等の一般承継が生じた場合に、譲渡制限株式に限って（→memo.）、株式会社は、相続人その他の一般承継人（以下「相続人等」という）が取得した当該株式会社の株式を、当該株式会社に売り渡すことを請求することができる旨を、定款で定めることができる（会社174）。
この制度は、前掲2の合意による自己株式の取得の場合とは異なり、会社が定款の定めに基づき、一般承継された株式を強制的に取得することを認めるものである。
(2) 株主総会の特別決議
定款の定め（会社174）に基づき、会社が、一般承継に係る株式の売渡請求をしようとするときは、その都度、株主総会の特別決議によって、次に掲げる事項を定めなければならない（会社175①・309②三）。
① 売渡しの請求をする株式の数（種類株式発行会社にあっては、株式の種類および種類ごとの数）
② ①の株式を有する者の氏名（名称）

上記を決議する株主総会においては、売渡しの請求の対象となっている株式を有する者は、議決権を行使することができない。ただし、売渡しの請求をする者以外の株主の全部が当該株主総会において議決権を行使することができない場合は、議決権を行使することができる（会社175②）。

(3) 売渡しの請求

会社は、株主総会で(2)の①②を定めたときは、②の者に対し、①の株式を会社に売り渡すことを請求することができる。ただし、会社が、相続その他の一般承継があったことを知った日から1年を経過したときは、請求できない（会社176①）。会社は、いつでも、売渡しの請求を撤回できる（会社176③）。

(4) 売買価格の決定

売渡しの請求があった場合には、株式の売買価格は、会社と相続人等との協議によって定める（会社177①）。協議が調わないときは、いずれの当事者からでも、売渡しの請求があった日から20日以内に、裁判所に対し、売買価格の決定の申立てをすることができる。売買価格の決定の申立てがあった場合には、裁判所が定めた額をもって株式の売買価格とする（会社177②③④）。

売買価格について協議が不調のため、裁判所に対し、売買価格の決定の申立てがないまま、売渡しの請求があった日から20日を経過したときは、会社の売渡しの請求は、その効力を失う（会社177⑤）。

memo. ③でいう売渡しの対象となる譲渡制限株式は、必ずしも株式譲渡制限会社（公開会社でない株式会社）が発行した譲渡制限株式に限られるものではなく、公開会社が発行した譲渡制限株式であってもよい。譲渡制限株式とは、「株式会社がその発行する全部又は一部の株式の内容として譲渡による当該株式の取得について当該株式会社の承認を要する旨の定めを設けている場合における当該株式をいう。」（会社2十七）からである。

Q80〔市場取引等による取得〕
自己株式は市場取引等によって取得できるか

取得できる（会社165①参照）。次の方法による。

(1) 授権決議による取得

会社は、株主総会で、取得する自己持分の数・取得金額・取得期間を決議して、市場において（上場株式を金融商品取引所を通じて、または取扱有価証券を金融商品取引業者を通じて（江頭・会社法252頁））行う取引によりまたは金融商品取引法27条の2第6項に規定する公開買付けの方法（以下「市場取引等」という）で、自己株式を取得することができる（会社165①③）。

市場取引等により自己株式を取得する場合には、会社法157条から160条までの規定［取得価格等の決定、株主に対する通知等、譲渡の申込み、特定の株主からの取得］は、適用されない（会社165①）。
(2) 定款による授権
　自己株式の取得は株主総会の決議によることを原則とするが（会社156①）、この例外として、取締役会設置会社は、市場取引等により自己株式を取得することを、取締役会の決議によって定めることができる旨を定款で定めることができる（会社165②）。

1 自己株式の有償取得に係る財源規制の条文

Q81〔自己株式取得の財源規制〕
自己株式の取得については財源規制があるか

　自己株式の有償取得は、株主に対する払戻しにほかならない。自己株式の取得に伴う払戻しに関する財源規制は、そのほとんどが会社法461条に規定されている。ただし、取得請求権付株式の取得に係る財源規制は同法166条1項で規定され、取得条項付株式の取得に係る財源規制は同法170条5項で規定されている（→memo.）。

自己株式の有償取得に係る財源規制の条文	
① 原　則	会社法461条
② 取得請求権付株式	会社法166条1項
③ 取得条項付株式	会社法170条5項

2 財源規制の対象となる自己株式の取得
　次に掲げる株式の取得行為により、株主に対して交付する金銭等（会社151①柱書。ただし、当該会社の株式を除く）の帳簿価額の総額は、当該行為がその効力を生じる日における分配可能額を超えることができない（（会社461①）すなわち、以下の自己株式の取得は、当該行為がその効力を生じる日における分配可能額を超えて行うことはできない。なお、取得請求権付株式の場合は会社法166条1項、取得条項付株式の場合は会社法170条1項を参照）。
① 株式会社が譲渡制限株式の譲渡等承認請求を承認しない場合に、会社による買取りが請求された場合（会社461①一）
② 会社がその子会社から自己株式を取得する場合、または市場取引等（会社165①。市場取引または公開買い付け）により株主との合意により取得する場合（会社461①二）
③ 株主総会の決議により、特定の株主から相対取引により取得する場合（会社461①三）
④ 全部取得条項付種類株式を株主総会の決議で取得する場合（会社461①四）

⑤ 譲渡制限株式の相続・合併等による一般承継人に対する売渡請求により取得する場合（会社461①五）
⑥ 所在不明株主の株式を買い取る場合（会社461①六）
⑦ 端数を合計した株式を買い取る場合（会社461①七）

3 財源規制がない自己株式の取得
次の自己株式の取得については財源規制がない。
① 単元未満株式の買取請求に応じて取得する場合（会社192①）
② 事業全部の譲受けの場合（会社467）
③ 合併後消滅する株式会社から承継する場合、吸収分割をする株式会社から承継する場合
④ 反対株主の買取請求権が行使された場合（会社116①）

4 分配可能額の算出方法
分配可能額とは、①および②に掲げる額の合計額から、③から⑥までに掲げる額の合計額を減じて得た額をいう（会社461②）。
① 剰余金の額
② 臨時計算書類につき株主総会の承認（(会社441④本文）臨時計算書類が法令および定款に従い株式会社の財産および損益の状況を正しく表示しているものとして法務省令（会社規116①七、会計規135）で定める要件に該当する場合は、取締役会設置会社にあっては取締役会の承認（会社441④ただし書・441③））を受けた場合における次に掲げる額
　イ 臨時決算日の属する事業年度の初日から臨時決算日までの期間（会社441①二）の利益の額として法務省令（会社規116①十四、会計規156）で定める各勘定科目に計上した額の合計額
　ロ 臨時決算日の属する事業年度の初日から臨時決算日までの期間（会社441①二）内に自己株式を処分した場合における当該自己株式の対価の額
③ 自己株式の帳簿価額
④ 最終事業年度の末日後に自己株式を処分した場合における当該自己株式の対価の額
⑤ ②に規定する場合における臨時決算日の属する事業年度の初日から臨時決算日までの期間（会社441①二）の損失の額として法務省令（会社規116①十四、会計規185）で定める各勘定科目に計上した額の合計額
⑥ ③から⑤までに掲げるもののほか、法務省令（会社規116①十四、会計規158）で定める各勘定科目に計上した額の合計額

memo. 財源規制条文が区別されているのは、原則的規律である会社法461条の規定は、基本的に、これに違反した場合には取締役等が特殊な責任を負うこととする規律であり（会社462参照）、そのような規律の適用がふさわしくないと思われる取得請求権付株式および取得条項付株式の取得については、別の形で財源規制に係る規定を置いたものである（会社法の解説35頁）。

株式会社　2　株式制度

1　株式の消却の意義

> **Q82〔株式の消却〕**
> 株式の消却とは

(1) 株式の消却とは、株式を消滅させることをいう。旧商法においては、株式の消却には、①既に株式会社が保有する自己株式を取締役会の決議によって消却する任意消却（旧商212①）と、②株主が有する株式を、会社が取得することなく、直接に消却するもの（資本の減少、定款の規定による利益をもってする株式の消却、償還株式）（旧商222①・213①）との2つの類型があった。

(2) 会社法においては、株式の消却は、株式の取得および自己株式の消却という形のみで認識することとされた（会社法の解説63頁）。会社が株式の消却をすることができるのは、会社法178条で規定する自己株式の消却の場合だけである（→memo.1）。

2　株式の消却の手続・効果

(1) 消却の手続

会社法の下では、会社がまず自己株式を取得した上で、その自己株式を消却（任意消却）することになる。自己株式を消却する場合においては、消却する自己株式の数（種類株式発行会社にあっては、自己株式の種類および種類ごとの数）を定めなければならない（会社178①）。

上記の決定は、定款に別段の定めがない限り、取締役会設置会社は取締役会の決議で行う（会社178②）。非取締役会設置会社は取締役の過半数で行う（会社348②）。

(2) 消却の効果

自己株式を消却した場合の法律効果は、次のとおりである（会社法の解説44頁）。

① 消却した株式数だけ発行済株式総数が減少する。
② 消却された自己株式に付されている帳簿価額相当分の自己株式の部に計上された控除額が減少し、当該額に対応する剰余金の額も減少する。
③ 株主名簿の修正および株券発行会社においては株券の廃棄手続を要する。

memo.1　会社は会社以外の者が有する株式を取得することなく消却をすることができないので、会社が有する自己株式以外の株式を消却しようとするときは、いったん自己株式として取得したうえで、その株式を消却しなければならない。

memo.2　(1) 自己株式を消却しても、資本金の額の減少手続（会社447以下）を踏まない限り、資本金の額が減少することはない。
(2) 資本減少の規定に従ってする株式の消却および定款の規定に基づき株主に配当すべき利益をもってする株式の消却の制度（旧商213参照）は、廃止された。

株式の消却・併合・分割・株式無償割当て

Q83〔株式の消却と発行可能株式総数等との関係〕
株式を消却すると、発行可能（種類）株式総数は減少するか

会社法では、定款変更を通常の手続（会社466）と異なる手続で行うことができる場合（会社184②・191参照）や、定款が変更されたものとみなされる場合（会社112①参照）には、各々その旨の明文の規定が設けられている。
　株式の消却の場合には、このような規定が設けられていないので、会社が自己株式を消却しても、定款を変更しない限り、発行可能株式総数および発行可能種類株式総数は、減少しない（平18・3・31民商782第2部第2・4(1)）。したがって、発行可能株式総数が発行済株式総数の4倍を超えることも起こり得る。
memo.　旧商法の下では、株式の消却があった場合には、消却された株式数だけ会社が発行する株式の総数（授権株式総数）も減少するとするのが登記実務の取扱いであり（昭27・9・8民甲110、昭38・2・9民四17）、会社が発行する株式の総数の変更登記と発行済株式総数の変更登記とは、同時に申請しなければならないとされていた（昭44・10・3民甲2028）。

Q84〔株式の消却の登記〕
株式の消却の申請に要する添付書面

次の書面である。
① 取締役会設置会社の場合は、取締役会議事録（商登46②）。非取締役会設置会社の場合は、ある取締役の一致があったことを証する書面（商登46①、平18・3・31民商782第2部第2・4(1)）。
② 委任状（商登18）
memo.　株式の消却をするについては、株券発行会社であっても株券提出公告を要しない（会社219①参照）。

Q85〔株式の併合〕
株式の併合とは

(1) 株式の併合とは、2株を合わせて1株とするように、数株を合わせてそれよりも少数の株式にすることをいう。株式の併合がされても発行済株式総数が減少するだけで、資本金の額、発行可能株式総数については変更がない。
　株式の併合は、すべての株式について一律に行わなければならない。ただし、ある種類の株式について株式の併合をすることもできる（会社180②三参照）。つまり、株式の併合は株式の種類ごとに行う。
(2) 株式の併合はQ86の手続によって、事由のいかんを問わず行うことができる（会社180①）。平成13年商法改正（平成13年法律79号）前のような、①最終の貸借対照表による1株当たりの純資産額が5万円未満のときに、その額を5万円以上に引き上げるため（前掲平成13年改正前商214①）、また

は、②資本減少の方法としてする場合（同377①）等に限って行うことができるというような制限はない。

1 手続の概要図

> **Q86〔株式の併合の手続〕**
> 株式の併合の手続は、どのようにするのか

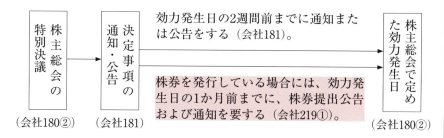

2 株主総会の特別決議
　株式の併合をするためには、株券発行会社・株券廃止会社であるかを問わず、その都度、株主総会の特別決議で次の事項を定めなければならない（会社180②）。
① 併合の割合
② 株式の併合がその効力を生ずる日（効力発生日）
③ 会社が種類株式発行会社である場合には、併合する株式の種類
④ 効力発生日における発行可能株式総数
　公開会社の場合は、効力発生日における発行可能株式総数は、効力発生日における発行済株式の総数の4倍を超えることができない。ただし、公開会社でない会社の場合は、このような制限はない。
　取締役は、この株主総会において、株式の併合をすることを必要とする理由を説明しなければならない（会社180④）。株式の併合により、ある種類の株式の種類株主に損害を及ぼすおそれがあるときは、当該種類株主総会の特別決議がなければ、株式の併合の効力を生じない（会社322①二・324②四）。

3 発行可能株式総数に係る定款変更の決議の要否
　株式の併合を決議する株主総会では、株式の併合の効力発生日における発行可能株式総数も決議しなければならない（会社180②四）。したがって、この決議が株主総会で承認されたときは、発行可能株式総数に係る定款の変更の決議をしたものとみなされるから（会社182②）、発行可能株式総数の定款の変更に係る決議を重ねてする必要はない。

4 通知または公告
　会社は、効力発生日（株主総会で定めた日（上記2②））の2週間前までに、

84　株式会社　2　株式制度

株主（種類株式発行会社にあっては、株式の併合をする種類株式の種類株主）およびその登録株式質権者に対し、上記2の①から④までの事項を通知しなければならない。この通知は、公告をもってこれに代えることができる（会社181）。株券提出公告→**Q87**。

5　効力の発生

株主は、効力発生日に、その日の前日に有する株式（種類株式発行会社にあっては、株式の併合をする種類の株式）の数に、株主総会で定めた株式の併合の割合を乗じて得た数の株式の株主となる（会社182①）。

Q87〔株券提出公告〕
株式の併合をする場合には、株券の提出を要するか

1　株券発行会社の場合
(1)　株券の交換
株主は株式の併合前の旧株券を会社に提出することを要し、株式の併合後、新たな株式数を記載した株券が当該株主に交付される。旧商法では、併合に適する株式の数を記載した株券（2株を1株に併合する場合には、2の整数倍の株券）については、これを提出することを要せず、株式数を読み替える制度があったが（旧商215③④）、会社法ではこの制度は廃止されている。
(2)　旧株券提出の公告・通知
(イ)　株券発行会社が株式の併合をする場合には、株式の併合の効力が生ずる日までに、会社に対し全部の株式（種類株式発行会社にあっては、株式の併合をする種類株式）に係る株券を提出しなければならない旨を、株券提出日の1か月前までに、公告し、かつ、当該株式の株主およびその登録株式質権者には、各別にこれを通知しなければならない（会社219①本文）。
(ロ)　株券発行会社であっても、株式の全部について株券を発行していない場合には、公告・通知は不要である（会社219①ただし書）。たとえば、株式譲渡制限会社において、株主から株券発行の請求が全くない場合（会社215④）、全部の株式について株券不所持の申出がある場合（会社217）には、株主およびその登録株式質権者に対する公告・通知は不要である。

2　株券不発行会社等の場合
株券を発行していない次の会社の場合には、株券提出の公告・通知の手続は不要である。
①　株券不発行会社
定款に、株券を発行する旨の定めがない会社をいう。
②　準株券不発行会社
すべての株式について、㋑株式譲渡制限会社で株主から請求がないために株券が発行されていない会社（会社215④）、もしくは㋺株券不所持の申

出がされている会社（会社217）をいう（一部の株主につき㋑の株券発行の請求がなく、かつ、他の株主につき㋺の申出がなされたため、結局、すべての株主につき株券が発行されないものを含む（会社法入門127頁））。
　上記の①および②の会社においては、株券提出の公告・通知の手続をすることなく、単に、効力発生日（株主総会で定めた日）の2週間前までに、株主（種類株式発行会社にあっては、株式の併合をする種類株式の種類株主）・登録株式質権者に対し、前Q85の②①から④までの事項を通知しなければならない。この通知は、公告をもってこれに代えることができる（会社181）。

③ 端数の処理
1株に満たない端数が生ずるときは次による。
(1)　競　売
　　会社が株式の併合をすることにより株式の数に1株に満たない端数が生ずるときは、その端数の合計数（その合計数に1に満たない端数が生ずる場合にあっては、これを切り捨てる）に相当する数の株式を競売し、かつ、その端数に応じてその競売により得られた代金を株主に交付しなければならない（会社235①）。
(2)　競売に代わる売却
　　会社は、(1)の競売に代えて、市場価格のある株式については市場価格として法務省令（会社規50）で定める方法により算定される額をもって、市場価格のない株式については裁判所の許可を得て競売以外の方法により、これを売却することができる。許可の申立ては、取締役が2人以上あるときは、その全員の同意によってしなければならない（会社234②）。
(3)　会社による取得
　　会社は、(1)の競売により売却する株式の全部または一部を買い取ることができる。この場合には、次の事項を取締役会設置会社の場合には取締役会の決議で定めなければならない（会社234④⑤）。
①　買い取る株式の数（種類株式発行会社にあっては、株式の種類および種類ごとの数）
②　①の株式の買取りをするのと引換えに交付する金銭の総額

	Q88〔株式の併合の登記〕
① 発行可能株式総数	株式の併合による登記手続

　株式の併合をしても当然には、発行可能株式総数は減じない。株式の併合による変更登記と併せて、発行可能株式総数の変更登記もしなければならない。
　発行可能株式総数の減少に係る株主総会の決議がない場合において、株式の併合の決議の趣旨として当該併合の割合に比例して発行可能株式総数を減少する旨の決議を含むものと解する取扱い（昭57・11・13民四6854）は、されない（平18・3・31民商782第2部第2・4(2)）。

株式の消却・併合・分割・株式無償割当て

2 添付書面
次の書面である。
① 株主総会議事録（種類株主総会の決議を要する場合には、その議事録を含む）、株主リスト（商登46②、商登規61③）
② 株券発行会社にあっては、株券提供公告等関係書面（商登61）
株券提供公告等関係書面とは、株券提供公告をしたことを証する書面（当該株式の全部について株券を発行していない場合にあっては、株主名簿その他の当該場合に該当することを証する書面）をいう（平18・3・31民商782第2部第2・4(2)）。
③ 委任状（商登18）

memo. 株主総会で決議する株式の併合の効力発生日における発行可能株式総数は、公開会社における効力発生日における発行済株式の総数の4倍規制に抵触する場合を除き、効力発生日前の定款に定められている発行可能株式総数と同一の数とすることも可能である。この場合には、登記簿上の発行可能株式総数と発行可能株式総数に係る定款の変更があったものとみなされ（会社182②）後の発行可能株式総数とは同一の数であるから、発行可能株式総数の変更の登記はすることを要しない（平成27年通達解説131頁）。

Q89〔株式の分割〕
株式の分割とは

(1) 株式の分割：株式の分割とは、たとえば、1株を2株とするように株式を細分化することである。株式会社は、株式の分割をすることができる（会社183①）。株式の分割をした場合には、株主の有する株式が一律に分割割合に従って増加する。ある種類の株式のみを分割することもできるが、この場合には、当該種類の株式のみが一律に分割割合に従って増加する。

(2) 発行済株式の総数の増加：株式の分割をしても、会社の財産は増加せず、発行済株式の総数が増加するだけであり、資本金の額は増加しない。

(3) 株式無償割当てとの相違：株式の分割をしたときは、株主は自己が有する株式と同一の種類の株式の交付を受ける。自己株式についても同様である。この点が株式無償割当てと異なる。

(4) 規制の排除：会社法では、株式の分割をすることができる場合を特に規定してない。

平成13年商法改正（平成13年法律79号）前は、分割後の1株当たり純資産額が5万円未満となるような株式の分割は許されていなかった。平成13年改正商法は、この規制を撤廃し株式の分割を自由とし、会社法も同様に規制をしていない。

Q90〔株式の分割の手続〕
株式の分割の手続は、どのようにするのか

1 手続の概要図

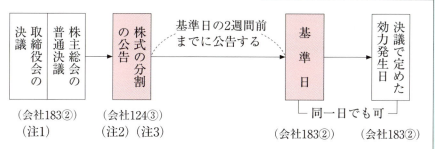

（会社183②）　（会社124③）　　　　　　　　（会社183②）　（会社183②）
（注1）　　　（注2）（注3）

（注1）取締役会設置会社は取締役会の決議、非取締役会設置会社は株主総会の決議。
（注2）定款で株式の分割に係る基準日を定めているときは、公告不要。
（注3）株券提出手続は不要。

2 決議機関

株式の分割は、取締役会設置会社にあっては取締役会の決議で、非取締役会設置会社にあっては株主総会の普通決議で行う（会社183②）。指名委員会等設置会社の場合には、執行役に委任できる（会社416④）。

株式の分割により、ある種類の株式の種類株主に損害を及ぼすおそれがあるときは、当該種類株主による種類株主総会の特別決議がなければ、その効力を生じない（会社322①二・324②四）。

3 決議事項

株式の分割をしようとするときは、その都度、上記2の機関の決議によって、次の事項を定めなければならない（会社183②）。

① 株式の分割により増加する株式の総数の株式の分割前の発行済株式（種類株式発行会社にあっては、③の種類の株式の発行済株式）の総数に対する割合（分割比率）、および基準日
② 株式の分割がその効力を生ずる日

③　株式会社が種類株式発行会社である場合には、分割する株式の種類

4　基準日

基準日の株主名簿上の名義人が、株式の分割の効力発生日に、基準日に有する株式数に分割比率を乗じた数の株式を取得する（会社184①。追加発行される株式を取得する）。自己株式についても同様である。株式の分割に係る基準日のことを、旧商法の下では「割当日（割当期日）」とも呼んでいた。

会社は、株式の分割に係る基準日を定めたときは、基準日の2週間前までに、基準日および株式の分割に係る事項を公告しなければならない。ただし、定款に当該基準日および当該事項について定めがあるときは、この限りでない（会社124③）。

分割の基準日と分割の効力発生日は、同一の日と定めることが多いが、別の日とすることもできる（江頭・会社法293頁）。

5　株券提出手続の不要

株券提出手続は不要である（会社219①参照）。たとえば、1株を3株に分割する場合には、1株当たり2株の株式を追加発行することになり、株券提出手続を要しない。

6　端数の処理

株式の分割に係る端数の処理については、**Q87**の3を参照（会社235）。

memo.　東京証券取引所では平成17年3月7日に、株式分割を行う際には1回当たり5分割以内（1株を5株以内に分割）にとどめるように上場企業に求めている（「大幅な株式分割の実施に際してのお願い」）。

Q91〔株式の分割の登記〕
株式の分割の登記手続

1　発行可能株式総数

(1)　株主総会によらない増加：株式の分割は、発行可能株式総数の範囲内で行う必要があり、発行可能株式総数が不足する場合には、株主総会の定款変更決議によって、これを拡大する必要がある。ただし、次の場合には、株主総会の定款変更決議によることなく、発行可能株式総数を増加させることができる。

現に2以上の種類の株式を発行している場合を除き、会社は、株主総会の決議によらないで、取締役の決定（取締役会設置会社は取締役会の決議）により、株式の分割がその効力を生ずる日における発行可能株式総数を、その日の前日の発行可能株式総数に分割比率を乗じて得た数の範囲内で、増加する定款の変更をすることができる（会社184②、平18・3・31民商782第2部第2・4(3)）。

(2)　2以上の種類の株式を発行している場合：現に2以上の種類の株式を発行している場合には、既存株主の利害に関わるので、株主総会の特別決議（会社309②十一）により、定款の発行可能株式総数を変更しなければならない（会社184②括弧書）。

(3) 増加上限計算例：株主総会の決議を要しない発行可能株式総数の上限計算例

> 【例】発行可能株式総数10,000株、発行済株式の総数6,000株の場合に、1株を5株に分割した例
> 　発行可能株式総数　10,000株×5＝50,000株
> 　発行済株式の総数　 6,000株×5＝30,000株
> 　この例では、株式の分割が効力を生ずる日の前日の発行可能株式総数10,000株に、分割比率5を乗じた数（50,000株）を上限として、株式の分割の効力発生日における発行可能株式総数を増加させることができる。

2 添付書面
　次の書面である。
① 株主総会議事録（商登46②）
　非取締役会設置会社の場合は、株主総会で株式の分割の決議、発行可能株式総数の変更を決議した議事録を添付。種類株主総会の決議を要する場合には、その議事録を添付。株主リストも添付（商登規61③）。
② 取締役会議事録（商登46②）
　取締役会設置会社の場合には、株式の分割を決議した取締役会議事録を添付。また、分割比率内で発行可能株式総数を増加させた場合にも取締役会議事録を添付。
③ 委任状（商登18）

memo. 株式の分割とともに1単元の株式数を変更するとき（会社191）→**Q96** 1。

Q92〔株式無償割当て〕
株式無償割当てとは

(1) 会社法の施行により、株式無償割当ての制度が創設された。株式無償割当ての制度とは、会社が、株主（種類株式発行会社にあっては、ある種類の種類株主）に対して、新たに払込みをさせないで、会社の株式の割当てをすることができるというものである（会社185）。募集株式の募集の場合と異なり、株式無償割当ては、株主による株式の申込み等の手続をとることなく、株主に自動的に株式を取得させるものである。
(2) 株式無償割当ては株券を追加発行するだ

株式の消却・併合・分割・株式無償割当て

けであるから、株券提出手続は不要。
(3) 株式無償割当てと株式の分割とは類似するが、その異同は次のとおりである。
① 会社財産は増加しないので資本の額は増加せず（会計規16）、発行済株式総数が増加するという点は、同じである。
② 株式無償割当ての場合は、自己株式に割当てができないこと、株主が有する株式と異なる株式を取得させることができること、株主に対して自己株式を割り当てることができることで、株式の分割と異なる。
③ 株式の分割の場合は必ず基準日を設定しなければならないが（会社183②一）、株式無償割当ての場合は必ずしも基準日を設定する必要はない（千問192頁、会社186①参照～基準日の記載なし）。
④ 株式の分割の場合には、株主総会の決議によらないで、分割比率に応じて発行可能株式総数を増加させることができる（会社184②）。株式無償割当ての場合には、このような制度はない。

Q93〔株式無償割当ての手続〕
株式無償割当ての手続は、どのようにするのか

1 手続の概要図
手続の概要は図のとおり。

（注） 決議当日を効力発生日にすることもできる（千問193頁）。

2 決議機関
　株式無償割当てに関する事項（後掲3）は、定款に別段の定めがある場合を除き、非取締役会設置会社は株主総会の普通決議（会社309①）により、取締役会設置会社は取締役会の決議によって定める（会社186③）。
　ただし、株式無償割当てにより、ある種類の株式の種類株主に損害を及ぼすおそれがあるときは、当該種類株主による種類株主総会の特別決議がなければ、その効力を生じない（会社322①三・324②四）。複数の種類株式を発行している種類株式発行会社が、複数の種類の株式の種類株主に対して株式無償割当てを行う場合には、複数の株式無償割当ての手続を同時に行わなければならない（会社185括弧書参照、会社法の解説48頁、会社法入門134頁）。

3 決議事項
　会社は、株式無償割当てをしようとするときは、その都度、次の事項を定めなければならない（会社186①）。
① 株主に割り当てる株式の数（種類株式発行会社は、株式の種類および種類ごとの数）、またはその数の算定方法
② 株式無償割当てがその効力を生ずる日
③ 種類株式発行会社である場合には、その株式無償割当てを受ける株主の有する株式の種類

4 株式無償割当ての効力の発生・通知
　株式無償割当てを受けた株主は、株主総会または取締役会で定めた「株式無償割当てがその効力を生ずる日」（3の②）に、株式無償割当てを受けた株式の株主となる（会社187①）。
　会社は、株式無償割当ての効力発生の日後遅滞なく、株主（種類株式発行会社にあっては、当該種類の種類株主）およびその登録株式質権者に対し、当該株主が割当てを受けた株式の数（種類株式発行会社にあっては、株式の種類および種類ごとの数）を通知しなければならない（会社187②）（→memo.）。

5 株券提出手続の不要
　株券提出手続は不要である（会社219①参照）。例えば、1株に対し1株の株式無償割当てをする場合には、持株1株につき1株の株式を追加発行することになり、株券提出手続を要しない。

6 端数の処理
　株式無償割当てにより生ずる1株に満たない端数については、次のように処理する（会社234①三）。
(1) 競売
　交付しなければならない株式の数に1株に満たない端数があるときは、その端数の合計数（その合計数に1に満たない端数が生ずる場合にあっては、これを切り捨てる）に相当する数の株式を競売し、かつ、その端数に

応じてその競売により得られた代金を株式無償割当てを受ける株主に交付しなければならない（会社234①）。
(2) 競売に代わる売却
　　株式会社は、(1)の競売に代えて、市場価格のある株式については市場価格として法務省令（会社規50）で定める方法により算定される額をもって、市場価格のない株式については裁判所の許可を得て競売以外の方法により、これを売却することができる。この場合において、当該許可の申立ては、取締役が2人以上あるときは、その全員の同意によってしなければならない（会社234②）。
(3) 会社による取得
　　会社は、競売に代えて売却する株式の全部または一部を買い取ることができる。この場合においては、次の事項を取締役会設置会社の場合には取締役会の決議で定めなければならない（会社234④⑤）。
① 買い取る株式の数（種類株式発行会社にあっては、株式の種類および種類ごとの数）
② ①の株式の買取りをするのと引換えに交付する金銭の総額

memo． 通知の有無は、株式無償割当ての効力発生に影響を与えるものではない（千問193頁）。

Q94〔株式無償割当ての登記〕
株式無償割当ての登記手続

1 発行可能株式総数
　　株式無償割当ての場合には、株式の分割の場合のように、株主総会の決議によらないで、分割比率に応じて発行可能株式総数を増加させることができるという制度（会社184②）はない。

2 添付書面
　　次の書面である。
① 株主総会議事録、株主リストまたは取締役会議事録（商登46②、商登規61③）
　　非取締役会設置会社にあっては株主総会議事録、取締役会設置会社にあっては取締役会議事録を添付する（種類株主総会の決議を要する場合には、その議事録を含む）。
② 委任状（商登18）

memo． 株式無償割当ての効力は効力発生日（→**Q93** 3）に生じ、株式の割当てを受けた株主は、当該日に、当該株式の株主となる。この場合には、会社が株式を発行するか、自己株式を処分するかにかかわらず、資本金の額は増加しない（会計規16）。

1 1単元の株式

(1) 会社は、その発行する株式について、一定の数の株式をもって株主が株主総会または種類株主総会において1個の議決権を行使することができる1単元の株式とする旨を定款で定めることができる。1単元とする一定の数は、1,000および発行済株式の総数の200分の1に当たる数を超えることはできない（会社188①②・会社規34）。

なお、平成21年3月27日法務省令7号の施行日（平成21年4月1日）前に定められた単元株式数に関する定款の定めは、なお効力を有する（前掲の平成21年改正会社法施行規則の附則3①）。

(2) 株主は、株主総会において1株につき1個の議決権を有するのが原則であるが（会社308①本文）、単元株式数を定めている場合には、株主は、1単元の株式につき1個の議決権を有する（会社308①ただし書）。

Q95〔単元株式〕
単元株制度とは

2 単元株制度の採用の要否

(1) 単元株制度を採用するか否かは、会社の任意である。単元株制度を採用する場合には、定款で1単元の株式数を定めなければならない（会社188①）。

(2) 平成13年商法改正（平成13年法律79号）前にすでに存在していた株式会社であって単位株制度を採用していた株式会社については、その1単位の株式を1単元の株式の数として定める旨の定款変更の決議をしたものとみなされるから（前掲の平成13年改正商法の附則9②前段）、定款変更の手続をとるまでもなく、当然に単元株制度を採用する株式会社とされる。

(3) 整備法施行日前に存在する旧株式会社の定款は、新株式会社の定款とみなされるから（整備66①）、旧株式会社の定款で定めた単元株制度の規定は、当然に新株式会社の定款に承継されることになる。

3 種類株式発行会社

種類株式発行会社においては、単元株式数は、株式の種類ごとに定めなければならない（会社188③）。これは、1株の価値または権利の内容が種類ごとに異なるからである。

種類株式発行会社の1単元株式数は、いずれの種類の株式についても同じとすることもできる。また、1つの種類の株式（普通株式）にのみ単元株制度を採用し、他の種類の株式については単元株制度を採用しないこともできる（会社法入門138頁）。

Q96〔単元株制度の手続〕
単元株制度の採用・変更・廃止の手続は、どのようにするのか

1　単元株式数の設定・増加
　(1)　株主総会の特別決議
　　　単元株制度を採用する場合には、定款で1単元の株式数（単元株式数）を定めなければならない（会社188①）。取締役は、当該単元株式数を定める定款の変更を目的とする株主総会で、単元株式数を定めることを必要とする理由を説明しなければならない（会社190）。
　　　単元株制度を定めるための株主総会の定款変更決議は、特別決議である（会社309②十一）。1単元の株式数の増加に係る定款変更も特別決議による（会社309②十一・191参照）。
　(2)　単元株式数の設定・増加における特則
　　　次の①および②のいずれにも該当する場合には、株主総会の決議に代えて、取締役の決定（取締役会設置会社は取締役会の決議）により、単元株式数（種類株式発行会社にあっては、各種類の株式の単元株式数）を増加し、または単元株式数についての定款の定めを変更することができる（会社191、平18・3・31民商782第2部第2・5）。
　①　株式の分割と同時に単元株式数を増加し、または、株式の分割と同時に単元株式数についての定款の定めを設ける場合
　②　㋑「当該定款の変更後において各株主がそれぞれ有する株式の数を単元株式数で除して得た数」が、㋺「当該定款の変更前において各株主がそれぞれ有する株式の数（単元株式数を定めている場合にあっては、当該株式の数を単元株式数で除して得た数）」を下回るものでないとき
　　　たとえば、1株を10株に株式を分割した上で、10株を1単元とすることを定款で定める場合には、各株主の株式の分割前の議決権数（1株＝1議決権）と単元株制度の採用後の議決権数（10株＝1単元＝1議決権）とは同じであり、株主の利益を害することはないので、株主総会による定款変更は不要である。

2　1単元株式数の減少・単元株制度の廃止
　(1)　取締役の決定・取締役会の決議
　　　次の①または②の場合には、非取締役会設置会社にあっては取締役の決定、取締役会設置会社にあっては取締役会の決議によって、単元株式数を減少する定款変更、または単元株制度の定款の定めを廃止することができる（会社195①）。
　①　単元株式数を減少する場合
　②　単元株式数についての定款の定めを廃止する場合
　(2)　通知・公告
　　　上記(1)により定款の変更をした場合には、会社は、当該定款の変更の

効力が生じた日以後遅滞なく、その株主（種類株式発行会社にあっては、単元株式数を変更した種類の種類株主）に対し、定款の変更をした旨を通知しなければならない。この通知は、公告をもって代えることができる（会社195②③）。

添付書面は次のとおり。
1 単元株式数を設定する場合
　① 株主総会議事録、株主リスト（商登46②、商登規61③）
　　ただし、Q96 1 (2)の場合には、株主総会議事録に代えて、取締役会設置会社にあっては取締役会議事録（商登46②）、非取締役会設置会社にあっては取締役の過半数の一致があったことを証する書面（商登46①）を添付。種類株主総会の決議を要する場合は、種類株主総会議事録、株主リストを添付。
　② 委任状（商登18）
2 単元株式数を増加する場合
　1 と同一。
3 単元株式数の減少・定めを廃止する場合
　① 取締役会設置会社にあっては取締役会議事録（商登46②）、非取締役会設置会社にあっては、取締役の過半数の一致があったことを証する書面（商登46①）
　　単元株式数の減少または定めの廃止は株主（単元未満株主）に有利であるから、株主総会の決議を得ないで、取締役会設置会社では取締役会の決議、非取締役会設置会社では取締役の決定で定款を変更できる。
　② 委任状（商登18）

Q97〔単元株制度の登記〕
単元株式数の設定・変更・廃止の登記の添付書面

株券失効制度	**Q98〔株券失効制度〕** 株券失効制度とはどのような制度か	(1) 株主が株券を喪失した場合、株券が善意取得されることを防ぐために、会社に対し株券喪失登録の手続をとることにより、喪失株券を無効にして新しい株券を再発行する制度である（会社323）。株券発行会社に限って採用される制度である。 (2) 株券喪失登録がされた株券の所持人がいれば、その所持人は株券喪失登録の抹消を請求することができ、自分が所持する株券が無効となることを防ぐことができる（所持人と株券喪失登録者との間で権利の帰属について争いがあるときは、裁判上で解決することになる）。 (3) 株券喪失登録（抹消されたものを除く）がされた株券は、株券喪失登録日の翌日から起算して1年を経過した日に無効となる。これにより株券が無効となった場合には、株券発行会社は、当該株券についての株券喪失登録者に対し、株券を再発行しなければならない（会社228）。 memo. 平成14年の商法改正前は、喪失株券は、公示催告・除権決定の手続により無効とする制度であったが、同年の商法改正（平成15年4月1日施行）により、これらの制度は株券には適用されないこととなり、株券喪失登録の制度が創設された。
	Q99〔株券喪失登録〕 株券喪失登録とはどのような制度か	株券喪失登録制度の概要は、次のとおり。 1 株券喪失登録制度の手続の概要図 　次の図のとおり。

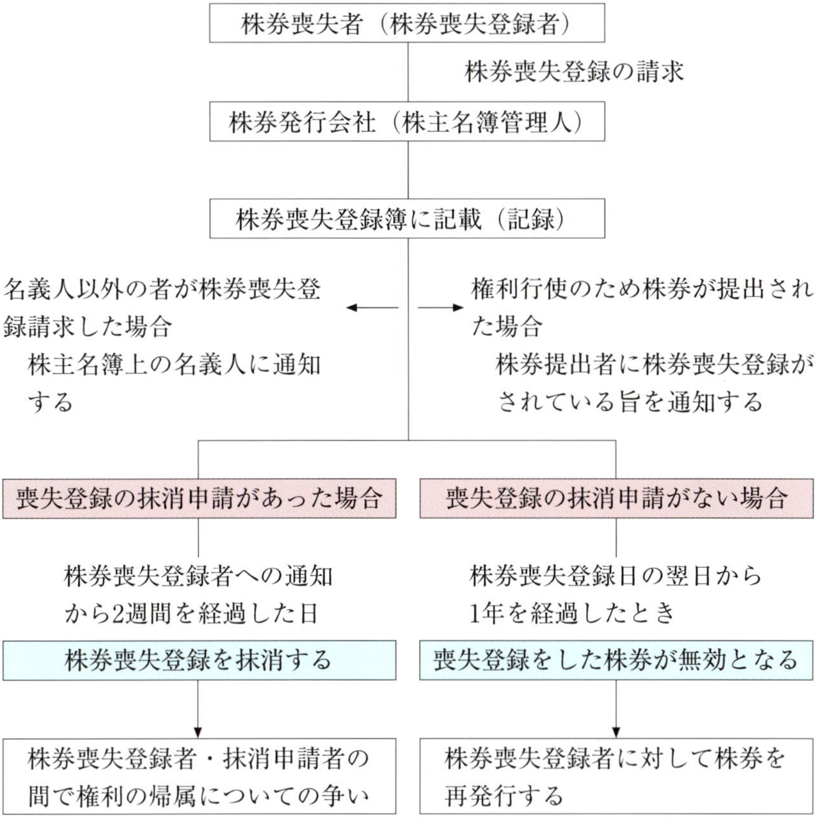
株券喪失者（株券喪失登録者）
株券喪失登録の請求
株券発行会社（株主名簿管理人）
株券喪失登録簿に記載（記録）
名義人以外の者が株券喪失登録請求した場合
株主名簿上の名義人に通知する
権利行使のため株券が提出された場合
株券提出者に株券喪失登録がされている旨を通知する
喪失登録の抹消申請があった場合
喪失登録の抹消申請がない場合
株券喪失登録者への通知から2週間を経過した日
株券喪失登録日の翌日から1年を経過したとき
株券喪失登録を抹消する
喪失登録をした株券が無効となる
株券喪失登録者・抹消申請者の間で権利の帰属についての争い
株券喪失登録者に対して株券を再発行する

2　株券喪失登録簿の作成

株券発行会社は、株券喪失登録簿を作成しなければならない（会社221）。株主名簿管理人を置いた場合には、株主名簿管理人が株券喪失登録簿を作成し、喪失登録事務を行う（会社222）。

3　株券喪失登録の請求ができる者

株券を喪失した者（株券喪失登録請求者）は、株券発行会社（株主名簿管理人）に対して株券喪失登録請求をしようとするときは、次の区分に応じ、当該区分で定める資料を会社に提供しなければならない（会社223、会社規47③）。

	区　分	提供すべき資料
	株券喪失登録請求者が、当該株券に係る株式の株主または	株券の喪失の事実を証する資料（例：警察署等の発行する盗難届証明書、遺

①	登録株式質権者として株主名簿に記載（記録）がされている者である場合	失届証明書、焼失届証明書、罹災証明書、紛失して所在が明らかでない場合は紛失者の上申書等等）
②	①以外の場合	㋑ 株券喪失登録請求者が株券喪失登録請求に係る株券を、当該株券に係る株式につき会社法121条3号の取得の日として株主名簿に記載（記録）がされている日以後に所持していたことを証する資料 （例：株券の取得が証券会社を通してなされている場合にはその売渡証明書、個人的に売買がされた場合には売買の日付が記載された契約書） ㋺ 株券の喪失の事実を証する資料 （例：①を参照）

（注） （例：）は会社法入門190頁による。

4 手　続
(1)　株券喪失登録簿の作成
　　株券発行会社（株主名簿管理人）は、株券喪失登録簿に次の事項を記載（記録）しなければならない（会社221）。
　　①請求に係る株券の番号、②株券喪失者の氏名（名称）・住所、③株主・登録株式質権者として株主名簿に記載（記録）されている者の氏名（名称）・住所、④株券喪失登録日
(2)　名義人に対する通知
　　株券喪失者として株券喪失登録簿に記載（記録）された者が、当該株券に係る名義人でないときは、株券発行会社は、遅滞なく、当該名義人に対し、当該株券について株券喪失登録をした旨、および(1)の①②④の事項を通知しなければならない（会社224①）。
(3)　株券提出者に対する通知
　　株式についての権利を行使するために株券が株券発行会社に提出された場合において、当該株券について株券喪失登録がされているときは、株券発行会社は、遅滞なく、当該株券を提出した者に対し、当該株券について株券喪失登録がされている旨を通知しなければならない（会社224②）（→memo.）。

memo.　株券喪失登録の抹消申請等により（→Q100）株券喪失登録が抹消されない限り、当該株券の名義書換えをすることはできない（会社230①）。

株券喪失登録の抹消を申請できる場合または抹消を強制される場合は、次のとおりである。

> **Q100〔登録の抹消申請〕**
> 株券喪失登録の抹消を申請することができるか

1 株券を所持する者による抹消の申請
  (1) 株券喪失登録がされた株券を所持する者（その株券についての株券喪失登録者を除く）は、株券喪失登録日の翌日から起算して1年以内に限り、株券発行会社に対し当該株券を提出して、当該株券喪失登録の抹消を申請することができる（自分が所持する株券が無効となることを防ぐことができる）（会社225①②、会社規48）。
  (2) 抹消の申請を受けた株券発行会社は、遅滞なく、株券喪失登録者に対し、抹消の申請をした者の氏名（名称）・住所・株券の番号を通知しなければならない（会社225③）。
  (3) 株券を所持する者はその適法な所持人と推定されるから（会社131①）、株券発行会社は、(2)の通知の日から2週間を経過した日に、提出された株券に係る株券喪失登録を抹消しなければならない（会社225④）。
2 株券喪失登録者による抹消の申請
  (1) 株券喪失登録者は、株券発行会社に対し、株券喪失登録（その株式（種類株式発行会社にあっては、全部の種類の株式）に係る株券を発行する旨の定款の定めを廃止する定款の変更をした場合にあっては、1(1)により提出された株券についての株券喪失登録を除く）の抹消を申請することができる（株券喪失登録をした後に、喪失したと思っていた株券が自宅から出てきた場合等）（会社226①、会社規49）。
  (2) (1)の申請を受けた株券発行会社は、当該申請を受けた日に、当該申請に係る株券喪失登録を抹消しなければならない（会社226②、会社規49）。
3 株券発行の定めの廃止による抹消
  株式（種類株式発行会社にあっては、全部の種類の株式）に係る株券を発行する旨の定款の定めを廃止する定款の変更をする場合には、株券発行会社は、当該定款の変更の効力が生ずる日に、株券喪失登録（当該株券喪失登録がされた株券に係る株式の名義人が株券喪失登録者であるものに限り、1(1)により提出された株券についてのものを除く）を抹消しなければならない（会社227）。

> **Q101〔株主名簿の書換え〕**
> 株券喪失登録がされた株式は、株主名簿の名義書換えができるか

1 名義書換えができない期間
  株券喪失登録がされた株券に係る株式については、株券発行会社は、次に掲げる日のいずれか早い日（以下「登録抹消日」という）までの間は、株主名簿の名義書換えをすることができない（会社230①）。
  ① 当該株券喪失登録が抹消された日
  ② 株券喪失登録日の翌日から起算して1年を経過した日

株券失効制度

2 名義書換えができる日

①	名義人でない株券喪失登録抹消申請者が株主名簿の名義書換えを請求した場合	株券喪失登録抹消の日以後に名義書換えが可能になる
②	名義人でない株券喪失登録者が名義書換えを請求する場合	株券喪失登録者は、登録日の翌日から起算して1年経過後に株券の再発行を受けた上で、名義書換えを請求する

memo.1　株券喪失登録がされた株券に係る株式につき剰余金の配当の支払、株式の分割等による株券の交付等が行われるときは、会社は、株券喪失登録者が名義人であるか否かにかかわらず、名義人を株主として取り扱うべきこととなり、名義人でない株券喪失登録者は、名義人に対し不当利得返還請求等をするほかない（江頭・会社法184頁）。

memo.2　株券発行会社は、登録抹消日後でなければ、株券喪失登録がされた株券を再発行することができない（会社230②）。

Q102〔議決権の行使〕
株券喪失登録者が名義人でないときは議決権を行使できるか

　株券喪失登録者が株券喪失登録をした株券に係る株式の名義人でないときは、当該株式の株主は、登録抹消日（→Q101①）までの間は、株主総会または種類株主総会において議決権を行使することができない（会社230③）。

Q103〔株券の無効・再発行〕
株券喪失登録がされた株券は、いつ無効となるか。株券の再発行はいつか

　株券喪失登録（抹消されたものを除く）がされた株券は、株券喪失登録日の翌日から起算して1年を経過した日に無効となる。株券が無効となった場合には、株券発行会社は、当該株券についての株券喪失登録者に対し、株券を再発行しなければならない（会社228）。

Q104〔募集株式の発行等〕
募集株式の発行等とは

会社法は、会社がその発行する株式を引き受ける者の募集をする手続と、その処分する自己株式を引き受ける者の募集をする手続とを、同じ手続として取り扱うものとした。そして、「株式の発行」および「自己株式の処分」に当たり、募集に応じてこれらの株式の引受けの申込みをした者に対して割り当てる株式を「募集株式」という概念に統一し、新株を発行する手続と自己株式を処分する手続を「募集株式の発行等」という手続に一本化して取り扱うことになった。

```
（旧商法）          （会社法）
┌─────────┐
│ 新 株 の 発 行 │──┐
└─────────┘  │   ┌──────────────┐
               ├──▶│ 募集株式の発行等 │
┌─────────┐  │   └──────────────┘
│ 自己株式の処分 │──┘
└─────────┘
```

memo. 会社法でいう「募集」とは、金融商品取引法上の「募集」とは異なり、発行する新株や処分する自己株式の引受けの申込みの誘引を指すものであり、公募に限らず、第三者割当て、株主割当ても含む。

Q105〔廃止された制度〕
株主割当ての場合に廃止された制度

会社法では、次の制度が廃止された。
① 株式譲渡制限会社の株主は、原則として新株を引き受ける権利を有していたが（旧商280ノ5ノ2①）、会社法では、株主は当然には新株を引き受ける権利を有していない（会社202①）。
② 株主が有する新株引受権の譲渡を認める場合には新株引受権証書を発行していたが（旧商280ノ2①六）、この制度は廃止された。

株式会社　③ 募集株式の発行等

Q106〔手続の概要〕

第三者割当てによる募集株式の発行手続の概要は次の手続による（公開会社における支配株主の異動を伴う募集株式の発行の場合を除く）。

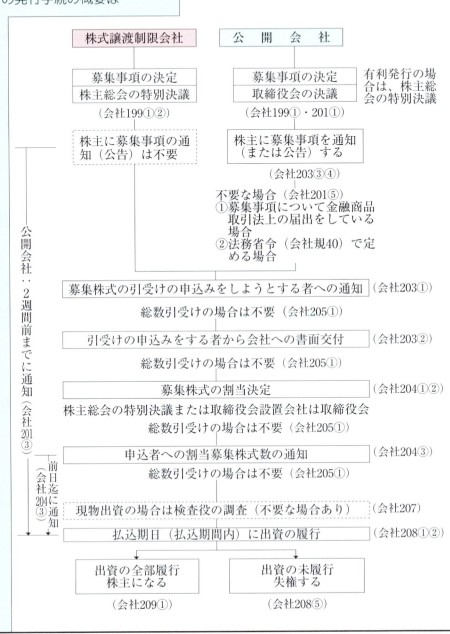

memo. （1）　総数引受けの場合には、募集事項の決議日と払込期日とが同一日であっても登記をすることができる。例えば、平成19年5月7日に募集事項を決議し、同日募集株式について総数引受契約をし、直ちに払込みをして、同日募集株式の発行による変更登記を申請することができる（西田・諸問題5頁）。
（2）　株式譲渡制限会社が第三者割当てにより募集株式の募集をする場合（総数引受けでない場合）において、募集事項の決議日と払込期日とを同一日とすることは、会社法204条3項の規定により、払込期日（または払込期間の初日）の前日までに、申込者に割り当てる募集株式の数を通知しなければならないので、できないと解されている（西田・諸問題5頁）。

第三者割当ての場合

Q107〔利益相反取引〕
第三者割当てによる募集株式の割当てと利益相反取引の例

1　自社の取締役に株式を割り当てる場合

第三者割当ての方法で株式を自社の取締役に割り当てることは、利益相反取引に該当する（会社356①）。利益相反取引の承認は次の機関で行う。

（1）　取締役会設置会社の場合

取締役会の決議を要し（会社365①）、利益相反取引となる取締役は自己に割当てをする決議に加わることができない（会社369②）。

取締役がABCの3人の場合において、この3人に株式を割り当てるときは、Aに対する割当決議についてはBCが決議すればよい。順次、割当者を除く2人で決議をすればよい（速報集275頁参照）。

（2）　取締役会設置会社でない株式会社の場合

株主総会の普通決議を要する（会社356①・309①）。利益相反取引となる取締役が株主であるときは、その者は株主として議決権を行使できる。

2　募集株式発行会社と引受会社の代表取締役が同一の場合

この場合は利益相反取引となる。しかし、登記申請書には、引受会社の利益相反取引の承認をした議事録を添付する必要はない（昭61・9・10民四6912）。

第三者割当ての場合

Q108〔募集事項〕
第三者割当ての場合に募集事項として定める事項

第三者割当ての場合には、募集事項として次の事項を定める（会社199①）。
① 募集株式の数
   種類株式発行会社にあっては、募集株式の種類および数を定める。
② 募集株式の払込金額またはその算定方法
   払込金額とは、募集株式1株と引換えに払い込む金銭または給付する金銭以外の財産の額をいう（参考：公募における公開会社の払込金額の定めの特則（ブックビルディング方式）については→**Q115**）。
③ 金銭以外の財産を出資の目的とするとき（現物出資の場合）は、その旨、ならびに当該財産の内容および価額
   設立の場合は現物出資者は発起人に限られるが、募集株式の場合には現物出資者に制限はない。
④ 募集株式と引換えにする金銭の払込みまたは③の財産の給付の期日（払込期日）またはその期間（払込期間）
⑤ 株式を発行するときは、増加する資本金および資本準備金に関する事項
   払込みまたは給付に係る額の2分の1を超えない額は、資本金として計上しないことができる（会社445①②）。資本金として計上しないこととした額は、資本準備金として計上する（会社445③）。

memo. 募集事項は、募集ごとに、均等に定めなければならない（会社199⑤）。異なる種類の株式を同時に発行する場合には、種類ごとに異なる発行条件を定めることができる。

Q109〔決定機関〕
第三者割当てにおける募集事項の決定機関はどこか

1 株式譲渡制限会社の場合
　株式譲渡制限会社における募集事項の決定は、株主総会の特別決議で行う（会社199②）。払込金額が募集株式を引き受ける者に特に有利な金額である場合には、取締役は、募集事

項を決定する株主総会において、当該払込金額でその者の募集をすることを必要とする理由を説明しなければならない（会社199③）。募集事項の決定についての委任→**Q110**。

2 公開会社の場合
　(1) 払込金額が有利発行でない場合
　　　取締役会の決議で行う（会社201①）。
　(2) 払込金額が有利発行である場合
　　　払込金額が募集株式を引き受ける者に特に有利な金額である場合には、株主総会の特別決議によって募集事項を決定する（会社201①）。取締役は、この株主総会において、当該払込金額でその者の募集をすることを必要とする理由を説明しなければならない（会社199③）。
　　　この株主総会においては、特別決議により、募集株式の数の上限および払込金額の下限を定めて、取締役会（公開会社は取締役会設置会社となる（会社327①））に具体的な募集事項の決定を委任できる（会社201①後段・200①）→**Q110**。
3 種類株式発行会社の場合
　Q111を参照。

第三者割当ての場合

Q110〔募集事項の決定の委任〕
募集事項の決定を、他の機関に委任することができるか

1 委任できる機関・範囲
　(1) 株式譲渡制限会社の場合
　　(イ) 募集事項の決定は、株主総会の特別決議により、取締役会設置会社では取締役会に、非取締役会設置会社では取締役に委任することができる（会社200①前段）。
　　　この委任をするについては、当該委任に基づいて募集事項の決定をすることができる募集株式数の上限および払込金額の下限を定めなければならない（会社200①後段）。取締役会または取締役は、この範囲内で具体的な募集事項の決定を行う。
　　(ロ) 払込金額の下限が募集株式を引き受ける者に特に有利な金額であるときには、取締役は、募集事項の委任を決定する株主総会において、

当該払込金額でその者の募集をすることを必要とする理由を説明しなければならない（会社200②）。
(2) 公開会社の場合
　募集株式の払込金額が募集株式を引き受ける者に特に有利である場合には、株主総会の特別決議で募集事項を決定する。この場合には、株主総会の特別決議で取締役会に募集事項の決定を委任することができる（会社199③・201①）。
(3) 委任の図
　（イ）　原則＝株式譲渡制限会社・公開会社で有利発行の場合には、株主総会で募集事項を決定する（会社199②）。

```
┌─────────────┐
│  株主総会    │
│             │
│ 募集事項を決定 │
└─────────────┘
```

　（ロ）　株主総会の特別決議で募集事項の決定を委任できる。

2 決議の効力
　株主総会の委任の決議は、払込期日（払込期間を定めた場合にあっては、その期間の末日）がその決議の日から1年以内の日である募集についてのみ効力を有する（会社200③）。

第三者割当ての場合

Q111〔募集株式が譲渡制限株式〕
種類株式発行会社において、募集株式の種類が譲渡制限株式であるときの手続

1 種類株主総会の決議
(1) 種類株式発行会社において、募集株式の種類が譲渡制限株式であるときは、その種類株式に関する募集事項（→Q108の①〜⑤）の決定は、原則として、株主総会の特別決議（公開会社の場合は取締役会の決議（会社201①））のほかに、募集される種類の株式の種類株主を構成員とする種類株主総会の特別決議がなければ、その効力を生じない（会社199④本文・324②）。これは、種類株式の株主につき、その種類

株式における自分の持株比率維持の利益を保障するためである。
(2) 次の場合には種類株主総会の決議は不要である（会社199④ただし書）。
① 定款で、その種類を引き受ける者の募集について、その種類株主総会の決議を要しない旨を定めている場合
② 当該種類株主総会において議決権を行使することができる種類株主が存しない場合

2 募集事項の決定の委任
　種類株式発行会社において、募集株式の種類が譲渡制限株式であるときは、当該種類株式に関する募集事項の決定の委任は、当該種類株式について、その種類を引き受ける者の募集について、その種類株主総会の決議を要しない旨の定款の定めがある場合を除き、当該種類株式の種類株主を構成員とする種類株主総会の決議がなければ、その効力を生じない。ただし、当該種類株主総会において議決権を行使することができる種類株主が存しない場合は、種類株主総会の決議は不要（会社200④）。

株主総会で行う1つの募集決議における募集株式は、1種類のものに限られる（会社199①一括弧書参照）。したがって、複数の種類の株式を発行する場合には、各種類ごとに決議が必要となる。	**Q112〔複数の種類株式の発行〕** 複数の種類株式を発行する場合の手続
次のとおり（会社201）。	**Q113〔募集事項の通知・公告〕** 株主に対して募集事項の通知・公告が必要か

第三者割当ての場合

株式譲渡制限会社	募集事項の決定は株主総会で行うので、株主に対する通知または公告は不要（会社201③の反対解釈）。
公開会社	(1) 取締役会の決議によって募集事項を定めたときは、払込期日（払込期間を定めた場合にあっては、その期間の初日）の2週間前までに、株主に対し、募集事項（払込金額の決定の方法を定めた場合にあっては、その方法を含む）を通知しなければならない。この通知は、公告をもって代えることができる（会社201③④）。この2週間の期間短縮→**Q114**。 (2) 上記の通知・公告は、次の場合には行う必要がない。 ① 株式会社が募集事項について、払込期日（払込期間を定めた場合にあっては、その期間の初日）の2週間前までに金融商品取引法4条1項から3項までの届出をしている場合（会社201⑤） ② その他の株主の保護に欠けるおそれがないものとして法務省令（会社規40・後掲）で定める場合（会社201⑤） ③ 払込金額が、募集株式の引受人に特に有利な金額であることにつき株主総会の特別決議があった場合（会社199③参照）

＜会社法施行規則40条：募集事項の通知を要しない場合＞

第40条　法第201条第5項に規定する法務省令で定める場合は、株式会社が同条第3項に規定する期日の2週間前までに、金融商品取引法の規定に基づき次に掲げる書類（同項に規定する募集事項に相当する事項をその内容とするものに限る。）の届出又は提出をしている場合（当該書類に記載すべき事項を同法の規定に基づき電磁的方法により提供している場合を含む。）であって、内閣総理大臣が当該期日の2週間前の日から当該期日まで継続して同法の規定に基づき当該書類を公衆の縦覧に供しているときとする。
　一　金融商品取引法第4条第1項から第3項までの届出をする場合における同法第5条第1項の届出書（訂正届出書を含む。）
　二　金融商品取引法第23条の3第1項に規定する発行登録書及び同法第23条の8第1項に規定する発行登録追補書類（訂正発行登録書を含む。）
　三　金融商品取引法第24条第1項に規定する有価証券報告書（訂正報告書を含む。）

四　金融商品取引法第24条の4の7第1項に規定する四半期報告書（訂正報告書を含む。）
　五　金融商品取引法第24条の5第1項に規定する半期報告書（訂正報告書を含む。）
　六　金融商品取引法第24条の5第4項に規定する臨時報告書（訂正報告書を含む。）

Q114〔通知・公告期間の短縮〕
公開会社が行う募集事項の2週間の通知・公告期間は短縮できるか

(1)　第三者割当てをする場合において、公開会社は、取締役会の決議で募集株式に係る募集事項を定めたときは、払込期日（払込期間を定めた場合にあっては、その期間の初日）の2週間前までに、株主に対し、募集事項を通知または公告をしなければならない（会社201③④）。この2週間の通知・公告期間は、株主全員の同意があれば短縮できると解される（昭41・10・5甲2875、江頭・会社法753頁）。

(2)　短縮した場合には、総株主の同意書が添付書面として必要（商登46①）。

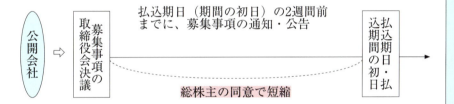

memo.　＜昭41・10・5民甲2875・要旨＞
①　〔旧〕商法280条ノ3ノ2の規定〔払込期日の2週間前に新株の種類等を公告または株主に通知する〕に違反し、同条所定の期間を置かないでなされた新株発行による変更登記の申請は、株主全員の同意書の添付がない限り、却下される。
②　申請書には、公告または通知したことを証する書面の添付を要しない。

Q115〔ブックビルディング方式〕
払込金額の決定の方法としてのブックビルディング方式とは

(1)　取締役会の決議によって募集事項を定める場合において、市場価格のある株式を引き受ける者の募集をするときは、募集株式の払込金額またはその算定方法（会社199①二）に代えて、公正な価額による払込みを実現するために適当な払込金額の決定の方法

第三者割当ての場合

を定めることができる（会社201②）。これは、いわゆるブックビルディング方式という方法を是認するものである。
(2)　ブックビルディング方式とは、需要積上方式とも呼ばれ、引受証券会社が、株価算定能力が高いと思われる機関投資家等の意見を基に仮条件を決定し、その仮条件を投資家に提示し、投資家の需要状況を把握することによって、マーケット動向に即した公開価格を決定するというもので、一般的には、株式上場予定の会社の公開価格を決定するため使用されている。これにより、株式公開後の流通市場まで勘案した公開価格の決定が可能となり、株価への信頼感を高める効果がある。
(3)　日本証券業協会が定めるブックビルディング方式についての規定は、次のようになっている。

＜有価証券の引受け等に関する規則＞

> （ブックビルディングによる価格等の決定）
> 第25条　引受会員は、株券等又は社債券の引受け（社債券の引受けに関しては、第9条第1項又は同条第2項の規定の適用を受けるものに限る。）を行うに当たり、ブックビルディングにより募集又は売出しに係る株券等の価格等並びに募集に係る社債券の発行価格等の条件を決定する場合、当該ブックビルディングにより把握した投資者の需要状況に基づき、払込日までの期間に係る相場の変動リスク等を総合的に勘案して発行者又は売出人と協議するものとする。
> 2　前項に規定するブックビルディングの手続きについては、細則をもって定める。
> ●［「有価証券の引受け等に関する規則」に関する細則］〔省略〕

memo.　ブックビルディング方式による価格の決定は、公開会社の公募の場合に利用され、株主割当ての場合には適用されない（会社法入門286頁参照）。

Q116〔申込み・割当ての概要〕
募集株式を引き受ける者の決定の概要

次のようになる（会社法入門289頁参照）。
①　会社が株式の申込みを募集する：契約における申込みの勧誘に当たる。
②　募集株式の募集に対して、株式を引き受けようとする者が申込みをする：契約における申込みそのものである。
③　それに対して会社が割当てをする：契約における申込みの承諾。
memo.　少数の株主に対する割当てによって

募集株式を発行する場合において、申込者と引受人が手続開始時において確定しているようなときは、募集株式の募集事項を決定する際に（会社199①）、既に判明している申込人による申込みがあったことを条件として当該申込人に対して株式を割り当てるとの条件付きの決議をすることで、会社が申込者の中から割当てを受ける者および同人に割り当てる株式数を決定する決議（会社204①）を、別途行うことを省くことが可能と解される（西田・諸問題5頁）。

1 通知すべき事項

会社は、募集に応じて募集株式の引受けの申込みをしようとする者に対し、次の事項を通知しなければならない（会社203①）。
① 株式会社の商号
② 募集事項
③ 金銭の払込みをすべきときは、払込みの取扱いの場所
④ 法務省令で定める次の事項（会社規41）
　イ　発行可能株式総数（種類株式発行会社にあっては、各種類の株式の発行可能種類株式総数を含む）
　ロ　会社（種類株式発行会社を除く）が発行する株式の内容として会社法107条1項各号に掲げる事項［譲渡制限株式・取得請求権付株式・取得条項付株式］を定めているときは、当該株式の内容
　ハ　会社（種類株式発行会社に限る）が会社法108条1項各号に掲げる事項［9種類の種類株式］につき内容の異なる株式を発行することとしているときは、各種類の株式の内容（ある種類の株式につき同条3項［種類株式の内容の要綱を定款で定める旨］の定款の定めがある場合において、当該定款の定めにより会社が当該種類の株式の内容を定めていないときは、当該種類の株式の内容の要綱）
　ニ　単元株式数についての定款の定めがあるときは、その単元株式数（種類株式発行会社にあっては、各種類の株式の単元株式数）
　ホ　次に掲げる定款の定めがあるときは、その規定
　　ⓐ　会社法139条1項［株式譲渡・取得の承認］、140条5項［株式の指定買取人］または145条1号もしくは2号［会社が株式譲渡・取得の承認をしたものとみなす場合］に規定する定款の定め
　　ⓑ　会社法164条1項［特定の株主からの株式の取得］に規定する定款の定め

Q117〔引受申込希望者への通知〕
募集株式の引受けをしようとする者に対する通知事項

第三者割当ての場合

ⓒ 会社法167条3項［取得請求権付株式の端数の取扱い］に規定する定款の定め
ⓓ 会社法168条1項［取得条項付株式を取得する日］または169条2項［取得条項付株式の取得の決定機関］に規定する定款の定め
ⓔ 会社法174条［相続人等に対する株式売渡請求］に規定する定款の定め
ⓕ 会社法347条［種類株主総会における取締役・監査役の選任等］に規定する定款の定め
ⓖ 会社法施行規則26条1号または2号［会社が株式譲渡・取得の承認をしたものとみなす場合］に規定する定款の定め
ⓗ 株主名簿管理人を置く旨の定款の定めがあるときは、その氏名（名称）・住所・営業所
ⓘ 定款に定められた事項（会社法203条1項1号から3号まで［商号・募集事項・払込取扱場所］および前各号に掲げる事項を除く）であって、当該株式会社に対して募集株式の引受けの申込みをしようとする者が当該者に対して通知することを請求した事項

2 通知を要しない場合
申込者に対する 1 の通知は、次の場合には行う必要がない（会社203④）。
① 株式会社が 1 の①から④までに掲げる事項を記載した金融商品取引法2条10項に規定する目論見書を、募集株式の申込みをしようとする者に対して交付している場合
② その他募集株式の引受けの申込みをしようとする者の保護に欠けるおそれがないものとして法務省令（会社規42・後掲）で定める場合

＜会社法施行規則42条：申込みをしようとする者に対する通知を要しない場合＞

> 第42条 法第203条第4項に規定する法務省令で定める場合は、次に掲げる場合であって、株式会社が同条第1項の申込みをしようとする者に対して同項各号に掲げる事項を提供している場合とする。
> 一 当該株式会社が金融商品取引法の規定に基づき目論見書に記載すべき事項を電磁的方法により提供している場合
> 二 当該株式会社が外国の法令に基づき目論見書その他これに相当する書面その他の資料を提供している場合

memo. 会社法では、旧商法で作成を義務付けられていた株式申込証の制度（旧商280ノ6）は廃止され、会社は任意の方法によって、募集株式の引受けの申込みをしようとする者に対し、上記 1 ①から④までの事項を通知すればよいことになった。

株式会社　③　募集株式の発行等　113

募集に応じて募集株式の引受けの申込みをする者は、次の事項を記載した書面を会社に交付しなければならない（会社203②）。 ①　申込みをする者の氏名（名称）および住所 ②　引き受けようとする募集株式の数 memo.1　募集に応じて募集株式の引受けの申込みをする者は、申込書面の交付に代えて、政令（会社令1①四、会社規230）で定めるところにより、会社の承諾を得て、書面に記載すべき事項を電磁的方法により提供することができる（会社203③）。 memo.2　総数引受けの場合には、本Qは適用されない（会社205①）。総数引受け→Q120。	**Q118〔募集株式の引受けの申込み〕** 募集に応じて株式引受けの申込みをする者の手続
募集株式の申込者の中から募集株式の割当てを受ける者の決定、およびその決定機関等は次のとおり。 |1|　割当てを受ける者・割当数の決定 　会社は、募集株式の申込者に割り当てる募集株式の数を、申込者が会社に交付した書面に記載した「引き受けようとする募集株式の数」よりも減少することができる（会社204①）。 　第三者割当ての場合における募集株式の申込者はまだ株主ではなく（出資の履行日に、出資の履行をした募集株式の株主となる（会社209①））、株主平等の原則が適用されないため、申込者のうちのだれに割当てをするかは会社の自由であって、申込みの順序や申込株式数等に拘束されない。 |2|　割当てを決定する機関 　次のとおり（会社204①②）。	**Q119〔割当てを受ける者の決定〕** 申込者の中から割当てを受ける者は、どのように決定するのか

第三者割当ての場合

株式会社　3　募集株式の発行等

第三者割当ての場合

募集株式の割当決定機関（第三者割当ての場合）			
公開・非公開会社の別	募集株式の種類	割当先・割当数の決定機関	
公開会社	募集株式が譲渡制限種類株式でない場合	取締役会設置会社	取締役会の決議（代表取締役・執行役に委任可）（会社204①）（注）
公開会社	募集株式が譲渡制限種類株式の場合	取締役会設置会社	定款に別段の定めがない限り、取締役会の決議（会社204②）
株式譲渡制限会社	募集株式が譲渡制限株式の場合	定款に別段の定めがある場合は、それに従う（会社204②）	
株式譲渡制限会社	募集株式が譲渡制限株式の場合	取締役会設置会社	取締役会の決議（会社204②）
株式譲渡制限会社	募集株式が譲渡制限株式の場合	非取締役会設置会社	株主総会の特別決議（会社204②）

（注）　募集株式が譲渡制限株式でなければ会社法上の制約はなく、業務執行取締役が決定することが可能である（会社法実務ハンドブック262頁、江頭・会社法752頁参照）。

3　申込者への割当通知

募集株式の割当数を決定したときは、会社は、払込期日（払込期間を定めた場合は、その期間の初日）の前日までに、申込者に対し、割り当てる募集株式の数を通知しなければならない（会社204③）。

memo．　総数引受けの場合には、1 2 3は適用されない（会社205①）。総数引受け→Q120。

Q120〔総数引受け〕
募集株式の総数引受けの特則は何か

(1)　総数引受けとは、募集株式を引き受けようとする者がその総数の引受けを行う旨を、募集株式の募集をする会社と締結する契約（総数引受契約）をいう。

総数引受けの場合には、募集株式の申込みに関する規定（会社203）および募集株式の割当てに関する規定（会社204）は、適用されない（会社205①）。

(2) 募集株式を引き受けようとする者がその総数の引受けを行う契約（総数引受契約）を締結する場合において、当該募集株式が譲渡制限株式であるときは、会社は、株主総会の特別決議（取締役会設置会社にあっては、取締役会の決議）によって、当該契約の承認を受けなければならない。ただし、定款に別段の定めがある場合（→memo.2）には、当該定款の定めによる（会社205②・309②五）。

memo.1 総数引受けは、募集株式全部の引受人が1人である必要はなく、2人以上を相手方とする契約（複数の契約書を作成）によって募集株式の総数が引き受けられる場合でも可能である。ただし、総数引受契約といい得るためには、実質的に同一の機会に一体的な契約で募集株式の総数の引受けが行われたものと評価し得るものであることを要する（千問207頁）。

memo.2 「別段の定め」の例としては、代表取締役を承認機関とすることや、取締役会設置会社において株主総会を承認機関とすることが考えられる。

第三者割当ての場合

1 特定引受人

Q121〔支配株主の異動を伴う第三者割当て〕
公開会社における支配株主の異動を伴う第三者割当て募集株式発行の概要は

特定引受人	募集株式の引受人が有することとなる議決権の数が、その子会社等（会社2三の二）が有することとなる議決権の数とを併せて、総株主の議決権の2分の1を超えることとなる場合（支配株主の異動を伴う場合）、このような引受人を「特定引受人」という（会社206の2①）。

特定引受人の範囲	特定引受人の範囲は、次の計算式に当てはまる場合である（平成27年通達解説97頁）。$$\frac{当該引受人が有することとなる議決権の数 + 当該引受人の子会社等が有する議決権の数}{当該募集株式の引受けが行われた場合における総株主の議決権の数} > \frac{1}{2}$$

2 会社法206条の2（公開会社における募集株式の割当て等の特則）が適用される場合の手続
 (1) 株主に対する通知・公告
  (イ) 株主に対する通知
    公開会社は、募集株式の引受人が特定引受人に該当する場合には、(2)の場合を除き、募集株式の払込期日（払込期間を定めた場合にあっては、払込期間の初日）の2週間前までに、株主に対し、次の①から③までの事項を通知しなければならない（会社206の2①③）。
   ① 特定引受人の氏名または名称および住所
   ② 特定引受人（子会社等を含む）が引き受けた募集株式の株主となった場合に有することとなる議決権の数
   ③ 法務省令（会社規42の2）で定める次の事項
    ㋑ 特定引受人の氏名または名称および住所
    ㋺ 特定引受人（その子会社等を含む。㋭および㋣において同じ）がその引き受けた募集株式の株主となった場合に有することとなる議決権の数
    ㋩ ㋺の募集株式に係る議決権の数
    ㋥ 募集株式の引受人の全員がその引き受けた募集株式の株主となった場合における総株主の議決権の数
    ㋭ 特定引受人に対する募集株式の割当てまたは特定引受人との間の会社法205条1項の契約の締結に関する取締役会の判断およびその理由
    ㋬ 社外取締役を置く株式会社において、㋭の取締役会の判断が社外取締役の意見と異なる場合には、その意見
    ㋣ 特定引受人に対する募集株式の割当てまたは特定引受人との間の会社法205条1項の契約の締結に関する監査役、監査等委員会または監査委員会の意見
  (ロ) 公 告
    (イ)の通知は、公告をもってこれに代えることができる（会社206の2②）。当該公開会社が振替株式を発行している場合には、当該振替株

式の株主に対する通知については、公告による代替が強制される（振替161②）。
(2) 株主に対する通知が不要な場合
(1)の株主に対する通知は、次の場合には不要である（会社206の2①ただし書・③）。
① 当該特定引受人が当該公開会社の親会社等（会社2四の二）である場合
② 会社法202条の規定により株主に株式の割当てを受ける権利を与えた場合
③ 公開会社が(1)(イ)の事項について募集株式の払込期日（払込期間を定めた場合にあっては、払込期間の初日）の2週間前までに、金融商品取引法4条1項から3項までの届出をしている場合その他の株主の保護に欠けるおそれがないものとして法務省令（会社規42の3）で定める場合には、(1)(イ)の通知は、することを要しない。
(3) 引受けに反対する旨の通知と株主総会の承認
総株主（この株主総会において議決権を行使することができない株主を除く）の議決権の10分の1（これを下回る割合を定款で定めた場合にあっては、その割合）以上の議決権を有する株主が(1)の通知または公告の日（(2)の③の場合にあっては、法務省令（会社規42の4）の定める日から2週間以内に特定引受人（その子会社等を含む）による募集株式の引受けに反対する旨を公開会社に対し通知したときは、当該公開会社は、(1)(イ)の期日の前日までに、株主総会の決議によって（→memo.2）、当該特定引受人に対する募集株式の割当てまたは当該特定引受人との間の会社法205条1項の契約（総数引受契約）の承認を受けなければならない（会社206の2④本文）。
ただし、当該公開会社の財産の状況が著しく悪化している場合において、当該公開会社の事業の継続のため緊急の必要があるときは、株主総会による承認が不要である（会社206の2④ただし書）。

memo.1 公開会社でない株式会社がする募集株式の割当て、および総数引受契約を行う場合には、株主総会の特別決議を要する（会社199②・205②・309②五）ので、会社法206条の2の規律の対象とならない。

memo.2 この株主総会の決議は普通決議（会社309①）ではあるが、議決権を行使することができる株主の議決権の過半数（3分の1以上の割合を定款で定めた場合にあっては、その割合以上）を有する株主が出席し、出席した当該株主の議決権の過半数（これを上回る割合を定款で定めた場合にあっては、その割合以上）をもって行わなければならない（会社206の2⑤）。

第三者割当ての場合

Q122〔株主となる時期〕
募集株式の引受人は、いつから募集株式の株主となるか

募集株式の申込者は、会社の割り当てた募集株式の数について、募集株式の引受人となる。また、総数引受けの契約により募集株式の総数を引き受けた者は、その者が引き受けた募集株式の数について、募集株式の引受人となる（会社206）。

この募集株式の引受人は、払込期日を定めた場合には、その期日に、出資の履行をした募集株式の株主となる。また、払込期間を定めた場合には、出資の履行をした日に、出資の履行をした募集株式の株主となる（会社209①）。

Q123〔金銭出資の履行〕
金銭の払込みがあったことを証する書面には、何が該当するか

1 出資全額の払込み
　金銭出資の場合には、募集株式の引受人（現物出資財産を給付する者を除く）は、払込期日または払込期間内に、会社が定めた銀行等の払込みの取扱いの場所（→memo.）において、それぞれの募集株式の払込金額の全額を払い込まなければならない（会社208①）。

2 金銭の払込みがあったことを証する書面
　募集株式の払込みについては、発起設立の場合と同じく、払込取扱機関は払込金保管証明の義務がない。
　「払込みがあったことを証する書面」としては、次のものが該当する。
① 払込取扱機関の作成した払込金受入証明書
② 代表取締役の作成に係る払込取扱機関に払い込まれた金額を証明する書面に、預金通帳の写し等を合てつしたもの

memo. 銀行等の払込みの取扱いの場所→Q13。

Q124〔失権株〕
募集株式の募集において失権株が生じた場合

募集株式の引受人は、払込期日または払込期間に出資の履行をしないときは、当該出資の履行をすることにより募集株式の株主となる権利を失う（会社208⑤）。失権株については、格別

の手当てをせず放置しても、法的にはかまわない（江頭・会社法738頁）。

打切発行が認められるので、募集株式数から失権株式数を除いた部分について、募集株式の効力が発生する。例えば、3,000株の募集に対し出資履行が2,500株のときは、2,500株の払込みについて変更登記の申請をする。

memo． 失権株に相当する資金を確保する必要がある場合には、再度、募集株式の募集手続を行うことになる。なお、失権株に備えて、募集株式の募集手続と併行して、失権株が出ることを停止条件とする第三者割当手続を進めることも可能である。

1 資本金等増加限度額の計算式

会社がその成立後に行う株式の交付（→ memo． 合併、吸収分割、新設分割、株式交換、株式移転に際しての株式の交付を除く）による会社の資本金等増加限度額とは、会社法445条1項に規定する株式の発行に際して株主となる者が当該会社に対して払込みまたは給付をした財産の額をいう（会社445①、会計規13①）。

資本金等増加限度額の計算は次による（会計規14①）。

Q125〔資本金等増加限度額〕
募集株式発行時の資本金等増加限度額の計算方法

資本金等増加限度額は、
下記の①および②に掲げる額の合計額から③に掲げる額を減じて得た額に、株式発行割合を乗じて得た額から、④に掲げる額を減じて得た額（零未満である場合にあっては、零）とする。

＜計算式＞ 資本金等増加限度額 ＝ ｛払込みまたは給付された財産の価額（①＋②）－株式交付費用（③）｝×株式発行割合（④）－自己株式処分差損（⑤）

① 払込みを受けた金銭の額（次の㋑または㋺に掲げる場合における金銭にあっては、当該㋑または㋺に定める額）（会計規14①一）

　㋑ 外国の通貨をもって金銭の払込みを受けた場合（㋺に掲げる場合を除く）〜当該外国の通貨につき会社法199条1項4号の期日〔＝払込期日〕（同号の期間〔＝払込期間〕を定めた場合にあっては、同法208条1項の規定により払込みを受けた日）の為替相場に基づき算出された額

　㋺ 当該払込みを受けた金銭の額（㋑に定める額を含む）により資本金等増加限度額を計算することが適切でない場合〜当該金銭の当該払込

第三者割当ての場合

みをした者における当該払込みの直前の帳簿価額
② 現物出資財産（会社207①）の給付を受けた場合にあっては、当該現物出資財産の会社法199条1項4号の期日〔＝給付期日〕（同号の期間〔＝給付期間〕を定めた場合にあっては、同法208条2項の規定により給付を受けた日）における価額（次の④または⑨に掲げる場合における現物出資財産にあっては、当該④または⑨に定める額）（会計規14①二）
　④　当該株式会社と当該現物出資財産の給付をした者が共通支配下関係にある場合（当該現物出資財産に時価を付すべき場合を除く）〜当該現物出資財産の当該給付をした者における当該給付の直前の帳簿価額
　⑨　④に掲げる場合以外の場合であって、当該給付を受けた現物出資財産の価額により資本金等増加限度額を計算することが適切でないとき〜④に定める帳簿価額
③ 会社法199条1項5号に掲げる事項として募集株式の交付に係る費用の額のうち、株式会社が資本金等増加限度額から減ずるべき額と定めた額（会計規14①三）
　当分の間、零とする（会計規附11一）。
④ 株式発行割合（会計規14①柱書）
　株式発行割合とは、当該募集に際して発行する株式の数を、当該募集に際して発行する株式の数および処分する自己株式の数の合計数で除して得た割合をいう。
　次の算式となる。

$$株式発行割合 = \frac{当該募集に際して発行する株式の数}{当該募集に際して発行する株式の数 + 処分する自己株式の数}$$

⑤ 自己株式処分差損（会計規14①四）
　株式（新株）の発行と自己株式の処分とが併せて行われた場合である。④に掲げる額から⑨に掲げる額を減じて得た額が零以上であるときは、当該額
　④　当該募集に際して処分する自己株式の帳簿価額
　⑨　①および②に掲げる額の合計額から、③に掲げる額を減じて得た額（零未満である場合にあっては、零）に自己株式処分割合（1から株式発行割合を減じて得た割合をいう）を乗じて得た額

【参考】　募集株式の発行時に発行する株式をすべて自己株式で当てれば、資本金の額は増加しない。

2 資本金の額の計上に関する証明書（自己株式の処分を伴わない場合）

> 資本金の額の計上に関する証明書
>
> ① 払込みを受けた金銭の額（会社計算規則第14条第1項第1号）
> 　　金〇〇円
> ② 給付を受けた金銭以外の財産の給付があった日における当該財産の価額（会社計算規則第14条第1項第2号）（注1）
> 　　金〇〇円
> ③ 資本金等増加限度額（①＋②）
> 　　金〇〇円
> 　募集株式の発行により増加する資本金の額〇〇円は、会社法第445条及び会社計算規則第14条の規定に従って計上されたことに相違ないことを証明する。（注2）
> 　なお、本募集株式の発行においては、自己株式の処分を伴わない。
> 　平成〇年〇月〇日
> 　　　　　　　　　　〇県〇市〇町〇丁目〇番〇号
> 　　　　　　　　　　〇〇株式会社
> 　　　　　　　　　　代表取締役　〇〇　〇〇　印（注3）

（注）1　出資をした者における帳簿価額を計上すべき場合（会社計算規則第14条第1項第2号イ、ロ）には、帳簿価額を記載する。
　　2　資本金等増加限度額（③の額）の2分の1を超えない額を資本金として計上しないこととした場合は、その旨を上記証明書に記載するとともに、その額を決定したことを証する取締役会議事録等の添付が必要です。
　　3　代表取締役が登記所に届け出ている印を押印してください。
（法務省ホームページより引用）

memo．「成立後に行う株式の交付」とは、会社がその成立後において行う①会社法第2編第2章第8節〔募集株式の発行等〕の定めるところにより募集株式を引き受ける者の募集を行う場合、②取得請求権付株式の取得をする場合等における株式の発行および自己株式の処分をいう（会計規13②。自己株式の処分の場合→会計規13②八・九・十二・十四・十五）。

Q126〔添付書面〕第三者割当てに基づく募集株式発行による変更登記申請の添付書面

1 参考図

① 募集事項の決定…決定機関の議事録
　↓
② 引受けをしようとする者の申込み…申込みを証する書面
　↓
③ 申込者に対する株式割当ての決定…決定機関の議事録（譲渡制限株式の募集の場合に添付）
　↓
④ 出資の履行…払込みを証する書面

2 添付書面

金銭出資の場合には、次の書面を添付しなければならない。

① 募集事項等の決定機関に応じた議事録（商登46①②、商登規61①③）

　イ　募集事項を決定した議事録

　　株式譲渡制限会社の場合は、募集事項を決定した株主総会議事録、株主リスト（会社199②参照）。公開会社の場合は、有利発行でないときは取締役会議事録、有利発行のときは株主総会議事録、株主リスト（会社201①参照）。種類株主総会の決議を要する場合は当該議事録、株主リスト（会社199④参照）。

　ロ　総数引受契約による場合は総数引受契約を承認した議事録

　　総数引受契約により譲渡制限株式を発行した場合には、当該総数引受契約を承認した株主総会議事録、株主リスト（取締役会設置会社にあっては取締役会議事録）（商登46②、商登規61③）。

　　ただし、総数引受契約の承認機関について定款に別段の定めがある場合には、上記の議事録に代え、当該定款の定めに応じた機関による承認があったことを証する書面（商業登記法46条1項および2項に規定する場合に限る）および定款を添付（商登規61①）。例えば、取締役会設置会社が株主総会を承認機関とした場合には、当該承認に係る株主総会議事録（株主リストも）および定款を添付する（平27・2・6民商13）。

　ハ　公開会社における支配株主の異動を伴う第三者割当ての場合（**Q121**の場合）

　　　ⅰまたはⅱのケースに応じて、次の書面を添付しなければならない。

　　　ⅰ　募集株式の引受人の議決権数が総株主の議決権数の2分の1を超える場合において（以下、この引受人を「特定引受人」という）、総株主の議決権の10分の1（定款の規定がある場合は、その割合）以上の議決権

を有する株主が特定引受人の引受けに反対する旨を会社に通知した場合

特定引受人に対する募集株式の割当てまたは総数引受契約の承認をした株主総会議事録、株主リスト（商登46②、商登規61③）。
ⅱ 前記ⅰの株主総会の承認を受けなくてもよい場合（当該公開会社の財産の状況が著しく悪化している場合において、当該公開会社の事業の継続のため緊急必要があるとき）に該当するとき（会社206の2④ただし書）。

会社法206条の2第4項による株主総会の承認を受けなければならない場合に該当しないことを証する書面（商登56五、平27・2・6民商13）。
＜当該場合に該当しないことを証する書面の例＞（注1）

株主総会の決議による承認を受けなければならない場合に
該当しないことを証する書面（注2）

当会社の募集株式の引受人が、会社法第206条の2第1項の特定引受人に該当したため、同項の規定により株主に通知をしたところ、総株主の議決権の10分の1以上の議決権を有する株主から、当該特定引受人による募集株式の引受けに反対する旨の通知があったが、当会社の財産の状況が著しく悪化しており、当会社の事業の継続のため緊急の必要があったことから、同条第4項ただし書の規定により、株主総会の決議による承認を受けることなく、当該募集株式を発行したことを証明します。

平成○年○月○日

　　　　　　　　　　　　　○県○市○町○丁目○番地
　　　　　　　　　　　　　株式会社○○
　　　　　　　　　　　　　　代表取締役　○○　○○㊞　　（注3）

（注1）　平成27年通達解説101頁。
（注2）　「株主総会の決議による承認を受けなければならない場合に該当しないことを証する書面」に該当するためには、①当該公開会社の財産の状況が著しく悪化している場合において、②当該公開会社の事業の継続のため緊急の必要がある場合、のいずれの要件も満たしていることが必要である（平成27年通達解説100頁）。
（注3）　登記所への届出印によって押印する。
㊂　募集事項の決定を委任した場合
取締役会または取締役が、委任の範囲内で募集事項を決定した取締役

　　　　会議事録または取締役の過半数の一致があったことを証する書面（商登46①②）。この場合には、募集事項の決定の委任を決議した議事録または決定書も添付する（→Q110）。
　② 募集株式が譲渡制限株式である場合には、引受人に譲渡制限株式の割当てを決定した機関の議事録（平18・3・31民商782第2部第2・3(2)ウ(ア)の括弧書を参照）
　　　　取締役会設置会社の場合は取締役会議事録、非取締役会設置会社の場合は株主総会議事録、株主リスト。定款に別段の定めがある場合は、割当決定機関の当該議事録および定款。
　③ 募集株式の引受けの申込み、または総数の引受けを行う契約を証する書面（商登56一）
　　　　株式申込証、株式申込取扱証明書、総数引受契約書等が該当する。
　④ 金銭を出資の目的とするときは、払込みがあったことを証する書面（商登56二）
　　　　次のいずれかの書面が該当する。
　　　イ 払込取扱機関の払込金保管証明書
　　　ロ 払込取扱機関の払込金受入証明書
　　　ハ 代表取締役または代表執行役の作成に係る払込取扱機関に払い込まれた金額を証する書面に次の書面のいずれかを合てつしたもの（代表取締役の登記所への届出印を押す）。
　　　　ⓐ 払込取扱機関における口座の預金通帳の写し（→memo.2）
　　　　ⓑ 取引明細表その他の払込取扱機関が作成した書面
　⑤ 資本金の額が会社法および会社計算規則の規定に従って計上されたことを証する書面（商登規61⑨）
　⑥ 委任状（商登18）

memo.1 株主全員の期間短縮同意書：公開会社が取締役会の決議によって募集事項を定めたときは、払込期日（払込期間の初日）の2週間前までに、株主に対し、当該募集事項を通知（または公告）しなければならない（会社201③④）。
　したがって、この期間を短縮した場合には、株主全員の期間短縮についての同意書を添付しなければならない（登記の手続133頁参照）。

memo.2 この通帳の写しの内容としては、払い込まれた事実が記載されたものであることを要し、払い込まれた額に相当する額が残高としてあることの記載のみでは足りず、この意味における「残高証明」書等は、払込みがあったことを証する書面として取り扱うことはできないものと解されている（留意事項6頁）。

次の手続による。

Q127〔手続の概要〕
株主割当ての方法による募集株式の発行手続の概要

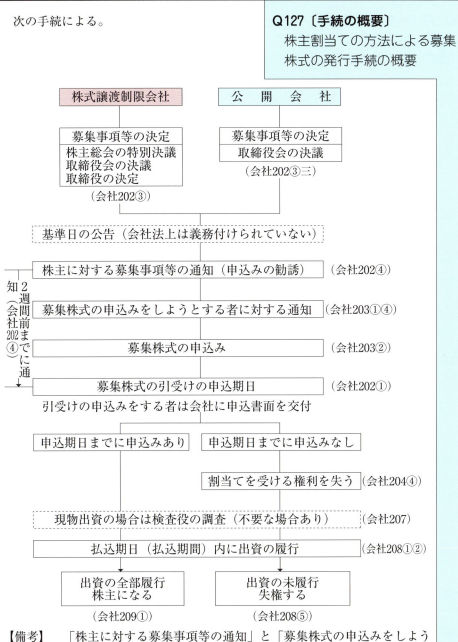

【備考】「株主に対する募集事項等の通知」と「募集株式の申込みをしようとする者に対する通知」とは、通常、同時に行う（江頭・会社法738頁参照）。

株主割当ての場合

Q128〔株主割当てとは〕
募集株式の募集において株主割当てとならない場合

株主中の一部の者に募集株式の割当てを受ける権利を与える場合、または株主の所有株式数に比例しない募集株式の割当てを受ける権利を与える場合には、株主割当てではなく第三者割当てとなる。

Q129〔募集事項〕
株主割当ての場合において募集事項として定める事項

株主割当ての場合に定める募集事項は次の事項である（会社202①。①から⑤までは株主割当て以外の募集事項と同一であり、⑥⑦が株主割当て特有の事項である）。

① 募集株式の数
　種類株式発行会社にあっては、募集株式の種類および数を定める。
② 募集株式の払込金額またはその算定方法（→memo.2）
③ 金銭以外の財産を出資の目的とするとき（現物出資の場合）は、その旨、ならびに当該財産の内容および価額
　設立の場合は現物出資者は発起人に限られるが、募集株式の場合には現物出資者に制限はない。
④ 募集株式と引換えにする金銭の払込みまたは③の財産の給付の期日（払込期日）またはその期間（払込期間）
⑤ 株式を発行するときは、増加する資本金および資本準備金に関する事項
　払込みまたは給付に係る額の2分の1を超えない額は、資本金として計上しないことができる（会社445①②）。資本金として計上しないこととした額は、資本準備金として計上する（会社445③）。
⑥ 株主に対し、申込みをすることにより当該会社の募集株式の割当てを受ける権利を与える旨
⑦ 募集株式の引受けの申込みの期日

memo.1　募集事項は、募集ごとに、均等に定めなければならない（会社199⑤）。異なる種類の株式を同時に発行する場合には、種類ごとに異なる発行条件を定めることができる。

memo.2　払込金額：株主割当ての方法による場合には、種類株式発行会社である場合を除き、払込金額がいくら安くても株主の利益は害されないから、払込金額をどう定めてもよい（江頭・会社法732頁）。

Q130〔決定機関〕
株主割当てにおける募集事項の決定機関はどこか

株主割当ての場合において、募集事項を決定する機関は次のとおり（会社202③）。

株式会社　3　募集株式の発行等　127

株主割当ての場合

	会社の形態	区　分	決定機関
(1)	株式譲渡制限会社	① 下記②③以外の場合	株主総会の特別決議（会社202③四）
		② 非取締役会設置会社であって、取締役の決定によって募集事項を定めることができる旨の定款の定めがある場合	取締役の決定（会社202③一）
		③ 取締役会設置会社であって、取締役会の決議によって募集事項を定めることができる旨の定款の定めがある場合	取締役会の決議（会社202③二）
(2)	公開会社	－	取締役会の決議（会社202③三）
(3)	整備法76条3項の規定による場合（旧株式会社）	整備法施行前から存する株式譲渡制限のある会社については、募集事項、株主に対し申込みをすることにより割当てを受ける権利を与える旨、および申込期日について、取締役会の決議によって定めることができる旨の定款の定めがあるものとみなされる。	取締役会の決議（整備76③、会社202③二）

memo.1　種類株式発行会社が株主割当ての方法により募集株式の発行等を行う場合において、ある種類の株主に損害を及ぼすおそれがあるときは、当該種類の株主の種類株主総会の決議が必要である（会社322①四・324②四、江頭・会社法732頁参照）。

memo.2　株主割当ての場合には、第三者割当てのように募集事項の決定を他の機関に委任することはできない（会社202⑤）。

定款で定めることにより、単元未満株主に募集株式の割当てを受ける権利を与えないことができる（会社189②）。

Q131〔単元未満株主〕
単元未満株主は、募集株式の割当てを受ける権利を有するか

株主割当ての場合	**Q132〔基準日の公告〕** 株主を確定させるために基準日の公告をすべきか	(1) 株主割当ての場合には、会社が定める一定の日（基準日）に、株主名簿に記載（記録）されている株主に対して募集株式の割当てを受ける権利が与えられる。名義書換えを促すために、株券発行会社では、基準日の2週間前までに、募集事項等を定款所定の方法により公告する（会社124③、江頭・会社法736頁）。 (2) ただし、募集株式の基準日の公告は会社法上では義務付けられておらず、株券発行会社であっても、株主の変動が少なく、かつ、募集事項等の決定が株主総会において行われている会社（会社202③四）等、公告を行っても無駄なことが明らかな会社では、基準日を定めないで手続を行うことも可能である（会社法の解説55頁、江頭・会社法737頁、神田・会社法149頁参照）。
	Q133〔株主への通知〕 株主に募集事項等の通知をすべきか	会社は、募集株式の引受けの申込みの期日の2週間前までに、株主（当該会社を除く）に対し、次の事項を通知しなければならない（会社202④）。 ① 募集事項 ② 当該株主が割当てを受ける募集株式の数 ③ 募集株式の引受けの申込みの期日 memo. 基準日を定めていれば、基準日における株主名簿上の株主に対して通知を行うことになる（会社法実務ハンドブック258頁）。
	Q134〔通知期間の短縮〕 募集事項等の決定日と申込期日との間の2週間の期間は、短縮できるか	募集事項・株主に対して申込みをすることにより募集株式の割当てを受ける権利を与える旨等を決定した日と募集株式の引受けの申込みの期日との間の2週間の期間（→**Q133**）は、株主全員の同意があれば短縮できると解される（昭54・11・6民甲5692、江頭・会社法738頁、実務相談室㉖・市民と法40号109頁参照）。この同意書は変更登記の添付書面となる（商登46①）。

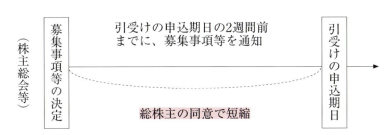

memo. ＜昭54・11・6民甲5692・要旨＞
　株主に新株引受権を付与することとし、割当日を昭和54年3月31日、払込期日を同年5月22日とする新株発行の取締役会決議が同年5月18日になされた旨の記載がある取締役会議事録が添付されている新株発行による変更登記の申請は、商法280条ノ5第3項の期間（失権予告付申込催告を申込期日の2週間前に発する）を短縮することについて、新株引受権を有する株主全員の同意書が添付されない限り、受理されない。

(1)　株主が募集株式の割当てを受ける権利を与えられた場合でも、当該株主は株主有限責任の原則により、引受義務はない。
(2)　募集株式の引受けをしようとする株主は、募集株式の引受けの申込期日（会社202①二）までに引受けの申込みをしなければならない（会社204④参照）。この申込みは、次の事項を記載した書面を会社に交付しなければならない（会社203②）。
　①　申込みをする者の氏名（名称）・住所
　②　引き受けようとする募集株式の数
(3)　会社は(2)の申込者に対しては、募集株式の割当てをする義務がある（会社202②）。

Q135〔引受けの申込み〕
募集株式の割当てを受ける権利を与えられた場合は、どのようにすべきか

memo.1　上記(2)の申込みは、会社の承諾を得て、書面に記載すべき事項を電磁的方法により提供することができる（会社203③）。
memo.2　株主割当ての場合において、株主が割当てを受ける権利を行使したときは、取締役会の決議をするまでもなく、当然に割当ての効果が生ずる（会社202②参照）。したがって、募集株式の申込者を定め、かつ、その者に割り当てる募集株式の数等を定める会社法204条1項から3項までの規定は、株主割当ての場合には適用されない。

株主割当ての場合	**Q136〔端数の取扱い〕** 割当てをするに際し、1株に満たない端数が発生した場合の取扱い	割当てを受ける募集株式の数に1株に満たない端数が発生した場合は、1株に満たない部分は切り捨てられる（会社202②ただし書）。 memo.　切り捨てられた端数部分については、株主への割当てがないから（会社202②ただし書）、会社に金銭処理は義務付けられていない（江頭・会社法743頁）。金銭処理が義務付けられている例→会社法234条1項。
	Q137〔金銭出資の履行〕 金銭の払込みがあったことを証する書面には、何が該当するか	Q123を参照。
	Q138〔失権株〕 募集株式の募集において失権株が生じた場合	Q124を参照。
	Q139〔株主となる時期〕 募集株式の引受人は、いつから募集株式の株主となるか	Q122を参照（総数引受けの部分を除く）。
	Q140〔資本金等増加限度額〕 募集株式発行時の資本金等増加限度額の計算方法	Q125を参照。
	Q141〔添付書面〕 株主割当てに基づく募集株式発行による変更登記申請の添付書面	金銭出資の場合には、次の書面を添付しなければならない。 ①　募集事項等の決定機関に応じた議事録、株主総会の場合は株主リスト等（商登46①②、商登規61①③） 　㈦　募集事項の決定 　　株式譲渡制限会社の場合は、募集事項を決定した株主総会議事録、株主リスト（会社199②参照）。公開会社の場合は、取締役会議事録（会社201①参照）。種類株主総会の決議を要する場合は当該議事録、株主リスト（会社199④参照）。 　㈢　整備法施行時に存する株式譲渡制限会社の場合（整備法76条3項関係、→Q130の表(3))

ⓐ　決定機関が取締役会の場合
　　　決定機関を取締役会として取締役会議事録の添付をするときは、株主総会を決定機関とする原則に対する例外に当たるかを会社法202条3項1号および2号に規定する定款の定めの有無によって確認するため、定款の添付を要する（商登規61①）。会社法施行前に設立された会社については、整備法76条3項の規定によってみなされた定款の定めを反映した定款の添付を要する（西田・諸問題6頁参照）。
　　ⓑ　決定機関が株主総会の場合
　　　決定機関を株主総会として株主総会議事録の添付をするときは、定款の添付を要しない（西田・諸問題6頁参照）。
②　募集株式の引受けの申込みを証する書面（商登56一）
　株式申込証、株式申込取扱証明書等が該当する。
③　金銭を出資の目的とするときは、払込みがあったことを証する書面（商登56二）
　次のいずれかの書面が該当する。
　㋑　払込取扱機関の払込金保管証明書
　㋺　払込取扱機関の払込金受入証明書
　㋩　代表取締役または代表執行役の作成に係る払込取扱機関に払い込まれた金額を証する書面に次の書面のいずれかを合てつしたもの。
　　ⓐ　払込取扱機関における口座の預金通帳の写し（→memo.2）
　　ⓑ　取引明細表その他の払込取扱機関が作成した書面
④　資本金の額が会社法および会社計算規則の規定に従って計上されたことを証する書面（商登規61⑨）
⑤　委任状（商登18）

memo.1　株主全員の期間短縮同意書：募集株式の募集方法が株主割当ての場合には、募集事項・募集株式の引受けの申込期日等を、引受けの申込期日の2週間前までに株主に通知しなければならない（会社202④）。この期間を株主全員の同意により短縮した場合には、期間短縮についての株主全員の同意書を添付しなければならない（登記の手続133頁参照）。

memo.2　この通帳の写しの内容としては、払い込まれた事実が記載されたものであることを要し、払い込まれた額に相当する額が残高としてあることの記載のみでは足りず、この意味における「残高証明」書等は、払込みがあったことを証する書面として取り扱うことはできないものと解されている（留意事項6頁）。

現物出資

Q142〔検査役の調査手続〕
検査役の調査を要する現物出資の手続の概要

募集株式の払込みをするにつき、金銭以外の財産を出資の目的とするとき（現物出資をするとき）は、原則として、会社は、募集事項の決定の後遅滞なく、現物出資財産の価額を調査させるため、裁判所に対し、検査役の選任の申立てをしなければならない（会社207①）。

この手続の概要は次のとおり（会社207）。

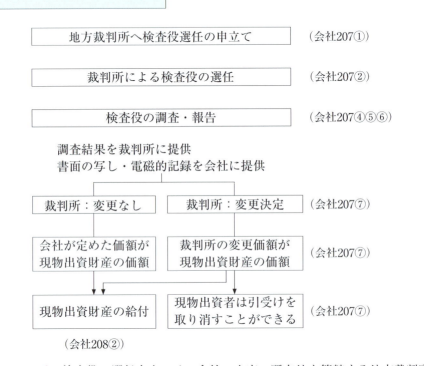

memo.1　検査役の選任申立ては、会社の本店の所在地を管轄する地方裁判所の管轄に属する（会社868①）。
memo.2　検査役の調査が不要な現物出資→**Q144**以下。

Q143〔定款の定め〕
現物出資事項は定款で定めるのか

設立の場合と異なり、定款への記載（記録）は不要である（会社28一）。

株式会社　3　募集株式の発行等

検査役の調査を要しない現物出資は、次の場合である（会社207⑨）。

Q144〔調査不要の現物出資〕
検査役の調査を要しない現物出資はどのような場合か

	現物出資の事例	検査を要しない事項
①	現物出資財産を給付する募集株式の引受人に割り当てる株式の総数が、発行済株式の総数の10分の1を超えない場合（会社207⑨一）	当該募集株式の引受人が給付する現物出資財産の価額
②	現物出資財産について募集事項として定められた価額の総額が500万円を超えない場合（会社207⑨二）	当該現物出資財産の価額
③	市場価格のある有価証券について募集事項として定められた現物出資財産の価額が、当該有価証券の市場価格として法務省令（会社規43・後掲）で定める方法により算定されるものを超えない場合（会社207⑨三）	当該有価証券についての現物出資財産の価額
④	現物出資財産について募集事項として定められた価額が相当であることについて弁護士、弁護士法人、公認会計士、監査法人、税理士または税理士法人（以下「弁護士等」という）の証明（現物出資財産が不動産である場合にあっては、当該証明および不動産鑑定士の鑑定評価）を受けた場合（会社207⑨四）	当該証明を受けた現物出資財産の価額
⑤	現物出資財産が会社に対する金銭債権（弁済期が到来しているものに限る）であって、当該金銭債権について募集事項として定められた価額が当該金銭債権に係る負債の帳簿価額を超えない場合（会社207⑨五）	当該金銭債権についての現物出資財産の価額

現物出資

表①について
　旧商法では、現物出資者に与える株式の総数が、発行済株式の総数の10分の1を超えず、かつ、新たに発行する株式の数の5分の1を超えない場合には検査役

の調査が不要とされていた（旧商280ノ8①）。会社法では、新たに発行する株式の数に対する割合は要件とされていない。

表③について

検査役の調査を要しない有価証券の範囲につき、旧商法では「取引所ノ相場アル有価証券」とされていたが（旧商280ノ8②・173②）、会社法では「市場価格のある有価証券」に拡大された。会社法でいう「市場価格のある有価証券」には、証券取引所に上場されているもののほか、店頭登録株式（外国の店頭登録を含む）、日本証券業協会のグリーンシート銘柄株式等が該当するとされている（平18・3・31民商782第2部第1・1(4)イ参照）。

【会社法施行規則43条】＝会社法207条9項3号に規定する法務省令で定める方法は、次に掲げる額のうちいずれか高い額をもって同号に規定する有価証券の価格とする方法とする。
① 会社法199条1項3号の価額［現物出資財産の価額］を定めた日（以下「価額決定日」という）における当該有価証券を取引する市場における最終の価格（当該価額決定日に売買取引がない場合または当該価額決定日が当該市場の休業日に当たる場合にあっては、その後最初になされた売買取引の成立価額）
② 価額決定日において当該有価証券が公開買付け等の対象であるときは、当該価額決定日における当該公開買付け等に係る契約における当該有価証券の価格

表④について

次に掲げる者は、現物出資財産について募集事項として定められた価額（会社199①三）が相当であることについて、証明することができない（会社207⑩）。
① 取締役、会計参与、監査役、執行役、支配人その他の使用人
② 募集株式の引受人
③ 業務の停止の処分を受け、その停止の期間を経過しない者
④ 弁護士法人、監査法人、税理士法人であって、その社員の半数以上が①または②に掲げる者のいずれかに該当するもの

表⑤について

現物出資財産が会社に対する金銭債権で弁済期が到来しているものであって、当該金銭債権について募集事項として定められた価額が当該金銭債権に係る負債の帳簿価額を超えない場合には、会社が弁済しなければならない価額は確定しており、評価の適正について特段の問題は生じないと考えられることから、検査役の調査が不要とされている。

なお、弁済期の到来の要件については、債務者である会社において、期限の利益を放棄することにより、満たすことができる（会社法の解説57頁）。

Q145〔出資の履行・失権〕
現物出資財産は、いつ給付すべきか

　現物出資財産を給付する募集株式の引受人は、募集事項で定められた現物出資財産の給付をする日（給付期日）または現物出資財産の給付をする期間（給付期間）内に、それぞれの募集株式の払込金額の全額に相当する現物出資財産を給付しなければならない（会社208②）。
memo. 募集株式の引受人は、給付期日または給付期間に出資の履行をしないときは、当該出資の履行をすることにより募集株式の株主となる権利を失う（会社208⑤）。募集株式の引受人は、出資の履行期に出資をしないときは、何らの手続をすることなく、法律上当然に失権する。

Q146〔添付書面〕
現物出資がある場合の変更登記の添付書面

　現物出資がある募集株式の発行による変更登記の申請書には、次の書面を添付する。
① 募集事項等の決定機関に応じ、株主総会、もしくは取締役会の議事録または取締役の過半数の一致があったことを証する書面（定款の定めがあることを要する場合にあっては、定款を含む）（商登46①②、商登規61①）。詳細→第三者割当ての場合＝**Q126**、株主割当ての場合＝**Q141**。
② 募集株式の引受けの申込みを証する書面（商登56一）
③ 検査役が選任されたときは、検査役の調査報告を記載した書面およびその附属書類（商登56三イ）
④ 検査役の報告に関する裁判があったときは、その謄本（商登56四）
⑤ 市場価格のある有価証券を現物出資財産の目的とする場合（会社207⑨三）には、有価証券の市場価格を証する書面（商登56三ロ）
⑥ 現物出資財産について募集事項で定められた価額が相当であることについて弁護士等の証明があった場合（会社207⑨四）には、弁護士等の証明（現物出資財産が不動産である場合にあっては、不動産鑑定士の鑑定評価を含む）を記載した書面およびその附属書類（商登56三ハ）（資格証明書・印鑑証明書の要否→**Q147**）
⑦ 現物出資財産が弁済期が到来している当該株式会社に対する金銭債権の場合（会社207⑨五）には、その金銭債権について記載された会計帳簿（当該金銭債権に係る負債の帳簿価額を確認することができるもの）（商登56三ニ）
　この場合、会計帳簿の記載から当該金銭債権の弁済期の到来の事実を確認することができない場合であっても、会社が期限の利益を放棄していないこ

とが添付書面から明らかな場合を除いて、受理される（平18・3・31民商782第2部第2・3(2)ウ）。
⑧　資本金の額が会社法および会社計算規則の規定に従って計上されたことを証する書面（商登規61⑨）
⑨　委任状（商登18）

Q147〔資格証明書・印鑑証明書〕
弁護士等の証明書には、作成者の資格証明書・印鑑証明書を要するか

現物出資

1　資格証明書

　弁護士等の証明書・その附属書類、不動産鑑定士の鑑定評価書には、証明または鑑定した者が自然人であるときは、その者の資格が記載されていることが必要であるが、その者の資格を証する書面は添付することを要しない（平14・12・27民商3239）。証明者が法人の場合であっても、その法人の全部事項証明書（登記簿謄本）は不要（商法等改正法（平成14年法律44号）等の施行に伴う商業登記事務の取扱いに関する質疑応答［民事局商事課］民月58・5・232）。

2　印鑑証明書

　弁護士等の証明書に押した印鑑につき、弁護士等の印鑑証明書を添付する必要はない（前掲・質疑応答）。

株主以外の者に対し新株予約権を発行する手続の概要図は、次のとおり。

Q148〔発行手続の概要図〕
株主以外の者に対し新株予約権を発行する手続の概要図

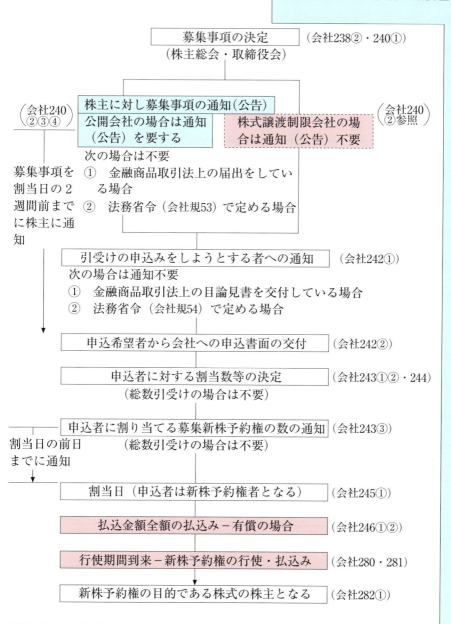

株式会社　4　新株予約権

Q149〔新株予約権とは〕
新株予約権とは、どのような権利か

新株予約権とは、権利者（新株予約権者）が、あらかじめ定められた期間内（行使期間）に、あらかじめ定められた価額（権利行使価額）を株式会社に対し払い込めば（払込みするか否かは新株予約権者の自由である）、当該会社から一定数の当該会社の株式の交付（会社は自己株式を交付してもよい）を受けることができる権利である（江頭・会社法779頁）。

会社法では、新株予約権とは「株式会社に対して行使することにより当該株式会社の株式の交付を受けることができる権利をいう。」と定義されている（会社2二十一）。

<新株予約権の図>

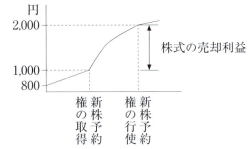

memo．新株予約権者は、新株予約権を行使した日に、当該新株予約権の目的である株式の株主となる（会社282①）。

Q150〔ストック・オプション〕
ストック・オプションとは、どのような権利か

ストック・オプションとは、業績連動型インセンティブ（→memo．）報酬の一類型であり、会社の役員・従業員等が一定の権利行使期間にあらかじめ定められた権利行使価格で所定の数の株式を会社から買い取ることのできる権利である。「ストック」とは株式であり、「オプション」とはあらかじめ決めておいた値段で買い、または売る権利をいう（ストック・オプションの実務3頁）。

memo.1　インセンティブとは、仕事等に取り組む意欲を、報酬を期待させて外側から高める働きをいう。

memo.2　擬似ストック・オプション：取締役に対し、インセンティブ報酬の趣旨で「擬似ストック・オプション」と通称されるものが付与されることがある。これは、会社が保有する自己新株予約権を付与するものであり、報酬等としての取扱いを受ける（江頭・会社法450頁）。	
取締役・使用人等に限られない。誰にでも付与することができる。 memo.　株主総会（公開会社にあっては取締役会）の決議によって、新株予約権を付与する者を定める（会社238②・240①）。	**Q151〔割当先〕** 新株予約権の付与を受ける者には制限があるか
会社が新株予約権を発行するときは、次に掲げる事項を当該新株予約権の内容（権利内容）としなければならない（会社236①）。	**Q152〔新株予約権の内容〕** 新株予約権を発行する場合には、どのような事項を新株予約権の内容としなければならないか

① 当該新株予約権の目的である株式の数（種類株式発行会社にあっては、株式の種類および種類ごとの数）またはその数の算定方法（登記すべき事項である。以下「登記すべき事項」を 登記事項 と表記する）

　㋑　「当該新株予約権の目的である株式の数」とは、新株予約権の発行を受けて新株予約権者になった者が、新株予約権を行使して発行を受けることができる株式の数である（会社法入門309頁）。

【例】　ストック・オプションとして、10名の取締役に1人当たり普通株式100株、100名の使用人に1人当たり普通株式10株の発行を受けられる新株予約権を発行する場合

　　　　　与える普通株式100株×取締役　10名＝1,000株
　　　＋　与える普通株式　10株×使用人100名＝1,000株
　　　　　　　　　　　　　　　　　　　　合計　2,000株
　　　　　　　新株予約権の目的となる株式の数　↑

　㋺　種類株式発行会社では、株式の種類および種類ごとの数またはその数の算定方法が、その内容となる。

　㋩　「その数の算定方法」とは、上記のような数値で示さなくても、その数の算定方法により結果的にその数が判明すればよいという趣旨である（一般的には、希薄化防止条項として表現されている）。

　㋥　1新株予約権の目的である株式数に、募集新株予約権の数（会社238①→

memo.1）を乗じた数は、発行可能株式総数中の未発行株式数と自己株式数との合計数を超えてはならない（会社113④）。ただし、この要件は、新株予約権の行使期間の初日に満たされればよい（会社法の解説28頁）。

　　ホ　新株予約権の数（会社238①一→**Q159**の[1]①ロ）は、登記事項である（会社911③十二）。

②　当該新株予約権の行使に際して出資される財産の価額（権利行使価額）またはその算定方法　登記事項

③　金銭以外の財産を当該新株予約権の行使に際してする出資の目的とするときは、その旨ならびに当該財産の内容および価額　登記事項

④　当該新株予約権を行使することができる期間（行使期間）　登記事項

　　イ　新株予約権を行使して新株の発行を受けることができる期間であり、この期間内に払込みをしない場合は新株予約権を失う。行使することができる期間については、会社法上、制限はない。

　　ロ　新株予約権の行使には、通常、条件が付される（→**memo.2**）。　登記事項

⑤　当該新株予約権の行使により株式を発行する場合に増加する資本金および資本準備金に関する事項

⑥　譲渡による当該新株予約権の取得について当該会社の承認を要することとするときは、その旨

　　株式における譲渡制限事項に相当する。登記事項ではない。

⑦　当該新株予約権について、当該会社が一定の事由が生じたことを条件としてこれを取得することができることとするときは、次のイからヘまでに掲げる事項（取得条項付新株予約権）　登記事項

　　株式における取得条項付株式（会社107①三・108①六）に相当する。会社が、一定の事由の発生を条件として、新株予約権の行使期間経過前に新株予約権を強制的に取得できるものとする場合には、それが新株予約権の内容となる。新株予約権の取得条件としては、当該発行会社が吸収合併により消滅会社となる場合、または当該発行が株式交換により完全子会社となる場合等が挙げられる。

　　イ　一定の事由が生じた日に当該会社がその新株予約権を取得する旨およびその事由

　　ロ　当該会社が別に定める日が到来することをもってイの事由とするときは、その旨

　　ハ　イの事由が生じた日にイの新株予約権の一部を取得することとするときは、その旨および取得する新株予約権の一部の決定の方法

　　ニ　イの新株予約権を取得するのと引換えに当該新株予約権の新株予約権者に対して当該会社の株式を交付するときは、当該株式の数（種類株式発行会社にあっては、株式の種類および種類ごとの数）またはその算定方法

㊄ ㋑の新株予約権を取得するのと引換えに当該新株予約権の新株予約権者に対して当該会社の社債（新株予約権付社債についてのものを除く）を交付するときは、当該社債の種類および種類ごとの各社債の金額の合計額またはその算定方法

㋬ ㋑の新株予約権を取得するのと引換えに当該新株予約権の新株予約権者に対して当該会社の他の新株予約権（新株予約権付社債に付されたものを除く）を交付するときは、当該他の新株予約権の内容および数またはその算定方法

㋣ ㋑の新株予約権を取得するのと引換えに当該新株予約権の新株予約権者に対して当該会社の新株予約権付社債を交付するときは、当該新株予約権付社債についての㊄に規定する事項および当該新株予約権付社債に付された新株予約権についての㋬に規定する事項

㋠ ㋑の新株予約権を取得するのと引換えに当該新株予約権の新株予約権者に対して当該会社の株式等以外の財産を交付するときは、当該財産の内容および数もしくは額またはこれらの算定方法

⑧ 当該会社が次の㋑から㊉までに掲げる行為をする場合において、当該新株予約権の新株予約権者に当該㋑から㊉までに定める会社の新株予約権を交付することとするときは、その旨およびその条件

	新株予約権の発行会社がする行為	左の会社の新株予約権者に対し、新株予約権を交付することとなる会社
㋑	吸収合併により会社が消滅する場合	合併後存続する会社または合併により設立する会社
㋺	吸収分割をする場合	吸収分割をする会社がその事業に関して有する権利義務の全部または一部を承継する会社
㋩	新設分割をする場合	新設分割により設立する会社（新設分割設立会社）
㋥	株式交換をする場合	株式交換をする会社の発行済株式の全部を取得する会社（株式交換完全親会社）
㋭	株式移転をする場合	株式移転により設立する株式会社（株式移転設立完全親会社）

⑨　新株予約権を行使した新株予約権者に交付する株式の数に1株に満たない端数がある場合において、これを切り捨てるものとするときは、その旨
　　端数を切り捨てる旨を定めないときは、会社法283条柱書本文の定めに従い端数に相当する金銭を交付しなければならない。
⑩　当該新株予約権（新株予約権付社債に付されたものを除く）に係る新株予約権証券を発行することとするときは、その旨
⑪　⑩の定めにより新株予約権証券を発行する場合において、新株予約権者に、記名式の新株予約権証券と無記名式の新株予約権証券との間で転換請求権（請求の全部または一部）（会社290）を認めないとするときは、その旨

memo.1　募集新株予約権とは、当該募集に応じて当該新株予約権の引受けの申込みをした者に対して割り当てる新株予約権をいう（会社238①柱書）。
memo.2　条件として明示される一般的な例としては、取締役または使用人にストック・オプションとして新株予約権を発行する場合、取締役または使用人の地位にとどまっていることが行使の条件とされることが多い。

新株予約権の発行

Q153〔発行方法〕
新株予約権の発行方法には、どのようなものがあるか

募集株式の募集の場合と同じであり、第三者割当て、公募、株主割当ての方法がある。
memo.　新株予約権は、取締役や使用人に対するインセンティブ報酬として付与される第三者割当ての態様が多い。

Q154〔決定機関〕
新株予約権の募集事項の決定機関はどこか

[1] 株主以外の者に新株予約権を発行する場合次の区分による。

会社の類型	決　定　機　関
(1)　株式譲渡制限会社	①　**株主総会の特別決議**による（会社238②・309②六）。 ②　株主総会の特別決議によって、募集事項を取締役（取締役会設置会社にあっては取締役会）に委任することができる（会社239①）。 ③　種類株式発行会社の場合は、(3)の規律にも服する（会社238④）。
	①　原則として、**取締役会の決議**による（会社240①）。 ②　会社法238条3項に該当する**有利発行**の場合には、株

(2) 公開会社	主総会の特別決議による（会社240①）。なお、株主総会の特別決議によって、募集事項を取締役（取締役会設置会社にあっては取締役会）に委任することができる（会社239①）。 ③ 種類株式発行会社の場合は、(3)の規律にも服する（会社238④）。	
(3) 種類株式発行会社	① 募集新株予約権の目的である株式が譲渡制限株式であるときは、当該募集新株予約権に関する募集事項の決定は、当該種類の株式を目的とする募集新株予約権を引き受ける者の募集について、当該種類株主総会の特別決議がなければ、その効力を生じない（会社238④）。 ② 上記にかかわらず、次のいずれかに該当する場合は、種類株主総会の決議は不要である（会社238④）。 　㋑ 当該種類の株式の種類株主を構成員とする種類株主総会の決議を要しない旨の定款の定めがある場合 　㋺ 当該種類株主総会において議決権を行使することができる種類株主が存しない場合	

2 株主に新株予約権を発行する場合
　次の区分による。

会社の類型	決　定　機　関
	① 次に掲げる事項を取締役の決定によって定めることができる旨の定款の定めがある場合（取締役会設置会社である場合を除く）は、取締役の決定による（会社241③一）。 　㋑ 募集事項 　㋺ 株主に対して申込みをすることにより募集新株予約権（種類株式発行会社にあっては、その目的である株式の種類が当該株主の有する種類の株式と同一の種類のもの）の割当てを受ける権利を与える旨 　㋩ 上記㋺の募集新株予約権の引受けの申込みの期日

新株予約権の発行

(1)	株式譲渡制限会社	② 次に掲げる事項を取締役会の決議によって定めることができる旨の**定款の定めがある場合**（(2)に掲げる場合を除く）は、取締役会の決議による（会社241③二）。 ㋑ 募集事項 ㋺ 株主に対して申込みをすることにより募集新株予約権（種類株式発行会社にあっては、その目的である株式の種類が当該株主の有する種類の株式と同一の種類のもの）の割当てを受ける権利を与える旨 ㋩ 上記㋺の募集新株予約権の引受けの申込みの期日
(2)	公開会社	取締役会の決議による（会社241③三）。
(3)	上記(1)(2)以外の会社	株主総会の特別決議による（会社241③四・309②六）。 （注） 株式譲渡制限会社の場合にあっては、本欄(3)の規定により、原則として株主総会が決定機関とされる。ただし、定款で決定機関を定めている場合（(1)欄）は、その定めに従う。

Q155〔新株予約権無償割当て〕
新株予約権無償割当てとは、どのような制度か

(1) 制　度

　会社は、株主に対する株式無償割当て（会社185～187）と同様に、株主（種類株式発行会社にあっては、ある種類の種類株主）に対して新たに払込みをさせないで当該会社の新株予約権の割当て（以下「新株予約権無償割当て」という）をすることができる（会社277）。平成18年施行会社法（平成17年法律86号）で新たに設けられた制度である。

(2) 新株予約権の株主割当て・新株予約権無償割当ての基本的な違い

新株予約権株主割当て	① 会社は、株主に対して募集新株予約権の割当てを受ける権利を与えることができる（会社241①）。 ② 募集新株予約権を、株主割当てで、かつ、無償で発行することでも新株予約権無償割当てと同じ効果を生じさせることはできるが、募集新株予約権の株主割当てでは

	申込みをするかしないかは株主の自由である。株主は、申込期日までに申込みをしないときは、募集新株予約権の割当てを受ける権利を失う（会社243④）。
新株予約権無償割当て	① 会社は、株主（種類株式発行会社にあっては、ある種類の種類株主）に対して新たに払込みをさせないで当該会社の新株予約権の割当て（以下「新株予約権無償割当て」という）をすることができる（会社277）。自己株式には、新株予約権無償割当てをすることができない（会社278②）。 　新株予約権無償割当てでは、株主の意思にかかわりなく、株主に対して強制的に新株予約権を割り当てることになる。募集新株予約権の株主割当ての場合は株主の申込み行為を要するが（会社242）、新株予約権無償割当ての場合は、新株予約権の申込み行為を要しない。 ② 増資に応じる株主は、会社に対して財産を出資して新株予約権を行使して（権利行使価額の払込みをして）、新株を受け取ることができる。増資に応じたくない株主は、新株予約権上場取引所で新株予約権無償割当てを受ける権利を売却して現金を受け取ることができる。 　権利行使期間内において行使されなかった新株予約権については失権し、新株予約権の保有者は株式を取得する権利を失う。

memo.1　「新株予約権無償割当て」は新株予約権の無償割当てであり、割り当てられた新株予約権の行使により株式を無償で取得できるわけではない。
memo.2　新株予約権無償割当ての方法による増資手段を、ライツ・イシュー、またはライツ・オファリングともいう。この方法は、企業の買収防衛策手段としても用いられることがある。
memo.3　割当てる新株予約権は、新たに発行する新株予約権に限られず、会社が保有する自己新株予約権でもよいと解されている（会社法コンメンタール6・251頁〔吉本健一〕）。

Q156〔新株予約権無償割当ての決議等〕

新株予約権無償割当ての決議機関・決議事項・効力の発生時期等は

1 決議機関

後掲②の決議事項の決議機関は次のとおり（会社278③）。

	形　　態	決議機関等
①	定款に定めある場合	定款の定めに従う
②	取締役会設置会社の場合	取締役会の決議
③	非取締役会設置会社の場合	株主総会の普通決議（会社309①）
④	新株予約権無償割当てにより、ある種類の株式の種類株主に損害を及ぼすおそれがある場合	当該種類の株式の種類株主を構成員とする種類株主総会の決議がなければ、その効力を生じない（会社322①六・324②四）

2 決議事項

(1) 決議事項

　会社は、新株予約権無償割当てをしようとするときは、その都度、次に掲げる事項を定めなければならない（会社278①）。
① 株主に割り当てる新株予約権の内容および数またはその算定方法
② ①の新株予約権が新株予約権付社債に付されたものであるときは、当該新株予約権付社債についての社債の種類および各社債の金額の合計額またはその算定方法
③ 当該新株予約権無償割当てがその効力を生ずる日
④ 会社が種類株式発行会社である場合には、当該新株予約権無償割当てを受ける株主の有する株式の種類

(2) 基準日

　新株予約権無償割当てについての基準日（→memo.1）を設ける場合、定款に基準日および当該事項についての定めがないときは、当該基準日の2週間前までに、当該基準日および(1)の決議事項を公告しなければならない（会社124③）。

3 新株予約権無償割当ての効力の発生等

(1) 効力発生日

① 新株予約権の割当てを受けた株主は、新株予約権無償割当てがその効力を生ずる日（2(1)③）に、新株予約権の新株予約権者となる（会社279①）。

② 新株予約権が新株予約権付社債に付されたものであるときは、新株予約権無償割当てがその効力を生ずる日（2(1)③）に、新株予約権の新株予約権者および当該新株予約権付社債についての社債の社債権者となる（会社279①括弧書）。

(2) 株主・登録株式質権者に対する通知

会社は、無償割当ての対象となる新株予約権について、新株予約権無償割当てがその効力を生ずる日（2(1)③）後遅滞なく、株主（種類株式発行会社である場合には、割当てを受ける種類の種類株主）およびその登録株式質権者に対し、当該株主が割当てを受けた新株予約権の内容および数（新株予約権が新株予約権付社債に付されたものであるときは、当該株主が割当てを受けた社債の種類および各社債の金額の合計額を含む）を通知しなければならない（会社279②）。

(3) 新株予約権の行使期間の延長

① 行使期間2週間の確保

(2)の通知がされた場合において、株主に無償で割り当てられた新株予約権についての行使期間の末日が当該通知の日から2週間を経過する前に到来するときは、行使期間は、当該通知の日から2週間を経過する日まで延長されたものとみなされる（会社279③）。割当てを受けた株主の権利行使の期間を、2週間確保するためである。

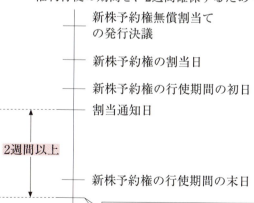

② 新株予約権の行使期間の延長
　新株予約権の割当通知（前記(2)）がされた場合において、新株予約権の行使期間の末日が、当該通知の日から2週間を経過する前に到来するときは、当該行使期間は、当該通知の日から2週間を経過する日まで延長されたものとみなされる（会社279③）。
　この2週間の延長規定は、各株主の新株予約権の行使の準備をする時間的余裕を与えることにあるから、行使期間が延長されたものとみなされるのは、割当通知が新株予約権の行使期間の末日の2週間前より遅れてされた株主に限られる（平成27年通達解説109頁）。

memo.1 基準日→一定の日を定めて、この日において株主名簿に記載・記録されている株主は会社が定めた一定の権利を行使することができる。この一定の日を基準日という。基準日株主が行使することができる権利は、基準日から3か月以内に行使するものに限られる（会社124）。

memo.2 新株予約権無償割当てがあった場合は、登記の事由「新株予約権無償割当て」の登記を申請する。この登記は、新株予約権の発行の場合と同じ事項が登記すべき事項となる（会社911③十二、書式精義（上）637頁参照）。

Q157〔行使期間延長と変更登記〕
新株予約権の行使期間が延長されたものとみなされた場合、その変更登記が必要か

　会社法279条3項の規定による新株予約権の行使期間の延長の効果は、新株予約権の割当通知が、新株予約権の行使期間の末日の2週間前より遅れてされた株主に割り当てられた新株予約権に限られる（新株予約権の行使期間の延長の効果は、特定の株主に限って及ぶものである）。
　したがって、既に登記されている新株予約権の行使期間が一律に変更されるものではないから、行使期間の変更の登記をすることを要しない（平27・2・6民商13）。

memo. 会社法279条3項の規定による新株予約権の行使期間の延長があった場合における新株予約権の行使による変更の登記は**Q158**。

Q158〔行使期間延長の新株予約権行使の登記〕
行使期間が延長されたものとみなされた新株予約権の行使による変更登記の添付書面は

　新株予約権の行使による変更の登記の申請書には、「新株予約権の行使があったことを証する書面」のほか、商業登記法57条で規定する書面を添付しなければならない（詳細→**Q174**）。
　「新株予約権無償割当て」による新株予約権について、行使期間が延長されたものとみなされた新株予約権が行使されたことによる変更の登記をする場合には、「新株予約権の行使があったことを証する書面」（商登57一）の一部として、新株予約権の行使期間が延長され、当該延長された行使期間内に新株予約権の行使があったとを確認することができる書面を添付することを要する。具体的には、代表者の作成に係る証明書等が該当する（平27・2・6民商13）。

1 株主以外の者に新株予約権を発行する場合

> **Q159〔募集事項の決定〕**
> 新株予約権の募集をする場合に定める募集事項は何か

会社は、その発行する新株予約権を引き受ける者の募集をしようとするときは、その都度、募集新株予約権（当該募集に応じて当該新株予約権の引受けの申込みをした者に対して割り当てる新株予約権をいう）について、次の募集事項を定めなければならない（会社238①）。

① 募集新株予約権の内容および数
  ㋑ 募集新株予約権の内容とは、Q152に掲げる事項をいう。
  ㋺ 新株予約権の数とは、次のことを意味する（会社法入門314頁）。

> **【例】** 新株予約権の発行事項は、発行ごとに均等に定めなければならない（会社238⑤）から、例えば、10名の取締役に1人当たり普通株式100株、100名の使用人に1人当たり普通株式10株の発行を受けられる権利を与える場合には、各新株予約権ごとに普通株式10株（またはそれを整数で割った数）の株式の発行を目的とするものとする必要がある。
>
> 　　　　　　与える普通株式100株×取締役 10名÷10株＝100
> 　　＋　　与える普通株式　10株×使用人100名÷10株＝100
> 　　　　　　　　　　　　　　　　　　合計　　200　←新株予約権の数

  ㋩ 1個の新株予約権の行使につき、会社が何株の新株を発行すべきものとするかについては会社法では制限されていない。
② 募集新株予約権と引換えに金銭の払込みを要しないこととする場合には、その旨
　　取締役、使用人等に対しストック・オプションとして新株予約権を発行する場合には、無償で発行されるのが一般的である。無償の場合には、その旨を定める。
③ 上記②以外の場合には、募集新株予約権の払込金額（募集新株予約権1個と引換えに払い込む金銭の額をいう）またはその算定方法
　　新株予約権が発行される場合になす払込みは、㋑新株予約権の発行時に払い込まれる新株予約権自体の発行価額（無償の場合もある〜上記②）の払込みと、㋺新株予約権の行使時に出資される財産の価額の払込みとから構成される。この③でいう「払込金額」は㋑をいう。

新株予約権の発行

```
┌─────────────────────────────────────────────┐
│              新 株 予 約 権                  │
└──────────────┬──────────────────┬───────────┘
          (イ)                (ロ)
  新株予約権自体の発      新株予約権の行使時に出資
  行価額の払込み（会      される財産の価額の払込み
  社238①二・三）～無        （会社236①二・三）
  償の場合もある
```

④ 募集新株予約権を割り当てる日（割当日）
　　新株予約権の申込みをした者または総数引受けをした者は、払込みの有無にかかわらず割当日に新株予約権者となる（会社245①）。募集株式の発行の場合（会社209①）と異なっている。

⑤ 募集新株予約権と引換えにする金銭の払込みの期日を定めるときは、その期日（払込期日）
　　払込期日までに全額の払込みをしないときは、新株予約権を行使することができなくなり（会社246③）、当該新株予約権は消滅する（会社287）。

⑥ 募集新株予約権が新株予約権付社債に付されたものである場合には、募集社債の発行に関する事項（会社676）

⑦ 上記⑥の場合において、新株予約権付社債に付された募集新株予約権についての買取請求（会社118①［定款変更］・179②［特別支配株主］・777①［組織変更］・787①［吸収合併］・808①［新設合併］）の方法につき別段の定めをするときは、その定め

2 株主に新株予約権を発行する場合
　会社は、株主に新株予約権の割当てを受ける権利を与える場合には、次の事項を定めなければならない（会社241①）。
① 1の①から⑦までに掲げる募集事項
② 株主に対し、新株予約権の引受けの申込み（会社242②）をすることにより、当該会社の募集新株予約権（種類株式発行会社にあっては、その目的である株式の種類が当該株主の有する種類の株式と同一の種類のもの）の割当てを受ける権利を与える旨
③ 募集新株予約権の引受けの申込みの期日

次の区分による。

Q160〔株主に対する通知〕
募集新株予約権の募集事項等は株主に通知すべきか

株主以外の者に割り当てる場合	株式譲渡制限会社	払込みにつき特に有利な発行であるときは、株主総会の特別決議によるから（会社238②③）、株主に対する通知は不要（会社240①②）。
	公開会社	① 募集事項を取締役会の決議で定めた場合には、公開会社は、割当日の2週間前までに、株主に対し募集事項を通知しなければならない（会社240②）（→memo.1）。この通知は、公告をもってこれに代えることができる（会社240③）。 ② 通知・公告を要しない場合 ㋑ 会社が募集事項について割当日の2週間前までに金融商品取引法4条1項から3項までの届出をしている場合、その他の株主の保護に欠けるおそれがないものとして法務省令〔会社規53・後掲〕の定めに該当する場合 ㋺ 有利発行に該当するとして、株主総会の特別決議によって募集事項を決議した場合（会社240①②③・238③）
株主に割り当てる場合	株式譲渡制限会社 公開会社	次の①②を定めた場合には、会社は、募集新株予約権の引受けの申込みの期日の2週間前までに、株主に対し、③の各事項を通知しなければならない（会社241④）（→memo.2）。 ① 株主に対し、新株予約権の引受けの申込み（会社242②）をすることにより、当該会社の募集新株予約権（種類株式発行会社にあっては、その目的である株式の種類が当該株主の有する種類の株式と同一の種類のもの）の割当てを受ける権利を与える旨 ② 募集新株予約権の引受けの申込みの期日

③ 株主に通知すべき事項
　　イ　募集事項
　　ロ　当該株主が割当てを受ける募集新株予約権の内容および数
　　ハ　募集新株予約権の引受けの申込みの期日

＜会社法施行規則53条：募集事項の通知を要しない場合＞

第53条　法第240条第4項に規定する法務省令で定める場合は、株式会社が割当日（法第238条第1項第4号に規定する割当日をいう。第55条の4において同じ。）の2週間前までに、金融商品取引法の規定に基づき次に掲げる書類（法第238条第1項に規定する募集事項に相当する事項をその内容とするものに限る。）の届出又は提出をしている場合（当該書類に記載すべき事項を同法の規定に基づき電磁的方法により提供している場合を含む。）であって、内閣総理大臣が当該割当日の2週間前の日から当該割当日まで継続して同法の規定に基づき当該書類を公衆の縦覧に供しているときとする。

一　金融商品取引法第4条第1項から第3項までの届出をする場合における同法第5条第1項の届出書（訂正届出書を含む。）
二　金融商品取引法第23条の3第1項に規定する発行登録書及び同法第23条の8第1項に規定する発行登録追補書類（訂正発行登録書を含む。）
三　金融商品取引法第24条第1項に規定する有価証券報告書（訂正報告書を含む。）
四　金融商品取引法第24条の4の7第1項に規定する四半期報告書（訂正報告書を含む。）
五　金融商品取引法第24条の5第1項に規定する半期報告書（訂正報告書を含む。）
六　金融商品取引法第24条の5第4項に規定する臨時報告書（訂正報告書を含む。）

memo.1　この2週間という期間は、株主に発行差止めの機会を与えるものであるから、株主全員の同意があれば、短縮することができる（昭41・10・5民甲2875、商業登記の手続431頁、登記の手続150頁）。

memo.2　株式譲渡制限会社・公開会社を問わず、株主割当ての場合における募集事項等の株主への通知の期間は、株主全員の同意があれば、短縮することができる（昭54・11・6民四5692、登記の手続150頁）。

株式会社　　4　新株予約権　　153

株主（当該会社を除く＝自己新株予約権の割当禁止）は、その有する株式の数に応じて募集新株予約権の割当てを受ける権利を有する。ただし、当該株主が割当てを受ける募集新株予約権の数に1に満たない端数があるときは、これを切り捨てる（会社241②）。

Q161〔端数の処理〕
新株予約権を株主に割り当てる場合に生ずる端数の処理方法

1　通　知

株主割当て以外の方法による新株予約権の募集（会社238①）に応じて、募集新株予約権の引受けの申込みをしようとする者に対し、会社は、次の事項を通知しなければならない（会社242①）（株主割当ての場合→memo.）。

① 株式会社の商号
② 募集事項
③ 新株予約権の行使に際して金銭の払込みをすべきときは、払込みの取扱いの場所（払込取扱機関→会社281①）
④ 法務省令（会社規54・後掲）で定める事項

Q162〔申込者に対する通知〕
募集新株予約権の申込みをしようとする者に対する通知の手続

＜会社法施行規則54条：申込みをしようとする者に対して通知すべき事項＞

> 第54条　法第242条第1項第4号に規定する法務省令で定める事項は、次に掲げる事項とする。
> 一　発行可能株式総数（種類株式発行会社にあっては、各種類の株式の発行可能種類株式総数を含む。）
> 二　株式会社（種類株式発行会社を除く。）が発行する株式の内容として法第107条第1項各号に掲げる事項［発行する全部の株式の内容として、譲渡制限・取得条項・取得請求権］を定めているときは、当該株式の内容
> 三　株式会社（種類株式発行会社に限る。）が法第108条第1項各号に掲げる事項［剰余金の配当等］につき内容の異なる株式を発行することとしているときは、各種類の株式の内容（ある種類の株式につき同条第3項［当該種類株式を初めて発行する時までに株主総会等の決議によって定める旨］の定款の定めがある場合において、当該定款の定めにより株式会社が当該種類の株式の内容を定めていないときは、当該種類の株式の内容の要綱）
> 四　単元株式数についての定款の定めがあるときは、その単元株式数（種類株式発行会社にあっては、各種類の株式の単元株式数）

新株予約権の発行

五　次に掲げる定款の定めがあるときは、その規定
　　　イ　法第139条第1項［株式譲渡等の承認］、第140条第5項［指定買取人］又は第145条第1号若しくは第2号［譲渡承認の擬制］に規定する定款の定め
　　　ロ　法第164条第1項［特定の株主からの株式取得］に規定する定款の定め
　　　ハ　法第167条第3項［取得請求権付株式の取得に係る端数処理］に規定する定款の定め
　　　ニ　法第168条第1項［取得条項付株式の取得日の決定］又は第169条第2項［取得する取得条項付株式の決定］に規定する定款の定め
　　　ホ　法第174条［相続人等に対する売渡請求］に規定する定款の定め
　　　ヘ　法第347条［種類株主総会における取締役・監査役の選任］に規定する定款の定め
　　　ト　第26条第1号又は第2号［会社法施行規則による譲渡承認擬制の期間］に規定する定款の定め
　　六　株主名簿管理人を置く旨の定款の定めがあるときは、その氏名又は名称及び住所並びに営業所
　　七　定款に定められた事項（法第242条第1項第1号から第3号［募集新株予約権の引受申込者に対する通知］まで及び前各号に掲げる事項を除く。）であって、当該株式会社に対して募集新株予約権の引受けの申込みをしようとする者が当該者に対して通知することを請求した事項

2　通知が不要な場合
　次のいずれにも該当する場合には、新株予約権の募集（会社238①）に応じて、募集新株予約権の引受けの申込みをしようとする者に対する通知は、不要である（会社242④）。
　①　当該会社が、金融商品取引法の規定に基づき目論見書に記載すべき事項を電磁的方法により提供している場合（会社規55一）
　②　当該会社が、外国の法令に基づき目論見書その他これに相当する書面その他の資料を提供している場合（会社規55二）
　③　当該会社が、会社法242条1項の申込みをしようとする者［新株予約権の募集（会社238①）に応じて、募集新株予約権の引受けの申込みをしようとする者］に対して、同項各号［1の①～④］に掲げる事項を提供している場合（会社規55柱書）

memo．　株主に新株予約権の割当てを受ける権利を与える場合には、当該事項に関する通知は会社法241条4項の規定に基づき行う。

株主割当て、株主以外の者に対する割当てのいずれの場合であっても、次の事項を記載した書面を会社に交付する（会社の承諾を得て電磁的方法で提供することもできる）（会社242②③）。
① 申込みをする者の氏名（名称）および住所
② 引き受けようとする募集新株予約権の数

Q163〔引受けの申込み〕
募集新株予約権の引受けの申込手続

1 割当て

会社は、申込者（募集新株予約権の引受けの申込みをした者）の中から募集新株予約権の割当てを受ける者を定め、かつ、その者に割り当てる募集新株予約権の数を定めなければならない。会社は、申込者に割り当てる募集新株予約権の数を、引受申込数よりも減少することができる（会社243①）。

この割当てをする決定機関は会社法に定めがないので、業務執行機関が決定できる。ただし、次の表に掲げる新株予約権については、表の区分に従う（会社243②）。

Q164〔新株予約権の割当て〕
募集新株予約権の引受申込者に対する割当ての手続

新株予約権	会社の類型等	決定機関等
① 募集新株予約権の目的である株式の全部または一部が譲渡制限株式である場合 ② 募集新株予約権が譲渡制限新株予約権（新株予約権であって、譲渡による当該新株予約権の取得について株式会社の承認を要する旨の定めがあるものをいう）である場合	非取締役会設置会社	株主総会の特別決議（会社309②六）
	取締役会設置会社	取締役会
	定款に別段の定めがある場合	定款の定めに従う

memo. 株主割当ての場合→株主に新株予約権を割り当てる権利を与える場合には、新株予約権を引き受ける旨の申込みをした株主に対し（会社241①一）、その株主が有する株式の数に応じて割当てをすることになる（会社241②）。

株式会社　4　新株予約権

2　申込者に対する通知

会社は、割当日の前日までに、1により割当てが決定した申込者に対し、当該申込者に割り当てる募集新株予約権の数（当該募集新株予約権が新株予約権付社債に付されたものである場合にあっては、当該新株予約権付社債についての社債の種類および各社債の金額の合計額を含む）を通知しなければならない（会社243③）。

3　株主の失権

株主に新株予約権の割当てを受ける権利を与えた場合において、株主が新株予約権の引受けの申込期日（会社241①二）までに引受けの申込み（会社242②）をしないときは、当該株主は、募集新株予約権の割当てを受ける権利を失う（会社243④）。

Q165〔総数引受け〕
募集新株予約権の総数の引受けをすることができるか

(1) 募集新株予約権を引き受けようとする者は、その総数の引受けを行う契約を締結することができる。この場合には、引受契約の定めによるから、募集新株予約権の申込み（会社242）および募集新株予約権の割当て（会社243）の手続は不要である（会社244①）。

(2) 募集新株予約権が新株予約権付社債に付されたものであるときは、その総数および当該募集新株予約権を付した社債の総額の引受けを行う契約を締結することができる。この場合も、募集新株予約権の申込み（会社242）および募集新株予約権の割当て（会社243）の手続は不要である（会社244②）。

(3) (1)の場合において、次に掲げるときは、株式会社は、株主総会（取締役会設置会社にあっては、取締役会）の決議によって、契約の承認を受けなければならない。ただし、定款に別段の定めがある場合は、この限りでない（会社244③）。

① 募集新株予約権の目的である株式の全部または一部が譲渡制限株式であるとき。

② 募集新株予約権が譲渡制限新株予約権であるとき。

memo.　公開会社における募集新株予約権の割当て等の特則→会社244の2。

(1) 割当日に、①申込者は、会社の割り当てた募集新株予約権の新株予約権者となり、②募集新株予約権の総数を引き受けた者は、その者が引き受けた募集新株予約権の新株予約権者となる（会社245①）。
(2) 募集新株予約権が新株予約権付社債に付されたものである場合には、(1)により募集新株予約権の新株予約権者となる者は、当該募集新株予約権を付した新株予約権付社債についての社債の社債権者となる（会社245②）。
(3) 払込期日に払込みをしない場合は、当該新株予約権は消滅する→**Q167**。

Q166〔新株予約権者となる日〕
申込者・総数引受者が新株予約権者となる日はいつか

memo. (1) 旧商法では、新株予約権を無償で発行する場合には新株予約権を発行する日を発行決議で定め、有償の場合には払込期日に払込みをすることにより、払込期日に新株予約権者になるものと解されていた（旧商280ノ20②三・280ノ29②参照）。
(2) 会社法では、募集事項の1つとして新株予約権の割当日を定めるものとされ（会社238①四）、有償で発行する場合であっても、払込みの有無にかかわらず、申込者は割当日において募集新株予約権者となる。
　会社法でこのような取扱いがされるのは次の理由による。新株予約権は、株式の交付を受けることができる権利をあらかじめ権利者に与えておくというものであるところ、そのような権利が設定されている場合には、事業報告、登記等により、そのことが株主等の第三者に対して開示されることが望ましいからである（会社法の解説64・65頁参照）。

1 払込み
　募集新株予約権が有償で発行される場合には、次の区分に従い、新株予約権者は、会社が定めた銀行等（会社34②）の払込みの取扱いの場所において、それぞれの募集新株予約権の払込金額の全額を払い込まなければならない（会社246①）。

Q167〔払込み〕
募集新株予約権の払込み等の手続

払込期日を定めた場合	当該期日（会社238①五）
その他の場合	新株予約権を行使することができる期間（行使期間）の初日の前日までに（会社236①四）

2 現物出資・相殺
(1) 募集新株予約権が有償で発行される場合には、新株予約権者は、会社の承諾を得て、募集新株予約権の金銭による全額の払込みに代えて、払込金

額に相当する金銭以外の財産を給付し、または当該会社に対する債権をもって相殺することができる（会社246②）（→memo.）。
(2) 募集新株予約権の金銭による全額の払込みに代えて現物出資をする場合には、特に募集事項の決定の際にその旨を決議しておく必要はない（会社法の解説66頁）。給付される財産についての検査役の調査は、これを義務付ける規定がないので不要である（千問242頁）。

> 【参考】 新株予約権の行使に際して現物出資をする場合には、あらかじめ新株予約権の内容として定める必要があり、この場合には、原則として検査役の調査を要する（会社236①三・284①・調査不要の場合＝284⑨）。

③ 新株予約権の消滅

募集新株予約権が有償で発行される場合には、新株予約権者は、募集新株予約権についての払込期日までに、それぞれの募集新株予約権の払込金額の全額の払込み（当該払込みに代えてする金銭以外の財産の給付または当該会社に対する債権をもってする相殺を含む）をしないときは、当該募集新株予約権を行使することができない（会社246③）。この場合には、新株予約権は当然に消滅する（会社287）。

memo． 会社法が新株予約権の払込方法として現物出資と相殺を認めた理由は、次のように説明されている。「新株予約権に係る払込みは、出資（新株予約権行使時の出資を含む）とは異なり、新株予約権者にとっては株式会社に対する債務の履行という意味を有するにすぎず、その債務の履行につき代物弁済（民法482）や相殺（民法505）をすることができることは本来当然のことであるものの、新株予約権が株式に関連する権利であることから、確認的にその旨の規定を設けることとしたものである。そして、払込みに代えて金銭以外の財産を給付するには、代物弁済をする場合と同様に、株式会社の承諾を得ることを要することとし、また、民法とは異なり、相殺に関しても、株式会社の承諾を得なければならないこととしている。」（会社法の解説66頁）。

Q168〔登記の手続〕

新株予約権を発行した場合に行う登記の手続

① 登記の申請期間

新株予約権を発行した場合の登記は、新設合併設立会社等の設立の登記として行う場合を除き、変更の登記とされた（会社915①・911③十二）。したがって、新株予約権を発行した日から2週間以内に、その本店の所在地において、変更の登記をしなければならない（会社915①）。

② 登記すべき事項

新株予約権を発行したときは、次の事項を登記しなければならない（会社915①・911③十二、平18・3・31民商782第2部第2・6(1)イ）。

① 新株予約権の発行年月日（募集新株予約権の割当日）
② 新株予約権の数
③ 新株予約権の目的である株式の数（種類株式発行会社にあっては、株式の種類および種類ごとの数）またはその数の算定方法
④ 当該新株予約権の行使に際して出資される財産の価額またはその算定方法
⑤ 金銭以外の財産を当該新株予約権の行使に際してする出資の目的とするときは、その旨ならびに当該財産の内容および価額
⑥ 当該新株予約権を行使することができる期間
⑦ 新株予約権の行使の条件を定めたときは、その条件
⑧ 取得条項付新株予約権である場合は、当該取得条項付新株予約権の内容として定めるべき事項
⑨ 募集新株予約権と引換えに金銭の払込みを要しないこととする場合には、その旨
⑩ 募集新株予約権と引換えに金銭の払込みを要するとした場合には、募集新株予約権の払込金額（募集新株予約権1個と引換えに払い込む金銭の額をいう）またはその算定方法

Q169〔添付書面〕
新株予約権を発行した場合に行う変更登記の添付書面

登記の申請書には、次の書面を添付しなければならない（商登65）。

① イ 募集事項等の決定機関に応じ、株主総会、種類株主総会、株主リスト、取締役会の議事録または取締役の過半数の一致があったことを証する書面（定款の定めがあることを要する場合にあっては、定款を含む。商登46、商登規61①③）。

ロ なお、募集新株予約権の割当てを決定するにつき、次のⓐⓑの場合には、定款に別段の定めがある場合を除き、非取締役会設置会社にあっては株主総会の特別決議、取締役会設置会社にあっては取締役会の決議によらなければならない（会社243②）。この決議をした株主総会議事録、株主リストまたは取締役会議事録も添付することを要する。

ⓐ 募集新株予約権の目的である株式の全部または一部が譲渡制限株式である場合

ⓑ 募集新株予約権が譲渡制限新株予約権である場合

② 募集新株予約権の引受けの申込み、または総数の引受けを行う契約を証する書面

この書面としては、新株予約権申込証、募集事務受託会社の証明書、総数引受契約書等が該当する。

③ イ 募集新株予約権と引換えにする金銭の払込期日を定めたとき（当該期日が、割当日（会社238①四）より前の日であるときに限る）は、払込み（金銭

以外の財産の給付または会社に対する債権をもってする相殺を含む）があったことを証する書面

　　この書面としては、ⓐ金銭の払込みについては、発起設立の場合に添付すべき払込みがあったことを証する書面（預金通帳の写しを代表取締役の証明書に合てつした書面等－平18・3・31民商782第2部第1・2(3)オ参照）等が、ⓑ金銭以外の財産の給付または相殺については、財産の引継書等が該当する。
　㋺　募集新株予約権と引換えにする金銭の払込期日が定められていても、当該期日が割当日以後の場合には、払込みがあったことを証する書面の添付は不要である（登記の手続153頁）。払込期日を定めないときは、募集新株予約権についての行使期間の初日の前日までに、払込金額の全額を払い込めば足りるとされている（→memo.）。
　㋩　払込期日が定められていないときは、払込みがあったことを証する書面の添付は不要である（登記の手続153頁）。
④　株主全員の期間短縮同意書
　㋑　公開会社が、株主に新株予約権の割当てを受ける権利を与えないで新株予約権を発行する場合において、取締役会の決議によって募集事項を定めた場合には、割当日の2週間前までに、株主に対し、当該募集事項を通知または公告しなければならない（会社240②③。Q160の表「株主以外の者に割り当てる場合」「公開会社」の①）。ただし、この2週間の期間は、株主に発行差止めの機会を与えるものであるから、株主全員の同意があれば、短縮できる（商業登記の手続431頁）。
　㋺　上記㋑の割当日の2週間前までに株主に通知しなければならないという規定（会社240②）は、会社が募集事項について割当日の2週間前までに金融商品取引法4条1項から3項までの届出をしている場合その他の株主の保護に欠けるおそれがないものとして法務省令（会社規53）で定める場合には、適用されない（会社240④）。
　㋩　ⓐ上記㋑の場合（株主に新株予約権の割当てをしない場合）において株主全員の同意により通知期間を短縮したとき、または、ⓑ株主割当ての場合において株主への募集事項等の通知期間（会社241④）を短縮したときは、株主全員の期間短縮同意書を添付する（昭54・11・6民四5692、昭41・10・5民甲2875、登記の手続150・153頁参照）。
⑤　委任状（商登18）

memo.　【募集新株予約権に係る払込み】　募集新株予約権と引換えに金銭の払込みを要する場合に、その払込金額を定めたときは（会社238①三）、新株予約権者は、募集新株予約権についての行使期間（会社236①四）の初日の前日（払込期日を定めた場合（会社238①五）にあっては、その払込期日）までに、会社が定めた銀行等の払込みの取扱いの場所において、それぞれの募集新株予約権の払込金額の全額を払い込まなければならない（会社246①）。

1 新株予約権の行使の効果

新株予約権を行使した新株予約権者は、当該新株予約権を行使した日に、当該新株予約権の目的である株式の株主となる（会社282①）。

> **Q170〔新株予約権の行使〕**
> 新株予約権の行使はどのようにすべきか

2 新株予約権の行使

(1) 新株予約権の行使は、行使期間内に、次に掲げる事項を明らかにしてしなければならない（会社280①）。
  ① その行使に係る新株予約権の内容および数
  ② 新株予約権を行使する日

(2) 新株予約権証券：新株予約権証券（新株予約権（新株予約権付社債に付されたものを除く）であって、当該新株予約権に係る新株予約権証券を発行することとする旨の定めがあるものをいう（会社249三ニ））が発行されている場合において、証券発行新株予約権を行使しようとするときは、当該証券発行新株予約権の新株予約権者は、当該証券発行新株予約権に係る新株予約権証券を会社に提出しなければならない（会社280②）。

(3) 証券発行新株予約権付社債：証券発行新株予約権付社債（証券発行新株予約権付社債（新株予約権付社債であって、当該新株予約権付社債についての社債につき社債券を発行することとする旨の定めがあるものをいう（会社249二））に付された新株予約権を行使しようとする場合には、当該新株予約権の新株予約権者は、当該新株予約権を付した新株予約権付社債に係る新株予約権付社債券を会社に提示しなければならない。この場合において、当該会社は、当該新株予約権付社債券に当該証券発行新株予約権付社債に付された新株予約権が消滅した旨を記載しなければならない（会社280③）。

(4) 社債の消滅：上記(3)にかかわらず、証券発行新株予約権付社債に付された新株予約権を行使しようとする場合において、当該新株予約権の行使により当該証券発行新株予約権付社債についての社債が消滅するときは、当該新株予約権の新株予約権者は、当該新株予約権を付した新株予約権付社債に係る新株予約権付社債券を会社に提出しなければならない（会社280④）。

(5) 社債の償還：上記(3)にかかわらず、証券発行新株予約権付社債についての社債の償還後に当該証券発行新株予約権付社債に付された新株予約権を行使しようとする場合には、当該新株予約権の新株予約権者は、当該新株予約権を付した新株予約権付社債に係る新株予約権付社債券を会社に提出しなければならない（会社280⑤）。

memo． 会社は、自己新株予約権を行使することができない（会社280⑥）。

株式会社　④　新株予約権

Q171〔払込み〕新株予約権の行使に際しての払込手続

1　金銭出資

金銭を新株予約権の行使に際してする出資の目的とするときは、新株予約権者は、新株予約権を行使する日（会社280①二）に、会社が定めた銀行等（会社34②）の払込みの取扱いの場所において、行使に係る新株予約権についての価額の全額を払い込まなければならない（会社281①）。

2　現物出資・相殺

金銭以外の財産を新株予約権の行使に際してする出資の目的とするときは、新株予約権者は、新株予約権を行使する日に、当該財産を給付しなければならない。もし、給付する財産の価額が、募集事項として定められた出資すべき財産の価額に足りないときは、払込みの取扱いの場所においてその差額に相当する金銭を払い込まなければならない（会社281②）。金銭以外の財産の給付と検査役の選任については、会社法284条に規定されている。

新株予約権者は、金銭の払込みまたは上記の金銭以外の財産の給付をする債務と会社に対する債権とを、相殺することができない（会社281③）。

Q172〔端数の処理〕新株予約権を行使した場合に端数があるときの処理方法

新株予約権を行使した場合において、当該新株予約権の新株予約権者に交付する株式の数に1株に満たない端数があるときは、会社は、次の区分に応じて処理を行う（会社283）。

区　分	端数の処理・交付する金銭の額等
①　当該株式が市場価格のある株式である場合	当該株式1株の市場価格として法務省令（会社規58・後掲）で定める方法により算定される額に、その端数を乗じて得た額に相当する金銭を交付する。
②　①以外の場合	1株当たり純資産額に、その端数を乗じて得た額に相当する金銭を交付する。
③　新株予約権の内容として、新株予約権を行使した新株予約権者に交付する株式の数に1株に満たない端数がある場合において、これを切り捨てるものとするとき（会社236①九）	端数は、切り捨てる。

株式会社　4　新株予約権　163

<会社法施行規則58条：新株予約権の行使により株式に端数が生じる場合>

第58条　法第283条第1号に規定する法務省令で定める方法は、次に掲げる額のうちいずれか高い額をもって同号に規定する株式の価格とする方法とする。
一　新株予約権の行使の日（以下この条において「行使日」という。）における当該株式を取引する市場における最終の価格（当該行使日に売買取引がない場合又は当該行使日が当該市場の休業日に当たる場合にあっては、その後最初になされた売買取引の成立価格）
二　行使日において当該株式が公開買付け等の対象であるときは、当該行使日における当該公開買付け等に係る契約における当該株式の価格

Q173〔登記の手続〕
新株予約権の行使による変更登記の手続

1　登記の申請期間

新株予約権の行使により登記事項に変更があったときは、行使された都度に変更登記を申請する必要はなく、毎月末日現在により、当該末日から2週間以内に、本店の所在地において、変更の登記をしなければならない（会社915③）。

2　登記すべき事項

新株予約権の行使による登記すべき事項は、次のとおりである（会社915①、平18・3・31民商782第2部第2・6(5)イ）。

① 変更の年月日（行使があった月の末日）
② 発行済株式の総数ならびにその種類および種類ごとの数
　自己株式が交付された場合には、この事項については変更が生じないので変更の登記は不要である。新株予約権の行使により株式が発行された場合に、この変更登記をする。
③ 資本金の額
　上記②と同じく、自己株式が交付された場合には、この事項について変更は生じないので変更の登記は不要である。新株予約権の行使により株式が発行された場合に、この変更登記をする。
④ 新株予約権の数
⑤ 新株予約権の目的である株式の数（種類株式発行会社にあっては、その種類および種類ごとの数）
　上記④（新株予約権の数）および⑤（新株予約権の目的である株式の数）については、新株予約権が行使された場合には必ず減少する。自己株式が交付された場合であっても、この変更の登記はしなければならない。
　なお、新株予約権の全部が行使された場合には、④および⑤に代えて、新株予約権の全部行使の旨、および、その年月日が登記事項となる。

新株予約権の行使

Q174〔添付書面〕
新株予約権の行使による変更登記の添付書面・登録免許税

1 添付書面

新株予約権の行使による変更登記の申請書には、次の書面を添付しなければならない（商登57）。

① 新株予約権の行使があったことを証する書面
② 金銭を新株予約権の行使に際してする出資の目的とするときは、払込みがあったことを証する書面

払込取扱金融機関における払込金保管証明の義務は廃止されたので、払込取扱金融機関の払込金保管証明書に限らず、会社の代表者が作成した払込みの事実を証する書面に預金通帳の写し（払込みの事実が確認できるもの）を合てつしたものでもよい（登記所への届出印を押す）（→Q126参照）。

③ 金銭以外の財産を新株予約権の行使に際してする出資の目的とするときは、次に掲げる書面

㋑ 検査役が選任されたときは、検査役の調査報告を記載した書面およびその附属書類

㋺ 現物出資財産が市場価格のある有価証券の場合（会社284⑨三）には、有価証券の市場価格を証する書面

㋩ 現物出資財産につき弁護士等の証明による場合（会社284⑨四）には、弁護士等の証明を記載した書面およびその附属書類（現物出資財産が不動産である場合にあっては、不動産鑑定士の鑑定評価を証する書面も含む）

㋥ 現物出資財産が株式会社に対する弁済期が到来している金銭債権の場合（会社284⑨五）には、当該金銭債権について記載された会計帳簿（当該金銭債権に係る負債の帳簿価額を確認することができるもの）

会計帳簿の記載から当該金銭債権の弁済期の到来の事実を確認することができない場合であっても、会社が期限の利益を放棄していないことが添付書面から明らかな場合を除いて、受理される（募集株式の発行の場合における会計帳簿と同様である（平18・3・31民商782第2部・第2・6(5)イ）。→Q146）。

㋭ 払込取扱機関にその差額を払い込まなければならないときは、その払込みがあったことを証する書面

新株予約権の発行後行使までの期間を考慮すると、現物出資財産の価額が、発行時に定められた「新株予約権の行使に際して出資される財産の価額」に足りないこともあり得る。その場合には、新株予約権者は、その差額相当額を払込みの場所で払い込まなければならないため（会社281②）、この払込みがあったことを証する書面をも添付書面とされた（松井・改正の概要35頁）。

④　検査役の報告に関する裁判があったときは、その謄本
⑤　募集事項等の決定に関し資本金として計上しない額を定めた場合（会社236①五参照）には、その決定機関に応じ、株主総会、種類株主総会もしくは取締役会の議事録または取締役の過半数の一致があったことを証する書面（定款の定めがあることを要する場合にあっては、定款を含む(商登46、商登規61①))
⑥　資本金の額が会社法および会社計算規則の規定に従って計上されたことを証する書面（商登規61⑨）

　なお、整備法の施行の際現に発行されているいわゆる代用払込型または転換社債型の新株予約権付社債に付された新株予約権については、社債を当該新株予約権の行使に際してする出資の目的とする旨等の変更の登記をしなければならないが（平18・3・31民商782第8部第1・2(4)）、当該新株予約権については会社法284条1項の検査役の調査に関する規定の適用がないため（整備103④）、その行使による変更の登記について③および④の書面の添付は要しない（平18・3・31民商782第2部第2・6(5)イ）。

2　登録免許税
①　増加した資本金の額の1,000分の7（これによって計算した税額が3万円に満たないときは、申請件数1件につき3万円）（登免別表第一・24(一)ニ）。
②　新株予約権の行使により、資本金の額の変更登記のほか、新株予約権の登記事項に変更が生じその変更登記も申請することになるが、①の登録免許税を納付すれば、新株予約権の登記事項の変更に係る登録免許税（登免別表第一・24(一)ツ）を別途納付する必要はない（商業登記ハンドブック364頁、清水・登録法詳解158頁（新株引受権の行使の例として））。
③　新株予約権の行使に際して自己株式の処分（交付）のみがされて資本金の額の増加がない場合は、新株予約権の登記事項の変更に係る登録免許税として、3万円を納付する（登免別表第一・24(一)ツ）。

Q175〔株主総会の権限〕
株主総会はどのような権限を有するか

株主総会は、次のような権限を有する。

区分	権限等
① 非取締役会設置会社	株主総会は、会社法に規定する事項および株式会社の組織、運営、管理その他株式会社に関する一切の事項について決議をすることができる（会社295①）。
② 取締役会設置会社	株主総会は、会社法に規定する事項および定款で定めた事項に限り、決議をすることができる（会社295②）。
③ 定款による定め	会社法の規定により株主総会の決議を必要とする事項について、取締役、執行役、取締役会その他の株主総会以外の機関が決定することができることを内容とする定款の定めは、その効力を有しない（会社295③）。

memo． 取締役会設置会社においては、株主総会は、会社法298条1項2号に掲げる事項（株主総会の目的である事項）以外の事項については、決議をすることができない。ただし、316条1項（株主総会に提出された資料を調査する者）もしくは同条2項に規定する者（株主が招集した株主総会において会社の業務および財産の状況を調査する者）の選任、または398条2項の規定に基づき定時株主総会に会計監査人の出席を求めることについては、この限りでない（会社309⑤）。

Q176〔招集地〕
株主総会の招集地は法定されているか

会社法では定められていない。

memo． 旧商法では、「総会ハ定款ニ別段ノ定アル場合ヲ除クノ外本店ノ所在地又ハ之ニ隣接スル地ニ之ヲ招集スルコトヲ要ス」と定められていたが（旧商233）、会社法では招集地の制限はない。

株主総会の招集事項は、次の者が決定する。

Q177〔招集事項の決定者〕
株主総会の招集事項は、だれが決定するか

	区　分	招集事項の決定権者	条　文
①	取締役会設置会社	取締役会（③の場合を除く）	会社298④
②	非取締役会設置会社	取締役（③の場合を除く）	会社298①
③	公開会社の株主	総株主の議決権の100分の3（これを下回る割合を定款で定めた場合にあっては、その割合）以上の議決権を6か月（これを下回る期間を定款で定めた場合にあっては、その期間）前から引き続き有する株主による総会の招集請求（招集は裁判所の許可要）	会社297①④
③	株式譲渡制限会社の株主	総株主の議決権の100分の3（これを下回る割合を定款で定めた場合にあっては、その割合）以上の議決権を有する株主による総会の招集請求（招集は裁判所の許可要）	会社297②④

memo. 上記表③の場合においては、株主総会の目的である事項について、議決権を行使することができない株主が有する議決権の数は、総株主の議決権の数に算入しない（会社297③）。

取締役、取締役会（取締役会設置会社の場合）等（Q177の表に掲げる者）は、株主総会を招集する場合には、次の事項を定めなければならない（会社298①④）。

Q178〔招集事項〕
株主総会を招集する場合に決定すべき事項

① 株主総会の日時・場所
② 株主総会の目的である事項があるときは、当該事項
③ 株主総会に出席しない株主が、書面によって議決権を行使することができることとするときは、その旨（→Q179）
④ 株主総会に出席しない株主が、電磁的方法によって議決権を行使することができることとするときは、その旨
⑤ 法務省令（会社規63・後掲）で定める事項

＜会社法施行規則63条：招集の決定事項＞

第63条　法第298条第1項第5号に規定する法務省令で定める事項は、次に掲げる事項とする。
一　法第298条第1項第1号［株主総会の日時および場所］に規定する株主総会が定時株主総会である場合において、同号の日が次に掲げる要件のいずれかに該当するときは、その日時を決定した理由（ロに該当する場合にあっては、その日時を決定したことにつき特に理由がある場合における当該理由に限る。）。
　イ　当該日が前事業年度に係る定時株主総会の日に応当する日と著しく離れた日であること。
　ロ　株式会社が公開会社である場合において、当該日と同一の日において定時株主総会を開催する他の株式会社（公開会社に限る。）が著しく多いこと。
二　法第298条第1項第1号［株主総会の日時および場所］に規定する株主総会の場所が過去に開催した株主総会のいずれの場所とも著しく離れた場所であるとき（次に掲げる場合を除く。）は、その場所を決定した理由
　イ　当該場所が定款で定められたものである場合
　ロ　当該場所で開催することについて株主総会に出席しない株主全員の同意がある場合
三　法第298条第1項第3号［株主総会に出席しない株主が書面によって議決権を行使することができることとするときは、その旨］又は第4号［株主総会に出席しない株主が電磁的方法によって議決権を行使することができることとするときは、その旨］に掲げる事項を定めたときは、次に掲げる事項（定款にロからニまで及びヘに掲げる事項についての定めがある場合又はこれらの事項の決定を取締役に委任する旨を決定した場合における当該事項を除く。）
　イ　次款［第2款　株主総会参考書類］の規定により株主総会参考書類に記載すべき事項（第85条の2第3号、第85条の3第3号、第86条第3号及び第4号、第87条第3号及び第4号、第88条第3号及び第4号、第89条第3号、第90条第3号、第91条第3号並びに第92条第3号に掲げる事項を除く。）

ロ　特定の時（株主総会の日時以前の時であって、法第299条第1項［株主総会の招集通知を発する時期］の規定により通知を発した日から2週間を経過した日以後の時に限る。）をもって書面による議決権の行使の期限とする旨を定めるときは、その特定の時

ハ　特定の時（株主総会の日時以前の時であって、法第299条第1項［株主総会の招集通知を発する時期］の規定により通知を発した日から2週間を経過した日以後の時に限る。）をもって電磁的方法による議決権の行使の期限とする旨を定めるときは、その特定の時

ニ　第66条第1項第2号［議決権行使書面］の取扱いを定めるときは、その取扱いの内容

ホ　第94条第1項［株主総会参考書類の記載の特則］の措置をとることにより株主に対して提供する株主総会参考書類に記載しないものとする事項

ヘ　一の株主が同一の議案につき次に掲げる場合の区分に応じ、次に定める規定により重複して議決権を行使した場合において、当該同一の議案に対する議決権の行使の内容が異なるものであるときにおける当該株主の議決権の行使の取扱いに関する事項を定めるとき（次号に規定する場合を除く。）は、その事項

　（1）　法第298条第1項第3号［株主総会に出席しない株主が書面によって議決権を行使することができることとするときは、その旨］に掲げる事項を定めた場合　法第311条第1項［書面による議決権の行使に関する事項］

　（2）　法第298条第1項第4号［株主総会に出席しない株主が電磁的方法によって議決権を行使することができることとするときは、その旨］に掲げる事項を定めた場合　法第312条第1項［電磁的方法による議決権の行使に関する事項］

四　法第298条第1項第3号［株主総会に出席しない株主が書面によって議決権を行使することができることとするときは、その旨］及び第4号［株主総会に出席しない株主が電磁的方法によって議決権を行使することができることとするときは、その旨］に掲げる事項を定めたときは、次に掲げる事項（定款にイ又はロに掲げる事項についての定めがある場合における当該事項を除く。）

イ　法第299条第3項［電磁的方法による総会招集通知］の承諾をした株主の請求があった時に当該株主に対して法第301条第1項［株主総会参考書類・議決権行使書面の交付］の規定による議決権行使書面（法第301条第1項に規定する議決権行使書面をいう。以下この節において同じ。）の交付（当該交付に代えて行う同条第2項の規定による電磁的方法による提供を含む。）をすることとするときは、その旨

ロ　一の株主が同一の議案につき法第311条第1項［書面による議決権の行使］又は第312条第1項［電磁的方法による議決権の行使］の規定により重複して議決権を行使した場合において、当該同一の議案に対する議決権の行使の内容が異なるものであるときにおける当該株主の議決権の行使の取扱いに関する事項を定めるときは、その事項

五　法第310条第1項［議決権の代理行使］の規定による代理人による議決権の行使について、代理権（代理人の資格を含む。）を証明する方法、代理人の数その他代理人による議決権の行使に関する事項を定めるとき（定款に当該事項についての定めがある場合を除く。）は、その事項

六　法第313条第2項［取締役会設置会社における議決権の不統一行使］の規定による通知の方法を定めるとき（定款に当該通知の方法についての定めがある場合を除く。）は、その方法

七　第3号に規定する場合以外の場合において、次に掲げる事項が株主総会の目的である事項であるときは、当該事項に係る議案の概要（議案が確定していない場合にあっては、その旨）

　イ　役員等の選任
　ロ　役員等の報酬等
　ハ　全部取得条項付種類株式の取得
　ニ　株式の併合
　ホ　法第199条第3項［募集株式の有利発行］又は第200条第2項［委任の場合における募集株式の有利発行］に規定する場合における募集株式を引き受ける者の募集
　ヘ　法第238条第3項各号［新株予約権の有利発行］又は第239条第2項各号［委任の場合における新株予約権の有利発行］に掲げる場合における募集新株予約権を引き受ける者の募集
　ト　事業譲渡等
　チ　定款の変更
　リ　合併
　ヌ　吸収分割
　ル　吸収分割による他の会社がその事業に関して有する権利義務の全部又は一部の承継
　ヲ　新設分割
　ワ　株式交換
　カ　株式交換による他の株式会社の発行済株式全部の取得
　ヨ　株式移転

Q179〔書面による議決権行使〕
書面による議決権行使は、どのような場合に行うべきか

株主総会の決議につき、書面による議決権行使の制度（書面投票制度）の採否については、次のように区分できる。

なお、この制度の採否は、会社の規模（大会社、それ以外の会社）、公開会社・株式譲渡制限会社であるか否かは関係がない。

(1) 書面投票制度が義務付けられている会社	① 取締役会設置会社	株主総会の目的である事項（議題）の全部につき議決権を行使することができる株主の数が、1,000人以上である場合（会社298③）
	② 非取締役会設置会社	株主総会において決議をすることができる事項の全部につき議決権を行使することができる株主の数が、1,000人以上である場合（会社298②本文）
(2) 書面投票制度が義務付けられていない会社	①	(1)欄の会社であっても、金融商品取引法2条16項に規定する金融商品取引所に上場されている株式を発行している会社（上場会社）であって、法務省令で定めるもの（会社規64［株主総会の招集通知に際して、委任状の用紙を交付することにより、議決権の行使を第三者に代理させることを勧誘している場合］）は、書面投票制度が義務付けられていない（会社298②ただし書）。
	②	(1)欄の①②および(2)欄の①に該当しない会社

memo.1　会社法施行前は、議決権を有する株主数が1,000人以上の大会社については、株主総会に出席しない株主は、書面によって議決権を行使することができるとされていた（旧商特21の3①）。

memo.2　(1)　取締役会設置会社の株主総会においては、招集権者が決定した会議の目的事項（議題）以外の事項について決議することができない（会社309⑤）。

(2)　株主総会の招集通知に記載されるのは、会議の目的事項すなわち「議題」である（ただし、役員の選任、定款変更等の重要事項については、「議案の概要」も記載する（会社298①五・325、会社規63七・95一））。例えば、「取締役選任の件」

とは議題である。

これに対し、株主総会に提案されるのは「議案」である。例えば、「取締役としてA・B・Cを選任する」旨を総会に諮ることは「議案」である。

Q180〔招集通知の時期〕
株主総会の招集通知は、いつまでに発するべきか

会社の形態により、次のように異なる（会社299①）。

会社の形態			招集通知を発する時期
公開会社			株主総会の日の2週間前までに
株式譲渡制限会社	書面投票または電子投票の制度を不採用	取締役会設置会社	株主総会の日の1週間前までに
		非取締役会設置会社	株主総会の日の1週間前までに（定款で上記の期間短縮可能）
	書面投票または電子投票の制度を採用		株主総会の日の2週間前までに

memo. 表の「招集通知を発する時期」の期間計算は、発信日と株主総会の日を算入せず、その間に14日以上あることが必要である。

発信日 15日 ── 14日間 ── 総会日 30日

次のとおり（会社299②）。

Q181〔招集の方法〕
株主総会の招集通知は書面で行うべきか

区　分	招集通知を発する方法
① 取締役会設置会社	書面でする （株主の承諾を得て、電磁的方法により通知を発することができる）
② 書面投票または電子投票の制度を採用（会社298①三・四）	書面でする （株主の承諾を得て、電磁的方法により通知を発することができる）
①②以外の場合	方法は問わない （口頭・電話等でも可）

memo. (1) 書面による議決権行使を認めた場合には、招集通知に際して、株主に対し、議決権の行使について参考となるべき事項を記載した書類（株主総会参考書類）、および株主が議決権を行使するための書面（議決権行使書面）を交付しなければならない（会社301①）。
(2) 電磁的方法による議決権行使を認めた場合には、招集通知に際して、株主に対し、株主総会参考書類を交付しなければならない（会社301②）。
(3) 定時株主総会においては、取締役は、招集通知に際して、株主に対し、計算書類・事業報告（監査役設置会社では監査報告、会計監査人設置会社では会計監査報告を含む）を提供しなければならない（会社437）。

株主総会

1 株主総会の招集通知の省略〔株主総会は開催する〕

Q182〔通知・開催の省略〕
株主総会の招集通知または株主総会の開催を省略できるか

　当該株主総会において議決権を行使することができる株主全員の同意があるときは、招集の手続を経ることなく株主総会を開催することができる（この場合には、計算書類・事業報告の提供を行わずに株主総会を開催することができる）。同意した株主が、株主総会に出席したか否かは問わない。
　ただし、次の場合には、株主全員の同意があっても招集手続を省略するこ

とができない（計算書類・事業報告の提供も要する）（会社300）。①株主総会に出席しない株主が、書面によって議決権を行使できるとしたとき。②株主総会に出席しない株主が、電磁的方法（電子投票）によって議決権を行使できるとしたとき。

2　全員出席総会〔株主総会は開催する〕

　株主全員（代理人を含む）が株主総会開催に同意して出席したときは、招集手続がとられていなくても、有効な株主総会が成立する（最判昭60・12・20民集39・8・1869）。株主が1人の場合、その者が株主総会に出席すれば、全員出席総会となる。

3　株主全員の同意による決議の省略〔株主総会は開催しない〕

　取締役または株主が、株主総会の目的である事項について提案をした場合において、当該提案につき株主（当該事項について議決権を行使することができるものに限る）の全員が書面または電磁的記録により同意の意思表示をしたときは、当該提案を可決する旨の株主総会の決議があったものとみなされる（会社319①）。この同意による場合には、株主総会参考書類の交付等（会社301①・302①）も不要である。

Q183〔議決権の行使の制限〕
株主の議決権の行使が制限される場合

　議決権の行使ができる場合と制限される場合とがある。

1　議決権の行使ができる場合

　①　1株1議決権の原則

　　各株主は、原則として、株主総会において、その有する株式1株につき1個の議決権を有する（会社308①本文）。

　②　単元株式

　　単元株式数を定款で定めている場合には、1単元の株式につき1個の議決権を有する（会社308①ただし書）。

2　議決権の行使が制限される場合

　①　自己株式（会社308②）

　②　議決権制限株式

　　議決権制限株式のうちの議決権がない株式については、議決権を行使することができない（会社108①三）。

　③　取締役・監査役の選解任株式

　　この株式が発行されている場合には、取締役（監査等委員会設置会社にあっては、監査等委員である取締役またはそれ以外の取締役）・監査役の選任または解任は、株主全員による株主総会の決議ではなく、当該種類株主で構成する種類株主総会の決議で行う（会社108①九・347）。

　④　単元未満株式

単元株制度がとられているときは、1単元で1個の議決権となるから、単元未満株式は議決権を有しない（会社308①ただし書参照）。
⑤　相互保有株式
　　イ　もっとも典型的な例として、A会社とB会社とが相互に相手会社の株式を保有している状態にある場合に、それらの株式を相互保有株式という。株式会社がその総株主の議決権の4分の1以上を有することその他の事由を通じて株式会社がその経営を実質的に支配することが可能な関係にあるものとして法務省令（会社規67）で定める株主は、その有する株式について議決権を行使することができない（会社308①括弧書）。
　　ロ　A会社とB会社とが相互保有株式を有している場合に、A会社がB会社の総株主の議決権の4分の1以上を有しているときは、B会社はA会社の株主総会において議決権を行使することができない。
⑥　基準日後に発行された株式
　　基準日を定めた場合には、基準日後に発行された株式については、その基準日に係る株主総会で議決権を行使することができない。会社が、基準日後に生じた株主に議決権を認めることはできるが、基準日株主の権利を害することはできない（会社124①④）。
⑦　特別利害関係を有する株主が有する株式
　　自己株式の取得または相続人等に対する売渡請求に関する株主総会決議においては、売主となる者が有する株式は原則として議決権の行使をすることができない（会社140③・160④・175②）。
⑧　株券喪失登録者（名義人以外の喪失株券に係る株式）（会社230③）
⑨　端株（整備86①、旧商220ノ3①）

memo.1　単にA会社がA会社の株主であるB会社の総株主の議決権の4分の1以上を有することのほかに、「その他の事由を通じてA会社がその経営を実質的に支配することが可能な関係にあるものとして法務省令［筆者注：会社規67］で定める株主」も議決権を有しないこととされている（会社法入門380頁）。

memo.2　株式振替制度では、機構失念株は特別口座に記録されるが、その取扱いについては株券等の保管及び振替に関する法律（平成21年1月5日廃止）29条3項のような規定が見当たらないことから、同株式については、剰余金の配当の計算対象とし、議決権を有する株式として取り扱うこととなる（株券電子化後の株式実務199頁参照）。

Q184〔決議の種類〕
株主総会の決議の種類

株主総会の決議には、普通決議、特別決議、特殊決議がある（会社309）。

(1)	普通決議（会社309①）
決議方法	定款に別段の定めがある場合を除き、議決権を行使することができる株主の議決権の過半数を有する株主が出席し、出席した当該株主の議決権の過半数をもって行う。
(2)	特別決議（会社309②）
決議方法	当該株主総会において議決権を行使することができる株主の議決権の過半数（3分の1以上の割合を定款で定めた場合にあっては、その割合以上）を有する株主が出席し、出席した当該株主の議決権の3分の2（これを上回る割合を定款で定めた場合にあっては、その割合）以上に当たる多数をもって行わなければならない。 　この場合においては、当該決議の要件に加えて、一定の数以上の株主の賛成を要する旨その他の要件を定款で定めることを妨げない。
	①・譲渡制限株式の譲渡不承認の決議（会社140②） 　・指定買取人指定の決議（会社140⑤） ②・特定の株主から自己株式を取得する決議（会社160①） ③・全部取得条項付種類株式を取得する決議（会社171①） 　・相続人等に対する売渡請求の決議（会社175①） ④・株式の併合の決議（会社180②） ⑤・募集株式の発行等を行うために募集事項を決定する決議（会社199②） 　・募集事項決定権限の委任の決議（会社200①） 　・株主に株式の割当てを受ける権利を与える場合に定める事項の決議（会社202③四） 　・募集株式が譲渡制限株式である場合に、当該募集株式を割り当てる決議（会社204②） ⑥・募集株式が譲渡制限株式である場合において、総数引受による引受けの契約を承認する決議（取締役設置会社にあっては、取締役会の決議）（会社205②） ⑦・新株予約権の発行を行うために募集事項を決定する決議（会社238②）

特別決議事項		・募集事項決定権限の委任の決議（会社239①） ・株主に新株予約権の割当てを受ける権利を与える場合に定める事項の決議（会社241③四） ・募集新株予約権の目的である株式が譲渡制限株式である場合または募集新株予約権が譲渡制限新株予約権である場合に、当該募集新株予約権を割り当てる決議（会社243②） ⑧・次の㋑または㋺の募集新株予約権の総数引受契約を承認する決議（取締役会設置会社にあっては、取締役会の決議）（会社309②六・244③）。 　㋑　募集新株予約権の目的である株式の全部または一部が譲渡制限株式であるとき。 　㋺　募集新株予約権が譲渡制限新株予約権であること。 ⑨・累積投票で選任された取締役、または監査等委員である取締役もしくは監査役の解任の決議（会社339①） ⑩・役員等（会社423①）の損害賠償責任を一部免除する決議（会社425①） ⑪・資本金の額を減少する決議（ただし、資本金の額の減少後なお分配可能な剰余金が生じない場合（欠損てん補）に、定時株主総会で決議する場合は、普通決議で足りる）（会社447①） ⑫・配当財産が金銭以外の財産である場合において、一定数未満の株主に配当財産の割当てをしない等の決議（会社454④） ⑬・定款変更・事業譲渡・解散の決議（会社2編6章〜8章） ⑭・組織変更・組織再編の決議（会社5編）
(3)	特殊決議（その1）（会社309③）	
	決議方法	次に掲げる株主総会（種類株式発行会社の株主総会を除く）の決議は、当該株主総会において議決権を行使することができる株主の半数以上（これを上回る割合を定款で定めた場合にあっては、その割合以上）であって、当該株主の議決権の3分の2（これを上回る割合を定款で定めた場合にあっては、その割合）以上に当たる多数をもって行わなければならない。
		①　その発行する全部の株式の内容として譲渡による当該株式の取得について当該株式会社の承認を要する旨の定款の定めを設ける定款の変更を行う株主総会

株主総会

特殊決議事項	② 吸収合併消滅会社における吸収合併契約の承認または株式交換完全子会社における交換契約の承認の株主総会（会社783①）の決議（合併により消滅する株式会社または株式交換をする株式会社が公開会社であり、かつ、当該株式会社の株主に対して交付する金銭等の全部または一部が譲渡制限株式等（会社法783条3項に規定する譲渡制限株式等をいう）である場合における当該株主総会に限る） ③ 新設合併消滅株式会社における新設合併契約の承認または株式移転完全子会社における株式移転計画の承認の株主総会（会社804①）の決議（合併または株式移転をする株式会社が公開会社であり、かつ、当該株式会社の株主に対して交付する金銭等の全部または一部が譲渡制限株式等（会社法783条3項に規定する譲渡制限株式等をいう）である場合における当該株主総会に限る）

(4) 特殊決議（その2）（会社309④）

決議方法	次の株主総会の決議については、総株主の半数以上（これを上回る割合を定款で定めた場合にあっては、その割合以上）であって、総株主の議決権の4分の3（これを上回る割合を定款で定めた場合にあっては、その割合）以上に当たる多数をもって行わなければならない。
特殊決議事項	株式譲渡制限会社の場合において、剰余金の配当を受ける権利・残余財産の分配を受ける権利・株主総会における議決権について、株主ごとに異なる取扱いを行う旨を定款で定めた場合において（会社109②）、この定款の定めについての定款の変更（当該定款の定めを廃止するものを除く）を行う株主総会の決議

Q185〔議事録の作成〕
株主総会議事録に記載すべき事項は何か

株主総会の議事については、法務省令（会社規72）で定めるところにより、議事録を作成しなければならない（会社318①）。

(1) 株主総会の議事録は、次に掲げる事項を内容とするものでなければならない（会社規72③）。

① 株主総会が開催された日時・場所（当該場所に存しない取締役（監査等

委員会設置会社にあっては、監査等委員である取締役またはそれ以外の取締役)、執行役、会計参与、監査役、会計監査人または株主が株主総会に出席をした場合における当該出席の方法を含む)
② 株主総会の議事の経過の要領・その結果
③ 次に掲げる会社法の規定により、株主総会において述べられた意見または発言があるときは、その意見または発言の内容の概要
　㋑ 監査等委員である取締役による、株主総会において、監査等委員である取締役の選任もしくは解任または辞任についての意見（会社342の2①)
　㋺ 監査等委員である取締役を辞任した者による、辞任後最初に招集される株主総会に出席して述べる、辞任した旨およびその理由（会社342の2②)
　㋩ 監査等委員会が選定する監査等委員による、株主総会において、監査等委員である取締役以外の取締役の選任もしくは解任または辞任についての監査等委員会の意見（会社342の2④)
　㊁ 会計参与・監査役・会計監査人によるその選解任・辞任についての意見（会社345①、同条4項・5項において準用する場合を含む)
　㋭ 辞任した会計参与・監査役・会計監査人が、辞任後最初に招集された株主総会で述べた辞任理由（会社345②、同条4項・5項において準用する場合を含む)
　㋬ 監査等委員である取締役による、株主総会において、監査等委員である取締役の報酬等についての意見（会社361⑤)
　㋣ 監査等委員会が選定する監査等委員による、株主総会において、監査等委員である取締役以外の取締役の報酬等についての監査等委員会の意見（会社361⑥)
　㋠ 計算書類（会社374）の作成に関する事項について会計参与が取締役と意見を異にする場合における株主総会での会計参与の意見（会社377①)
　㋷ 会計参与が株主総会で述べた会計参与の報酬等についての意見（会社379③)
　㋦ 取締役が株主総会に提出しようとする議案・書類その他法務省令（会社規106－電磁的記録・その他資料）で定めるものを監査役が調査した結果、法令・定款に違反し、または著しく不当な事項があると認めた場合における調査結果の報告（会社384)
　㋸ 監査役が株主総会で述べた監査役の報酬等についての意見（会社387③)
　㋰ 監査役の監査の範囲を会計に関するものに限定する旨の定款の定めがある会社の監査役は、取締役が株主総会に提出しようとする会計に関する議案、書類その他の法務省令（会社規108－計算関係書類・一定の議案等）

で定めるものを調査することを要し、その調査結果の株主総会への報告
　　　（会社389③）
　　㈦　会社法396条1項に規定する書類（計算書類等）が法令・定款に適合す
　　　るかどうかについて会計監査人が監査役と意見を異にする場合におい
　　　て、会計監査人の定時株主総会での意見（会社398①）
　　㈧　定時株主総会において会計監査人の出席を求める決議があった場合
　　　に、会計監査人の定時株主総会での意見（会社398②）
　　㈨　監査等委員は、取締役が株主総会に提出しようとする議案、書類その
　　　他法務省令で定めるものについて法令もしくは定款に違反し、または著
　　　しく不当な事項があると認めるときは、その旨の株主総会への報告（会
　　　社399の5）
　④　株主総会に出席した取締役、執行役、会計参与、監査役、会計監査人の
　　氏名（名称）
　⑤　株主総会の議長が存するときは、議長の氏名
　⑥　議事録の作成に係る職務を行った取締役の氏名

(2)　次の①または②の場合には、株主総会の議事録は、①または②に定め
　　る事項を内容とするものとする（会社規72④）。

①　会社法319条1項（株主全員の書面・電磁的記録による同意に基づく株主
　　総会の決議の省略）の規定により株主総会の決議があったものとみなされ
　　た場合には、次の事項
　　㈡　株主総会の決議があったものとみなされた事項の内容
　　㈣　㈡の事項の提案をした者の氏名（名称）
　　㈥　株主総会の決議があったものとみなされた日
　　㈧　議事録の作成に係る職務を行った取締役の氏名
②　会社法320条（株主総会への報告の省略）の規定により株主総会への報告
　　があったものとみなされた場合には、次の事項
　　㈡　株主総会への報告があったものとみなされた事項の内容
　　㈣　株主総会への報告があったものとみなされた日
　　㈥　議事録の作成に係る職務を行った取締役の氏名

memo.　(2)の場合には、株主総会議事録の内容として、出席取締役の氏名は
要求されていない（会社規72④参照）。

Q186〔議事録の押印〕
株主総会議事録には、押印を要するか

1 原　則
株主総会議事録の内容として、株主総会に出席した取締役・監査役等（会社規72③四）、議長、議事録作成者の氏名は要求されているが（→Q185）、押印は要求されていない（会社318①、会社規72参照）（→memo.）。

2 代表取締役の就任登記の場合
代表取締役の就任による変更の登記の申請書には、株主総会または種類株主総会の決議によって代表取締役（各自代表の取締役を含む）を定めた場合には（会社349①本文・③）、議長および出席取締役が株主総会または種類株主総会の議事録に押印した印鑑につき、市区町村長の作成した証明書を添付しなければならない。ただし、当該印鑑と変更前の代表取締役が登記所に提出している印鑑とが同一であるときは、この限りでない（商登規61⑥一、平18・3・31民商782第2部第3・2(4)）。

memo.　株主総会議事録に対する出席取締役等の署名には、取締役会議事録に対する署名とは異なり（会社369⑤参照）、法的な意味がなく、偽造や真正性の問題が署名や記名押印を要求することによってどれだけ解消されるかについても程度問題にすぎないことから、特に法令上、署名等を義務付ける必要性がないと考えられたためである（省令の解説12頁参照）。

種類株主総会	**Q187〔種類株主総会とは〕** 種類株主総会とは、どのような総会か	種類株主総会とは、種類株主（種類株式発行会社におけるある種類の株式の株主をいう）の総会をいう（会社2十四）。
	Q188〔種類株主総会の権限〕 種類株主総会が決議できる事項	種類株主総会は、(1)会社法に規定する事項、および(2)定款で定めた事項に限り、決議をすることができる（会社321）。会社法に規定する事項は、次のとおりである。 ① 会社が会社法322条1項各号に掲げる行為をする場合において、ある種類の株式の種類株主に損害を及ぼすおそれがあるとき（会社322）→**Q189** ② ある種類の株式の内容として（拒否権条項付株式）、株主総会等において決議すべき事項について、当該決議のほか、種類株主総会の決議を必要とする旨の定めがある場合（会社323） ③ 種類株主総会において、取締役または監査役を選任する旨の定めがある場合（会社347） ④ ある種類の株式の内容として譲渡制限株式に係る事項の定めを設定する定款の変更をする場合（会社111②） ⑤ ある種類の株式の内容として全部取得条項付種類株式に係る事項の定めを設定する定款の変更をする場合（会社111②） ⑥ 譲渡制限株式を募集し、または譲渡制限株式を目的とする新株予約権の募集をする場合（会社199④・200④・238④・239④） ⑦ 吸収合併消滅会社、新設合併消滅会社、株式交換完全子会社または株式移転完全子会社において、その株主（譲渡制限株式の株主を除く）に交付される合併対価等が譲渡制限株式等である場合（会社783③・804③） ⑧ 吸収合併存続会社、吸収分割承継株式会社または株式交換完全親株式会社において、合併対価等として当該会社の譲渡制限株式を交付する場合（会社795④）

Q189〔損害のおそれと種類株主総会〕

ある種類株主に損害を及ぼすおそれがあるとして、種類株主総会の決議を要する事項

種類株式発行会社が次に掲げる行為をする場合において、ある種類の株式の種類株主に損害を及ぼすおそれがあるときは、当該行為は、当該種類株式の種類株主を構成員とする種類株主総会（当該種類株主に係る株式の種類が2以上ある場合にあっては、当該2以上の株式の種類別に区分された種類株主を構成員とする各種類株主総会）の決議がなければ、その効力を生じない。ただし、当該種類株主総会において議決権を行使することができる種類株主が存しない場合は、この限りでない（会社322①）。

1 定款の変更
次に掲げる事項についての定款の変更（取得条項を付加する定款変更（会社111①）・全部取得条項または譲渡制限条項を付加する定款変更（会社111②）をする場合を除く）
① 株式の種類の追加
② 株式の内容の変更
③ 発行可能株式総数または発行可能種類株式総数の増加

2 定款の変更以外
① 株式の併合または株式の分割
② 株式無償割当て（会社185）
③ 当該会社の株式を引き受ける者の募集（ただし、株主に株式の割り当てを受ける権利を与える場合（会社202①）に限る）
④ 当該会社の新株予約権を引き受ける者の募集（ただし、株主に新株予約権を与える場合（会社241①）に限る）
⑤ 新株予約権無償割当て（会社277）
⑥ 合併
⑦ 吸収分割
⑧ 吸収分割による他の会社がその事業に関して有する権利義務の全部または一部の承継
⑨ 新設分割
⑩ 株式交換

株式会社　5　機　関

種類株主総会

	⑪　株式交換による他の株式会社の発行済株式全部の取得 ⑫　株式移転
Q190〔決議不要の定め〕 　定款で種類株主総会の決議を要しない旨を定めることができるか	次の(1)(2)の場合には、定款で種類株主総会の決議を要しない旨を定めることができる。

(1)	譲渡制限株式を有する種類株主の持株比率が侵害されるおそれがある場合 ①　譲渡制限株式を募集する場合の募集事項を決定し、または募集事項の取締役等への委任（会社199④・200④） ②　譲渡制限株式の交付を目的とする新株予約権の募集事項を決定し、または募集事項の取締役等への委任（会社238④・239④） ③　存続会社等が吸収合併等の対価として譲渡制限株式を交付する場合（会社795④）
(2)	会社法322条1項各号に掲げる行為（Q189 1 2）をする場合において、ある種類株式の種類株主に損害を及ぼすおそれがある場合（会社322③本文）（→memo.）

memo.　会社法322条1項1号イからハまでの3つの事項（イ：株式の種類の追加、ロ：株式の内容の変更、ハ：発行可能株式総数または発行可能種類株式総数の増加）については、定款で種類株主総会の決議を不要とすることはできない（会社322③ただし書－単元株式数についてのものを除く）。

| Q191〔決議の種類〕
　種類株主総会の決議の種類 | 種類株主総会の決議には、普通決議、特別決議、特殊決議がある（会社324）。 |

(1)	普通決議（会社324①）	
決議方法	定款に別段の定めがある場合を除き、その種類株式の総株主の議決権の過半数を有する株主が出席し、出席した当該株主の議決権の過半数をもって行う。	
普通決議事項	① 拒否権条項付株式の決議対象に関する場合（会社323・108①八） ② 種類株主総会による取締役（監査等委員会設置会社にあっては、監査等委員である取締役またはそれ以外の取締役）・監査役の選任（会社347・108①九） ③ 種類株主総会による取締役の解任（会社347①） ④ 定款で定めた決議事項（会社321）	
(2)	特別決議（会社324②）	
決議方法	当該株主総会において議決権を行使することができる株主の議決権の過半数（3分の1以上の割合を定款で定めた場合にあっては、その割合以上）を有する株主が出席し、出席した当該株主の議決権の3分の2（これを上回る割合を定款で定めた場合にあっては、その割合）以上に当たる多数をもって行わなければならない。 この場合においては、当該決議の要件に加えて、一定の数以上の株主の賛成を要する旨その他の要件を定款で定めることを妨げない。	
特別決議事項	①・種類株式に全部取得条項を付する定款変更の決議（会社111②・108①七） ②・募集株式の種類が譲渡制限株式である場合における募集事項の決定（会社199④） ・上記募集事項の決定の取締役・取締役会への委任の決議（会社200④） ③・募集新株予約権の目的である株式が譲渡制限株式である場合における募集事項の決定（会社238④） ・上記募集事項の決定の取締役・取締役会への委任の決議（会社239④） ④・ある種類の種類株主に損害を及ぼすおそれがある場合の決議（会社322①） ⑤・種類株主総会で選任された監査役の解任（会社347②・339①［309②七］）	

種類株主総会

種類株主総会		⑥・吸収合併等による譲渡制限株式の発行（会社795④）
	(3)	**特殊決議**（会社324③）
	決議方法	次に掲げる種類株主総会（種類株式発行会社の株主総会を除く）の決議は、当該種類株主総会において議決権を行使することができる株主の半数以上（これを上回る割合を定款で定めた場合にあっては、その割合以上）であって、当該株主の議決権の3分の2（これを上回る割合を定款で定めた場合にあっては、その割合）以上に当たる多数をもって行わなければならない。
	特殊決議事項	① ある種類の種類株式を譲渡制限株式とする定款変更をする決議（会社111②・108①四） ② 組織再編行為により譲渡制限株式等を交付する場合の決議（会社783③・804③）

会社の規模、公開会社・非公開会社（株式譲渡制限会社）であるかを問わず、株主総会と取締役は置かなければならない（会社295・326①）。	**Q192〔必要的設置機関〕** 　株式会社で必ず設置しなければならない機関
株式会社は、定款の定めによって、取締役会、会計参与、監査役、監査役会、会計監査人、監査等委員会または指名委員会等を置くことができる（会社326②）。 memo．（1）　会社法では、ある機関を採用すべき会社を「○○設置会社」と定義している。例えば、取締役会設置会社については、「取締役会を置く株式会社又はこの法律の規定により取締役会を置かなければならない株式会社をいう。」と規定している（会社2七）。 （2）　（イ）「取締役会を置く株式会社」とは、会社法上の義務によるものではなく、定款の定めにより任意に取締役会を置く会社である。（ロ）「この法律の規定により取締役会を置かなければならない株式会社」とは、会社法の規定により取締役会を置くことが義務付けられている会社（具体的には、会社法327条1項1号の適用される公開会社等）を意味する。この会社においても、取締役会を置く旨を定款で定めなければならない（会社法の解説93頁）。	**Q193〔定款で定める機関〕** 　定款で定めることによって、置くことができる機関
このような定款の定めは認められない。ある機関を置く旨の定款を定めた場合には、当然、遅滞なく、当該機関に対応する役員を選任しなければならないからである（会社法の解説91頁）。	**Q194〔定款の定め方〕** 　「当会社は取締役会を設置することができる」という定款の定めは、認められるか

株式会社　5　機関

Q195〔機関の設置義務〕
特定の機関の設置が義務付けられるのは、どのような場合か

次のとおり。

会社の類型	設置が義務付けられる機関	会社法
すべての株式会社	株主総会 取締役	295・326①
公開会社 監査役会設置会社 監査等委員会設置会社 指名委員会等設置会社	取締役会	327①
取締役会設置会社	監査役 代表取締役	327②本文 362③
・監査等委員会設置会社および指名委員会等設置会社は、監査役を置くことができない。		327④
・株式譲渡制限会社で会計参与設置会社では、監査役の設置は任意。		327②ただし書
会計監査人設置会社	監査役	327③
・監査等委員会設置会社および指名委員会等設置会社は、監査役を置くことができない。		327④
監査等委員会設置会社	会計監査人	327⑤
指名委員会等設置会社	会計監査人 執行役 代表執行役	327⑤ 402① 420①

機関設計

公開会社である大会社	監査役会 会計監査人	328①
・監査等委員会設置会社および指名委員会等設置会社は、監査役を置くことができない。		327④
株式譲渡制限会社である大会社	監査役会 会計監査人	328②

会社は、公開会社であるか否か、または大会社であるか否かの区分に応じ、株主総会以外の機関として、次の機関設計のいずれかを採用することができる（会社327・328参照、平18・3・31民商782第2部第3・1）。

Q196〔機関設計〕
株式会社の機関設計には、どのようなものがあるか

(1)	株式譲渡制限会社（大会社を除く）
①	取締役
②	取締役＋監査役（監査役の監査の範囲を会計に関するものに限定できる）
③	取締役＋監査役＋会計監査人
④	取締役会＋会計参与（＋特別取締役）
⑤	取締役会＋監査役（監査役の監査の範囲を会計に関するものに限定できる）（＋特別取締役）
⑥	取締役会＋監査役＋監査役会（＋特別取締役）
⑦	取締役会＋監査役＋会計監査人（＋特別取締役）
⑧	取締役会＋監査役＋監査役会＋会計監査人（＋特別取締役）
⑨	取締役会＋指名委員会等＋会計監査人
⑩	取締役会＋監査等委員会＋会計監査人（＋特別取締役（注1））
(2)	公開会社（大会社を除く）
①	取締役会＋監査役（＋特別取締役）

	②	取締役会＋監査役＋監査役会（＋特別取締役）
	③	取締役会＋監査役＋会計監査人（＋特別取締役）
	④	取締役会＋監査役＋監査役会＋会計監査人（＋特別取締役）
	⑤	取締役会＋指名委員会等（注2）＋会計監査人
	⑥	取締役会＋監査等委員会＋会計監査人（＋特別取締役（注1））
(3)	株式譲渡制限会社である大会社	
	①	取締役＋監査役＋会計監査人
	②	取締役会＋監査役＋会計監査人（＋特別取締役）
	③	取締役会＋監査役＋監査役会＋会計監査人（＋特別取締役）
	④	取締役会＋指名委員会等＋会計監査人
	⑤	取締役会＋監査等委員会＋会計監査人（＋特別取締役（注1））
(4)	公開会社である大会社	
	①	取締役会＋監査役＋監査役会＋会計監査人（＋特別取締役）
	②	取締役会＋指名委員会等＋会計監査人
	③	取締役会＋監査等委員会＋会計監査人（＋特別取締役（注1））

(注1) 会社法399条の13[監査等委員会設置会社の取締役会の権限]第5項に規定する場合または同条6項の規定による定款の定めがある場合を除く。
(注2) 「指名委員会等」（指名委員会等設置会社）＝指名委員会、監査委員会および報酬委員会を置く株式会社をいう（会社2十二）。

memo.1　表の(1)④を除き、いずれであっても、定款の定めにより会計参与を置くことができる（会社326②平18・3・31民商782第2部第3・1。ただし、特例有限会社を除く（整備法17①））。表の(1)④の場合は、会計参与を置かなければならない（会社327②）。

memo.2　特別取締役→Q209。

Q197〔取締役の資格〕
取締役となることができない者

次に掲げる者は、取締役となることができない（会社331①）。
① 法人
② 成年被後見人、被保佐人、外国の法令上これらと同様に取り扱われている者
③ ㈠会社法・一般社団法人及び一般財団法人に関する法律の規定に違反し、または㈡金融商品取引法197条、197条の2第1号から10号の3まで・13号から15号まで、198条8号、199条、200条1号から12号の2まで・20号・21号、203条3項、205条1号から6号まで・19号・20号の罪、㈢民事再生法255条、256条、258条から260条まで、262条の罪、㈣外国倒産処理手続の承認援助に関する法律65条、66条、68条、69条の罪、㈤会社更生法266条、267条、269条から271条まで、273条の罪、㈥破産法265条、266条、268条から272条、274条の罪を犯し、刑に処せられ、その執行を終わり、またはその執行を受けることがなくなった日から2年を経過しない者
④ ③に掲げる法律の規定以外の法令の規定に違反し、禁錮以上の刑に処せられ、その執行を終わるまで、またはその執行を受けることがなくなるまでの者（刑の執行猶予中の者を除く）

Q198〔株主に限定〕
取締役となる者を株主に限定できるか

次のとおり（会社331②）。

株式譲渡制限会社	取締役が株主でなければならない旨を、定款で定めることができる。
公開会社	取締役が株主でなければならない旨を、定款で定めることができない。

株式会社　⑤　機　関

Q199〔取締役の選任〕 取締役を選任する機関はどこか	株主総会の決議（→Q200）によって選任する（会社329①）。監査等委員会設置会社においては、取締役の選任は、監査等委員である取締役とそれ以外の取締役とを区別してしなければならない（会社329②）。取締役（監査等委員会設置会社にあっては、監査等委員である取締役またはそれ以外の取締役）選任に関する種類株式を発行している場合は、種類株主総会が選任する（会社108①九・347）。 **memo.**　取締役は自然人に限られ、法人が取締役となることはできない（会社331①一）。
Q200〔決議方法〕 取締役の選任決議の方法	取締役を選任する株主総会の決議は、議決権を行使することができる株主の議決権の過半数（3分の1以上の割合を定款で定めた場合にあっては、その割合以上）を有する株主が出席し［定足数］、出席した当該株主の議決権の過半数（これを上回る割合を定款で定めた場合にあっては、その割合以上）をもって行わなければならない［決議要件］（会社341）。 **memo.1**　取締役の選任決議は特則普通決議（注）（会社309①）であり、定款の定めによっても、その定足数を、議決権を行使することができる株主の議決権の3分の1未満とすることはできない。 （注）　普通決議の要件については、法定の定足数要件（会社309①－「議決権を行使することができる株主の議決権の過半数を有する株主が出席し」）をはずして、「出席した株主の議決権の過半数」で決議を成立させる旨を定款で定めることが多い。しかし、役員（取締役・会計参与・監査役）の選任・解任の決議（会社341）については、定款の定めによっても、定足数を株主の議決権の3分の1未満とすることはできないとの制約がある。普通決議の定足数要件に、このような制約があるものを特則普通決議ということがある。 **memo.2**　2人以上の取締役（監査等委員会設置会社にあっては、監査等委員である取締役ま

たはそれ以外の取締役）を同一の株主総会で選任する場合には、定款に別段の定めがない限り、各株主は、会社に対し、累積投票により取締役を選任すべきことを請求することができる（会社342①）。累積投票制度は、定款で排除することができる（会社法入門404頁）。

Q201〔補欠役員〕
欠員に備えた補欠役員の選任の可否・有効期間

1 選任

役員（取締役・監査役・会計参与（監査等委員会設置会社にあっては、監査等委員である取締役もしくはそれ以外の取締役または会計参与））が欠けた場合または会社法もしくは定款で定めた役員の員数を欠くこととなるときに備えて、株主総会で補欠の役員を選任することができる（会社329③）。選任決議の要件については、通常の役員選任（→Q200）と同じである。

同一の役職につき2人以上の補欠の役員を選任するときは、当該補欠者間の優先順位を定めなければならない（会社規96②五）。

2 選任の有効期間

補欠の役員の選任に係る決議が効力を有する期間は、定款に別段の定めがある場合を除き、当該決議後最初に開催する定時株主総会の開始の時までである。ただし、株主総会（当該補欠の取締役（監査等委員会設置会社にあっては、監査等委員である取締役またはそれ以外の取締役）または監査役を会社法108条1項9号に掲げる事項についての定めに従い種類株主総会の決議によって選任する場合にあっては、当該種類株主総会）の決議によって、その期間を短縮することができる（会社規96③）。

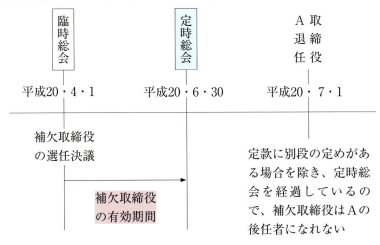

memo.1　定款で補欠役員の選任規定がなくても、補欠役員の選任をすることができる（平18・3・31民商782第2部第3・3(1)イ(ウ)）。

memo.2　補欠役員の選任決議は、原則として、決議後最初に開催する定時株主総会の開始の時まで効力を有するが、定款に別段の定めを設けることにより、その効力を有する期間を伸長することも可能である。定款による伸長期間については、特段の制限は設けられていないが、次の規律に服する（省令の解説31頁）。
①　選任決議の際に、被補欠者として特定の者を定めていた場合には、当該選任決議は、被補欠者の任期中においてのみその効力を有する。
②　補欠の役員が正規の役員に就任した場合、その者の任期は、その選任時（補欠の役員としての選任時）が起算点となる。なお、①②の詳細については「省令の解説」31頁を参照。

Q202〔解任決議〕取締役の解任決議の方法

株主総会の特則普通決議（Q200のmemo.1参照）による（会社309①・339①）。定款の定めによっても、その定足数を、議決権を行使することができる株主の議決権の3分の1未満とすることはできない（会社341）。

memo.　(1)　累積投票で選任された取締役（監査等委員である取締役を除く）を解任する場合は、株主総会の特別決議を要する（会社309②七）。
(2)　種類株主総会による場合→会社法347条参照

Q203〔員　数〕取締役は何人を置くべきか

次のとおり。

区　分	法定員数	根　拠
取締役会設置会社	3人以上	会社331⑤
非取締役会設置会社	1人以上	会社326①

【備考】　いずれの場合も、定款で法定員数以上の取締役の数を定めることができる。

次のとおり（会社332）。

Q204〔任 期〕
取締役の任期は何年か

(1) 原則	すべての株式会社（監査等委員会設置会社および指名委員会等設置会社を除く）	取締役の任期は、選任後2年以内に終了する事業年度のうち最終のものに関する定時株主総会の終結の時まで。ただし、定款または株主総会の決議によって、その任期を短縮することができる（会社332①）。
(2) 特則（一）	監査等委員会設置会社	監査等委員である取締役の任期は、選任後2年以内に終了する事業年度のうち最終のものに関する定時株主総会の終結の時まで（会社332①・③）。 　監査等委員である取締役の任期は、定款または株主総会の決議によってその任期を短縮することはできないが（会社332④）、定款で、任期満了前に退任した監査等委員である取締役の補欠取締役の任期を、退任監査等委員である取締役の任期満了時までとすることができる（会社332⑤）。
	指名委員会等設置会社	取締役の任期は、上欄中「2年」とあるのを、「1年」とする（会社332⑥）。
	株式譲渡制限会社（監査等委員会設置会社および指名委員会等設置会社を除く）	取締役の任期は、定款によって、選任後10年以内に終了する事業年度のうち最終のものに関する定時株主総会の終結の時まで伸長することができる（会社332②、→memo.）。
		(1)(2)にかかわらず、次に掲げる定款の変更をした場合には、取締役の任期は、当該定款の変更の効力が生じた時に満了する（会社332⑦）。 ① 　監査等委員会または指名委員会等を置く旨の定款の変更

取締役・代表取締役・取締役会・監査役（取締役）

(3)特則(二)	定款の変更によって任期が満了する場合	② 監査等委員会または指名委員会等を置く旨の定款の定めを廃止する定款の変更 ③ その発行する株式の全部の内容として譲渡による当該株式の取得について当該株式会社の承認を要する旨の定款の定めを廃止する定款の変更（監査等委員会設置会社および指名委員会等設置会社がするものを除く）

memo.1　取締役の任期を、選任後10年以内に終了する事業年度のうち最終のものに関する定時株主総会の終結の時までと定款で定めても、取締役のうちの特定の者を定款で明示し、その取締役についてのみ任期を別に定めることも、定款の内容が明確であれば可能と解されている（千問285頁）。

memo.2　旧商法では、最初の取締役の任期を「就任後1年内の最終の決算期に関する定時総会の終結の時迄」としていたが（旧商256②③）、会社法では、このような規定はない。

Q205〔任期の変更〕 取締役の任期を定款で変更した場合、現任取締役の任期はどうなるか	１　定款を変更して任期を伸長した場合 　　現任取締役の任期は、特別の事情がない限り伸長される（昭30・9・12民甲1886－定款の変更により当然に任期が変更される）。 ２　定款を変更して任期を短縮した場合 　　現任の取締役の任期も短縮される。定款の変更時において既に変更後の任期が満了しているときは、当該取締役は退任することとなる（昭35・8・16民四146）。 memo.　定時株主総会において取締役の任期を伸長する決議がされた場合、当該総会の終結をもって任期が満了する取締役についても、特段の事情（任期を伸長される取締役から反対の意思表示がされるなど）のない限り、任期が伸長される（商業登記実務Ｑ＆Ａ6頁）。
Q206〔任期の起算点〕 取締役の任期の起算点はいつか	(1)　取締役の任期は、就任日ではなく、選任日を起算点とする（会社332①参照）。補欠の取締役の任期についても、就任日ではなく、選任日が起算点となる（平18・3・31民商782第2部第3・3ウ（ア））。

(2) 取締役と会社との関係は、委任に関する規定に従う（会社330）。したがって、就任の承諾をした時に取締役としての地位を取得するから、就任承諾の日が登記の登記原因日付となる（千問286頁）。

Q207〔社外取締役〕
社外取締役とは、どのような者をいうのか

(1) 社外取締役とは株式会社の取締役であって、次に掲げる要件のいずれにも該当する者をいう（会社2十五）。
① 当該会社またはその子会社（→memo.1）の業務執行取締役（→memo.2）もしくは執行役または支配人その他の使用人（以下「業務執行取締役等」という）でなく、かつ、その就任の前10年間当該会社またはその子会社の業務執行取締役等であったことがないこと。
② その就任の前10年内のいずれかの時において当該会社またはその子会社の取締役、会計参与（会計参与が法人であるときは、その職務を行うべき社員）または監査役であったことがある者（業務執行取締役等であったことがあるものを除く）にあっては、当該取締役、会計参与または監査役への就任の前10年間当該会社またはその子会社の業務執行取締役等であったことがないこと。
③ 当該会社の親会社等（自然人であるものに限る）または親会社等の取締役もしくは執行役もしくは支配人その他の使用人でないこと。
④ 当該会社の親会社等の子会社等（当該会社およびその子会社を除く）の業務執行取締役等でないこと。
⑤ 当該会社の取締役もしくは執行役もしくは支配人その他の重要な使用人または親会社等（自然人である者に限る）の配偶者または2親等内の親族でないこと。

＜経過措置＞
会社法附則（平26法律90）4条。
(2) 非取締役会設置会社であっても、社外取締役は置くことができる（千問294頁）。
(3) 使用人兼務取締役は、その会社の使用人に該当するから社外取締役となることはできない（千問291頁）。
(4) 取締役会設置会社において、取締役会が特別取締役に、①重要な財産の処分・譲受け（会社362④一）、②多額の借財（会社362④二）についての決定をさせるためには、社外取締役の選任が要件である（会社373①二。→Q209）。

株式会社　⑤　機　関

memo.1　子会社とは、会社がその総株主の議決権の過半数を有する株式会社その他の当該会社がその経営を支配している法人として法務省令（会社規3①）で定めるものをいう（会社2三）。
memo.2　業務執行取締役とは、①代表取締役（会社349④⑤）、②代表取締役以外の取締役であって、取締役会の決議によって一定の業務執行事項につき決定・行為を委任された者（会社363①二）、または③代表取締役から一部の行為を委任される等により会社の業務を執行したその他の取締役をいう（会社2十五イ、江頭・会社法379頁）。

Q208〔社外取締役の設置義務〕
社外取締役を設置する義務があるのは、どのような会社か

次の会社である。
①　特別取締役を定める会社
　　特別取締役による取締役会の決議の定めをする場合には、1人以上の社外取締役を置かなければならない（会社373①）。
②　監査等委員会設置会社
　　監査等委員である取締役は3人以上置かなければならないが、その過半数は、社外取締役でなければならない（会社331⑥）。
③　指名委員会等設置会社
　　取締役3人以上で組織する各委員会（三委員会）の委員の過半数は、社外取締役でなければならない（会社400③）。

memo.　＜社外取締役を置いていない場合の理由の開示＞
事業年度の末日において監査役会設置会社（公開会社であり、かつ、大会社であるものに限る）であって金融商品取引法24条1項の規定によりその発行する株式について有価証券報告書を内閣総理大臣に提出しなければならないものが社外取締役を置いていない場合には、取締役は、当該事業年度に関する定時株主総会において、社外取締役を置くことが相当でない理由を説明しなければならない（会社327の2、会社規74の2・124②③参照）。

Q209〔特別取締役〕
特別取締役とはどのような制度か

(1)　制度の趣旨
　　取締役会を構成する取締役の一部を特別取締役として選定しておき、取締役会で決議する(2)の事項については、特別取締役のみで決議することができ、それを取締役会の決議とすることを認める制度である（会社373①）。迅速な意思決定を目的とする。
(2)　特別取締役として決議できる要件等
　①　取締役会設置会社であること（指名委員会等設置会社を除く）。

取締役・代表取締役・取締役会・監査役（取締役）

② 次の要件のいずれにも該当すること。
　　㋐ 取締役の数（取締役総数）が6人以上であること。
　　㋑ 取締役のうち1人以上が社外取締役であること。
　　　　特別取締役は社外取締役であることを要しない。
(3) 特別取締役が取締役会で決議できる事項
　① 重要な財産の処分および譲受け（会社362④一・399の13④一）
　② 多額の借財（会社362④二・399の13④二）
(4) 決議の方法等
　① 決議の方法
　　　取締役会は、あらかじめ選定した3人以上の特別取締役のうち、議決に加わることができるものの過半数（これを上回る割合を取締役会で定めた場合にあっては、その割合以上）が出席し、その過半数（これを上回る割合を取締役会で定めた場合にあっては、その割合以上）をもって行うことができる旨を定めることができる（会社373①）。
　　　特別取締役が(3)の事項を決議する取締役会には、特別取締役以外の取締役は出席することを要しない（会社373②前段）。
　② 監査等委員会設置会社の場合
　　　監査等委員会設置会社は、次のいずれかの場合には特別取締役による取締役会での決議の定めを設けることができない（会社373括弧書）。
　　㋐ 取締役の過半数が社外取締役である場合（会社399の13⑤柱書）。
　　㋑ 取締役会の決議によって重要な業務執行（会社法399条の13第5項各号に掲げる事項を除く）の決定の全部または一部を取締役に委任することができる旨を定款で定めている場合（会社399の13⑥）。
(5) 特別取締役の登記
→Q238
memo． 取締役の全員の同意による取締役会の決議の省略の規定（会社370）は、特別取締役の決議により決定すべき事項を決定する取締役会については、適用されない（会社373④）。

次のとおり（会社356①・365①）。

Q210〔利益相反取引〕
取締役の行為が利益相反取引となる場合の承認機関

承認機関	非取締役会設置会社	株主総会の普通決議（会社309①・356①）
	取締役会設置会社	取締役会の決議（会社365①）

利益相反取引	①　取締役が自己または第三者のために会社の事業の部類に属する取引をしようとするとき ②　取締役が自己または第三者のために会社と取引をしようとするとき ③　会社が取締役の債務を保証することその他取締役以外の者との間において会社と当該取締役との利益が相反する取引をしようとするとき

Q211〔取締役の権限〕
取締役は、どのような権限を有するか

次のとおり。

(1)　非取締役会設置会社の取締役（会社348）

①　取締役が1人の場合
　　定款に別段の定めがない限り、取締役が包括的な業務執行権を有する（会社348①）（→memo.）。

②　取締役が2人以上ある場合
　　定款に別段の定めがない限り、業務は取締役の過半数をもって決定する（会社348②）（→memo.）。

③　②の場合には、取締役は、次に掲げる事項についての決定を各取締役に委任することができない（会社348③）。
　　㋑　支配人の選任、解任
　　㋺　支店の設置、移転、廃止
　　㋩　会社法298条1項各号（株主総会の招集事項）（325条（種類株主総会の招集事項）において準用する場合を含む）に掲げる事項
　　㋥　取締役の職務の執行が法令および定款に適合することを確保するための体制その他会社の業務ならびに当該株式会社およびその子会社から成る企業集団の業務の適正を確保するために必要なものとして法務省令（会社規98）で定める体制の整備

ホ　会社法426条1項の規定による定款の定めに基づく423条1項の責任〔役員等の会社に対する損害賠償責任〕の免除

④　大会社においては、取締役は、③ニの事項を決定しなければならない（会社348④）。

(2) 取締役会設置会社の取締役（会社363①）

次に掲げる取締役は、取締役会設置会社の業務を執行する。
① 　代表取締役
② 　代表取締役以外の取締役であって、取締役会の決議によって取締役会設置会社の業務を執行する取締役として選定されたもの

memo．　非取締役会設置会社の株主総会は、法令・定款に定められた事項に限り決議できるという制限がなく、強行規定または株式会社の本質に反しない限り、会社の組織・運営・管理その他会社に関する一切の事項につき決議ができる（会社295①、江頭・会社法316頁）。

Q212〔執行役・執行役員〕
執行役・執行役員とは、どのような役職か

(1)　執行役
　執行役は執行役員とは異なるものであり、指名委員会等設置会社においては会社の機関として、取締役会の決議により1人または2人以上の執行役が選任される（会社402①②）。執行役の氏名は会社の登記事項である（会社911③二十三）。

(2)　執行役員
　会社法上は会社の機関ではなく、一種の重要な使用人（会社362④三）であり、会社との関係は雇用契約と解されるが、委任契約も全くできないわけではない。執行役員の氏名は、会社の登記事項となっていない。
　執行役員は、一般的には上場会社において、取締役の員数減少のため、経営決定の機動性が欠けることの防止のため、または特定部署の最高責任者として業務を遂行させるために置かれることがある。

Q213〔会社の代表〕
株式会社を代表する取締役はだれか

1 非取締役会設置会社の場合
　(1) 原　則
　　(イ) 取締役は会社を代表する。取締役が2人以上ある場合には、各取締役が会社を代表する（会社349①本文・②）。
　　　非取締役会設置会社にあっては、定款による代表取締役の定めまたは定款の定めに基づく取締役の互選により代表取締役を選任する旨の規定がない限り、株主総会の決議によって、取締役の中から代表取締役を定めることができるが、特に代表取締役を選任しなかった場合には、取締役全員が代表取締役である。
　　(ロ) ただし、他に代表取締役その他株式会社を代表する者を定めた場合は、この限りでない（会社349①ただし書）（→memo.）。
　(2) 代表取締役の選定
　　　定款、定款の定めに基づく取締役の互選、または株主総会の決議（会社309①〜普通決議）によって、取締役の中から代表取締役を定めることができる（会社349③）。
　(3) 登　記
　　　取締役（監査等委員会設置会社の取締役を除く）が各自会社を代表するときは、各取締役の氏名、代表取締役の氏名、住所、就任年月日の登記をする（会社911③十三・十四、平18・3・31民商782第2部第3・3(2)ア(ア)）。
【商業登記記録例】

役員に関する事項	取締役　　甲　野　太　郎	平成○年○月○日就任
		平成○年○月○日登記
	東京都新宿区新宿三丁目1番1号 代表取締役　　甲　野　太　郎	平成○年○月○日就任
		平成○年○月○日登記

【備考】　本例は、非取締役会設置会社の取締役が1人の場合の例である（平18商業登記記録例第4節第1・1(1)参照）。

2 取締役会設置会社の場合
　(1) 代表取締役の選定
　　　取締役会は、取締役の中から代表取締役を選定しなければならない（会社362③）。

(2) 登　記
　　取締役（監査等委員会設置会社の取締役を除く）の氏名、代表取締役については氏名、住所、就任年月日の登記をする（会社911③十三・十四）。

memo. 「他に代表取締役その他株式会社を代表する者を定めた場合」とは、(1)株式会社が会社を代表する者を定めた場合のみならず、(2)裁判所等が会社を代表する者を定めた場合を含む。具体的には、次の場合がこれに該当する。
① 非取締役会設置会社において、定款、定款の定めに基づく取締役の互選、または株主総会の決議によって、取締役の中から代表取締役を定めた場合（会社349③、後掲②）。
② 取締役会設置会社において、代表取締役を選定した場合（会社362②三・③）。
③ 指名委員会等設置会社において、代表執行役を選定した場合（会社420①）。
④ 裁判所が、代表取締役に欠員が生じた場合において「一時代表取締役の職務を行うべき者」（会社351②）、または民事保全法56条に基づき「代表取締役の職務を代行する者」を定めた場合（会社352①）。

Q214〔代表取締役の欠員〕
代表取締役が欠けた場合には、他の取締役が代表取締役となるか

(1) 代表取締役が欠けた場合、または定款で定めた代表取締役の員数が欠けた場合には、任期満了または辞任により退任した代表取締役は、新たに選定された代表取締役（(2)の一時代表取締役の職務を行うべき者を含む）が就任するまで、なお代表取締役としての権利義務を有する（会社351①）。
(2) (1)の場合において、裁判所は、必要があると認めるときは、利害関係人の申立てにより、一時代表取締役の職務を行うべき者を選任することができる（会社351②）。

memo. 取締役が2名の非取締役会設置会社において、うち1名を代表取締役と定めた場合には、会社法349条1項ただし書の「他に代表取締役その他株式会社を代表する者を定めた場合」に該当するので、代表取締役が欠けることとなった場合でも、他の取締役は代表取締役とならない（千問309頁）。

取締役・代表取締役・取締役会・監査役（取締役会）

Q215〔取締役会の権限〕 取締役会は、どのような権限を有するか	(1) 取締役会は、次に掲げる職務を行う（会社362②）。 ① 取締役会設置会社の業務執行の決定 ② 取締役の職務の執行の監督 ③ 代表取締役の選定および解職 (2) 取締役会は、次の事項その他の重要な業務執行の決定を取締役に委任することができない（会社362④）。 ① 重要な財産の処分および譲受け ② 多額の借財 ③ 支配人その他の重要な使用人の選任および解任 ④ 支店その他の重要な組織の設置、変更および廃止 ⑤ 会社法676条1号に掲げる事項［募集社債の総額］その他の社債を引き受ける者の募集に関する重要な事項として法務省令（会社規99）で定める事項 ⑥ 取締役の職務の執行が法令および定款に適合することを確保するための体制その他会社の業務ならびに当該会社およびその子会社から成る企業集団の業務の適正を確保するために必要なものとして法務省令（会社規100）で定める体制の整備 ⑦ 会社法426条1項の規定による定款の定めに基づく423条1項の責任［役員等の会社に対する損害賠償責任］の免除 (3) 大会社である取締役会設置会社においては、取締役会は、(2)⑥に掲げる事項を決定しなければならない（会社362⑤）。
Q216〔監査役の出席〕 監査役は取締役会に出席することができるか	次のように区分できる。

業務監査権および会計監査権を有する監査役	① 取締役会への出席義務：監査役は、取締役会に出席し、必要があると認めるときは、意見を述べなければならない。ただし、監査役が2人以上ある場合において、特別取締役による議決の定め（会社373①）があるときは、出席する監査役を定めることができる（会社383①）。 ② 取締役会議事録：取締役会に出席した監査役は、取締役会議事録に署名（記名押印・電子署名）義務あり（会社369③④）。
会計監査権のみを有する監査役	① 取締役会への出席義務なし（会社389⑦）。 ② 取締役会に出席した監査役は、取締役会議事録に署名（記名押印・電子署名）義務あり（会社389⑦は、369③④の適用を排除していない）。

memo. 監査役の監査の範囲を会計に関するものに限定する旨の定款の定めがある会社は、その旨を登記しなければならない（会社911③十七イ）。→Q231

(1) 取締役会の決議は、議決に加わることができる取締役の過半数（これを上回る割合を定款で定めた場合にあっては、その割合以上）が出席し、その過半数（これを上回る割合を定款で定めた場合にあっては、その割合以上）をもって行う（会社369①）。
(2) (1)の決議について特別の利害関係を有する取締役は、議決に加わることができない（会社369②）。

Q217〔取締役会の決議〕
取締役会の決議の要件

(1) 取締役会の議事については、法務省令（会社規101、→memo.）で定めるところにより、議事録を作成し、議事録が書面をもって作成されているときは、出席した取締役および監査役は、これに署名し、または記名押印しなければならない（会社369③）。
(2) 取締役会議事録が電磁的記録をもって作成されている場合における当該電磁的記録に記録された事項については、電子署名をしなければならない（会社369③、会社規225）。

Q218〔取締役会議事録〕
取締役会議事録の作成義務があるか

(3) 取締役会の決議に参加した取締役であって取締役会議事録に異議をとどめないものは、その決議に賛成したものと推定される（会社369⑤。株主総会議事録については、このような推定規定はない（会社318①参照））。

memo.＜会社法施行規則101条3項・4項＞

3 取締役会の議事録は、次に掲げる事項を内容とするものでなければならない。
一 取締役会が開催された日時及び場所（当該場所に存しない取締役（監査等委員会設置会社にあっては、監査等委員である取締役又はそれ以外の取締役）、執行役、会計参与、監査役、会計監査人又は株主が取締役会に出席をした場合における当該出席の方法を含む。）
二 取締役会が法第373条第2項［特別取締役］の取締役会であるときは、その旨
三 取締役会が次に掲げるいずれかのものに該当するときは、その旨
　イ 法第366条第2項［招集権者以外の取締役による取締役会の招集請求］の規定による取締役の請求を受けて招集されたもの
　ロ 法第366条第3項［招集権者以外の取締役による取締役会の招集］の規定により取締役が招集したもの
　ハ 法第367条第1項［株主による取締役会の招集請求］の規定による株主の請求を受けて招集されたもの
　ニ 法第367条第3項［株主による取締役会の招集］において準用する法第366条第3項の規定により株主が招集したもの
　ホ 法第383条第2項［監査役による取締役会の招集請求］の規定による監査役の請求を受けて招集されたもの
　ヘ 法第383条第3項［監査役による取締役会の招集］の規定により監査役が招集したもの
　ト 法第399条の14［監査等委員会による取締役会の招集］の規定により監査等委員会が選定した監査等委員が招集したもの
　チ 法第417条第1項［指名委員会等による取締役会の招集］の規定により指名委員会等の委員の中から選定された者が招集したもの
　リ 法第417条第2項前段［執行役による取締役会の招集請求］規定による執行役の請求を受けて招集されたもの
　ヌ 法第417条第2項後段［執行役による取締役会の招集］の規定により執行役が招集したもの
四 取締役会の議事の経過の要領及びその結果
五 決議を要する事項について特別の利害関係を有する取締役があるときは、当該取締役の氏名
六 次に掲げる規定により取締役会において述べられた意見又は発言があるときは、その意見又は発言の内容の概要

イ　法第365条第2項［競業・利益相反］（法第419条第2項［執行役］において準用する場合を含む）
　　ロ　法第367条第4項［株主の取締役会での意見］
　　ハ　法第376条第1項［会計参与の取締役会での意見］
　　ニ　法第382条［監査役の取締役・取締役会への報告］
　　ホ　法第383条第1項［監査役の取締役会での意見］
　　ヘ　法第399条の4［監査等委員の取締役会への報告］
　　ト　法第406条［監査委員の取締役会への報告］
　七　取締役会に出席した執行役、会計参与、会計監査人又は株主の氏名又は名称
　八　取締役会の議長が存するときは、議長の氏名
4　次の各号に掲げる場合には、取締役会の議事録は、当該各号に定める事項を内容とするものとする。
　一　法第370条［取締役全員の同意による取締役会決議の省略］の規定により取締役会の決議があったものとみなされた場合　次に掲げる事項
　　イ　取締役会の決議があったものとみなされた事項の内容
　　ロ　イの事項の提案をした取締役の氏名
　　ハ　取締役会の決議があったものとみなされた日
　　ニ　議事録の作成に係る職務を行った取締役の氏名
　二　法第372条第1項［取締役会への報告の省略］（同条第3項の規定により読み替えて適用する場合を含む）の規定により取締役会への報告を要しないものとされた場合　次に掲げる事項
　　イ　取締役会への報告を要しないものとされた事項の内容
　　ロ　取締役会への報告を要しないものとされた日
　　ハ　議事録の作成に係る職務を行った取締役の氏名

取締役・代表取締役・取締役会・監査役（監査役）

Q219〔監査役の資格〕 監査役となることができない者	次に掲げる者は、監査役となることができない（会社335①）。 ① 法人 ② 成年被後見人、被保佐人、外国の法令上これらと同様に取り扱われている者 ③ 会社法、一般社団法人及び一般財団法人に関する法律、金融商品取引法、民事再生法、外国倒産処理手続の承認援助に関する法律、会社更生法、破産法上の罪を犯し、刑に処せられた者等→詳細は **Q197**。 ④ ③に掲げる法律の規定以外の法令の規定に違反し、禁錮以上の刑に処せられ、その執行を終わるまで、またはその執行を受けることがなくなるまでの者（刑の執行猶予中の者を除く）	
Q220〔株主に限定〕 監査役となる者を株主に限定することができるか	次のとおり（会社335①）。	
	株式譲渡制限会社	監査役が株主でなければならない旨を、定款で定めることができる。
	公開会社	監査役が株主でなければならない旨を、定款で定めることができない。
Q221〔監査役の選任〕 監査役を選任する機関はどこか	株主総会の決議（→**Q222**）によって選任する（会社329①）。監査役選任に関する種類株式を発行している場合は、種類株主総会が選任する（会社108①九・347）。 **memo.** 監査役は自然人に限られ、法人が監査役となることはできない（会社335①・331①一）。	

1　決議の方法 　　監査役を選任する株主総会の決議は、議決権を行使することができる株主の議決権の過半数（3分の1以上の割合を定款で定めた場合にあっては、その割合以上）を有する株主が出席し［定足数］、出席した当該株主の議決権の過半数（これを上回る割合を定款で定めた場合にあっては、その割合以上）をもって行なわなければならない［決議要件］（会社341）。 2　監査役の同意 　　取締役は、監査役がある場合において、監査役の選任に関する議案を株主総会に提出するには、監査役（監査役が2人以上ある場合にはその過半数、監査役会設置会社である場合には監査役会）の同意を得なければならない（会社343①）。 memo.1　監査役設置会社である旨は、定款の記載事項（会社326②）。監査役設置会社（監査役の監査の範囲を会計に関するものに限定する旨の定款の定めがある株式会社を含む）であるときは、その旨、監査役の監査の範囲を会計に関するものに限定する旨の定款の定めがある株式会社であるときは、その旨および監査役の氏名は登記すべき事項である（会社911③十七）。 memo.2　監査役の選任決議は普通決議（会社309①）であるが、定款の定めによっても、その定足数を、議決権を行使することができる株主の議決権の3分の1未満とすることはできない。 memo.3　監査役の選任については、累積投票の制度はない（会社342参照）。	**Q222〔決議方法〕** 　監査役の選任決議の方法
→Q201、会社法329条3項。	**Q223〔補欠監査役〕** 　欠員に備えた補欠監査役の選任の可否・有効期間
株主総会の特別決議による。特別決議は、当該株主総会において議決権を行使することができる株主の議決権の過半数（3分の1以上の割合	**Q224〔解任決議〕** 　監査役の解任決議の方法

を定款で定めた場合にあっては、その割合以上）を有する株主が出席し、出席した当該株主の議決権の3分の2（これを上回る割合を定款で定めた場合にあっては、その割合）以上に当たる多数をもって行わなければならない。この場合においては、当該決議の要件に加えて、一定の数以上の株主の賛成を要する旨その他の要件を定款で定めることを妨げない（会社309②七）。

memo. 種類株主総会による場合→会社法347条参照。

Q225〔員　数〕
監査役は何人を置くべきか

次のとおり。

区　分	法定員数	根　拠　等
監査役設置会社	1人以上	会社326②参照
監査役会設置会社	3人以上 （半数以上は社外監査役でなければならない）	会社335③ 社外監査役→Q229

【備考】　いずれの場合も、定款で法定員数以上の監査役の数を定めることができる。

Q226〔任　期〕
監査役の任期は何年か

次のとおり（会社336）。

(1)原則	すべての株式会社	監査役の任期は、選任後4年以内に終了する事業年度のうち最終のものに関する定時株主総会の終結の時まで。 定款によって、任期の満了前に退任した監査役の補欠として選任された監査役の任期を、退任した監査役の任期の満了する時までとすることができる（会社336③）。

(2) 特則(一)	株式譲渡制限会社	監査役の任期は、定款によって、選任後10年以内に終了する事業年度のうち最終のものに関する定時株主総会の終結の時まで伸長することができる（会社336②）。
(3) 特則(二)	定款の変更によって任期が満了する場合	(1)(2)にかかわらず、次に掲げる定款の変更をした場合には、監査役の任期は、当該定款の変更の効力が生じた時に満了する（会社336④）。 ① 監査役を置く旨の定款の定めを廃止する定款の変更 ② 監査等委員会または指名委員会等を置く旨の定款の変更 ③ 監査役の監査の範囲を会計に関するものに限定する旨の定款の定めを廃止する定款の変更 ④ その発行する全部の株式の内容として譲渡による当該株式の取得について当該株式会社の承認を要する旨の定款の定めを廃止する定款の変更

memo.　旧商法では、最初の監査役の任期を「就任後1年内ノ最終ノ決算期ニ関スル定時総会ノ終結ノ時迄」としていたが（旧商273②③）、会社法では、このような規定はない。

Q206を参照。	**Q227〔任期の起算点〕** 監査役の任期の起算点はいつか
① 監査役は、会社の取締役・支配人その他の使用人、または子会社の取締役・支配人その他の使用人・執行役を兼ねることができない（会社335②）。 ② 監査役は、会社または子会社の会計参与（会計参与が法人であるときは、その職務を行うべき社員）を兼ねることができない（会社333②③・335②）。 memo.1　子会社→Q207のmemo.1。	**Q228〔兼任禁止〕** 監査役の兼任が禁止されるのはどのような場合か

取締役・代表取締役・取締役会・監査役（監査役）		memo.2　(1)　取締役・支配人その他の使用人は、監査役の監査を受ける側であるから、これらの者と監査役を兼任することはできない。 (2)　会計参与と取締役とが共同して作成した計算書類等は監査役の監査を受けるので（会社374①・381②）、監査役と会計参与とを兼任することはできない。
	Q229〔社外監査役〕 社外監査役とは、どのような者をいうのか	社外監査役とは、その会社の監査役であって、次に掲げる要件のいずれにも該当するものをいう（会社2十六）。 ①　その就任の前10年間当該会社またはその子会社の取締役、会計参与（会計参与が法人であるときは、その職務を行うべき社員）もしくは執行役または支配人その他の使用人であったことがないこと。 ②　その就任の前10年内のいずれかの時において当該会社またはその子会社の監査役であったことがある者にあっては、当該監査役への就任の前10年間当該会社またはその子会社の取締役、会計参与もしくは執行役または支配人その他の使用人であったことがないこと。 ③　当該会社の親会社等（自然人であるものに限る）または親会社等の取締役、監査役もしくは執行役もしくは支配人その他の使用人でないこと。 ④　当該会社の親会社等の子会社等（当該会社およびその子会社を除く）の業務執行取締役等でないこと。 ⑤　当該会社の取締役もしくは支配人その他の重要な使用人または親会社等（自然人であるものに限る）の配偶者または二親等内の親族でないこと。 ＜経過措置＞ 　会社法附則（平26年法律90）4条。 memo.　監査役会設置会社においては、監査役は、3人以上で、そのうち半数以上は、社外監査役でなければならない（会社335③）。

次のとおり。

Q230〔監査役の権限〕
監査役は、どのような権限を有するか

区　分	権　限　等
原　則 （→memo.1）	①　業務監査権 　　取締役（会計参与設置会社にあっては、取締役および会計参与）の職務執行を監査する（会社381①）。 ②　会計監査権 　　各事業年度に係る計算書類・事業報告・これらの附属明細書を監査する（会社436①）。
株式譲渡制限会社 （→memo.2）	監査役の監査の範囲を会計に関するものに限定する旨を、定款で定めることができる（会社389①）。
整備法施行時の小会社	①　整備法施行時に小会社で株式譲渡制限会社であった会社の定款には、監査役の権限を会計監査権に限定する旨の定めがあるものとみなされる（整備53）。 ②　整備法施行時の小会社が公開会社であった場合には、監査役は業務監査権・会計監査権を有する（→memo.）。
特例有限会社	監査役を置く旨の定めがある特例有限会社の定款には、監査役の権限を会計監査権に限定する旨の定めがあるものとみなされる（整備24）。

memo.1　監査役が①と②の権限を有する会社を、「監査役設置会社」という（会社2九）。
memo.2　監査の範囲を会計に関するものに限定された監査役を置く会社であっても登記記録上は「監査役設置会社」として登記される（会社911③十七）。
memo.3　公開会社では監査役の監査の範囲を限定することができないので（会社389）、定款に監査役の権限を会計監査権に限定する旨の定めがあるものとみなすことができず、整備法の施行日に、従来の監査役は、任期満了により退任することとなる（会社336④三参照、平18・3・31民商782第8部第1・1(3)）。

Q231〔監査役の監査の範囲に関する登記①〕
監査役の監査の範囲は、登記されるか

(1) 登記事項
　監査役設置会社（監査役の監査の範囲を会計に関するものに限定する旨の定款の定めがある株式会社を含む。）であるときは、次の①から③までに掲げる事項を登記しなければならない（会社911③十七）。

① 監査役設置会社である旨
② 監査役の監査の範囲を会計に関するものに限定する旨の定款の定めがある株式会社であるときは、その旨
③ 監査役の氏名

(2) 会計に関するものに限定する登記を設けた理由
(イ) 会社法2条9号では、「監査役設置会社」の定義として、監査役の監査の範囲を会計に関するものに限定する旨の定款の定めがある株式会社は含まれないとしている。他方、登記すべき事項を定めた旧会社法（「会社法の一部を改正する法律（平成26年法律90号）施行前の会社法）911条3項17号では、「監査役設置会社」には、監査役の監査の範囲を会計に関するものに限定する旨の定款の定めがある株式会社を含むとしていた。
　その結果、旧会社法下においては、監査役の監査の範囲を会計に関するものに限定する旨の定款の定めがない会社法2条9号の監査役設置会社と、当該定めがある株式会社とは、登記上、区別されていなかった。

(ロ) ところが、監査役の監査の範囲を会計に関するものに限定する旨の定款の定めがある株式会社であるか否かによって、法律の規定が異なる場合が下記例のようにあり、当該定めがあることを登記上も明らかにすることが適切であると考えられることから、平成27年改正会社法（平成26年法律90号）では、監査役の監査の範囲を会計に関するものに限定する旨の定款の定めがある株式会社であるときは、その旨を登記することとされた（会社911③十七イ）（平27・2・6民商13解説117頁）。

〔法律の規定が異なる例〕

①	監査役の監査の範囲を会計に関するものに限定する旨の定款の定めがない会社（会社法2条9号の監査役設置会社）	監査役設置会社から取締役（取締役であった者を含む。以下同じ）に対し、または取締役が監査役設置会社に対して訴えを提起する場合には、監査役が監査役設置会社を代表する（会社386①一）。
②	監査役の監査の範囲を会計に関するものに限定する旨の定款の定	上欄の会社法386条1項1号の規定は、適用されない（会社389⑦）。会社から取締役（取締役であった者を含む。以下同じ）に対し、または取締役が監

		査役設置会社に対して訴えを提起する場合には、株主総会または取締役会が定める者が、当該会社を代表する（会社353・364）。
めがある会社		

(3) 登記記録例

　監査役の監査の範囲を会計に関するものに限定する旨の登記記録例は、次のとおり（平27登記記録例　第1節第2・4(2)）。

役員に関する事項	監査役　　乙　野　次　郎	平成25年10月1日就任
		平成25年10月6日登記
	監査役の監査の範囲を会計に関するものに限定する旨の定款の定めがある	平成27年10月1日設定
		平成27年10月8日登記

(4) 経過措置

　Q232(2)参照。

memo.1　監査役の監査の範囲を会計に関するものに限定する旨の定款の定めをおくことができる会社は、①公開会社（会社2五）でない会社であって、②監査役会設置会社（会社2十）でなく、③会計監査人設置会社（会社2十一）でない会社である。
　監査役の監査の範囲を会計に関するものに限定する旨の定款の定めがある会社であっても「監査役設置会社」として登記されるが（会社911③十七）、この会社は会社法2条9号でいう「監査役設置会社」に該当しない→**Q230**参照。

memo.2　監査役の監査の範囲を会計に関するものに限定する旨の定款の定めがある会社は、取締役、会計参与、監査役、執行役、会計監査人による責任の免除に関する定款の定めをすることができない（会社426①）。会社法426条1項でいう「監査役設置会社」は、会社法2条9号の監査役設置会社であって、取締役が2人以上ある会社である。抹消については、民月70巻3号120頁・121頁、登情644号17頁参照。

(1) 旧小会社

　旧株式会社（「凡例」＜法令等略称＞④参照）が整備法の施行（平成18年5月1日）の際現に株式会社の監査等に関する商法の特例に関する法律（平成18年5月1日廃止）1条の2第2項に規定する旧小会社（→memo.）である場合における新株式会社（「凡例」＜法令等の略称＞④参照）の定款には、監査役の監査の範囲を会計に関するものに限定する旨の定めがあるものとみなされている（整

Q232〔監査役の監査の範囲に関する登記②〕
旧株式会社は、監査役の監査の範囲に関する登記をしなければならないか

備53）。

この会社（旧小会社）については、監査役の監査の範囲を会計に関するものに限定する旨の定款の定めを廃止していない限り、監査役の監査の範囲に関する登記をしなければならない（平27・2・6民商13解説118頁）。ただし、経過措置あり→(2)参照。

(2) 経過措置

平成27年改正会社法の施行（平成27年5月1日）の際現に監査役の監査の範囲を会計に関するものに限定する旨の定款の定めがある会社は、平成27年改正会社法の施行（平成27年5月1日）後最初に監査役が就任し、または退任することにより監査役に係る変更登記をする際に併せて、監査役の監査の範囲を会計に関するものに限定する旨の定款の定めがある旨の登記をすればよい（会社附則22①）。

memo. 旧小会社＝資本金の額が1億円以下または最終の貸借対照表の負債の部に計上した金額の合計額が200億円未満の株式会社をいう。

Q233〔監査の範囲限定の設定登記の添付書面〕

監査の範囲を会計に限定する旨の設定登記の添付書面は

(1) 平成27年改正会社法の施行時に会計限定の定款の定めがある場合

平成27年改正会社法の施行（平成27年5月1日）の際現に監査役の監査の範囲を会計に関するものに限定する旨の定款の定めがある会社がする当該定めの設定による登記の申請書には、定款または当該定めの設定の決議をした株主総会議事録、株主リストを添付しなければならない（商登46②、商登規61③）。

(2) 会計限定の定款の定めを決議した場合

監査役の監査の範囲を会計に関するものに限定する旨の定めを設定する登記の申請書には、当該設定の定めを決議した株主総会議事録、株主リストを添付しなければならない（商登46②、商登規61③）。

memo. 監査役の監査の範囲を会計に関するものに限定する旨を定款に定めるためには、株主総会の特別決議を要する（会社466・309②十一）。

整備法53条の規定により、旧小会社（→memo.）である場合における新株式会社の定款には、監査役の監査の範囲を会計に関するものに限定する旨の定めがあるものとみなされるから、監査役の監査の範囲を会計に関するものに限定する旨の定款の変更を株主総会で決議していないため株主総会議事録を添付することができない。

Q234〔監査の範囲限定の議事録を添付できない場合〕
整備法の規定により旧小会社として監査範囲を会計限定とされた場合の株主総会議事録の取扱いは

この場合には、次のような代表者の作成に係る書面を提出する（平27・2・6民商13解説126頁）。

監査役の監査の範囲を会計に関するものに限定する旨の
定款の定めがあることを証する書面

　当会社は、平成18年5月1日当時、現に資本の額が1億円以下であり、最終の貸借対照表の負債の部に計上した金額の合計額が200億円未満である株式会社であったことから〔筆者注：旧小会社であることを示している〕、会社法の施行に伴う関係法律の整備等に関する法律（平成17年法律第87号）第53条の規定により、監査役の監査の範囲を会計に関するものに限定する旨の定款の定めがあるとみなされており、その後現在に至るまで当該定款の定めの設定又は廃止に係る株主総会の決議をしておらず、当該みなされた事項を定款に反映していないため、定款又は株主総会の議事録を添付することができませんが、当会社は当該定款の定めがあるとみなされた株式会社であることを証明します。

　平成〇〇年〇〇月〇〇日
　　　　　　　　　　　　　〇県〇市〇町〇丁目〇番〇号
　　　　　　　　　　　　　　株式会社〇〇
　　　　　　　　　　　　　　　代表取締役　〇〇〇〇　㊞

（注）　登記所への届出印によって押印する。

memo.　旧小会社＝資本金の額が1億円以下または最終の貸借対照表の負債の部に計上した金額の合計額が200億円未満の株式会社をいう。

Q216参照。

Q235〔取締役会への出席〕
監査役は取締役会に出席することができるか

Q236〔役員就任登記の添付書面〕

取締役・代表取締役・監査役の就任による変更登記の添付書面

1 取締役会設置会社の役員の就任登記の添付書面

取締役会設置会社で監査役設置会社における取締役、代表取締役および監査役の就任による変更登記には、次の書面を添付する（監査役を置かない場合は、監査役についての記述が不要）。

① 株主総会議事録（商登46②）

取締役、監査役を選任した株主総会議事録（種類株主総会で選任した場合は当該議事録）、株主リストを添付する。取締役会設置会社における株主総会議事録については、議長・出席取締役・出席監査役の署名（記名押印）義務はない（会社318①参照、商登規61③）。

② 取締役会議事録・印鑑証明書（商登46②）

代表取締役を選定した取締役会議事録を添付する。取締役会設置会社においては、出席した取締役および監査役が取締役会議事録に市区町村長の作成した印鑑証明書の印鑑を押し、この印鑑証明書を添付しなければならない（商登規61⑥三）。ただし、取締役会議事録に代表取締役が押した印鑑が、変更前の代表取締役が登記所に提出している印鑑と同一であるときは、印鑑証明書の添付を要しない（商登規61⑥ただし書）。

③ 取締役・監査役が就任を承諾したことを証する書面（商登54①）

(イ) この就任承諾書には、印鑑証明書の添付を要しない（商登規61⑤参照）。

(ロ) 取締役、監査役の本人確認証明書の添付を要する登記の申請をする場合（④(イ)）において、株主総会の席上で被選任者が就任を承諾した旨が記載されているとともに、当該取締役、監査役の氏名および住所が記載された株主総会議事録が添付されているときは、当該取締役、監査役の就任承諾書に代わるものとすることができる（平27・2・20民商18）。

④ 就任者の本人確認証明書（商登規61⑦）

(イ) 就任者の本人確認証明書の添付

原則として、取締役・監査役の就任（再任を除く）による変更の登記の申請書には、取締役、監査役がその就任承諾書に記載した氏名および住所と同一の氏名および住所が記載されている市区町村長その他の公務員が職務上作成した証明書（当該取締役、監査役が原本と相違がない旨を記載した謄本を含む。以下「本人確認証明書」という）を添付しなければならない。

ただし、商業登記規則61条4項・5項［代表取締役の就任承諾書には印鑑証明書の印を押し、印鑑証明書を添付。再任の場合を除く］または6項［代表取締役を選任した取締役会議事録には出席した取締役、監査役の印鑑証

明書の印を押し、それらの者の印鑑証明書を添付。変更前の代表取締役が登記所提出印を押している場合を除く］の規定により、当該取締役、監査役の印鑑につき印鑑証明書が添付されている場合には、本人確認証明書の添付を要しない。
　　（ロ）　本人確認証明書の例
　　　　　　Q45参照。
⑤　代表取締役が就任を承諾したことを証する書面・印鑑証明書（商登54①、商登規61⑤）
　　取締役会設置会社においては、代表取締役の再任の場合を除き、代表取締役の就任承諾書の印鑑につき、市区町村長の作成した印鑑証明書を添付しなければならない。ただし、取締役会議事録に代表取締役に選定された者が就任を承諾した旨の記載があり、当該代表取締役の印鑑証明書の印鑑が押印されている場合には、就任を承諾したことを証する書面の添付を省略できる。
⑥　委任状（商登18）
【備考】　代表取締役の印鑑届書：代表取締役が変更した場合（再任を除く）に提出する（商登規9⑤一）。

2　非取締役会設置会社の役員の就任登記の添付書面
　　非取締役会設置会社における取締役、代表取締役および監査役の就任による変更登記の添付書面は次のとおりである。
①　株主総会議事録・定款・互選書
　　（イ）　株主総会議事録等（商登46②、商登規61③）
　　　　取締役、代表取締役、監査役を定めた株主総会議事録（取締役・監査役を種類株主総会で定めた場合は当該議事録）、株主リストを添付する。
　　（ロ）　定款によって代表取締役を定めたときは、定款またはその変更に係る株主総会議事録、株主リスト（商登規61①③、商登46②）
　　（ハ）　定款の定めに基づく取締役の互選によって代表取締役を定めたときは、定款およびその互選を証する書面（商登規61①、商登46①）
②　代表取締役の選任を証する書面に係る印鑑証明書（商登規61⑥一・二）
　　次に掲げる印鑑につき、当該印鑑と変更前の代表取締役が登記所に提出している印鑑とが同一である場合を除き、市区町村長の作成した証明書を添付しなければならない。
　　（イ）　取締役が各自会社を代表するときは、取締役を選任した株主総会議事録または種類株主総会議事録に、議長および出席取締役が押印した印鑑
　　（ロ）　定款の定めに基づく取締役の互選によって取締役の中から代表取締役を定めたときは、その互選を証する書面に、取締役が押印した印鑑
　　（ハ）　株主総会の決議によって取締役の中から代表取締役を定めたときは、

株主総会議事録に、議長および出席取締役が押印した印鑑
③ 取締役・監査役が就任を承諾したことを証する書面（商登54①）
　株主総会議事録に被選任者が席上就任を承諾した旨の記載があるときは、就任承諾書の添付を省略できる。
　なお、非取締役会設置会社の場合には、再任の場合を除き、取締役の就任承諾書の印鑑につき市区町村長の作成した印鑑証明書を添付しなければならない（商登規61④後段）。1③ロ参照。
④ 就任者の本人確認証明書（商登規61⑦）
　（イ）就任者の本人確認証明書の添付
　　　原則として、取締役・監査役の就任（再任を除く）による変更の登記の申請書には、取締役、監査役がその就任承諾書に記載した氏名および住所と同一の氏名および住所が記載されている市区町村長その他の公務員が職務上作成した証明書（当該取締役、監査役が原本と相違がない旨を記載した謄本を含む。以下「本人確認証明書」という）を添付しなければならない。
　　　ただし、商業登記規則61条4項［取締役の就任承諾書には印鑑証明書の印を押し、印鑑証明書を添付。再任の場合を除く］または6項［代表取締役を選任した株主総会議事録（または取締役の互選書）には出席した取締役、監査役の印鑑証明書の印を押し、それらの者の印鑑証明書を添付。変更前の代表取締役が登記所提出印を押している場合を除く］の規定により、当該取締役、監査役の印鑑につき印鑑証明書が添付されている場合には、本人確認証明書の添付を要しない。
　（ロ）本人確認証明書の例
　　　Q45参照。
⑤ 代表取締役が就任を承諾したことを証する書面（商登54①）
　代表取締役の就任承諾書に押すべき印鑑については、制限がない。
⑥ 委任状（商登18）
【備考】　代表取締役の印鑑届書：代表取締役が変更した場合（再任を除く）に提出する（商登規9⑤一）。

Q237〔10年の任期満了〕

取締役の任期を10年としている場合の、任期満了による変更登記の添付書面

　定款によって、取締役の任期を、選任後10年以内に終了する事業年度のうち最終のものに関する定時株主総会の終結の時までと定めている場合に、任期満了による退任の事実を証する書面としては、次のいずれかの書面が該当する（平18・3・31民商782第2部第3・3(2)イ）。
① 役員の改選の際の定時株主総会議事録（任期満了の旨の記載があるもの）
② 定款（任期の記載があるもの）

memo． 役員の任期が定時総会の終結をもって満了する旨の定款の定めがある株式会社において、役員の改選に当たり、当該定時株主総会の議事録に任期満了の旨の記載があるときは、退任を証する書面として別に定款を添付する必要はない（昭53・9・18民四5003）。

　この照会文は、「定時株主総会の終結をもって満了するので改選がなされた場合、当該定時株主総会の議事録に『本定時株主総会の終結をもって取締役および監査役の任期が満了するので改選…』との記載があるときは、任期を証する書面として、別に定款を添付する必要はないものと思料いたしますが」とある。

① 特別取締役による決議の定めの設定を決議し、特別取締役を選定した取締役会議事録（商登46②・54④）。
② 特別取締役の就任承諾書（商登54①）
③ 委任状（商登18）

Q238〔特別取締役による決議の設定の添付書面〕
特別取締役による決議の定めを設定したときの添付書面は

memo． ＜特別取締役・社外取締役の登記記録例＞

役員に関する事項	取締役	甲野太郎	
	取締役	戊野七郎	
	取締役（社外取締役）	戊野七郎	
			平成27年10月8日社外取締役の登記
	特別取締役	甲野太郎	平成27年10月1日就任
			平成27年10月8日登記

特別取締役に関する事項	特別取締役による議決の定めがある　　平成27年10月1日設定　平成27年10月8日登記

（筆者注） 取締役・特別取締役の一部、代表取締役、監査役については省略。

Q239〔取締役会設置会社の廃止〕
取締役会設置会社の定めの廃止と代表取締役の登記

1 取締役が在任中の場合
 (1) 原則
  (イ) 取締役会を廃止する決議をした場合には、代表権がなかった取締役にも代表権を付与することになる。廃止決議前の代表取締役が資格を喪失していなければ、取締役全員が会社を代表する（会社349②）。
  (ロ) 株式譲渡制限がある場合には、「取締役会の承認」を「会社」または「株主総会」（代表取締役でも可）とする旨の登記も必要。

取締役会設置会社	取締役・代表取締役A	取締役B	取締役C
取締役会設置会社である旨を廃止	取締役・代表取締役A 取締役・代表取締役C	取締役・代表取締役B	

 (2) 登記（各自代表会社となる場合）

> 登記の事由　　取締役会設置会社の定めの廃止
> 　　　　　　　代表取締役の変更
> 　　　　　　　株式の譲渡制限に関する規定の変更
> 登記すべき事項　別紙のとおりの内容をオンラインにより提出済み
> 　　［別紙の例］
> 「取締役会設置会社に関する事項」取締役会設置会社
> 「原因年月日」平成○年7月1日廃止
> 「役員に関する事項」
> 「資格」代表取締役
> 「住所」○県○市○町○番地
> 「氏名」B
> 「原因年月日」平成○年7月1日代表権付与
> 　＜Cにつき同じ＞
> 「株式の譲渡制限に関する規定」
> 当会社の株式を譲渡によって取得するには、株主総会の承認を要する。
> 「原因年月日」平成○年7月1日変更
> 登録免許税　金9万円（資本金の額が1億円以下の会社は金7万円）
> 　内訳　取締役会設置会社の定めの廃止　金3万円（登税別表1二十四(一)ワ）・代表取締役の変更　金3万円（資本金の額が1億円以下の会社は1万円－登税別表1二十四(一)カ）・株式の譲渡制限に関する規定の変更　金3万円（登税別表1二十四(一)ツ）。

(3)　添付書類
　　① 株主総会議事録、株主リスト（商登46②、商登規61③）
　　　　取締役会設置会社の定めの廃止、株式の譲渡制限に関する規定を変更した定款変更を決議した議事録。
　　② 委任状（商登18）
【備考】　代表権を付与された代表取締役B・同Cの代表取締役としての就任承諾書は不要（代表権付与は選定決議によるものではなく、会社法による法律上の効果であるから）。
memo.　(1)　取締役・代表取締役A、取締役B、取締役Cの場合に、取締役会設置会社の定めの廃止と同時に、定款の規定に基づき取締役の互選によって代表取締役を選定する旨の定めを置き、取締役会設置会社の定めの廃止前の代表取締役と同一人（A）を互選によって代表取締役に選定した場合には、取締役会設置会社の定めの廃止前後で取締役および代表取締役に何ら変更が生じていないので、取締役および代表取締役に関する変更登記を申請する必要はない（宗野・諸問題37頁参照）。
(2)　上記(1)の場合、登記申請書に添付される株主総会議事録には、取締役会設置会社の定めを廃止した定款変更決議と、代表取締役を取締役の互選で選定する旨の定款の定めを設けたことが記載されている必要がある。
2　任期満了と併せて取締役会設置会社の定めが廃止された場合
　　　この場合には、代表取締役を選定する行為をしていなければ、取締役全員が代表取締役となり、登記原因は「平成○年○月○日取締役・代表取締役就任」となる。

(1)　原　則
　　① 取締役、会計参与、監査役、執行役または会計監査人（以下「役員等」という）は、その任務を怠ったときは、会社に対し、これによって生じた損害を賠償する責任を負う（会社423①）。

Q240〔役員等の責任免除・制限の概要〕
役員等の会社に対する責任の免除・制限の制度の概要は

　　② 前記①の責任は、総株主の同意がなければ免除することができない（会社424）。
(2)　一部免除・あらかじめ限定する旨の契約
　　　役員等に「職務を行うにつき善意でかつ重大な過失がないときは」、次の方法により、責任を事後的に一部免除し、またはあらかじめ限定する旨の契約を締結しておくことができる。
　　① 株主総会の特別決議による責任の一部を免除することができる（会社425①・309②八）。
　　② 監査役設置会社（取締役が2人以上ある会社に限る）、監査等委員会設置会社、指名委員会等設置会社は、定款で定めることにより、取締役会の決議により役員等の責任の一部を免除することができる（会社426①）。会社

法426条1項でいう監査役設置会社とは、会社法2条9号で定める会社である。会計限定の会社（会社389①）を含まない。
　この定款の定めは登記事項である（会社911③二十四）。
③　会社は、取締役（業務執行取締役等〔→memo.〕であるものを除く）、会計参与、監査役または会計監査人（以下「非業務執行取締役等」という）については、定款で定めた額の範囲内であらかじめ会社が定めた額と最低責任限度額（会社425①）とのいずれか高い額を限度とする旨の契約を非業務執行取締役等と締結することができる旨を、定款で定めることができる（会社427①）。
　非業務執行取締役等が負う責任の限度に関する契約の締結についての定款の定めがあるときは、その定めは登記事項である（会社911③二十五）。
memo.　業務執行取締役等＝当該株式会社またはその子会社の業務執行取締役（株式会社の会社法363条1項各号に掲げる取締役および当該株式会社の業務を執行したその他の取締役をいう）もしくは執行役または支配人その他の使用人をいう（会社二十五イ参照）。

（取締役・代表取締役・取締役会・監査役（取締役・代表取締役・監査役の変更登記）)

Q241〔責任限定契約の登記〕
非業務執行取締役等の会社に対する責任限定契約の登記手続は

(1)　責任限定の登記事項（**Q240**の(2)③）
　会社に対する役員等（取締役、会計参与、監査役、執行役、会計監査人）の任務懈怠により生じた損害についての賠償責任に係る責任限定契約について、取締役・社外取締役あるいは監査役・社外監査役の区別が無くなり、非業務執行取締役等（取締役（業務執行取締役等〔→**Q240**memo.〕であるものを除く）、会計参与、監査役、会計監査人）が負う責任の限度に関する契約の締結についての定款の定めがあるときは、その定めは登記事項とされる（会社911③二十四）。
(2)　添付書類
①　責任限定を定める定款変更を決議した株主総会議事録、株主リスト（商登46②、商登規61③）
②　委任状（商登18）
memo.　＜非業務執行取締役等の責任限定契約の登記記録例＞

非業務執行取締役等の会社に対する責任の制限に関する規定	当会社は、会社法第427条の規定により、取締役（業務執行取締役等であるものを除く。）及び監査役との間に、同法第423条の行為による賠償責任を限定する契約を締結することができる。ただし、当該契約に基づく賠償責任の限度額は、何万円以上であらかじめ定めた金額又は法令が規定する額のいずれか高い額とする。 　　　　平成27年10月1日設定　平成27年10月8日登記

Q242〔監査役設置会社の廃止〕 監査役設置会社の定めの廃止と監査役の退任登記

(1) 任期満了退任

　　監査役は、監査役を置く旨の定款の定めを廃止する定款変更の効力が生じた時に、任期満了により退任する（会社336④一）。

(2) 登　記

> 登記の事由　　　監査役設置会社の定めの廃止
> 　　　　　　　　監査役の変更
> 登記すべき事項　別紙のとおりの内容をオンラインにより提出済み
> 　　　［別紙の例］
> 　　　「監査役設置会社に関する事項」監査役設置会社
> 　　　「原因年月日」平成○年7月1日廃止
> 　　　「役員に関する事項」
> 　　　「資格」監査役
> 　　　「氏名」E
> 　　　「原因年月日」平成○年7月1日退任
> 登録免許税　金6万円（資本金の額が1億円以下の会社は金4万円）
> 　内訳　監査役設置会社の定めの廃止　金3万円（登税別表1二十四(一)ツ）・監査役の変更　金3万円（資本金の額が1億円以下の会社は1万円－登税別表1二十四(一)カ）

(3) 添付書類

① 株主総会議事録、株主リスト

　　監査役を置く旨の定款の定めを廃止した議事録（商登46②、商登規61③）。

② 委任状（商登18）

【備考】　監査役の退任は、会社法による法律上の効果であるから、辞任の意思表示は不要。

株式会社　⑤　機　関

会計参与	**Q243〔会計参与の設置〕** 会計参与の設置は任意か	会計参与は、特例有限会社を除くすべての株式会社が、定款で定めることにより、任意に置くことができる（会社326②）。公開会社でない取締役会設置会社は、会計参与を置けば監査役を置かなくてもよい（会社327②）。
	Q244〔資　格〕 会計参与になることができる者の資格	(1)　会計参与は、公認会計士、監査法人、税理士、税理士法人のいずれかでなければならない（会社333①）。 (2)　会計参与に選任された監査法人または税理士法人は、その社員の中から会計参与の職務を行うべき者を選定し、これを会社に通知しなければならない。この場合においては、(3)に掲げる者を選定することはできない（会社333②）。 (3)　次の者は、会計参与となることができない（会社333③）。 　①　会社またはその子会社の取締役、監査役、執行役または支配人その他の使用人 　②　業務の停止の処分を受け、その停止の期間を経過しない者 　③　税理士法43条の規定により同法2条2項に規定する税理士業務を行うことができない者

Q245〔会計参与の権限〕
会計参与は、どのような権限を有するか

(1)　会計参与は、取締役（指名委員会等設置会社においては執行役）と共同して、会社法435条2項に規定する計算書類（貸借対照表・損益計算書・その他法務省令（会社規116、会計規57・59・72～119）で定めるもの）、その附属明細書、同441条1項に規定する臨時計算書類、同444条1項に規定する連結計算書類を作成する（会社374①）。

(2)　会計帳簿・これに関する資料の閲覧・謄写をし、または取締役（指名委員会等設置会社においては執行役および取締役）・支配人その他の使用人に対して会計に関する報告を求めることができる（会社374②）。

(3)　会計参与は、その職務を行うため必要があるときは、会計参与設置会社の子会社に対して会計に関する報告を求め、または会計参与設置会社もしく

はその子会社の業務および財産の状況の調査をすることができる（会社374③）。

memo. 上記(1)から(3)までのほかに、①(1)の書類の作成に関する事項について、会計参与が取締役（指名委員会等設置会社においては執行役）と意見を異にするときは、会計参与（法人の場合は、その職務を行うべき社員）は株主総会で意見を述べることができる（会社377）。また、②計算書類等の承認をする取締役会に出席する義務を負う（会社376①）。

Q246〔選　任〕
会計参与を選任する機関・選任決議の方法

選任機関	株主総会の決議による（会社329①）。
選任決議の方法	議決権を行使することができる株主の議決権の過半数（3分の1以上の割合を定款で定めた場合にあっては、その割合以上）を有する株主が出席し、出席した当該株主の議決権の過半数（これを上回る割合を定款で定めた場合にあっては、その割合以上）をもって行う（会社341）。
備　考	①　種類株主総会による選任、累積投票による選任の制度はない。 ②　会計参与は、株主総会において、会計参与の選任について意見を述べることができる（会社345①、会社規75三）。 ③　株主総会で補欠会計参与を選任することができる（会社329③）。

Q247〔任　期〕
会計参与の任期は何年か

(1)　取締役の任期規定が準用されている（会社334①による332の準用）。→**Q204**。
(2)　会計参与設置会社が会計参与を置く旨の定款の定めを廃止する定款の変更をした場合には、会計参与の任期は、当該定款の変更の効力が生じた時に満了する（会社334②）。

Q248〔添付書面〕
会計参与設置会社の定めの設定による変更登記の添付書面

会計参与の就任による変更登記の申請書には、次の書面を添付しなければならない（商登54②）。

① 会計参与設置会社の定めの設定を決議し、会計参与を選任した株主総会議事録、株主リスト（商登46②、商登規61③）
② 会計参与が就任を承諾したことを証する書面
③ 会計参与が法人であるときは、当該法人の登記事項証明書
④ 会計参与が法人でないときは、公認会計士または税理士であることを証する書面

公認会計士にあっては平18・3・31民商782の別紙3-1の証明書をもって、税理士にあっては同別紙4の証明書をもって、資格者であることを証する書面として取り扱うことができる。

memo.1　登録免許税額は、申請1件につき6万円（資本金の額が1億円以下の会社は4万円）（登税別表1二十四(一)カ・ツ）。

memo.2　商業登記法の改正（平25法28）により、平成27年10月5日以降、申請書に会社法人等番号（商登7）を記載した場合やその他の法務省令で定める場合には、登記事項証明書の添付が不要となる（商登19の3）。

Q249〔会計監査人の設置〕
会計監査人の設置は任意か

(1) 大会社（会社二六）、監査等委員会設置会社および指名委員会等設置会社は、会計監査人を置かなければならない（会社327⑤・328）。この場合には、定款で会計監査人を置く旨を定めなければならない（会社326②）。

(2) 特例有限会社を除き、上記以外の会社は、定款で定めることにより、会計監査人を置くことができる。この場合においては、監査等委員会設置会社および指名委員会等設置会社を除き、監査役を置かなければならない（整備17①、会社326②・327③）。

memo. 旧商法特例法では、大会社またはみなし大会社に限り、会計監査人を置くものとされていた（旧商特2）。

Q250〔資　格〕
会計監査人になることができる者の資格

(1) 会計監査人は、公認会計士または監査法人でなければならない（会社337①）。

(2) 会計監査人に選任された監査法人は、その社員の中から会計監査人の職務を行うべき者を選定し、これを会社に通知しなければならない。この場合においては、次の(3)②に掲げる者を選定することはできない（会社337②）。

(3) 次に掲げる者は、会計監査人となることができない（会社337③）。
　① 公認会計士法の規定により、会社法435条2項［各事業年度に係る計算書類の作成］に規定する計算書類について監査をすることができない者
　② 会社の子会社、その取締役・会計参与・監査役または執行役から、公認会計士もしくは監査法人の業務以外の業務により継続的な報酬を受けている者またはその配偶者
　③ 監査法人でその社員の半数以上が②に掲げる者であるもの

株式会社　5　機　関

会計監査人

Q251〔選　任〕
会計監査人を選任する機関・選任決議の方法

選任機関	株主総会の決議による（会社329①）。
選任決議の方法	普通決議（会社309①）。この株主総会の決議は、定款に別段の定めがある場合を除き、議決権を行使することができる株主の議決権の過半数を有する株主が出席し、出席した当該株主の議決権の過半数をもって行う。

Q252〔任　期〕
会計監査人の任期は何年か

(1) 選任後1年以内に終了する事業年度のうち最終のものに関する定時株主総会の終結の時までである（会社338①）。
(2) 会計監査人は、(1)の定時株主総会において別段の決議がされなかったときは、当該定時株主総会において再任されたものとみなされる（会社338②）。この場合における再任の登記原因は「平成○年○月○日重任」である。
(3) 会計監査人設置会社が会計監査人を置く旨の定款の定めを廃止する定款の変更をした場合には、会計監査人の任期は、当該定款の変更の効力が生じた時に満了する（会社338③）。

Q253〔設置会社の定めによる添付書面〕
会計監査人設置会社の定めの設定による変更登記の添付書面

変更登記の申請書には、次の書面を添付しなければならない（商登54②）。
① 会計監査人設置会社の定めの設定を決議し、会計監査人を選任した株主総会の議事録、株主リスト（商登46②、商登規61③）
② 会計監査人が就任を承諾したことを証する書面
③ 会計監査人が法人であるときは、当該法人の登記事項証明書

④ 会計監査人が法人でないときは、公認会計士であることを証する書面（平18・3・31民商782別紙3－2参照）
⑤ 委任状（商登18）

memo． 登録免許税額は、申請1件につき6万円（資本金の額が1億円以下の会社は4万円）（登税別表1二十四(一)カ・ツ）。

① 会計監査人設置会社の定めの設定の決議に係る部分を除き、前Q253と同じ。
② 委任状（商登18）
【備考】 任期満了の際の定時株主総会において別段の決議がされなかったことにより、会計監査人が再任されたものとみなされる場合（会社338②）の重任の登記の申請書には、商業登記法54条2項2号［会計監査人が法人であるときは、その法人の登記事項証明書。ただし、当該登記所の管轄区域内に当該法人の主たる事務所がある場合を除く］・3号［法人でない場合は、資格者である旨の証明］の書面および当該定時株主総会の議事録、株主リスト（商登54④、商登規61③）を添付すれば足り、会計監査人が就任を承諾したことを証する書面の添付は要しない（平18・3・31民商782第2部第3・9(2)イ）。

memo． 登録免許税額は、申請1件につき3万円（資本金の額が1億円以下の会社については、1万円）（登税別表1二十四(一)カ）。

Q254〔会計監査人変更の添付書面〕
会計監査人に変更があった場合の添付書面

監査等委員会

Q255〔監査等委員会〕
監査等委員会とは、どのような制度か

平成27年改正会社法により創設された機関設計であり、代表取締役をはじめとする業務執行者に対する監督機能を強化することを目的として、3人以上の取締役(その過半数を社外取締役)から成る監査等委員会が、監査を担うとともに、業務執行者を含む取締役の人事（監査等委員である取締役以外の選解任および報酬）に関して、株主総会における意見陳述権を有することとする制度である。定款の定めにより、監査等委員会を置く株式会社を「監査等委員会設置会社」という（会社二十一の二・326②）。

memo. 監査等委員会の名称については、監査機能だけでなく、監督機能（監査等委員である取締役以外の選解任・報酬等につき株主総会で意見陳述権を有し、利益相反取引につき取締役の任務懈怠を推定する規定は、監査等委員会の就任を承諾を受けたときは適用されない）をも担っているということを示す趣旨で「監査等」の用語を用いている（平成27年改正会社法の解説129頁）。

Q256〔監査等委員会設置会社の要件・構成員〕
監査等委員会設置会社の要件と構成員の概要は

(1) 要　件
① 定款で、監査等委員会を置く旨を定めることができる（会社326②）。
② 会社の規模および公開会社であるか否かは問わない。
③ 取締役会設置会社であり（会社2七・327①三）、かつ、会計監査人設置会社であることを要する（会社二十一・327⑤）。
④ 監査役を置くことはできない（会社327④）。定款の定めにより、会計参与を置くことができる（会社326②・375③参照）。

(2) 構成員
① 監査等委員会は、監査等委員である取締役3人以上で構成され、その過半数は社外取締役（Q207）でなければならない（会社331⑥）。

② 監査等委員会は、全ての監査等委員（取締役でなければならない（会社399の2②））で組織する（会社399の2①）。
③ 監査等委員である取締役は、監査等委員会設置会社もしくはその子会社の業務執行取締役（会社二十五イ・363①）もしくは支配人その他の使用人または当該子会社の会計参与（会計参与が法人であるときは、その職務を行うべき社員）もしくは執行役を兼ねることができない（会社331③）。

次のとおり。

Q257〔取締役の選任・任期〕
監査等委員会の取締役の選任方法、任期は

①	取締役の員数	監査等委員である取締役3人以上が必要、その過半数は社外取締役でなければならない（会社331⑥）。
②	取締役の選任方法	ア　株主総会の普通決議（会社309①）によって、監査等委員である取締役とそれ以外の（監査等委員でない）取締役とを区別して選任しなければならない（会社329②）。 イ　種類株主総会により取締役を選任する場合には、監査等委員である取締役とそれ以外の取締役とは、別類型として扱われる（会社108①九、江頭・会社法576頁）。
③	取締役の任期	ア　監査等委員である取締役の任期は、選任後2年以内に終了する事業年度のうち最終のものに関する定時株主総会の終結の時までである。この取締役の任期は、定款・株主総会の決議で短縮することはできない（会社332①④）。 　　定款によって、任期の満了前に退任した監査等委員である取締役の補欠として選任された監査等委員である取締役の任期を退任した監査等委員である取締役の任期の満了する時までとすることができる（会社332⑤）。 イ　監査等委員会設置会社においては、監査等委員である取締役以外の取締役の任期は、選任後1年以内に終了す

		る事業年度のうち最終のものに関する定時株主総会の終結の時までである。ただし、定款または株主総会の決議で任期を短縮できる（会社332①③）。
④	取締役選任についての同意権・提案権・意見陳述権	ア　監査等委員会に、監査等委員である取締役の選任議案への同意権、および監査等委員会である取締役の選任の議題または議案の提案権が付与されている（会社344の2①②）。 イ　監査等委員である各取締役に、監査等委員である取締役の選解任・辞任について株主総会での意見陳述権を付与している（会社342の2①）。監査等委員である取締役の辞任者に、株主総会での辞任についての意見陳述権を付与している（会社342の2②③）。
⑤	累積投票	株主総会の目的である事項が2人以上の取締役（監査等委員会設置会社にあっては、監査等委員である取締役またはそれ以外の取締役）の選任である場合には、株主（取締役の選任について議決権を行使することができる株主に限る）は、定款に別段の定めがあるときを除き、会社に対し、累積投票の方法により取締役を選任すべきことを請求することができる（会社342①）。

Q258〔代表取締役の選定〕

監査等委員会設置会社における代表取締役の選定の方法は

監査等委員会設置会社の取締役会は、監査等委員である取締役以外の取締役の中から代表取締役を設定しなければならない（会社399の13③）。

memo.　監査等委員会設置会社では、監査等委員である取締役3人以上と、監査等委員である取締役以外の取締役の中から取締役会で代表取締役1人以上を選定する必要がある。取締役会はすべての取締役で組織されるが（会社362①）、代表取締役は監査等委員である取締役以外の取締役の中から選定される（会社399の13③）ので、監査等委員会設置会社では、最低4人以上の取締役を置く必要がある。

監査等委員会設置会社における取締役の任期は、次に掲げる定款の変更をした場合には、当該定款の変更の効力が生じた時に満了する（会社332⑦一・二）。 ① 監査等委員会を置く旨の定款の変更 ② 監査等委員会を置く旨の定款の定めを廃止する定款の変更 memo． 監査等委員会設置会社は、監査役を置くことができない（会社327④）ので、会社が、監査等委員会設置会社を置く旨の定款の変更をした時は、監査役の任期は、当該定款の変更の効力が生じた時に満了する（会社336④二）。	Q259〔定款変更と取締役等の退任〕 監査等委員会を置く旨・廃止する旨の定款変更があった場合の取締役・監査役・会計監査人の任期
登記すべき事項は次のとおり。 ① 監査等委員会設置会社である旨 ② 監査等委員である取締役およびそれ以外の取締役の氏名 ③ 取締役のうち社外取締役であるものについて、社外取締役である旨 ④ 会社法399条の13第6項の規定による重要な業務執行の決定の取締役への委任についての定款の定めがあるときは、その旨 ⑤ 従前の取締役等が退任した旨 　定款に監査等委員会設置会社の定めをしたときは、取締役、会計参与および監査役の任期は当該定款の効力が生じた時に満了する（会社332⑦一・334①・336④二）。指名委員会等設置会社の定めの廃止により、各委員会の委員、執行役、代表執行役は退任する。したがって、監査等委員会設置会社の定めの設定による変更登記を申請する場合には、これらの者が退任した旨の登記、指名委員会等設置会社の定めを廃止した旨の登記を併せてしなければならない。 ⑥ 取締役等が就任または重任した旨 ⑦ 変更前が取締役会設置会社でない場合は、取締役会設置会社である旨 　既にこの登記がされている場合は、重ねてすることを要しない。	Q260〔監査等委員会設置会社の定めの設定登記事項〕 定款に監査等委員会設置会社の定めの設定をした場合、その変更登記の登記事項は

監査等委員会		⑧ 変更前が会計監査人設置会社でない場合は、会計監査人設置会社である旨・会計監査人の氏名または名称 　既にこの登記がされている場合は、重ねてすることを要しない。 ⑨ 監査役を置いていた場合には、監査役の退任・監査役設置会社の定めを廃止した旨の登記 ⑩ 監査役の監査の範囲を会計に関するものに限定する旨の登記があるときは、この廃止の登記 　監査等委員会設置会社には監査役を置くことができない（会社327④）。 ⑪ 監査役会を置いていた場合には、監査役の退任・監査役設置会社の定めを廃止した旨・監査役会設置会社の定めを廃止した旨の登記 ⑫ 上記各登記についての変更年月日
	Q 261〔監査等委員会設定の登記〕 監査等委員会設置会社の定めの設定による変更登記の方法は	1 登記期間 　監査等委員会設置会社の定めの設定による変更登記は、定款の変更が効力を生じた日から2週間以内に、その本店の所在地において、変更の登記をしなければならない（会社915①）。 2 添付書面 ① 株主総会議事録、株主リスト（商登46②、商登規61③） 　監査等委員会設置会社である旨を定める定款変更の決議、監査等委員である取締役・それ以外の取締役（会計参与を置く場合は会計参与。以下「取締役等」という）の選任等の記載がある議事録である。 ② 就任を承諾したことを証する書面（商登54） 　取締役等の就任承諾書。本人確認証明書を添付しなければならない（商登規61⑦。→**Q 45**参照）。 ③ 定款変更後の機関設計に応じて必要となる添付書面（代表取締役の選定に係る取締役会議事録、就任承諾書等）（商登46・54、商登規61①）を添付する。

3 登録免許税額 　申請1件につき6万円（監査等委員会についての変更登記3万円（登税別表1・24(一)ワ）、取締役等の変更登記3万円（ただし、資本金の額が1億円以下の会社については1万円（登税別表1・24(一)カ））。 　なお、重要な業務執行の決定の取締役への委任についての定款の定めがある旨の登記を併せてする場合は、申請1件につき3万円を加算した額になる（登税別表1・24(一)ツ）。	
①　監査等委員会設置会社の定めを設定した定款の効力が生じたことにより、従前の取締役が退任と同時に監査等委員である取締役に就任した場合の登記原因は、退任・就任である（平27・2・6民商13）。 ②　監査等委員会設置会社の定めを設定した定款の効力が生じたことにより、従前の取締役が退任と同時に監査等委員である取締役以外の取締役に就任した場合の登記原因は、重任である（平27・2・6民商13）。 memo．　定款に監査等委員会設置会社の定めをしたときは、取締役の任期は当該定款の効力が生じた時に満了する（会社332⑦一）から、引き続き（退任と同時に）取締役となった者の就任の登記原因は上記①または②となる。	**Q262〔取締役の就任原因〕** 従前の取締役が、退任と同時に監査等委員である取締役に就任した場合、または、退任と同時に監査等委員である取締役以外の取締役に就任した場合の登記原因は何か
監査等委員である取締役が、監査等委員のみを辞任して、取締役の地位に留まることはできない（平成26年平成27年改正会社法の概要(1)19頁）。 memo．　監査等委員である取締役については、取締役としての地位と監査等委員としての地位とが不可分であると解されている（平成26年平成27年改正会社法の概要(1)19頁）。	**Q263〔監査等委員のみの辞任〕** 監査等委員のみを辞任して取締役の地位に留まれるか
監査等委員である取締役の解任は、株主総会の特別決議による（会社344の2③・309②七）。	**Q264〔監査等委員である取締役の解任〕** 監査等委員である取締役の解任の方法は

Q265〔指名委員会等設置会社〕
指名委員会等設置会社とは

(1) 要　件
① 定款で、指名委員会等設置会社を置く旨を定めることができる（会社326②）。
② 指名委員会等設置会社とは、指名委員会、監査委員会、報酬委員会を置く株式会社をいう（会社2十二）。
③ 会社の規模および公開会社であるか否かは問わない。
④ 取締役会設置会社であり（会社2七・327①四）、かつ、会計監査人設置会社であることを要する（会社2十一・327⑤）。
⑤ 監査役を置くことはできない（会社327④）。定款の定めにより、会計参与を置くことができる（会社326②・375④参照）。
⑥ 監査等委員会は置くことができない（会社327⑥）。

(2) 構成員
① 3つの委員会には、それぞれ3人以上の委員によって組織される。各委員会を組織する委員は、取締役の中から取締役会で選任される。各委員会の委員である取締役の過半数は社外取締役でなければならない（会社400①②③）。
　監査委員会の委員（以下「監査委員」という。）は、指名委員会等設置会社もしくはその子会社の執行役もしくは業務執行取締役または指名委員会等設置会社の子会社の会計参与（会計参与が法人であるときは、その職務を行うべき社員）もしくは支配人その他の使用人を兼ねることができない（会社400④）。
② 指名委員会等設置会社には、1人または2人以上の執行役を置かなければならない（会社402①）。

memo.　平成26年改正会社法により、「委員会設置会社」は「指名委員会等設置会社」と、「委員会」は「指名委員会等」と改められた（会社2十二）。

Q266〔機関設計〕
指名委員会等設置会社は、どのような機関を置かなければならないか

指名委員会等設置会社の機関設計は、次のようになる。

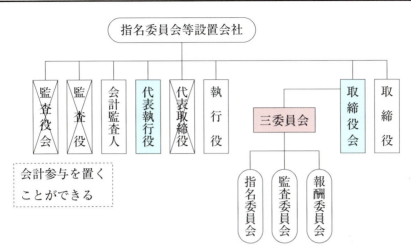

① 指名委員会等設置会社は、指名委員会、監査委員会、報酬委員会の三委員会を置かなければならない（会社二十二）。
② 指名委員会等設置会社には、取締役会を置く（会社327①）。
③ 指名委員会等設置会社は、監査役を置くことができない（会社327④、清算会社→会社477）。
④ 指名委員会等設置会社は、会計監査人を置かなければならない（会社327⑤）。
⑤ 指名委員会等設置会社には、取締役会で選任した1人または2人以上の執行役を置かなければならない。執行役は、取締役を兼ねることができる（会社402①②⑥）。
⑥ 指名委員会等設置会社は代表取締役を置くことができない。
　取締役会は、執行役の中から代表執行役を選定しなければならない（執行役が1人のときは、その者が代表執行役に選定される）。代表執行役は、会社の業務に関する一切の裁判上または裁判外の行為をする権限を有する（会社420①③）。

(1) 指名委員会、監査委員会、報酬委員会の各委員会は、取締役である委員3人以上で組織され、その過半数は社外取締役（→memo.）でなければならない。各委員会の委員は、取締役の中から、取締役会の決議によって選定する（会社400①②③）。
　委員は、各委員会の委員となること（兼任）を禁止されていないので、社外取締役が全

Q267〔委員の選任〕
指名委員会等の委員には、どのような者がなるのか

部の委員会の委員を兼任すれば、次の図のように、社外取締役の数は最低2人で足りることになる。

(2) 監査委員会の委員（監査委員）に限っては、指名委員会等設置会社もしくはその子会社の執行役もしくは業務執行取締役、または指名委員会等設置会社の子会社の会計参与（会計参与が法人であるときは、その職務を行うべき社員）もしくは支配人その他の使用人を兼ねることはできない（会社400④）。

(3) 各委員会は取締役会の内部機関であるが、それぞれ所定の事項を決定する権限を有するので（会社404①②③→**Q271**）、取締役会が指名委員会等の決定を覆すことはできない。

memo. 社外取締役とは、株式会社の取締役であって、次に掲げる要件のいずれにも該当するものをいう（会社2十五）。

① 当該会社またはその子会社の業務執行取締役（株式会社の会社法363条1項各号に掲げる取締役および当該株式会社の業務を執行したその他の取締役をいう。）もしくは執行役または支配人その他の使用人でなく、かつ、その就任の前10年間当該株式会社またはその子会社の業務執行取締役等であったことがないこと。

② その就任の前10年内のいずれかの時において当該株式会社またはその子会社の取締役、会計参与（会計参与が法人であるときは、その職務を行うべき社員）または監査役であったことがある者（業務執行取締役等であったことがあるものを除く）にあっては、当該取締役、会計参与または監査役への就任の前10年間当該株式会社またはその子会社の業務執行取締役等であったことがないこと。

③ 当該株式会社の親会社等（自然人であるものに限る）または親会社等の取締役もしくは執行役もしくは支配人その他の使用人でないこと。

④ 当該株式会社の親会社等の子会社等（当該株式会社およびその子会社を除く）の業務執行取締役等でないこと。

⑤ 当該株式会社の取締役もしくは執行役もしくは支配人その他の重要な使用人または親会社等（自然人であるものに限る）の配偶者または2親等内の親族でないこと。

Q268〔取締役会の権限〕
指名委員会等設置会社の取締役会は、どのような権限を有するか

(1) 指名委員会等設置会社の取締役会は、次の①から⑤までの事項その他指名委員会等設置会社の業務執行を決定し（→memo.）、執行役および取締役（会計参与設置会社にあっては、執行役、取締役、会計参与）の職務の執行を監督する（会社416①②）。
　①経営の基本方針、②監査委員会の職務の執行のため必要なものとして法務省令（会社規112①）で定める事項、③執行役が2人以上ある場合における執行役の職務の分掌・指揮命令の関係その他の執行役相互の関係に関する事項、④執行役による取締役会の招集の請求を受ける取締役、⑤執行役の職務の執行が法令および定款に適合することを確保するための体制その他会社の業務ならびに当該株式会社およびその子会社から成る企業集団の業務の適正を確保するために必要なものとして法務省令（会社規112②）で定める体制の整備
(2) 指名委員会等設置会社の取締役会は、(1)の①から⑤までに掲げる職務の執行を取締役に委任することができない（会社416③）。

memo. 指名委員会等設置会社においても、取締役会は、会社の業務執行すべてにつき決定する権限を有する（会社416①一）。しかし、機動的意思決定を可能にすることが指名委員会等設置会社の形態を選択する理由であるから、実際には、業務の決定権限は、大幅に執行役に委任されるはずである（江頭・会社法551頁）。
　執行役への委任が認められず、取締役会の専決事項とされるものは会社法416条4項を参照。

Q269〔取締役の業務執行権〕
指名委員会等設置会社の取締役は、どのような権限を有するか

(1) 指名委員会等設置会社の取締役は、会社法または会社法に基づく命令に別段の定めがある場合（会社404④・408①二等）を除き、会社の業務を執行することができない（会社415）。また、取締役会から会社法416条1

指名委員会等・執行役

項各号に定める職務の執行の委任を受けることができない（会社416③）。
　指名委員会等設置会社では、監督と執行が分離され、取締役は取締役会の構成員として監督の役割に徹することになっている。したがって、指名委員会等設置会社では、業務執行取締役または使用人兼務取締役を置くことはできない（会社331④参照）。
(2)　監査委員会の委員(監査委員)に限っては、指名委員会等設置会社もしくはその子会社の執行役もしくは業務執行取締役、または指名委員会等設置会社の子会社の会計参与（会計参与が法人であるときは、その職務を行うべき社員）もしくは支配人その他の使用人を兼ねることはできない（会社400④）。

Q270〔取締役の任期〕
指名委員会等設置会社の取締役の任期は何年か

(1)　取締役の任期は、選任後1年以内に終了する事業年度のうち最終のものに関する定時株主総会の終結の時までである。ただし、定款または株主総会の決議によって、その任期を短縮することができる（会社332⑥）。
(2)　指名委員会等を置く旨の定款の定めを廃止する定款の変更をした場合には、取締役（三委員会の委員を含む）任期は、当該定款の変更の効力が生じた時に満了する（会社332⑦二）。

Q271〔指名委員会等の権限〕
三委員会は、どのような権限を有するのか

1　指名委員会
(1)　指名委員会は、株主総会に提出する取締役（会計参与設置会社にあっては取締役・会計参与）の選任、解任に関する議案の内容を決定する権限を有する（会社404①）。指名委員会は、取締役会に代わって取締役（会計参与設置会社にあっては取締役・会計参与）の選任・解任の議案を作成するものであり、取締役（会計参与）の選任または解任それ自体は、通常どおり株主総会の決議によって行う（会社329①・339①）。

(2) 指名委員会には執行役の選任・解任の議案を作成する権限はなく、取締役会が執行役を選任・解任する（会社416④九）。

2 監査委員会
(1) 監査委員会は、次の職務を行う（会社404②）。
① 執行役等(執行役および取締役をいう。会計参与設置会社にあっては、執行役・取締役および会計参与をいう。以下同じ)の職務の執行の監査・監査報告の作成
② 株主総会に提出する会計監査人の選任・解任、会計監査人を再任しないことに関する議案の内容の決定

(2) 監査委員による調査・報告・行為差止め等
監査委員会が選定する監査委員は、次の調査・報告・執行役等の行為の差止めを請求することができる。
① 監査委員は、いつでも、執行役等および支配人その他の使用人に対し、その職務の執行に関する事項の報告を求め、または指名委員会等設置会社の業務、財産の状況の調査をすることができる（会社405①）。
② 監査委員は、監査委員会の職務を執行するため必要があるときは、指名委員会等設置会社の子会社に対して事業の報告を求め、またはその子会社の業務、財産の状況の調査をすることができる。子会社は、正当な理由があるときは、報告または調査を拒むことができる（会社405②③）。
③ 監査委員は、①および②の報告の徴収または調査に関する事項についての監査委員会の決議があるときは、この決議に従わなければならない（会社405④）。
④ 監査委員は、執行役または取締役が不正の行為をし、もしくは当該行為をするおそれがあると認めるとき、または法令・定款に違反する事実、著しく不当な事実があると認めるときは、監査委員は各自が単独で、遅滞なく、その旨を取締役会に報告しなければならない（会社406）。
⑤ 監査委員は、執行役または取締役が指名委員会等設置会社の目的の範囲外の行為その他法令・定款に違反する行為をし、またはこれらの行為をするおそれがある場合において、当該行為によって当該指名委員会等設置会社に著しい損害が生ずるおそれがあるときは、当該執行役または取締役に対し、当該行為をやめることを請求できる（会社407①）。

3 報酬委員会
報酬委員会は、執行役等の個人別の報酬等の内容を決定する。執行役が会社の支配人その他の使用人を兼ねているときは、当該支配人その他の使用人の報酬等の内容についても同様（会社404③）。報酬委員会は、執行役等の個人別の報酬等の内容に係る決定に関する方針を定めなければならない（会社409①）。

Q272〔執行役〕

指名委員会等設置会社では、執行役の権限・選任等はどのようになっているか

1 執行役とは
(1) 執行役は指名委員会等設置会社の必要的常設機関であり、指名委員会等設置会社には、1人または2人以上の執行役を置かなければならない（会社402①）。執行役は取締役会で選任する（会社402②）。
(2) 指名委員会等設置会社の取締役は、会社法または会社法に基づく命令に別段の定めがある場合を除き、指名委員会等設置会社の業務を執行することができない（会社415）。執行役は、取締役会の決議によって（会社416①）委任を受けた事項を決定し、指名委員会等設置会社の業務の執行を行う（会社418）。指名委員会等設置会社の取締役会は執行役等の職務執行の監督権限を有しているので、取締役会の構成員である取締役には業務執行権限を与えないようにしたものである（指名委員会等設置会社は、執行役が業務執行を行い、取締役会がこの監督をするという基本形態をとっている）。

2 執行役の選任・任期
(1) 選任：執行役は取締役会で選任する（会社402②）。取締役は執行役を兼ねることができる（会社402⑥）。取締役兼執行役の人数については制限がない。
(2) 資格：執行役となることができる資格については、取締役となることができる資格の規定（会社402④・331①）が準用される。株式会社は、原則として、執行役が株主でなければならない旨を定款で定めることができないが、公開会社でない指名委員会等設置会社については、執行役は株主に限る旨を定款で定めることができる。指名委員会等設置会社と執行役との関係は、委任に関する規定に従う（会社402③④⑤）。
(3) 任期：執行役の任期は、選任後1年以内に終了する事業年度のうち最終のものに関する定時株主総会の終結後、最初に招集される取締役会の終結の時までとされている。この任期は、定款で短縮することもできる（会社402⑦）。

指名委員会等設置会社が指名委員会等を置く旨の定款の定めを廃止する定款の変更をした場合には、執行役の任期は、当該定款の変更の効力が生じた時に満了する（会社402⑧）。執行役は、いつでも、取締役会の決議によって解任することができる（会社403①）。

3 執行役の権限
(1) 執行役は、取締役会の決議によって委任を受けた指名委員会等設置会社の業務の執行の決定、ならびに指名委員会等設置会社の業務の執行についての職務を行う（会社418）。

(2) 指名委員会等設置会社の取締役会は、その決議によって、指名委員会等設置会社の業務執行の決定を執行役に委任することができる。ただし、①譲渡制限株式の譲渡による取得についての承認の可否の決定および指定買取人の指定、②市場取引等による自己株式取得に関する事項の決定、③譲渡制限新株予約権の譲渡等の承認の可否の決定、④株主総会の招集事項の決定等、会社法416条4項に掲げる事項については、委任することができない（会社416④ただし書）。

Q273〔代表執行役〕
代表執行役は、どのような権限を有するか

執行役は取締役会で委任された事項について業務執行権限を有するが、指名委員会等設置会社を代表する機関ではない。指名委員会等設置会社を代表する者を定めるため、取締役会は、執行役の中から代表執行役を選定しなければならない。この場合において、執行役が1人のときは、その者が代表執行役に選定されたものとされる（会社420①）。代表執行役は、指名委員会等設置会社の業務に関する裁判上または裁判外の一切の行為を行う権限を有する（会社420③）。

代表執行役は、いつでも、取締役会の決議によって解職することができる（会社420②）。

Q274〔指名委員会等設置会社・執行役等の登記〕
委員会および執行役に関する登記

指名委員会等および執行役に関する登記の手続は、大会社またはみなし大会社に関する部分を除き、原則として旧商法特例法の委員会等設置会社についてと同様である（平14・12・27民商3239参照）が、登記期間等の改正（→後掲Q275～278参照）が行われた（平18・3・31民商782）。

Q275〔指名委員会等設置会社の登記〕
指名委員会等設置会社の定めの設定による変更の登記

[1] 登記期間
指名委員会等を置く旨の定款の定めを設けたときは、2週間以内に、本店の所在地において、変更の登記をしなければならない（会社915①）。

株式会社の成立後に指名委員会等設置会社の定めの設定をする定款変更をした場合には、定款変更の効力が発生したときから適用されることになる（会社332⑦一・336④二参照）。

[2] 添付書面
指名委員会等設置会社の定めの設定による変更登記の申請書には、次の書

面を添付しなければならない。
① 定款を変更して指名委員会等設置会社となる旨を定めた株主総会議事録、株主リスト（商登46②、商登規61③）
② 指名委員会等の委員、執行役、代表執行役を選任した取締役会議事録（商登46⑤）
③ 指名委員会等の委員、執行役、代表執行役が就任を承諾したことを証する書面（商登54①）
④ ②の取締役会議事録の印鑑につき、市区町村長の作成した印鑑証明書（商登規61⑥三）
　変更前の代表執行役が取締役を兼ねており、取締役会に出席して、登記所に提出している印鑑と同一の印を押印している場合には、印鑑証明書の添付を要しない（商登規61⑥ただし書）。
⑤ 代表執行役が就任を承諾したことを証する書面の印鑑につき、市区町村長の作成した印鑑証明書（商登規61⑤）
⑥ 委任状（商登18）。

3 登録免許税額
　申請1件につき6万円（資本金の額が1億円以下の会社については、4万円）（登税別表1二十四(一)ワ・カ）。

Q276〔委員・執行役の変更の登記〕

指名委員会等の委員または執行役に変更があったときの変更登記の方法は

1 登記期間
　指名委員会等の委員または執行役に変更があったときは、2週間以内に、本店の所在地において、変更の登記をしなければならない（会社915①）。

2 添付書面
　指名委員会等の委員または執行役の変更登記の申請書には、次の書面を添付しなければならない。
(1) 就任の場合
　① 指名委員会等の委員または執行役を選任した取締役会議事録（商登46⑤）
　② 指名委員会等の委員または執行役が就任を承諾したことを証する書面（商登54①）
　③ 委任状（商登18）。
(2) 退任の場合
　代理人によって登記を申請する場合は

委任状を添付する（商登18）ほか、次の書面を添付しなければならない（商登54④）。
① 辞任したとき
　辞任届その他の辞任を証する書面
② 解任されたとき
　指名委員会等の委員または執行役を解任した取締役会議事録
③ 死亡したとき
　戸籍謄（抄）本、死亡届または死亡診断書その他の死亡したことを証する書面
④ 指名委員会等の委員が取締役でなくなったとき
　取締役の退任による変更登記の申請書の添付書面のほか、他の書面の添付を要しない。

3 登録免許税額
　申請1件につき3万円（資本金の額が1億円以下の会社については、1万円）（登税別表1二十四(一)カ）。

Q277〔代表執行役の変更の登記〕
代表執行役に変更があったときの登記

1 登記期間
　代表執行役に変更があったときは、2週間以内に、本店の所在地において、変更の登記をしなければならない（会社915①）。

2 添付書面
　代表執行役の変更登記の申請書には、次の書面を添付しなければならない。
(1) 就任の場合
① 代表執行役を選定した取締役会議事録（商登46⑤）
　代表執行役が1人である場合には、その者が代表執行役に選定されたものとされるので（会社420①）、執行役を選任した取締役会議事録（→Q276 2 (1)①）が、この書面を兼ねる。
② 代表執行役が就任を承諾したことを証する書面（商登54①）
　執行役が1人の場合には、執行役が就任を承諾したことを証する書面（→Q276 2 (1)②）が、この書面を兼ねる。
③ ①の取締役会議事録の印鑑につき、市区町村長の作成した印鑑証明書（商登規61⑥三）
　変更前の代表執行役が取締役を兼ねており、取締役会に出席して、登記所に提出している印鑑と同一の印を押印している場合には、印鑑証明書の添付を要しない（商登規61⑥ただし書）。

④ 代表執行役が就任を承諾したことを証する書面の印鑑につき、市区町村長の作成した印鑑証明書（商登規61⑤）
  再任された代表執行役については、添付を要しない。
⑤ 委任状（商登18）
(2) 退任の場合
  代理人によって登記を申請する場合は委任状を添付する（商登18）ほか、次の書面を添付しなければならない（商登54④）。
① 辞任したとき
  辞任届その他の辞任を証する書面
② 解任されたとき
  代表執行役を解任した取締役会議事録
③ 執行役でなくなったとき
  執行役の退任による変更登記の申請書の添付書面のほか、他の書面の添付を要しない。
③ 登録免許税額
  申請1件につき3万円（資本金の額が1億円以下の会社については、1万円）
  （登税別表1二十四(一)カ）。

Q278〔指名委員会等設置会社の定めの廃止による変更の登記〕
指名委員会等設置会社の定めを廃止したときの登記

① 登記期間
  指名委員会等設置会社の定めを廃止したときは、2週間以内に、本店の所在地において、変更の登記をしなければならない（会社915①）。指名委員会等設置会社に関する規律が、資本の額が1億円以下になった時後最初に到来する決算期に関する定時総会の終結のときまで適用される旨等の取扱い（旧商特21の37参照）は、廃止された。
② 添付書面
  指名委員会等設置会社の定めを廃止する変更登記の申請書には、次の書面を添付しなければならない。
① 指名委員会等設置会社の定めの廃止を決議し、取締役、監査役等を選任した株主総会議事録、株主リスト（商登46②、商登規61③）
② 定款の変更後の機関設計に応じて必要となる添付書面（代表取締役の選定に係る取締役会議事録、就任承諾書等）
③ 委任状（商登18）
③ 登録免許税額
  申請1件につき6万円（資本金の額が1億円以下の会社については、4万円）
  （登税別表1二十四(一)ワ・カ）。

Q279〔減資の態様〕
資本金の額の減少の態様には、どのようなものがあるか

次の2つがある。
① 実質上の減資
事業の縮小等によって不要となった会社財産を株主に返還する場合に行う。資本金の額の減少に際して株主に払戻しをするので、会社財産が減少する。
② 名義上の減資
資本の欠損の補塡のためになされる。資本金の額の減少に際して株主に払戻しをしないので、会社財産が減少しない。窮境に陥った会社の再建手段に利用されることが多い。

Q280〔減資の方法〕
資本金の額を減少させる方法

資本金の額を減少する方法には、株式数を減少しないでする方法と、株式数を減少してする方法とがある。

1 株式数を減少しないでする方法

額面株式制度がとられていた平成13年改正前商法の下では、資本金の額は、株金総額（1株の額面金額×発行済額面株式）を下回ってはならないという制約があった。額面株式制度が廃止され無額面株式制度となった現在では、このような制約はない。

したがって、株式数を減少させないで資本金の額のみを減少させることもできる。資本金の額の減少のみをするについては、株式の消却または株式の併合をする必要はない。

2 株式数を減少してする方法

(1) 資本金の額の減少をするのと併せて株式数を減少する方法には、株式の併合と株式の消却の方法がある。これらの方法は、資本金の額の減少の手続とは別個の手続として行うことになる。

(2) 会社法施行前においては、債務超過会社が100％減資をすることは、同時に株式発行がなされるのであれば行い得るとされていたが（昭56・6・5民四3466、平17・2・22民商471＝解説は民月60巻4号201頁参照）、会社更生手続・民事再生手続以外でそれを行う場合には株主全員の同意を要すると解されていた（実務相談5巻125頁）。しかし、株主全員の同意を要するのでは迅速性に欠けるので、会社法は、株主総会の特別決議により会社が株式全部を強制取得することができる全部取得条項付種類株式の制度（→Q68）を創設した。

Q281 〔決議機関〕
資本金の額の減少を決議する機関はどこか

次のように区別される。

区　分	決　議	説　明
(1) 原則：下欄(2)(3)の場合を除く	株主総会の特別決議	(イ) (2)欄および(3)欄の場合を除き、株主総会の特別決議（会社309②九）により、次の事項を定める（会社447①）。①減少する資本金の額、②減少する資本金の額の全部または一部を準備金とするときは、その旨、および準備金とする額、③資本金の額の減少がその効力を生ずる日 (ロ) 上記(イ)①の減少する資本金の額は、③の資本金の額の減少がその効力を生ずる日における資本金の額を超えてはならない（会社447②）（→memo.1）。
(2) 欠損の補填を目的とする場合	株主総会の普通決議	次のいずれにも該当する場合には、株主総会の普通決議でよい（会社309①・309②九）（→memo.2）。 ① 定時株主総会において、減少する資本金の額等会社法447条1項各号に掲げる事項を定めること。 ② 減少する資本金の額が、①の定時株主総会の日（会計監査人設置会社であって定時株主総会における計算書類の承認が不要の場合にあっては、計算書類等につき取締役会の承認があった日）における欠損の額として法務省令で定める方法により算定される額を超えないこと。 　この欠損の額として法務省令で定める方法は、零と零から分配可能額を減じて得た額のうち、いずれか高い額をもって欠損の額とする方法とされる（会社規68）。
(3) 株式の発行により減少額以上の	取締役会	会社が株式の発行と同時に資本金の額を減少する場合において、資本金の額の減少の効力が生ずる日後の資本金の額が、効力発生日前の資本金の額を下回らないときには、取締役会設置会社にあっては取

| 資本金の額の増加がある場合 | 会の決議の決定 | 締役会の決議、非取締役会設置会社にあっては取締役の決定による（会社447③。株主総会決議は不要）。この場合には、資本金の額の減少が生じないからである。 |

memo.1 (1) 会社法の解説127・128頁＝この規定には、2つの意味がある。第1の意味は、資本金の額には（マイナスとならない限度で）下限はなく、零でもかまわないという意味である。すなわち、表示規制としての最低資本金制度の撤廃の意味である。第2の意味は、資本金の額の減少の決議をする時点における資本金の額ではなく、効力発生日における資本金の額を限度として資本金の額を減少することができるという意味である（同書292頁の4を参照）。
(2) 会社法入門583頁＝資本金の額は零未満になってはならないが、零になってもよいこと、また、その制約は、資本金の額の減少の決議日ではなく、資本金の額の減少の効力発生日における資本金の額が基準となること（その間に増資がなされた場合に意味がある）を意味する。
memo.2 (1) 会社法の解説128頁＝①定時株主総会において資本金の額の減少を決議する場合であって、②資本金の額の減少を行った後に分配可能額がプラスとならない場合には、普通決議による。
(2) 江頭・会社法688頁＝定時株主総会において、定時株主総会の日（会社法439条前段に規定する場合には、同法436条3項による取締役会の承認があった日［筆者注：表(2)欄②の括弧書］）における欠損の額（分配可能額のマイナス額（会社規68））を超えない範囲で資本金の額を減少する旨を決議する場合には、普通決議で足りる。新たに分配可能額を生じさせない資本金の額の減少には、会社の「一部清算」という性格は乏しいからである。

資本金の額の減少

Q282〔効力発生日〕
資本金の額の減少の効力は、いつ発生するか

　資本金の額の減少の効力は、株主総会の決議で定めた日に生ずる（会社447①三・449⑥一。取締役の決定（取締役会設置会社は取締役会の決議）の例→会社447③）（→memo.1）。ただし、債権者の異議手続（会社449②〜⑤の手続）が終了していないときは、その終了まで効力を生じない（会社449⑥ただし書）。この場合には、会社は、効力発生日を変更しなければならない（会社449⑥⑦）（→memo.2）。
memo.1 資本金の額の減少と同時に行われる株式の併合等の手続が未了でも、資本金の額の

減少の効力発生とは関係がない（江頭・会社法690頁）。
memo.2　会社法は効力発生日を変更する機関を定めていないので、株主総会や取締役会の決議によらず、業務執行をする者（例：会社の代表者）が変更を行うことも可能である（会社法の解説128・205頁参照）。

Q283〔債権者異議手続〕
債権者異議手続はどのようにすべきか

1　債権者の異議
(1)　会社が資本金の額を減少する場合には、当該会社の債権者は、当該会社に対し、資本金の額の減少について異議を述べることができる（会社449①）。社債権者の異議については、会社法740条参照。
(2)　Q281の表の(1)(2)(3)のいずれの方法により資本金の額の減少をする場合であっても、債権者異議手続をしなければならない（準備金の額の減少と異なり、資本金の額を減少するについては、債権者異議手続を不要とする例外規定は存在しない：会社法449条1項柱書を参照）。

2　債権者異議手続を行う時期
旧商法では、資本減少決議をした株主総会の日から2週間内に公告・催告を行うことが定められていたが（旧商376①・289④）、会社法では定めがないので、株主総会決議前に公告等を行い、株主総会決議後可及的速やかに行為の効力が発生するよう計らうこともできる（江頭・会社法697頁）。

3　官報公告・各別の催告
(1)　会社は、次に掲げる事項を官報に公告し、かつ、知れている債権者には、各別に催告しなければならない（会社449②）。
①　資本金の額の減少の内容（会社447①）
②　会社の計算書類に関する事項として法務省令（会計規152・後掲）で定めるもの
③　債権者が一定の期間内（1か月以上で

あることを要する）に異議を述べることができる旨
(2) 各別の催告が不要な場合については→Q284。

＜会社計算規則152条：計算書類に関する事項＞

> 第152条　法第449条第2項第2号に規定する法務省令で定めるものは、同項の規定による公告の日又は同項の規定による催告の日のいずれか早い日における次の各号に掲げる場合の区分に応じ、当該各号に定めるものとする。
> 一　最終事業年度に係る貸借対照表又はその要旨につき公告対象会社（法第449条第2項第2号の株式会社をいう。以下この条において同じ。）が法第440条第1項又は第2項の規定により公告をしている場合　次に掲げるもの
> 　イ　官報で公告をしているときは、当該官報の日付及び当該公告が掲載されている頁
> 　ロ　時事に関する事項を掲載する日刊新聞紙で公告をしているときは、当該日刊新聞紙の名称、日付及び当該公告が掲載されている頁
> 　ハ　電子公告により公告をしているときは、法第911条第3項第28号イに掲げる事項
> 二　最終事業年度に係る貸借対照表につき公告対象会社が法第440条第3項に規定する措置をとっている場合　法第911条第3項第26号に掲げる事項
> 三　公告対象会社が法第440条第4項に規定する株式会社である場合において、当該株式会社が金融商品取引法第24条第1項の規定により最終事業年度に係る有価証券報告書を提出している場合　その旨
> 四　公告対象会社が会社法の施行に伴う関係法律の整備等に関する法律（平成17年法律第87号）第28条の規定により法第440条の規定が適用されないものである場合　その旨
> 五　公告対象会社につき最終事業年度がない場合　その旨
> 六　前各号に掲げる場合以外の場合　前編第2章の規定による最終事業年度に係る貸借対照表の要旨の内容

Q284〔各別の催告の不要〕
債権者に対する各別の催告が不要な場合

会社が、債権者が異議を述べることができる旨の公告を、①官報で公告し、これに加えて、②定款で定めた公告方法が、㋑時事に関する事項を掲載する日刊新聞紙に掲載する方法、または、㋺電子公告でする方法である場合において、㋑または㋺のいずれかの方法で公告する場合には、債権者に対する各別の催告を、することを要しない（会社449③）。

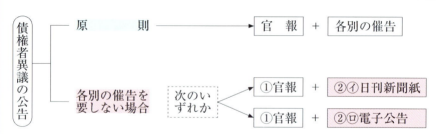

memo. 定款で定める公告の方法が官報であるときは、本文の①官報公告＋②定款で定める公告方法に該当しないので、各別の催告を要する。各別の催告を避けるためには、定款の公告方法を、官報から、時事に関する事項を掲載する日刊新聞紙または電子公告に変更する。

資本金の額の減少

Q285〔公告後の処理〕
債権者に対する異議申述公告後の処理はどうなるか

次のようになる。
(1) 債権者が異議申述期間（→Q283の3(1)③）内に異議を述べなかったときは、当該債権者は、当該資本金の額の減少について承認をしたものとみなされる（会社449④）。
(2) 債権者が異議申述期間内に異議を述べたときは、資本金の額の減少をしても当該債権者を害するおそれがない場合を除き、会社は、当該債権者に対し、弁済し、もしくは相当の担保を提供し、または当該債権者に弁済を受けさせることを目的として信託会社等（→memo.）に相当の財産を信託しなければならない（会社449⑤）。

memo. 信託会社等とは、信託会社および信託業務を営む金融機関をいう（会社449⑤）。

Q286〔株券等の提出〕
資本金の額の減少をする場合には、株券提出公告の手続を要するか

資本金の額の減少をするについては、株券発行会社は、株券提出公告の手続を要しない（会社219①）。ただし、資本金の額の減少手続を行うに際して会社が全部取得条項付種類株式を取得する場合には、株券提出公告の手続（定款で定める公告方法による公告と株主・登録株式質権者に対する各別の通知）を要する（会社219①三）。

memo. 会社法では、株券の提出に関する公告および株主に対する通知の規定（会社219・220）は、株券発行会社（会社117⑦）に関する規定として整備されている（会社法の解説61頁）。

次の書面を添付しなければならない。
① 株主総会の議事録、株主リスト（商登46②、商登規61③）
　　㋑　下記㋺㋩以外の場合は、特別決議による（会社309②九）。
　　㋺　資本金の額の減少を定時株主総会で決議する場合において、減少する資本金の額が定時株主総会の日（会計監査人設置会社にあっては、取締役会で計算書類の承認があった日）における欠損の額を超えないときは普通決議で足りる（会社309②九）。この場合には、②の書面も添付する。
　　㋩　株式の発行と同時に資本金の額を減少する場合において、資本金の額の減少の効力発生日後の資本金の額が、効力発生日前の資本金の額を下回らないときには、取締役会設置会社にあっては取締役会の決議、非取締役会設置会社にあっては取締役の決定で足りる（会社447③。株主総会決議は不要）。
② 一定の欠損の額が存在することを証する書面（商登規61⑩）
　①㋺に該当する場合に添付する。この書面としては具体的には、代表者の作成に係る証明書等がこれに当たり、欠損の額の計算の経過等を説明した書面に代表者が記名し、登記所への届出印を押す（登記の手続187頁）。
③ 取締役会議事録等（商登46①②）
　株式の発行と同時に資本金の額を減少する場合において、資本金の額の減少の効力発生日後の資本金の額が、効力発生日前の資本金の額を下回らないときには、取締役会設置会社にあっては取締役会の決議、非取締役会設置会社にあっては取締役の決定で足りる（会社447③）。
　この場合にあっては、①の㋑または㋺の株主総会議事録に代えて、取締役会設置会社にあっては取締役会議事録、非取締役会設置会社にあっては取締役の過半数の一致を証する書面を添付する。
④ 債権者保護手続関係書面（商登70）
　債権者異議手続のための公告および催告（公告を官報のほかに、時事に関する事項を掲載する日刊新聞紙または電子公告によってした場合にあっては、これらの方法による公告）をしたことならびに異議を述べた債権者があるときは当該債権者に対し弁済しもしくは相当の担保を提供しもしくは当該債権者に弁済を受けさせることを目的として相当の財産を信託したことまたは当該債権者を害するおそれがないことを証する書面をいう。
⑤ 委任状（商登18）

memo．　資本金の額が会社法および会社計算規則の規定に従って計上されたことを証する書面（商登規61⑨）については、登記簿から、減少する資本金の額が効力発生日における資本金の額を超えないこと（会社447②）を確認することができるため、添付を要しない（平18・3・31民商782第2部第4・2(3)イ）。

> Q287〔添付書面〕
> 資本金の額の減少の登記に添付する書面

株式会社　6　資本金の額の変更

Q288〔剰余金の資本組入れ〕
剰余金を資本に組み入れることができるか

会社は、剰余金の額を減少して、資本金の額を増加することができる（会社450①）。

memo.1　「その他資本剰余金」とは、資本剰余金の項目に含まれるもののうち、資本準備金以外のものをいい、資本金の減少や自己株式の処分をした場合等に生ずる剰余金をいう。

会社計算規則76条4項は、次のように定めている。

「株式会社の貸借対照表の資本剰余金に係る項目は、次に掲げる項目に区分しなければならない。　一　資本準備金　二　その他資本剰余金」

memo.2　会社の資本金の額は、株式の発行による資本金の額の増加のほか、資本準備金またはその他資本剰余金の額を減少する場合または、利益準備金またはその他利益剰余金の額を減少する場合も、増加することができる（会計規25①、平21・3・27民商765）。

```
貸借対照表（個別）

〔純資産の部〕
　株主資本
　1　資本金
　2　新株式申込証拠金
　3　資本剰余金
　　(1)　資本準備金
　　(2)　その他資本剰余金
　4　利益剰余金
　　(1)　利益準備金
　　(2)　その他利益剰余金

［以下、省略］
```

剰余金の額の減少に伴う資本金の額の増加

Q289〔株主総会の決議〕
その他資本剰余金の資本組入れを決議する機関

その他資本剰余金の資本組入れは、株主総会の普通決議（会社309①）によって行う。決議を行う株主総会は、定時株主総会に限定されず、臨時株主総会によることもできる。この決議では次の事項を定めなければならない（会社450①②、会計規25①二）。
①　減少する剰余金の額
②　資本金の額の増加がその効力を生ずる日
なお、上記①の「減少する剰余金の額」は、②の「資本金の額の増加がその効力を生ずる日」における剰余金の額を超えてはならない（会社450③）。

Q290〔債権者異議手続〕
剰余金の額を減少するには、債権者異議手続を要するか

債権者異議手続を要しない。その他資本剰余金の資本組入れは、会社財産（資本金または準備金）の減少を伴わないので、債権者の利害に影響を与えないからである。

株式会社　6　資本金の額の変更

次の書面を添付しなければならない。
① 株主総会議事録、株主リスト（商登46②、商登規61③）
② 減少に係る剰余金の額が計上されていたことを証する書面（商登69）

Q291〔添付書面〕その他資本剰余金の資本組入れの登記に必要な添付書面

会社の代表者が資本金の額に組み入れるべき剰余金の額があることを証明した書面（登記所に届け出た代表者印を押印）が該当する。

その他資本剰余金の額に関する証明書

当社のその他資本剰余金の額　　　　　　　　　　　　　　金〇〇円
資本金に組み入れたその他資本剰余金の額　　　　　　　　金〇〇円

　上記のとおり、減少に係るその他資本剰余金の額が計上されていたことに相違ないことを証明する。

平成〇年〇月〇日

　　　　　　　　　　　　〇県〇市〇町〇丁目〇番〇号
　　　　　　　　　　　　〇〇株式会社
　　　　　　　　　　　　　　代表取締役　〇〇　〇〇　印（注）

（注）　代表者が登記所に届け出ている印を押印する必要がある。
（法務省ホームページより引用）
③ 委任状（商登18）

剰余金の額の減少に伴う資本金の額の増加

株式会社　⑥　資本金の額の変更

準備金の額の減少に伴う資本金の額の増加

Q292〔準備金〕
準備金には、どのような種類があるか

準備金には、資本準備金（会社445③④、会計規76④一）と利益準備金（会社445④、会計規76⑤一）とがある。

Q293〔準備金の資本組入れ〕
資本に組み入れることができる準備金の種類、その組入可能額

会社は、準備金（資本準備金・利益準備金）を資本に組み入れることができる（会社448①二）。
　会社法448条〔準備金の額の減少〕の規定により準備金の額を減少する場合（同条1項2号に掲げる事項〔減少する準備金の額の全部または一部を資本金とするときは、その旨および資本金とする額〕を定めた場合に限る）は、同条1項2号の資本金とする額に相当する額が増加する（会計規25①一）。memo.の会社計算規則25条1項1号を参照。

memo.1　＜会社計算規則25条1項＞

> 第25条　株式会社の資本金の額は、第1款〔株式の交付等〕及び第4節〔吸収合併、吸収分割および株式交換に際しての株主資本および社員資本〕に定めるところのほか、次の各号に掲げる場合に限り、当該各号に定める額が増加するものとする。
> 　一　法第448条〔準備金の額の減少〕の規定により準備金の額を減少する場合（同条第1項第2号〔減少する準備金の額の全部または一部を資本金とするとき〕に掲げる事項を定めた場合に限る。）　同号の資本金とする額に相当する額
> 　二　法第450条〔資本金の額の増加・剰余金〕の規定により剰余金の額を減少する場合　同条第1項第1号の減少する剰余金の額に相当する額

memo.2　会社の資本金の額は、株式の発行による資本金の額の増加のほか、準備金または剰余金の額を減少する場合に限り、増加することができる（会計規25①）。

Q294〔株主総会の決議〕
資本準備金の資本組入れを決議する機関

資本準備金の資本組入れは、株主総会の普通決議（会社309①）で行う。決議を行う株主総会は、定時株主総会に限定されず、臨時株主総会によることもできる。この決議では次の事項を定めなければならない（会社448①、会計規25①一）。
① 減少する準備金の額
② 減少する準備金の額の全部または一部を資本金とするときは、その旨および資本金とする額

③ 準備金の額の減少の効力発生日
　ただし、株式の発行と同時に準備金の額を減少する場合において、当該準備金の額の減少の効力発生日後の準備金の額が当該日前の準備金の額を下回らないときは、取締役の決定（取締役会設置会社にあっては、取締役会の決議）で足りる（会社448③）。

(1) 減少する準備金の額の全部を資本金とする場合を除き、準備金の額を減少する場合には、次に掲げる事項を官報に公告し、かつ、知れている債権者に対し各別に催告する等の債権者保護手続を行わなければならない（会社449①本文・②）。
　① 当該準備金の額の減少の内容
　② 会社の計算書類に関する事項として法務省令（会計規152）で定めるもの（最終事業年度に係る貸借対照表またはその要旨が公告されている場合における官報の日付および頁等）
　③ 債権者が1か月を下らない一定の期間内に異議を述べることができる旨
(2) ただし、定時株主総会において準備金の額のみの減少を決議した場合であって、減少する準備金の額が当該定時株主総会の日における欠損の額を超えないときは、債権者保護手続を要しない（会社449①ただし書、会計規151）。
(3) 各別の催告の不要：会社が(1)の公告を、官報のほかに、定款で定める公告の方法（会社939①：時事に関する事項を掲載する日刊新聞紙に掲載する方法または電子公告）で公告するときは、各別の催告は、することを要しない（会社449③）。

Q295〔債権者異議手続〕
準備金の額を減少する場合には、債権者異議手続をする必要があるか

Q296〔添付書面〕
準備金の資本組入れの登記に必要な添付書面

次の書面を添付しなければならない。
① 株主総会議事録、株主リスト（商登46②、商登規61③）
② 株式の発行と同時に準備金の額を減少する場合において、当該準備金の額の減少の効力発生日後の準備金の額が当該日前の準備金の額を下回らないときは（→Q294のただし書。会社448③）、株主総会の議事録に代えて、次に掲げる書面
　イ 取締役の過半数の一致を証する書面または取締役会の議事録（商登46①②）
　ロ 会社法448条3項に規定する場合に該当することを証する書面（商登規61⑪）
　　具体的には、代表者の作成に係る証明書（準備金の額の減少と同時にする株式の発行に際して計上する準備金の額を示す等の方法により、当該場合に該当することを確認することができるもの）等がこれに該当する（平18・3・31民商782第2部第4・2(2)ア(イ) b (b)）。
③ 減少に係る資本準備金の額が計上されていたことを証する書面（商登69）
　　具体的には、代表者の作成に係る証明書等がこれに該当する（平18・3・31民商782第2部第4・2(2)ア(イ) c）。
④ 委任状（商登18）

memo. 減少する準備金の額の全部を資本金とする場合を除き、準備金の額を減少する場合には原則として債権者異議手続が必要である（→Q295(1)(2)）。ただし、準備金の額は登記事項ではなく、準備金の額の減少に係る債権者異議手続を行ったことを証する書面の添付は要しない（平18・3・31民商782第2部第4・2(2)ア(イ)なお書）。

株式会社　7　解散・清算

株式会社は、次に掲げる事由によって解散する（会社471）。
① 定款で定めた存続期間の満了
　　会社の存続期間は登記すべき事項である（会社911③四）。
② 定款で定めた解散の事由の発生
　　会社の解散事由は登記すべき事項である（会社911③四）。
③ 株主総会の決議
　　会社は、いつでも、株主総会の特別決議（会社309②十一）により解散することができる。主務大臣の認可を要する業種もある（例：銀行37①三、保険153①一等）。
　　特別決議＝当該株主総会において議決権を行使することができる株主の議決権の過半数（3分の1以上の割合を定款で定めた場合にあっては、その割合以上）を有する株主が出席し、出席した当該株主の議決権の3分の2（これを上回る割合を定款で定めた場合にあっては、その割合）以上に当たる多数をもって行わなければならない。この場合においては、当該決議の要件に加えて、一定の数以上の株主の賛成を要する旨その他の要件を定款で定めることを妨げない。
④ 合併（合併により当該会社が消滅する場合に限る）
⑤ 破産手続開始の決定
　　会社は、破産手続開始の決定の時に解散する（破産30②）。
⑥ 解散命令（会社824①）または解散判決（会社833①）

Q297〔解散事由〕
　株式会社の解散事由は何か

解散した会社は、清算の目的の範囲内でしか権利能力を有しないので（会社476）、次の行為をすることができない（会社474）。
① 合併の存続会社となること（合併の消滅会社となることはできる）。

Q298〔制限事項〕
　解散した会社は、どのような行為を制限されるか

解散

解散		② 吸収分割の承継会社となること（分割会社となることはできる）。 memo. （1） 会社は、解散により、合併の場合には被合併会社の法人格が当然に消滅し、破産の場合には破産手続に入り、これ以外の場合には清算手続に入る。株式会社の法人格は、合併の場合を除き、解散によって当然に消滅せず、清算手続の終了によって消滅する。 （2） 解散命令により解散した会社は、その会社を消滅会社とする合併等は認められない。解散判決により解散した会社は、合併等は可能と解すべきである（江頭・会社法985頁）。
	Q299〔職権抹消事項〕 解散の登記をした場合に、登記官の職権で、抹消される登記事項	解散の登記をしたときは、登記官の職権で、次の登記を抹消する記号を記録しなければならない（商登規59・72）。 ① 取締役会設置会社である旨の登記、取締役・代表取締役・社外取締役に関する登記 ② 特別取締役による議決の定めがある旨の登記、特別取締役に関する登記 ③ 会計参与設置会社である旨の登記、会計参与に関する登記 ④ 会計監査人設置会社である旨の登記、会計監査人に関する登記 ⑤ 監査等委員会設置会社である旨の登記、監査等委員である取締役に関する登記、重要な業務執行の決定の取締役への委任についての定款の定めがある旨の登記 ⑥ 指名委員会等設置会社である旨の登記、委員・執行役・代表執行役に関する登記 ⑦ 支配人に関する登記
	Q300〔株式譲渡制限と解散〕 株式譲渡制限の承認機関が取締役会の場合に、この変更をしないで解散登記の申請ができるか	株式譲渡制限の承認機関を取締役会としている場合に、承認機関変更の決議を遺漏し、解散登記のみが申請されても、解散登記は受理される。なお、申請人に対しては、譲渡承認機関を取締役会とする定款の定めを速やかに変更し、その登記をするように促すものとされている（愛知県司法書士会速報439号1頁、なお登研708号177頁参照）。

株式会社　7　解散・清算

memo.1　機関設計（会社327・328）として許容されない登記の申請（株式譲渡制限の定款の定めを廃止したのに取締役会を設置しない場合等）については、却下される。新たな機関を設けた場合に、これを構成する役員等の登記申請なくして機関設置の登記のみを申請するときも、同様である（前掲速報439号1頁）。

memo.2　解散の登記を申請すると、取締役等の登記、取締役会設置会社である場合には取締役会設置会社である旨の登記は、職権抹消される（→Q299）。

Q301〔添付書面〕
解散登記の添付書面

次の書面を添付する。
① 解散事由の発生を証する書面（商登71②）
　㋑ 株主総会の決議によって解散した場合
　　解散を決議した株主総会議事録、株主リスト（商登46②、商登規61③）。
　㋺ 定款で定めた解散事由の発生により解散した場合
　　解散事由は登記すべき事項であるが（会社911③四）、その解散事由の発生は登記簿上では判明しないので、解散事由の発生を証する書面を添付する（商登71②）。
　㋩ 定款で定めた存続期間の満了により解散した場合
　　存続期間は登記すべき事項であり（会社911③四）、登記簿上で判明するから、解散の事由が発生したことを証する書面の添付を要しない。
② 代表清算人の資格を証する書面
　代表清算人の申請に係る解散の登記の申請書には、その資格を証する書面を添付しなければならない（商登71③本文）。
　ただし、当該代表清算人が会社法478条1項1号［定款または株主総会の決議により選任された清算人がいない場合］の規定により清算株式会社の清算人となったもの（会社法483条4項に規定する場合［同法478条1項1号の規定により、取締役が清算人となる場合において、代表取締役を定めていた場合］にあっては、同項の規定により清算株式会社の代表清算人となったもの）であるときは、代表清算人の資格を証する書面の添付を要しない（商登71③ただし書）。この事実は、登記簿上で判明するからである。
③ 委任状（商登18）
【備考】　代表清算人の印鑑届書を提出する（商登20①、商登規9①⑤（印鑑証明書付））。

解散

Q302〔休眠会社〕
休眠会社のみなし解散とは、どのような制度か

(1) 休眠会社とは、株式会社であって、当該株式会社に関する登記が最後にあった日から12年を経過したものをいう。休眠会社の制度は、株式会社についてのみ認められる制度である（会社472①）。特例有限会社には、休眠会社の制度はない（整備32）。

解散

(2) 会社に関する登記が最後にあった日から12年を経過した休眠会社は、法務大臣が定める一定の手続をしなかったときは解散したものとみなされ、登記官の職権で解散の登記がされる（商登72）。制度の概要→**Q303**。
memo. 旧商法では、最後の登記後5年を経過した株式会社を休眠会社としてみなし解散の対象にしていたが（旧商406ノ3）、会社法では、株式譲渡制限会社は取締役・監査役等の任期が最長10年に伸長できることになったので（会社332②・334①・336②）、最後の登記後の期間が12年に伸長された。

Q303〔休眠会社整理の概要〕
休眠会社を整理する手続の概要

手続の概要は次のとおり（会社472）。

(1) 法務大臣による官報公告
　法務大臣が、休眠会社に対し、2か月以内に法務省令（会社規139・後掲）で定めるところにより、会社の本店の所在地を管轄する登記所に事業を廃止していない旨の届出をすべき旨を官報に公告する。
(2) 登記所による休眠会社への通知
　登記所は、(1)の官報による公告があったときは、休眠会社に対し、その旨の通知を発しなければならない（会社472②）。
(3) 2か月の期間の経過
　休眠会社が(1)の届出をしないときは、官報で公告された2か月の期間の満了の時に、解散したものとみなされる。官報で公告された2か月の期間内に当該休眠会社に関する登記がされたときは、会社は、解散したものとみなされない。

＜会社法施行規則139条＞

第139条　法第472条第1項の届出（以下この条において単に「届出」という。）は、書面でしなければならない。
2　前項の書面には、次に掲げる事項を記載し、株式会社の代表者又は代理人が記名押印しなければならない。
一　当該株式会社の商号及び本店並びに代表者の氏名及び住所
二　代理人によって届出をするときは、その氏名及び住所

三　まだ事業を廃止していない旨
　四　届出の年月日
　五　登記所の表示
3　代理人によって届出をするには、第1項の書面にその権限を証する書面を添付しなければならない。
4　第1項又は前項の書面に押印すべき株式会社の代表者の印鑑は、商業登記法（昭和38年法律第125号）第20条第1項の規定により提出したものでなければならない。ただし、法第472条第2項〔登記所からの通知〕の規定による通知に係る書面を提出して届出をする場合は、この限りでない。

→Q327。

Q304〔継　続〕
休眠会社の継続の登記手続はどのようにするのか

解散

Q305〔通常清算の概要〕

株式会社における通常清算の概要図

株式会社は法定清算によって清算をするが、特別清算ではない通常清算の方法による清算手続の概要図は次のとおりである。

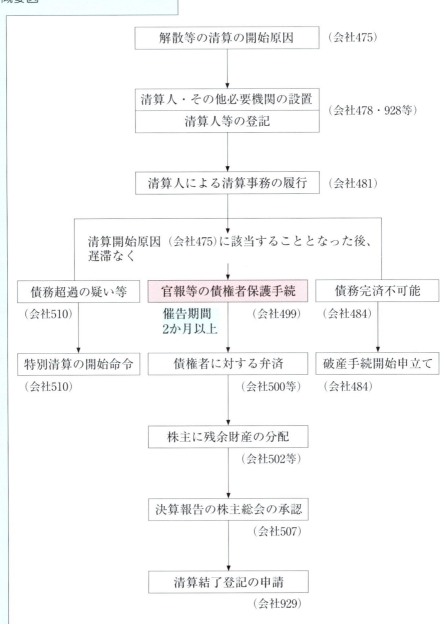

Q306〔清算会社の能力〕
清算をする株式会社は、どのような権利能力を有しているか

解散後・清算手続中の株式会社（以下「清算会社」という）は、清算の目的の範囲内において、清算が結了するまではなお存続するものとみなされる（会社476）。清算会社は、営業取引をする権利能力を有しない。

清算株式会社には、会社法が定める次の規定は適用されない（会社509①）。
① 自己株式の取得（会社155）
② 会社法2編5章2節2款：計算書類等（会社435④・440③・442・443を除く）
③ 会社法2編5章2節3款：連結計算書類（会社444）
④ 会社法2編5章3節：資本金の額等（会社445以下）
　　清算株式会社は、資本金の額を増減することができない。
⑤ 会社法2編5章4節：剰余金の配当（会社453以下）
　　清算株式会社は、剰余金の配当をすることができない。
⑥ 会社法2編5章5節：剰余金の配当等を決定する機関の特則（会社459・458）
⑦ 会社法5編4章ならびに5章中株式交換および株式移転の手続に係る部分

memo. 清算株式会社は、無償で取得する場合、その他法務省令（会社規151）で定める場合に限り、当該清算株式会社の株式を取得することができる（会社509③）。

Q307〔清算の開始原因〕
株式会社の清算開始原因は何か

次のとおり（会社475）。
① 解散した場合
　　ただし、合併（合併により当該株式会社が消滅する場合に限る）によって解散した場合、および破産手続開始の決定により解散した場合であって当該破産手続が終了していない場合を除く。
② 設立の無効の訴えに係る請求を認容する判決が確定した場合

③ 株式移転の無効の訴えに係る請求を認容する判決が確定した場合

Q308〔法定清算〕
株式会社の清算方法は、法定清算に限られるか

(1) 株式会社の清算は、法定清算によらなければならない。合名会社および合資会社では、社員間に人的信頼関係があり、かつ、解散後においても社員が債権者に対して一定の責任を負う（会社673）ことから、任意清算による方法も認められているが、株式会社の場合には任意清算の方法によることは認められていない。

(2) 法定清算は、次の2つに区分される。
① 通常清算：次の②の方法によらない清算をいう。通常清算は、債権者にその債務の弁済をすることができ、株主に対しては残余財産の分配をすることができる株式会社が行う清算の手続である。
② 特別清算：清算の遂行に著しい支障を来すべき事情がある場合、または債務超過（清算株式会社の財産がその債務を完済するのに足りない状態をいう）の疑いがある場合になされる清算である。債権者、清算人、監査役または株主の申立てにより、裁判所が特別清算の開始を命ずることになる（会社510・511）。

memo. 以下においては、通常清算（以下、単に「清算」という）について述べる。

Q309〔裁判所の関与〕
清算手続に裁判所が関与することはあるか

[1] 原則として不要
旧商法の下では、清算は裁判所の監督に属するものとされていた（旧非訟136ノ2・135ノ25①）。

会社法の下では特別清算の場合を除き、原則として、清算手続を裁判所が監督するということはなくなった。したがって、旧商法では裁判所への提出が義務付けられていた解散事由・その年月日・清算人の氏名住所の届出（旧商418）、および、清算後遅滞なく作成する財産目録・貸借対照表の提出は、不要である。

[2] 許可等を要する場合
①訴訟当事者に対する財産目録、貸借対照表等の提出命令（会社493・498）、②債権申出期間中の債務の弁済の許可（会社500②）、③条件付債権等の価額の不確定な債権についての鑑定人の選任（会社501①）、④清算結了後の帳簿資料の保存者の決定（会社508②）等については、裁判所が関与する以外に適切な規律を設けることが困難であることから、裁判所の許可等を要する（会社法の解説144頁）。

清算会社の機関には、会社法の規定により置かなければならない必要的機関と、定款で定めることによって置くことができる任意的機関とがある。

Q310〔清算会社の機関〕
清算会社には、どのような機関を置くのか

1 必要的機関

清算会社の類型	必要的機関	会社法
すべての清算会社	株主総会 清算人（1人以上）	491 477①
監査役会または清算人会を置く旨の定款の定めがある清算会社	清算人会	477②③
解散等の清算開始原因（会社475、Q307）の発生時に、公開会社または大会社であった清算会社	監査役	477④
解散等の清算開始原因（会社475、Q307）の発生時に、公開会社または大会社で監査等委員会設置会社であった清算会社	監査等委員である取締役が監査役となる	477⑤
解散等の清算開始原因（会社475、Q307）の発生時に、公開会社または大会社で指名委員会等設置会社であった清算会社	監査委員が監査役となる	477⑥

2 任意的機関

清算会社の類型	任意的機関	会社法
すべての清算会社 　定款で定めることにより、右欄の機関を置くことができる（監査役会を設置した場合には、清算人会の設置が必要的となる→1の表）。	清算人会 監査役 監査役会	477②

清　算（清算会社の機関）

memo.　株主総会以外の機関の設置についての会社法の規定（会社法2編4章2節「株主総会以外の機関の設置」の規定）は、清算会社については、適用されない（会社477⑦）。したがって、清算会社には、会社法477条で定める機関（①②の表）以外の機関は置くことができないので、会計参与・会計監査人・監査等委員会・指名委員会等を置くことができない。

Q311〔清算人の種類〕
清算人の種類には、どのようなものがあるか

次のように区分できる。

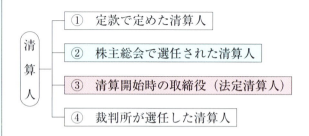

① 定款で定めた清算人
② 株主総会で選任された清算人
③ 清算開始時の取締役（法定清算人）
④ 裁判所が選任した清算人

[1] 清算人の選任
　清算会社の清算人には、次の者がなる（会社478①）。
① 定款で定める者
　清算会社と清算人との関係は、委任に関する規定に従う（会社478⑧・330）。定款で清算人として定める者は、就任を承諾することにより、清算人となる。
② 株主総会の決議によって選任された者
　この決議は普通決議（会社309①）である。清算会社と清算人との関係は、委任に関する規定に従うので（会社478⑧・330）、株主総会の決議で選任された者は、就任を承諾することにより、清算人となる。
③ 上記①および②の者がないときは、清算開始時の取締役（監査等委員である取締役以外の取締役、指名委員会等設置会社であった清算会社にあっては、監査委員以外の取締役（会社478⑤⑥））
　この③の清算人を、法定清算人という。法定清算人は、会社法の規定（会社478①一）により取締役がそのまま清算人となったものであるから、就任承諾を要しない。

[2] 裁判所による選任
　次の場合には、裁判所が清算人を選任する。

① 上記[1]により清算人となる者がないときは、裁判所は、利害関係人の申立てにより、清算人を選任する（会社478②）。
② 解散命令（会社824①）または解散判決（会社833①）によって解散（会社471六）した清算会社については、裁判所は、利害関係人もしくは法務大臣の申立てにより、または職権で、清算人を選任する（会社478③）。
③ 設立無効（会社475二）または株式移転無効（会社475三）の判決が確定した清算会社については、裁判所は、利害関係人の申立てにより、清算人を選任する（会社478④）。

　裁判所の選任に係る清算人は、裁判所が選任に際し事前に被選任者から就任承諾を得ているから、選任後に改めて就任承諾をすることは必要でない。

清算人は1人で足りるが（会社477①）、清算人会設置会社の場合は、清算人は3人以上でなければならない（会社478⑧・331⑤）。 memo.　清算人会設置会社とは、定款で定めたことにより清算人会を置く清算会社または会社法の規定により（→Q310）清算人会を置かなければならない清算会社をいう（会社478⑧括弧書）。	**Q312〔員　数〕** 清算人は何人置くべきか
清算人が2人以上であっても、必ずしも清算人会を置く必要はない。清算人会を設置しようとする場合には、定款で清算人会を置く旨を定めなければならない（会社477②）。監査役会を置く旨の定款の定めがある清算会社は、清算人会を置かなければならない（会社477③）。 memo.　定款で清算人会または監査役会を置く旨の定めがない限り、清算人会は設置する必要はない（会社477②③）。	**Q313〔清算人会〕** 清算人会は設置しなければならないか
清算人については、任期の定めはない。 memo.　定款または株主総会の決議で清算人の任期を定めない限り、清算結了まで在任する（会社法上、清算人の任期規定は存在しない）。	**Q314〔任　期〕** 清算人には任期の定めがあるか

清　算（清算会社の機関）

清算（清算会社の機関）

Q315〔代表清算人〕
代表清算人は、どのようにして定めるのか

清算人会設置会社であるか否かによって、次のように異なる。
[1] 清算人会設置会社でない清算会社
① 清算人の中から代表清算人を定めないときは、各清算人が代表清算人となる（会社483①②）。
② 清算開始時の取締役が清算人（法定清算人）となる場合において（会社478①）、代表取締役を定めていたときは、その代表取締役が代表清算人となる（会社483④）。
③ 次の方法のいずれかにより、清算人の中から代表清算人を定めることができる（会社483③）。
　イ　定　款
　ロ　定款の定めに基づく清算人（裁判所が選任したものを除く）の互選
　ハ　株主総会の普通決議（会社309①）
④ 裁判所が清算人を選任したときは、裁判所は、清算人の中から代表清算人を定めることができる（会社483⑤）。
[2] 清算人会設置会社である清算会社
清算人会設置会社においては、次の方法により代表清算人を定める。
① 清算人会設置会社は、他に代表清算人があるときを除き、清算人会の決議により、清算人の中から代表清算人を選定しなければならない（会社489③）。
② 解散前の取締役が清算人となる場合において（会社478①）、代表取締役を定めていたときは、その代表取締役が代表清算人となる（会社483④）。
③ 裁判所が清算人を選任したときは、裁判所は、清算人の中から代表清算人を定めることができる（会社483⑤）。

Q316〔監査役の任期〕
清算会社の監査役の任期は何年か

(1) 清算会社の監査役については、その任期についての定めはない（会社480②）。
(2) 次の①または②の場合には、監査役は、当該定款の変更の効力が生じた時に退任する（会社480①）。
① 監査役を置く旨の定款の定めを廃止する定款の変更
　定款に監査役を置く旨の定めがある場合には、解散決議と同時または清算中に、監査役を置く旨の定款の定めを廃止して、監査役を置かないとすることができる。ただし、清算開始時（会社475）に公開会社または大会社であった清算会社は、監査役を置く旨の定款の定めを廃止することができない（会社477④参照）。
② 監査役の監査の範囲を会計に関するものに限定する旨の定款の定めを廃止する定款の変更

株式会社　7　解散・清算

memo.1　解散前、定款に監査役または監査役会を置く旨を定めていれば、解散に当たって当該定款を変更しない限り、清算会社においても当該定款の定めが適用される（会社法の解説145頁・146頁）。解散前から監査役を置いていた会社では、解散後も当該監査役が引き続きその職務を行う（公開会社・大会社で指名委員会等設置会社、監査等委員会設置会社であったものが清算会社となった場合の監査役→Q310①）（江頭・会社法993頁）。
　当該監査役を退任させるためには、辞任、株主総会により解任するか、または定款の監査役設置規定を廃止すべきである（(2)①参照）。
memo.2　会社法施行時（平成18年5月1日）に現に就任していた清算会社の監査役の任期は就任の日から4年であり、会社法の施行日以後に就任した監査役については法定の任期がない（会社法Q＆A(4)29頁を参照）。

Q317〔各清算事務年度〕
各清算事務年度とは、どのようなことか

各清算事務年度とは、清算開始原因が生じた日（会社475）の翌日、または、その後毎年その日に応当する日（応当する日がない場合にあっては、その前日）から始まる各1年間の期間をいう（会社494①）。
memo．　清算会社は営業を行わないから事業年度という概念はない。

Q318〔定時株主総会〕
清算会社は、定時株主総会で計算書類の承認を受ける必要があるか

株主総会は清算中でも存続する。清算人は、各清算事務年度につき、定時株主総会に貸借対照表および事務報告を提出（提供）しなければならない。貸借対照表については、定時株主総会の承認を受けることを要し、また、清算人は、事務報告の内容を定時株主総会に報告しなければならない（会社497）。
memo．　清算会社における株主総会の手続等の規定は、解散前における株主総会の手続等の規定が準用される（会社491）。

清算（清算会社の機関）

株式会社　7　解散・清算

清算（清算事務）

Q319〔清算人の職務〕
清算人の職務は何か

(1) 清算人は、次に掲げる職務を行う（会社481）。
　① 現務の結了
　② 債権の取立ておよび債務の弁済
　③ 残余財産の分配
(2) 清算人は、清算会社（清算人会設置会社を除く）の業務を執行する。清算人が2人以上ある場合には、清算会社の業務は、定款に別段の定めがある場合を除き、清算人の過半数をもって決定する（会社482①②）。

memo．　清算人会設置会社の場合
(1) 清算人会は、次に掲げる職務を行う（会社489②）。①清算人会設置会社の業務執行の決定、②清算人の職務の執行の監督、③代表清算人の選定および解職。
(2) 次に掲げる清算人は、清算人会設置会社の業務を執行する（会社489⑦）。①代表清算人、②代表清算人以外の清算人であって、清算人会の決議によって清算人会設置会社の業務を執行する清算人として選定されたもの。

Q320〔債権者に対する公告等〕
清算会社が行う債権者に対する公告・催告の方法等

(1) 清算会社は、清算の開始原因（会社475）に該当することとなった後、遅滞なく、当該清算会社の債権者に対し、一定の期間内（2か月未満であってはならない）にその債権を申し出るべき旨を官報に公告し、かつ、知れている債権者には、各別にこれを催告しなければならない（会社499①）。
(2) 上記の公告には、当該債権者が当該期間内に申出をしないときは清算から除斥される旨を付記しなければならない（会社499②）。
(3) 債権者に対する官報公告に加え、定款で定める公告方法（時事に関する事項を掲載する日刊新聞紙または電子公告）により公告をした場合でも、知れている債権者に対する各別の催告を省略することはできない（減資（会社449③）等の場合と異なり、省略できる旨の規定がない）。

memo．　旧商法では、清算人は就職の日から2か月以内に3回の公告をすることが要求されていたが（旧商421①）、会社法では公告回数の規制はない。

(1) 清算会社は、清算事務が終了したときは、遅滞なく、法務省令（会社規150・後掲）で定めるところにより、決算報告を作成しなければならない（会社507①）。

(2) 清算人会設置会社においては、決算報告は、清算人会の承認を受けなければならない（会社507②）。

(3) 清算人は、決算報告（清算人会設置会社の場合にあっては、清算人会の承認を受けたもの）を株主総会に提出（提供）し、普通決議による承認を受けなければならない（会社309・507③）。

Q321〔清算事務の終了〕
清算事務が終了したときは、株主総会の承認を要するか

＜会社法施行規則150条：決算報告＞

第150条　法第507条第1項の規定により作成すべき決算報告は、次に掲げる事項を内容とするものでなければならない。この場合において、第1号及び第2号に掲げる事項については、適切な項目に細分することができる。
一　債権の取立て、資産の処分その他の行為によって得た収入の額
二　債務の弁済、清算に係る費用の支払その他の行為による費用の額
三　残余財産の額（支払税額がある場合には、その税額及び当該税額を控除した後の財産の額）
四　1株当たりの分配額（種類株式発行会社にあっては、各種類の株式1株当たりの分配額）
2　前項第4号に掲げる事項については、次に掲げる事項を注記しなければならない。
一　残余財産の分配を完了した日
二　残余財産の全部又は一部が金銭以外の財産である場合には、当該財産の種類及び価額

Q322〔清算人就任の添付書面〕
最初の清算人就任（選任）の登記の添付書面

次の書面を添付しなければならない。

① 定　款（商登73①）

最初の清算人の登記申請書には、清算人の就任方法（→Q311 1 および 2 ）を問わず、常に定款を添付しなければならない。定款に清算人会設置の定めがある場合には、清算人の登記と併せて清算人会設置会社の登記を申請する必要があり（会社928①③）、清算人会の定款の定めの有無を確認する必要があるためである。

② 就任承諾書
　イ 清算人
　　定款で定める者が清算人となった場合（会社478①二）、または株主総会の決議によって選任された者が清算人となった場合（会社478①三）には、就任を承諾したことを証する書面を添付しなければならない（商登73②）。
　ロ 代表清算人
　　代表取締役が代表清算人となった場合（会社483④。法定代表清算人）を除き、代表清算人が就任を承諾したことを証する書面を添付しなければならない。

③ 株主総会議事録、株主リスト
　　株主総会の決議によって選任された者が清算人となった場合（会社478①三）には、この選任をした株主総会議事録を添付する（商登46②、商登規61③）。

④ 代表清算人の選定を証する書面
　イ 清算人会設置会社
　　清算人会設置会社においては、他に代表清算人がいる場合（代表取締役が法定代表清算人となった場合（会社483④）、裁判所が代表清算人を選定した場合（会社483⑤））を除き、清算人会で代表清算人を選定しなければならないので（会社489③）、代表清算人を選定した清算人会議事録を添付する（商登46②）。
　ロ 非清算人会設置会社
　　清算人会設置会社を除く清算会社は、定款、定款の定めに基づく清算人（会社法478条2項から4項までの規定により裁判所が選任したものを除く）の互選、または株主総会の決議によって、清算人の中から代表清算人を定めることができる（会社483③）。これらの方法で代表清算人を定めた場合には、選定を証する書面を添付しなければならない（商登規61①、商登46①②）。

⑤ 裁判所の選任決定書等
　　裁判所が選任した者が清算人となった場合には、その選任および会社法928条1項2号に掲げる事項〔代表清算人の氏名・住所〕を証する書面を添付しなければならない（商登73③）。

⑥ 委任状（商登18）

清　算（清算の登記）

Q323〔結了登記の申請時期〕
清算結了の登記は、いつから申請できるか

(1) 株主総会の承認により清算が結了したときは、清算会社は、株主総会の承認の日から2週間以内に、その本店の所在地において、清算結了登記の申請をしなければならない（会社929一）。

(2) なお、清算会社は、清算開始原因（会社475）に該当することとなった後、遅滞なく、債権者に対し、2か月を下らない一定の期間を定めて債権を申し出るべき旨を官報に公告し、かつ、知れている債権者には各別の催告をしなければならないとされ（会社499①）、また、この期間が満了しなければ債権者に債務の弁済をすることができないとされている（会社500①）。

したがって、清算事務は、清算開始原因が生じた日後2か月以内に終了することはありえないことになる。旧商法における先例ではあるが、会社解散（清算人就任）の日から2か月以内にされた株式会社の清算結了の登記申請は受理すべきでない、とするものがある（昭33・3・18民甲572）。

Q324〔結了登記の添付書面〕
清算結了登記の添付書面

次の書面を添付しなければならない。

① 株主総会議事録、株主リスト（商登46②、商登規61③）

清算結了登記の申請書には、株主総会による決算報告の承認（会社507③）があったことを証する書面を添付しなければならない（商登75）。

② 委任状（商登18）

Q325〔継続〕
会社は、どのような場合に継続することができるか

会社の継続とは、解散した株式会社が株主総会の決議により解散前の状態に復帰することをいう。会社は、次の①から③までに掲げる事由によって解散した場合には、清算が結了するまで、株主総会の特別決議（会社309②十一）によって会社を継続することができる（会社473。休眠会社の継続→Q326）。
① 定款で定めた存続期間の満了
② 定款で定めた解散事由の発生
③ 株主総会の決議

memo. 「清算が結了」するのは決算報告（会社507①）が株主総会で承認された時であり（会社507③参照）、この時までは、株主総会の特別決議によって、会社を継続することができる。

Q326〔休眠会社の継続〕
休眠会社は、継続することができるか

休眠会社は、解散されたものとみなされた後3年以内に限り、株主総会の特別決議（会社309②十一）によって、会社を継続することができる（会社473）。

Q327〔継続登記の手順〕
継続登記をするにつき、その前提としてすべき登記があるか

継続登記をする前提として行う登記手続は、次の図のとおりである。

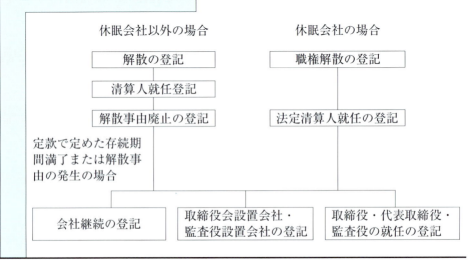

次の区分に従い、継続登記をする前提登記をした上で継続登記を申請する。
[1] 定款で定めた存続期間の満了または解散事由の発生により解散した場合
　解散の登記をしていない場合は、解散の登記をし、これと併せて清算人の就任の登記をする。その後に、次の①または②の登記と併せて継続の登記をする（存続期間満了の事案として昭39・1・29民甲206）。
　① 定款で定めた存続期間の満了の場合
　　存続期間は登記すべき事項であるから（会社911③四）、これを廃止するか、または存続期間の延長をする変更登記をする。
　② 定款で定めた解散事由が発生した場合
　　当該解散事由の廃止の登記をする。
[2] 休眠会社の職権解散登記があった場合
　休眠会社のみなし解散があった場合（会社472①）には、解散登記は、登記官の職権でされる（商登72）。したがって、清算人および代表清算人の就任登記を申請する。この場合においては、定款に別段の定めがない限り、解散時に取締役であった者が清算人に、代表取締役であった者が代表清算人となる（法定清算人の就任登記が必要である）。
[3] 取締役等の就任の登記
　(1) 解散登記がされた場合における取締役等の登記の抹消
　　定款で定めた存続期間の満了、定款で定めた解散事由の発生、株主総会の決議、または、休眠会社のみなし解散規定（会社472①）による解散の登記をしたときは、次に掲げる登記を抹消する記号が記録される（商登規72①）。
　　① 取締役会設置会社である旨の登記、取締役・代表取締役・社外取締役に関する登記
　　② 特別取締役による議決の定めがある旨の登記、特別取締役に関する登記
　　③ 会計参与設置会社である旨の登記、会計参与に関する登記
　　④ 会計監査人設置会社である旨の登記、会計監査人に関する登記
　　⑤ 監査等委員会設置会社である旨の登記、監査等委員である取締役に関する登記、重要な業務執行の決定の取締役への委任についての定款の定めがある旨の登記
　　⑥ 指名委員会等設置会社である旨の登記、委員・執行役・代表取締役に関する登記
　(2) 継続の登記をする前提として必要な取締役等の登記
　　(イ) 取締役・代表取締役等の就任登記：会社継続の決議をしても、解散時の取締役、代表取締役等が当然に復活するものではない。株式会社においては、取締役は必ず置かなければならない機関であるから（会

社326①）、会社を継続するための登記をする前提として、必ず1人または2人以上の取締役の就任登記が必要となる（取締役会設置会社にあっては、3人以上）。また、指名委員会等設置会社でない会社にあっては代表取締役の登記、指名委員会等設置会社であれば会社法911条3項23号で定める登記（委員・執行役・代表執行役等の登記）が必要となる。
　（ロ）　機関設置の登記：（イ）の登記以外に、(1)で抹消された機関を改めて置く場合には、その設置の登記および就任の登記が必要となる。
(3)　監査役の取扱い
　清算会社の監査役については、任期の定めがない（会社480②）。清算株式会社に監査役を置いた場合（会社477②④⑤⑥）には、監査役は、辞任、解任および会社法480条1項の事由が生じた時に退任する。また、清算株式会社において定款で監査役の任期を定めていたときは、その任期満了により退任するという見解がある（商業登記ハンドブック521頁参照）。この見解に立てば、定款に定められた監査役の任期中に、清算株式会社が清算結了前に会社の継続決議をするときには、監査役の任期が残続していることになる。

Q328〔添付書面〕
会社継続の登記の添付書面

次の書面を添付しなければならない（添付書類は、取締役等の就任・継続の登記に関するものである。解散・清算人に関するものは該当Qを参照）。
① 　株主総会議事録、株主リスト
　継続、取締役（監査役を置く場合には監査役）の選任を決議した株主総会議事録、株主リストを添付（商登46②、商登規61③）。取締役会設置会社でない場合には、代表取締役は、定款、定款の定めに基づく取締役の互選または株主総会で定めることができる（会社349③）。
② 　取締役会議事録
　代表取締役を選定した取締役会議事録を添付（商登46②）。
③ 　取締役（監査役）・代表取締役の就任承諾
　取締役（監査役）・代表取締役の就任承諾書を添付する（商登54①）。就任承諾書に記載された氏名および住所と同一の氏名および住所が記載されている本人確認証明書（→Q45）を添付する。ただし、就任承諾書に印鑑証明書を添付する場合は添付不要（商登規61⑦）。株主総会の席上で選任された取締役、監査役が就任を承諾した旨が記載されるとともに、当該取締役等の氏名および住所が記載されている株主総会議事録が添付されているときは、この議事録を就任承諾書に代わるものとして取り扱うことができる（平27・2・20民商18）。株主総会議事録・取締役会議事録に、被選任者が就任を承諾した旨の記載があるときは、添付を省略できる。

④ 印鑑証明書
　㋑ 就任承諾
　　取締役（取締役会設置会社にあっては代表取締役）の就任承諾書の印鑑につき、市区町村長が作成した印鑑証明書を添付する（商登規61④⑤）。
　㋺ 議事録等：以下に掲げる区分に応じ、市区町村長が作成した印鑑証明書を添付する（商登規61⑥）。
　　ⓐ 株主総会で代表取締役を選任したときは、議長および出席取締役が株主総会議事録に押印した印鑑
　　ⓑ 取締役の互選によって代表取締役を定めた場合には、取締役が当該互選を証する書面に押印した印鑑
　　ⓒ 取締役会で選定した場合には、出席した取締役および監査役が取締役会議事録に押印した印鑑
⑤ 委任状（商登18）

memo.1 清算原因が生ずる直前の定款に取締役会を置く旨の定めがある場合において、この会社が清算会社となった後に会社を継続（会社473）したときは、特に定款を変更することなく取締役会を置くべきこととなる（会社法Q＆A(4)28頁）。

memo.2 会社継続の場合には、④の就任承諾書および議事録等の印鑑について、前任者が法務局への提出印を押した場合には印鑑証明書の添付を不要とする商業登記規則61条4項括弧書・6項ただし書の適用はない（前任職は清算人であり、再任とならないから）。

> 本項の組織変更は、持分会社から株式会社への組織変更を記述する。

Q329〔組織変更〕
組織変更と会社の種類の変更とは、どのように異なるのか

組織変更と会社の種類の変更との差違を表にすると、次のようになる。

組織変更	会社の種類の変更
＜物的会社・人的会社間の組織変更＞ ① 株式会社が法人格の同一性を保ちながら、組織を変更して持分会社に変わること、または、持分会社が株式会社に変わることをいう（会社743～747）。	＜人的会社間の責任態様の変更＞ ① 持分会社（合名・合資・合同会社）は、社員の責任に関する定款の定めを変更することにより、他の種類の持分会社となることができる（会社638）。
② 人的会社間の組織変更はできない。人的会社間の責任態様の変更は、会社の種類の変更として取り扱う。	② 人的会社が物的会社（株式会社）となること、または、物的会社が人的会社となることは、会社の種類の変更ではなく、組織変更として取り扱う。
③ 旧商法では、物的会社・人的会社間の組織変更は認められていなかったが、会社法では、このような制限はない（旧商113・163、旧有限64～68）。	

memo. 特例有限会社が株式会社に移行することは、同じ株式会社の類型（枠）内の行為であるから、組織変更ではなく、定款の変更による商号の変更である。

持分会社から株式会社への組織変更の概要図は次のとおり。

Q330〔手続の概要〕
持分会社から株式会社への組織変更手続の概要

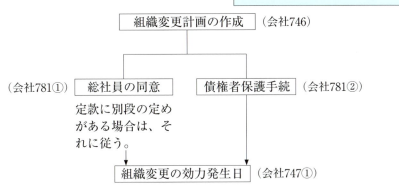

memo. 総社員の同意は、組織変更計画で定めた組織変更の効力発生日の前日までに得なければならない（会社781①）。総社員の同意の日と、債権者保護手続の進行については前後関係はなく、組織変更の効力発生日の前日までに、債権者保護手続が終了していることを要する（会社781②・780①参照）。

組織変更をする持分会社は、定款に別段の定めがある場合を除き、組織変更計画で定めた効力発生日の前日までに、組織変更計画について当該持分会社の総社員の同意を得なければならない（会社781①）。

Q331〔総社員の同意〕
持分会社が株式会社に組織変更するためには、総社員の同意を要するか

---

(1) 次の事項を定める（会社746①）。
① 組織変更後の株式会社（以下「組織変更後株式会社」という）の目的、商号、本店の所在地、発行可能株式総数
② ①のほか、組織変更後株式会社の定款で定める事項
③ 組織変更後株式会社の取締役の氏名
④イ 組織変更後株式会社が会計参与設置会社である場合には、会計参与の氏名（名称）
ロ 組織変更後株式会社が監査役設置会社（監査役の監査の範囲を会計に関するものに限定する旨の定款の定めがある株式会社を含む）である場合には、監査役の氏名

Q332〔組織変更計画〕
持分会社が組織変更をする場合に、組織変更計画で定める事項は何か

ハ　組織変更後株式会社が会計監査人設置会社である場合には、会計監査人の氏名（名称）
⑤　組織変更をする持分会社の社員が組織変更に際して取得する組織変更後株式会社の株式の数（種類株式発行会社にあっては、株式の種類・種類ごとの数）、またはその数の算定方法
⑥　組織変更をする持分会社の社員に対する⑤の株式の割当てに関する事項
⑦　組織変更後株式会社が組織変更に際して組織変更をする持分会社の社員に対してその持分に代わる金銭等（組織変更後株式会社の株式を除く。以下この⑦および⑧において同じ）を交付するときは、当該金銭等についての次に掲げる事項
　　イ　当該金銭等が組織変更後株式会社の社債（新株予約権付社債についてのものを除く）であるときは、当該社債の種類・種類ごとの各社債の金額の合計額、またはその算定方法
　　ロ　当該金銭等が組織変更後株式会社の新株予約権（新株予約権付社債に付されたものを除く）であるときは、当該新株予約権の内容・数、またはその算定方法
　　ハ　当該金銭等が組織変更後株式会社の新株予約権付社債であるときは、当該新株予約権付社債についてのイに規定する事項および当該新株予約権付社債に付された新株予約権についてのロに規定する事項
　　ニ　当該金銭等が組織変更後株式会社の社債等（社債および新株予約権をいう）以外の財産であるときは、当該財産の内容・数もしくは額、またはこれらの算定方法
⑧　⑦の場合には、組織変更をする持分会社の社員に対する⑦の金銭等の割当てに関する事項
⑨　効力発生日
(2)　組織変更後株式会社が監査等委員会設置会社である場合には、(1)の③に掲げる事項は、監査等委員である取締役とそれ以外の取締役とを区別して定めなければならない（会社746②）。

Q333〔債権者異議手続〕
債権者異議手続は、どのようにすべきか

(1)　組織変更をする持分会社の債権者は、当該持分会社に対し、組織変更について異議を述べることができる（会社781②・779①）。
(2)　持分会社は、官報に、①組織変更をする旨、②債権者が一定の期間内（1か月を下ることができない）に異議を述べることができる旨を公告し、かつ、知れている債権者には各別に催告をしなければならない（会社781②・779②）。

なお、組織変更をする合同会社が、公告を、官報のほか、定款で定める公告方法（時事に関する事項を掲載する日刊新聞紙または電子公告に限る）によりするときは、各別の催告は、することを要しない（会社781②・779③）。
(3) 債権者が(2)の期間内に異議を述べなかったときは、当該債権者は、当該組織変更について承認をしたものとみなされる。債権者が(2)の期間内に異議を述べたときは、組織変更をする持分会社は、当該債権者に対し、弁済し、もしくは相当の担保を提供し、または当該債権者に弁済を受けさせることを目的として信託会社等に相当の財産を信託しなければならない。ただし、当該組織変更をしても当該債権者を害するおそれがないときは、この限りでない（会社781②・779④⑤）。
(4) 社債権者がある場合の異議の特則（→会社740①②）

memo. (2)の官報および定款で定める公告方法（日刊新聞紙・電子公告）をすることにより、知れている債権者に各別の催告をする必要がない持分会社は合同会社のみに限られる（会社781②・779③）。合名会社および合資会社は、官報に加えて日刊新聞紙または電子公告の方法によっても、知れている債権者に各別の催告をすることを省略できない。社員の責任の変更（無限責任社員がいなくなる）により、債権者に対し大きな影響を及ぼすからである。

Q334〔効力発生日の変更〕
組織変更の効力発生日を変更できるか

(1) 効力発生日：持分会社の株式会社への組織変更は、組織変更計画に定められた効力発生日に生じる（会社747①）。
(2) 効力発生日の変更：組織変更をする持分会社は、社員の決定により、効力発生日を変更することができる（会社781②・780・590①②〜定款に別段の定めがある場合を除き、社員の過半数で決定する。平18・3・31民商782第5部第1・1(3)）。
(3) 公告：組織変更をする持分会社は、変更前の効力発生日（変更後の効力発生日が変更前の効力発生日前の日である場合にあっては、当該変更後の効力発生日）の前日までに、変更後の効力発生日を公告（→memo.2）しなければならない（会社781・780②③）。

memo.1 債権者異議手続が終了していない場合には、当初の組織変更計画で定めた効力発生

	日に組織変更の効力が生じないこととなるので（会社747⑤）、組織変更の効力発生日を変更する必要がある。 memo.2　公告は、定款で定める公告方法で行う。定款で公告方法を定めていない場合は、官報で行う（会社939①④）。
Q335〔資本金の額〕 組織変更後株式会社の資本金の額はどうなるか	組織変更後株式会社の資本金の額は、組織変更の直前の持分会社の資本金の額となる（会計規34）。
Q336〔登記の方法〕 組織変更の登記は、どのように申請するのか	会社が組織変更をしたときは、その効力が生じた日から、本店の所在地においては2週間以内に、支店の所在地においては3週間以内に、組織変更前の会社については解散の登記をし、組織変更後の会社については設立の登記をしなければならない（会社920・932）。これらの登記の申請は、同時にしなければならない（商登78等）。
Q337〔添付書面〕 組織変更の登記の添付書面	1　株式会社についてする設立の登記 　次の書面を添付する（商登107・114・123）。 ①　組織変更計画書

　効力発生日の変更があった場合には、社員の過半数の一致があったことを証する書面も添付しなければならない（商登93等）。
②　定　款（公証人の認証不要）
③　総社員の同意があったことを証する書面（商登93等）
④　組織変更後の株式会社の取締役（組織変更後の株式会社が監査役設置会社（監査役の監査の範囲を会計に関するものに限定する旨の定款の定めがある株式会社を含む）である場合にあっては取締役および監査役、組織変更後の株式会社が監査等委員会設置会社である場合にあっては監査等委員である取締役およびそれ以外の取締役）が就任を承諾したことを証する書面
　なお、組織変更による設立の登記の場合には、商業登記規則61条4項または3号の規定の適用が除外されているため、当該登記の申請書には、全ての設立時取締役、設立時監査役または設立時執行役の本人確認証明書（→Q45）を添付しなければならない（平27・2・20民商18）。ただし、就任承諾書に印鑑証明書を添付する場合は添付不要（商登規61⑦）。

⑤ 組織変更後株式会社の会計参与または会計監査人を定めたときは、次に掲げる書面
　　㋑ 就任を承諾したことを証する書面
　　㋺ これらの者が法人であるときは、当該法人の登記事項証明書
　　㋩ これらの者が法人でないときは、会社法333条1項［会計参与は公認会計士・税理士］または337条1項［会計監査人は公認会計士］に規定する資格者であることを証する書面
⑥ 株主名簿管理人を置いたときは、その者との契約を証する書面
⑦ 債権者異議手続関係書面
　　㋑ 債権者異議手続のための公告および催告（合同会社の場合に、公告を官報のほか時事に関する事項を掲載する日刊新聞紙または電子公告によってした場合にあっては、これらの方法による公告）をしたことならびに異議を述べた債権者があるときは、当該債権者に対し弁済もしくは相当の担保を提供しもしくは当該債権者に弁済を受けさせることを目的として相当の財産を信託したことまたは当該債権者を害するおそれがないことを証する書面
　　㋺ 合名会社または合資会社の組織変更にあっては、各別の催告をしたことを証する書面を省略することはできない。
⑧ 合名会社または合資会社の組織変更にあっては、資本金の額が会社法および会社計算規則の規定に従って計上されたことを証する書面（商登規61⑨）
　　合同会社の組織変更の場合には、登記簿から組織変更の直前の合同会社の資本金の額を確認することができるため、添付を要しない（平18・3・31民商782第5部第1・2(4)ア）。
⑨ 登録免許税法施行規則12条4項の規定に関する証明書（平19・4・25民商971第3・2)
⑩ 委任状
② 持分会社についてする解散の登記
　添付書面は、要しない（商登78②）。

memo. 商業登記法の改正（平25法28）により、平成27年10月5日以降、申請書に会社法人等番号（商登7）を記載した場合やその他の法務省令で定める場合には、登記事項証明書の添付が不要となる（商登19の3）。

株式会社　10　合　併

> 本項の吸収合併は、株式会社間における吸収合併について記述する。

Q338〔手続の概要〕
株式会社間における吸収合併の手続の概要を示せ

吸収合併存続会社および吸収合併消滅会社における吸収合併の手続の概要は、次のようになる。
(注) 点線枠は、括弧内で明示した吸収合併存続会社または吸収合併消滅会社のいずれかが行う手続である。

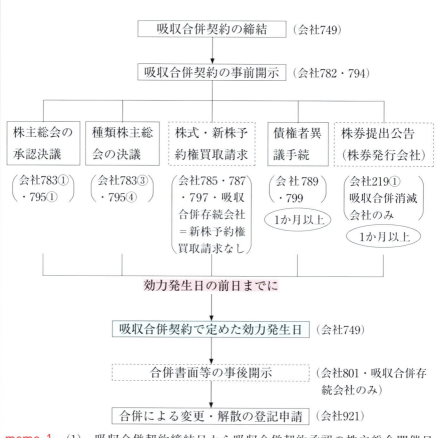

memo.1　(1)　吸収合併契約締結日から吸収合併契約承認の株主総会開催日までの期間については、会社法上の制約はない（会社法100問545頁）。吸収合併の効力発生日の前日までに、株主総会の承認を受ける（会社783①）。
(2)　①株主総会の承認、②債権者異議手続、③反対株主の株式買取請求の行使

手続等については、時間的な先後関係が定められておらず、並行的になし得るものとされ、吸収合併の効力発生日の前日までにそれらの手続を終了しておく必要がある（会社法入門698頁、会社法の解説192頁）。
(3) 合併承認決議の前に、①株券発行会社である吸収合併消滅会社が株券提出の公告・通知、②反対株主の株式買取請求の行使手続、③債権者異議の手続を開始することは可能である（江頭・会社法868頁、千問686頁）。
memo.2 吸収合併消滅会社の事前開示書類については、会社法施行規則182条を参照。

Q339〔合併規制〕
株式会社の吸収合併には規制があるか

規制の有無は次のとおり。
① 株式会社は、株式会社または持分会社（合名会社、合資会社、合同会社）と吸収合併できる（会社748）。
② 株式会社が持分会社を吸収合併した場合または持分会社が株式会社を吸収合併した場合、吸収合併存続会社は、株式会社あるいは持分会社のいずれであってもよい（会社749①・751①）。
③ 清算中の株式会社は、存立中の会社（解散をしていない会社）を吸収合併存続会社とする吸収合併ができる（会社474一。持分会社の場合→会社643一参照）（→memo.1）。
④ 債務超過会社を吸収合併消滅会社とする吸収合併は、可能である（千問672頁、会社法の解説185頁。吸収合併存続会社の取締役の株主総会における説明義務あり＝会社795②）。
⑤ 特例有限会社は、特例有限会社を吸収合併存続会社とする吸収合併をすることができない（整備37）。
⑥ 企業担保法上の規制：合併をする会社の双方の総財産が企業担保権の目的となっているときは、合併後の企業担保権の順位に関する企業担保権者間に協定がなければ、合併をすることができない（企業担保8②）。
⑦ 私的独占の禁止及び公正取引の確保に関する法律上の規制：一定規模以上の合併は、公正取引委員会に対する届出が義務付けられており、届出受理の日から30日を経過するまでは合併できない（独禁15）。
　　金融商品取引法上の規制：㋑金融商品取引法適用会社が合併により株式を発行する場合でも有価証券の募集に当たらないので、有価証券届出書の提出は要しない。ただし、臨時報告書の提出が要求される場合がある（金商24の5④、企業開示19②）。㋺消滅会社の株式につき金融商品取引法に基づく開示が行われていたにもかかわらず、合併により発行される有価証券に関し金融商品取引法に基づく開示が行われていないときは、有価証券の募集に当たるものとされ、その有価証券の発行会社は、有価証券届出書の提出を要する（金商2の2・4①、江頭・会社法853頁参照）。

⑧　主務大臣の認可：特定の業種または会社の合併は、主務大臣の認可を得ないと効力が生じない（銀行30①、保険153①、電気10②、信託業36①、鉄道26②等）

memo.1　破産手続中の会社は、合併をすることができない（江頭・会社法852頁）。更生手続中の会社は、更生手続により合併できる（会社更生45①・180・181）。再生手続中の会社は、合併できる（ただし、民事再生41①一参照）。

memo.2　吸収合併に際し、公開会社である吸収合併存続会社が、吸収合併消滅会社の株主に対して合併対価として当該吸収合併存続会社の株式を交付するために、当該株式をその発行可能株式総数を超えて発行することとするとともに、あらかじめ当該吸収合併の効力発生前に当該吸収合併存続会社の株主総会において当該効力発生を停止条件としてその枠外発行の数を前提とする当該発行可能株式総数の増加に係る定款変更決議をすることができる（平20・9・30民商2665）。

Q340〔株主の地位の承継〕
吸収合併消滅会社の株主は、吸収合併存続会社の株主となるか

株主となる場合とならない場合とがある。詳細は次のとおり。

	ケース	説　明
①	吸収合併契約で定めている場合	吸収合併の場合には、吸収合併消滅会社の株主は、必ずしも吸収合併存続会社の株式を交付されるとは限らない。吸収合併契約の定めに従い（→**Q341**）、吸収合併存続会社の社債、新株予約権、新株予約権付社債、またはその他の財産（金銭、吸収合併存続会社の親会社の株式等）のみを交付されることもある（会社法では、交付金合併または三角合併が許容されている）。この場合には、吸収合併消滅会社の株主は吸収合併存続会社の株主となることができない。
②	吸収合併消滅会社が自己株式を有している場合	吸収合併消滅会社は、吸収合併の効力発生と同時に解散するから（会社471四）、吸収合併存続会社から金銭等（金銭その他の財産をいう－会社151①柱書）の割当てを受けることは不可能である（会社749①三）。

③	吸収合併存続会社が吸収合併消滅会社の株式を有している場合	吸収合併存続会社が有する吸収合併消滅会社株式に対しては、金銭等の割当てをすることができない（会社749①三）。
④	合併に反対した吸収合併消滅会社の株主が株式買取請求権を行使した場合	当該株式については、吸収合併の効力発生日に買取りの効力が発生することから（会社786⑥）、当該吸収合併消滅会社の株主が吸収合併存続会社の株主となることはない。

memo． 三角合併＝三角合併とは、会社を合併する際、吸収合併消滅会社の株主に対して、吸収合併存続会社の株式ではなく、吸収合併存続会社の親会社の株式を交付して行う合併のことをいう。

1 法定記載（記録）事項

> **Q341〔吸収合併契約〕**
> 吸収合併契約で定める事項は何か

吸収合併存続会社が株式会社である場合には、吸収合併契約で次の事項を定める（会社749①）。

① 当事会社の商号・住所
　株式会社である吸収合併存続会社（以下「吸収合併存続会社」という）および吸収合併により消滅する会社の商号および住所

② 交付する対価
　吸収合併存続会社が吸収合併に際して株式会社である吸収合併により消滅する会社（以下「吸収合併消滅会社」という）の株主または持分会社である吸収合併消滅会社（以下「吸収合併消滅持分会社」という）の社員に対してその株式または持分に代わる金銭等（→memo.1）を交付するときは、当該金銭等についての次に掲げる事項

　㋑ 当該金銭等が吸収合併存続会社の株式であるときは、当該株式の数（種類株式発行会社にあっては、株式の種類および種類ごとの数）またはその数の算定方法ならびに当該吸収合併存続会社の資本金および準備金の額に関する事項

　㋺ 当該金銭等が吸収合併存続会社の社債（新株予約権付社債についてのものを除く）であるときは、当該社債の種類および種類ごとの各社債の金額の合計額またはその算定方法

　㋩ 当該金銭等が吸収合併存続会社の新株予約権（新株予約権付社債に付されたものを除く）であるときは、当該新株予約権の内容および数またはその算定方法

　㋥ 当該金銭等が吸収合併存続会社の新株予約権付社債であるときは、当

該新株予約権付社債についての㋺に規定する事項および当該新株予約権付社債に付された新株予約権についての㋩に規定する事項
- ㋭ 当該金銭等が吸収合併存続会社の株式等以外の財産であるときは、当該財産の内容および数もしくは額またはこれらの算定方法
③ 金銭等の割当て（割当比率）
②の場合には、吸収合併消滅会社の株主（吸収合併消滅会社および吸収合併存続会社を除く）または吸収合併消滅持分会社の社員（吸収合併存続会社を除く）に対する②の金銭等の割当てに関する事項（→memo.2）
④ 新株予約権
吸収合併消滅会社が新株予約権を発行しているときは、吸収合併存続会社が吸収合併に際して当該新株予約権の新株予約権者に対して交付する当該新株予約権に代わる当該吸収合併存続会社の新株予約権または金銭についての次に掲げる事項
- ㋑ 当該吸収合併消滅会社の新株予約権の新株予約権者に対して吸収合併存続会社の新株予約権を交付するときは、当該新株予約権の内容および数またはその算定方法
- ㋺ ㋑に規定する場合において、㋑の吸収合併消滅会社の新株予約権が新株予約権付社債に付された新株予約権であるときは、吸収合併存続会社が当該新株予約権付社債についての社債に係る債務を承継する旨ならびにその承継に係る社債の種類および種類ごとの各社債の金額の合計額またはその算定方法
- ㋩ 当該吸収合併消滅会社の新株予約権の新株予約権者に対して金銭を交付するときは、当該金銭の額またはその算定方法
⑤ 新株予約権者に対する割当て（割当比率）
④の場合には、吸収合併消滅会社の新株予約権の新株予約権者に対する④の吸収合併存続会社の新株予約権または金銭の割当てに関する事項
⑥ 効力発生日
吸収合併がその効力を生ずる日（以下「効力発生日」という）

2 吸収合併消滅会社が種類株式発行会社であるとき
吸収合併消滅会社が種類株式発行会社であるときは、吸収合併存続会社および吸収合併消滅会社は、吸収合併消滅会社の発行する種類の株式の内容に応じ、上記1③に掲げる事項として次に掲げる事項を定めることができる（会社749②）。
① ある種類の株式の株主に対して金銭等の割当てをしないこととするときは、その旨および当該株式の種類
② ①のほか、金銭等の割当てについて株式の種類ごとに異なる取扱いを行うこととするときは、その旨および当該異なる取扱いの内容

memo.1　「金銭等」とは、金銭その他の財産をいう（会社151①）。吸収合併の

場合には、吸収合併存続会社の株式・社債・新株予約権・新株予約権付社債以外にも、金銭・吸収合併存続会社の親会社株式等の財産を交付することが認められている（江頭・会社法858頁参照）。
memo.2 ⃞1③についての定めは、吸収合併消滅会社の株主（吸収合併消滅会社および吸収合併存続会社ならびに⃞2①の種類株式の株主を除く）の有する株式の数（⃞2②の事項についての定めがある場合にあっては、各種類の株式の数）に応じて金銭等を交付することを内容とするものでなければならない（会社749③）（株主平等の原則）。

Q342〔効力発生日〕
吸収合併において効力発生日とは何か

(1) 吸収合併における効力発生日とは、吸収合併契約で、吸収合併がその効力を生ずる日とされた日のことをいう（会社749①六）。旧商法の場合と異なって、吸収合併存続会社の本店の所在地で吸収合併による変更登記をした日ではない（旧商416①・102）。しかし、吸収合併消滅会社の解散（吸収合併消滅会社の代表取締役の代表権の喪失等）は、吸収合併の登記の後でなければ第三者に対抗することができない（会社750②）。
(2) 吸収合併の効力発生日は、①吸収合併存続会社が吸収合併消滅会社の権利義務を承継し、かつ、②吸収合併消滅会社の株主・新株予約権者が吸収合併存続会社の株主・新株予約権者等になる日である（会社750①③④⑤）。

Q343〔効力発生日の変更〕
株主総会の承認後に吸収合併の効力発生日を変更できるか

(1) 吸収合併の効力発生日は、吸収合併契約について株主総会の承認決議があった後でも、吸収合併消滅会社と吸収合併存続会社の合意により変更できる（会社790①）（→memo.）。
(2) 吸収合併契約で定めた合併の効力発生日までに、債権者保護（異議）手続、財産の承継、所管官庁の認可等、合併をするために必要な手続が終了していないときは、その効力発生日を変更する必要がある（商業登記の手続656頁）。
(3) 吸収合併消滅会社は、変更前の効力発生日（変更後の効力発生日が変更前の効力発生日前の日である場合にあっては、当該変更後の効力発生日）の前日までに、変更後の効力発生日を公告しなければならない（会社790②）。

株式会社　10　合　併

		memo.　吸収合併の効力発生日の変更は、株主総会の決議を要しない。効力発生日の決定は、取締役会設置会社では取締役会、非取締役会設置会社では取締役の過半数による決定で行う。代表者に決定を委任することも可能である（平18・3・31民商782第5部第2・1、千問705頁、会社348①②・362②一）。
Q344〔合併の承認機関〕 吸収合併契約の承認機関はどこか		吸収合併契約の承認機関は次のようになる。 ① 吸収合併存続会社における承認機関

株式会社間の吸収合併

(A) 種類株式発行会	(1)　株主総会の承認を要する場合（原則）	①　吸収合併存続会社は、効力発生日の前日までに、株主総会の特別決議によって、吸収合併契約の承認を受けなければならない（会社795①・309②十二）。
	(2)　株主総会の承認を要しない場合＜略式合併の場合＞	①　吸収合併消滅会社が吸収合併存続会社の特別支配会社（→memo.1）である場合には、株主総会の決議による承認を要しない（会社796①）。(A)欄(4)を参照。 ②　略式合併の場合にあっては、取締役会設置会社では取締役会の決議により、非取締役会設置会社では取締役の過半数で吸収合併契約を承認することができる。
	(3)　株主総会の承認を要しない場合	①　㋑に記載する額の㋺に記載する額に対する割合が5分の1を超えない場合（これを下回る割合を吸収合併存続会社の定款で定めた場合にあっては、その割合）には、株主総会の決議による承認を要しない（会社796②）。 ㋑に記載する額＝次の額の合計額 　ⅰ　吸収合併消滅会社の株主・社員に対して交付する吸収合併存続会社の株式の数に1株当たり純資産額を乗じて得た額 　ⅱ　吸収合併消滅会社の株主等に対して交付する吸収合併存続会社の社債、新株予約権または新株予約権付社債の帳簿価額の合計額

株式会社　10　合併　295

社以外	＜簡易合併の場合＜	㈢　吸収合併消滅会社の株主等に対して交付する吸収合併存続会社の株式等（株式・社債・新株予約権（会社107②二ホ））以外の財産の帳簿価額の合計額 ㊁　吸収合併存続会社の純資産額として法務省令（会社規196＝Q371②に掲載）で定める方法により算定される額 ＜なお、(A)欄(4)を参照。＞ ②　簡易分割の場合にあっては、取締役会設置会社では取締役会の決議により、非取締役会設置会社では取締役の過半数で吸収合併契約を承認することができる。
	(4)　備　考	組織再編行為の対価が、吸収合併存続会社の譲渡制限株式である場合は次による。 ①　吸収合併存続会社が公開会社の場合→(A)欄(1)または(2)による（会社796①ただし書）。 ②　吸収合併存続会社が株式譲渡制限会社の場合→略式合併・簡易合併の適用はなく、(A)欄(1)の株主総会の特別決議が必要（会社796①ただし書）。
	(1)　株主総会の承認を要する場合（原則）	①　吸収合併存続会社は、効力発生日の前日までに、株主総会の特別決議によって、吸収合併契約の承認を受けなければならない（会社795①・309②十二）。
	(2)　株主総会の承認を要しない場合＜略式合併の場合＞	①　吸収合併存続会社が吸収合併消滅会社の特別支配会社（→memo.1）である場合には、株主総会の決議による承認を要しない（会社796①）。(B)欄(4)を参照。 ②　略式合併の場合にあっては、取締役会設置会社では取締役会の決議により、非取締役会設置会社では取締役の過半数で承認することができる。
		①　㈠に記載する額の㊁に記載する額に対する割合が5分の1を超えない場合（これを下回る割合を吸収合併存続会社の定款で定めた場合にあっては、その割合）には、株主総会の決議による承認を要しない（会社796②）。

株式会社間の吸収合併

(B)種類株式発行会社	(3) 株主総会の承認を要しない場合＜簡易合併の場合＞	④に記載する額＝次の額の合計額 　　ⅰ　吸収合併消滅会社の株主・社員に対して交付する吸収合併存続会社の株式の数に1株当たり純資産額を乗じて得た額 　　ⅱ　吸収合併消滅会社の株主等に対して交付する吸収合併存続会社の社債、新株予約権または新株予約権付社債の帳簿価額の合計額 　　ⅲ　吸収合併消滅会社の株主等に対して交付する吸収合併存続会社の株式等（株式・社債・新株予約権（会社107②二ホ））以外の財産の帳簿価額の合計額 　ロ　吸収合併存続会社の純資産額として法務省令（会社規196＝Q371②に掲載）で定める方法により算定される額 ＜なお、(B)欄(4)を参照。＞ ② 簡易合併の場合にあっては、取締役会設置会社では取締役会の決議により、非取締役会設置会社では取締役の過半数で承認することができる。
	(4) 備　考	吸収合併消滅会社となる会社の譲渡制限株式でない株主に対する組織再編行為の対価が、吸収合併存続会社の譲渡制限株式である場合は次による。 ① 吸収合併存続会社が公開会社の場合→株主総会の特殊決議または(B)欄(2)＋種類株主総会の特別決議による（会社795④・324②六）。 ② 吸収合併存続会社が株式譲渡制限会社の場合→簡易・略式合併の適用はなく、(B)欄(1)＋種類株主総会の特別決議による（会社796①ただし書・796②ただし書・795①④・324②六）。

memo.1 特別支配会社＝ある株式会社の総株主の議決権の10分の9（これを上回る割合を当該株式会社の定款で定めた場合にあっては、その割合）以上を他の会社および当該他の会社が発行済株式の全部を有する株式会社その他これに準ずるものとして法務省令（会社規136＝Q355に掲載）で定める法人が有している場合における当該他の会社をいう（会社468①）。

memo.2 略式合併→Q356、簡易合併→Q354。

2 吸収合併消滅会社における承認機関

(A) 種類株式発行会社以外	(1) 株主総会の承認を要する場合(原則)	① 吸収合併消滅会社は、効力発生日の前日までに、株主総会の特別決議によって、吸収合併契約の承認を受けなければならない（会社783①・309②十二）。
	(2) 株主総会の承認を要しない場合＜略式吸収合併の場合＞	① 吸収合併存続会社が吸収合併消滅会社の特別支配会社（前掲1の表のmemo.1）である場合には、株主総会の決議による承認を要しない（会社784①）。(A)欄(3)を参照。 ② 略式吸収合併の場合にあっては、取締役会設置会社では取締役会の決議により、非取締役会設置会社では取締役の過半数で承認することができる。
	(3) 備考	組織再編行為の対価が、吸収合併存続会社の譲渡制限株式である場合は次による。 ① 吸収合併消滅会社が公開会社の場合→株主総会の特殊決議による（会社804①・309③三）。 ② 吸収合併消滅会社が株式譲渡制限会社の場合→略式吸収合併の適用はなく、(A)欄(1)の株主総会の特別決議が必要（会社784①ただし書）。
(B) 種類株式発行会社	(1) 株主総会の承認を要する場合(原則)	① 吸収合併消滅会社は、効力発生日の前日までに、株主総会の特別決議によって、吸収合併契約の承認を受けなければならない（会社783①・309②十二）。
	(2) 株主総会の承認を要しない場合＜略式吸収合併の場合＞	① 吸収合併存続会社が吸収合併消滅会社の特別支配会社（前掲1の表のmemo.1）である場合には、株主総会の決議による承認を要しない（会社784①）。(B)欄(3)を参照。 ② 略式吸収合併の場合にあっては、取締役会設置会社では取締役会の決議により、非取締役会設置会社では取締役の過半数で承認することができる。
		吸収合併消滅会社となる会社の譲渡制限株式でない株主に対する組織再編行為の対価が、吸収合併存続会社の譲渡制限株式である場合は次による。

株式会社間の吸収合併

(3) 備　考	① 吸収合併消滅会社が公開会社の場合→株主総会の特別決議または(B)欄(2)＋種類株主総会の特殊決議による（会社309②十二・783③・324③二）。 ② 吸収合併消滅会社が株式譲渡制限会社の場合→簡易・略式吸収合併の適用はなく、(B)欄(1)＋種類株主総会の特殊決議による（会社783③・324②二）。

memo.　略式合併→Q356、簡易合併→Q354。

Q345〔買取請求と分配可能額〕
株式買取請求には分配可能額上の制約があるか

合併の際の株式買取請求による自己株式の取得については、分配可能額からくる制約はない（会社461参照）。

memo.　合併の際の株式買取請求に係る自己株式の取得に全く限度がないとは解されておらず、その取得額が会社の純資産額を超える（取得額を純資産の部から控除すると債務超過になる）ことは、資本団体としての性質上認められず、もしそうなる場合には、会社は合併を中止しなければならないとされている（通説、江頭・会社法874頁）。

Q346〔債権者の異議手続〕
債権者の保護（異議）手続は、どのように行うのか

1　異議手続の時期

　各当事会社は、債権者異議手続をとることを要する（会社789・799）。吸収合併の効力発生日より前に、債権者異議手続が終了していなければならない（会社750⑥・752⑥参照）。吸収合併契約を承認する株主総会決議の日等、他の手続との先後関係についてはQ338のmemo.1を参照。

2　官報公告・各別の催告の内容

　各当事会社は、次の事項を官報に公告し、かつ、知れている債権者には各別の催告をしなければならない（会社789②・799②）（各別の催告が不要な場合→Q347）。
① 吸収合併をする旨
② 相手方当事会社の商号および住所
③ 各当事会社の計算書類に関する事項として法務省令（会社規188・199・後掲）で定めるもの
④ 債権者が一定の期間内（1か月を下ることができない）に、異議を述べることができる旨

【会社法施行規則188条・199条】

　法務省令で定めるものは、債権者に対する官報公告の日または各別の催告の日のいずれか早い日における次の①から⑦までに掲げる場合の区分に応じ、当該各区分に定めるものとする。
① 最終事業年度に係る貸借対照表またはその要旨につき、公告対象会社［消滅株式会社・存続株式会社］が公告をしている場合―次に掲げるもの。
　㋑ 官報で公告をしているときは、当該官報の日付および当該公告が掲載されている頁
　㋺ 時事に関する事項を掲載する日刊新聞紙で公告をしているときは、当該日刊新聞紙の名称、日付および当該公告が掲載されている頁
　㋩ 電子公告により公告をしているときは、その検索方法［アドレス］
② 最終事業年度に係る貸借対照表につき公告対象会社が電磁的方法による措置（会社440③）を執っている場合―その検索方法［アドレス］
③ 公告対象会社が、金融商品取引法24条1項の規定により有価証券報告書を内閣総理大臣に提出しなければならない株式会社である場合において、当該株式会社が最終事業年度に係る有価証券報告書を提出しているとき―その旨
④ 公告対象会社が特例有限会社である場合―その旨（→memo.）
⑤ 公告対象会社につき最終事業年度がない場合―その旨
⑥ 公告対象会社が清算株式会社である場合―その旨
⑦ ①～⑥以外の場合―会社計算規則6編2章の規定による最終事業年度に係る貸借対照表の要旨の内容

memo.　特例有限会社は、決算公告義務が課せられていない（整備28）。特例有限会社については、「会社法の施行に伴う関係法律の整備等に関する法律第28条の規定により会社法第440条の規定が適用されないものである場合である。」旨を公告すれば足りる（千問688頁）。

　吸収合併消滅会社または吸収合併存続会社は、債権者が異議を述べることができる旨の公告を、①官報で公告し、これに加えて、②定款で定めた公告方法が、㋑時事に関する事項を掲載する日刊新聞紙に掲載する方法、または、㋺電子公告でする方法である場合において、㋑または㋺のいずれかの方法で公告する場合には、債権者に対する各別の催告をすることを要しない（会社789③・799③）。

Q347〔各別の催告の不要〕
債権者に対する各別の催告が不要な場合

株式会社間の吸収合併

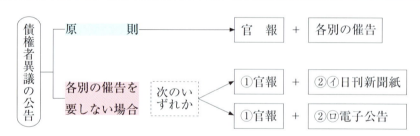

memo. 定款で定める公告の方法が官報であるときは、本文の①官報公告＋②定款で定める公告方法に該当しないので、各別の催告を要する。各別の催告を避けるためには、定款の公告方法を、官報から、時事に関する事項を掲載する日刊新聞紙または電子公告に変更する。

Q348〔公告後の処理〕
債権者に対する異議申述公告後の処理はどうなるか

各当事会社とも、次のようになる（会社789④⑤・799④⑤）。
① 債権者が異議申述期間（Q346の2④）内に異議を述べなかったときは、当該債権者は、当該吸収合併等について承認をしたものとみなされる。
② 債権者が異議申述期間内に異議を述べたときは、吸収合併をしても当該債権者を害するおそれがないときは、各当事会社は、当該債権者に対し、弁済し、もしくは相当の担保を提供し、または当該債権者に弁済を受けさせることを目的として信託会社等（→memo.）に相当の財産を信託しなければならない。

memo. 信託会社等とは、信託会社および信託業務を営む金融機関をいう（会社449⑤）。

Q349〔株券等の提出〕
消滅会社が株券または新株予約権証券等を発行しているときは、この提出公告手続を要するか

1 株券を発行している場合
(1) 吸収合併消滅会社が株券発行会社であるときは、吸収合併の効力発生日（株券提出日）の1か月前までに、全部の株式に係る株券を株券発行会社に対し提出しなければならない旨を公告し、かつ、当該株式の株主およびその登録株式質権者に対し各別に通知しなければならない。ただし、当該株式の全部について株券を発行していない場合は、公告・通知の必要はない（会社219①六）。
(2) 吸収合併消滅会社が存続会社の100％子会社であっても株券発行会社であるときは、株券提出公告および通知を要する。

2 新株予約権証券等を発行している場合

会社が新株予約権に係る新株予約権証券（新株予約権が新株予約権付社債に付されたものであるときは、当該新株予約権付社債に係る新株予約権付社債券）を発行しているときは、会社は、吸収合併の効力発生日（新株予約権証券提出日）の1か月前までに、全部の新株予約権に係る新株予約権証券を会社に対し提出しなければならない旨を公告し、かつ、当該新株予約権の新株予約権者およびその登録新株予約権質権者に対し各別に通知しなければならない（会社293①三）。

Q350〔資本金の額〕
吸収合併存続会社の資本金の額は、どのように定めるのか

1 会社計算規則

吸収合併存続会社の資本金の額は、会社計算規則35条および36条に定めるところによる（平18・3・31民商782第5部第2・1(2)キ参照）。

2 資本金の額の計上に関する証明書

吸収合併存続会社の「資本金の額の計上に関する証明書」（会社445⑤）は、次の区分により作成する（証明書例は法務省ホームページhttp://www.moj.go.jp/を参照）。

① 吸収合併存続会社が吸収合併消滅会社の株主資本を引き継ぐ場合以外の場合

資本金の額の計上に関する証明書

株主資本等変動額（会社計算規則第35条第1項）　　　　　金〇〇円

吸収合併存続会社の資本金の増加額〇〇円は、会社法第445条及び会社計算規則第35条の規定に従って計上されたことに相違ないことを証明する。（注1）

平成〇年〇月〇日

〇県〇市〇町〇丁目〇番〇号
〇〇株式会社
代表取締役　〇〇　㊞（注2）

（注1）　吸収合併存続会社の資本金の増加額は、株主資本等変動額の範囲内で、吸収合併存続会社が吸収合併契約の定めに従い定める必要がある（会計規35②）。
（注2）　代表者が登記所に届け出ている印を押印する。

② 吸収合併存続会社が吸収合併消滅会社の株主資本を引き継ぐ場合

資本金の額の計上に関する証明書

吸収合併の直前の吸収合併消滅会社の資本金の額（会社
計算規則第36条第1項）（注1）　　　　　　　　　　金○○円

吸収合併存続会社の資本金の増加額○○円は、会社法第445条及び会
社計算規則第36条第1項の規定に従って計上されたことに相違ないこと
を証明する。（注2）

平成○年○月○日

　　　　　　　　　　　　　　○県○市○町○丁目○番○号
　　　　　　　　　　　　　　○○株式会社
　　　　　　　　　　　　　　　代表取締役　○○　㊞（注3）

（注1）　登記されている吸収合併消滅会社の資本金の額と一致している必要がある。
（注2）　吸収型再編対価が存しない場合には、吸収合併存続会社の資本金の額を増
　　　　加させることはできない（会計規36②）。
（注3）　代表者が登記所に届け出ている印を押印する。

Q351〔取締役等の任期〕
吸収合併存続会社の取締役・監査役で合併前に就職していた者の任期は、どうなるか

　合併前から就職していた吸収合併存続会社の取締役・監査役の任期は、吸収合併契約でその任期を特に定めない限り、合併前の任期をそのまま継続する。
memo．旧商法414条ノ3で定められていた「合併後存続スル会社ノ取締役及監査役ニシテ合併前ニ就職シタルモノハ合併契約書ニ別段ノ定ノ記載アルトキヲ除クノ外合併後最初ニ到来スル決算期ニ関スル定時総会ノ終結ノ時ニ退任ス」という旨の規定は、会社法には存在しない。

Q352〔申請の方式〕
吸収合併による変更登記・解散登記はどのように申請すべきか

(1)　吸収合併存続会社の合併による変更登記は、合併の効力が発生した日から、本店の所在地において2週間以内に、吸収合併存続会社の代表取締役の申請によって行う（会社921、商登17②）。
(2)　合併による解散の登記の申請については、吸収合併存続会社を代表すべき者が吸収合併消滅会社を代表する（商登82①）。本店の所在地における吸収合併存続会社の変更登記と吸収合併消滅会社の解散登記の申請とは、同時にしなければならない（商登82③）。

memo． 存続会社が1通の吸収合併契約書により複数の消滅会社との間で吸収合併をする場合には、存続会社についての吸収合併による変更登記の申請は、各消滅会社ごとに行う（平20・6・25民商1774）。

1　吸収合併存続会社がする変更登記の添付書面

Q353〔添付書面〕
吸収合併の登記の添付書面は何か

次のとおり（商登80）。
① 吸収合併契約書
　　効力発生日の変更があった場合には、取締役会設置会社にあっては取締役会議事録、非取締役会設置会社にあっては取締役の過半数の一致があったことを証する書面、および効力発生日の変更に係る当事会社の契約書も添付しなければならない（平18・3・31民商782第5部第2・2）。
② 吸収合併存続会社の手続に関する次に掲げる書面
　㈲ 吸収合併契約の承認に関する書面（商登46②、商登規61③）
　　　吸収合併契約の承認機関に応じ、株主総会、種類株主総会、株主リストもしくは取締役会の議事録、または取締役の過半数の一致があったことを証する書面を添付する。
　㈹ 略式合併または簡易合併の場合には、その要件を満たすことを証する書面（簡易合併に反対する旨を通知した株主がある場合にあっては、その有する株式の数が会社法施行規則197条の規定により定まる数に達しないことを証する書面を含む）
　　　簡易合併の要件を満たすことを証する書面としては、会社法796条2項および会社法施行規則196条の規定に従って計算されたことに相違ない旨の吸収合併存続会社の代表取締役が証明した書面が該当する。
　　　略式合併の要件を満たすことを証する書面としては、吸収合併存続会社（被支配会社）の株主名簿等が該当する（平18・3・31民商782第5部第2・2）。
　㈧ 債権者異議手続関係書面
　　　債権者異議手続のための公告および催告（公告を官報のほか時事に関する事項を掲載する日刊新聞紙または電子公告によってした場合にあっては、これらの方法による公告）をしたこと、ならびに異議を述べた債権者があるときは、当該債権者に対し弁済もしくは相当の担保を提供しもしくは当該債権者に弁済を受けさせることを目的として相当の財産を信託したことまたは当該債権者を害するおそれがないことを証する書面を添付する。
　㈡ 資本金の額が会社法445条5項の規定に従って計上されたことを証する書面（資本金の額の計上に関する証明書）

　　　　吸収合併による吸収合併存続会社の変更登記の申請書に添付する「資本金の額の計上に関する証明書」については、**Q350**の②を参照。この書面のひな型については、法務省ホームページhttp://www.moj.go.jp/を参照。
　　　　なお、この㈢の書面は、資本金の額が増加しない場合には添付を要しない。
　③　吸収合併消滅会社の手続に関する次に掲げる書面
　　㈠　吸収合併消滅会社の登記事項証明書
　　　　同一登記所管轄の場合は不要。
　　㈡　吸収合併契約の承認機関に応じ、株主総会もしくは種類株主総会の議事録、株主リストまたは総株主もしくは種類株主の全員の同意があったことを証する書面。略式合併の場合にあっては、その要件を満たすことを証する書面（株主名簿）および取締役会設置会社にあっては取締役会議事録、非取締役会設置会社にあっては取締役の過半数の一致があったことを証する書面を添付する。
　　㈢　債権者異議手続関係書面
　　　　②の㈥を参照。
　　㈣　当該会社が株券発行会社であるときは、株券提供公告等関係書面
　　　　株券提供公告等関係書面とは、株券提供公告をしたことを証する書面（当該株式の全部について株券を発行していない場合にあっては、株主名簿その他の当該場合に該当することを証する書面）をいう（平18・3・31民商782第2部第2・2参照）。
　　㈤　当該会社が新株予約権を発行しているときは、新株予約権証券提供公告等関係書面
　　　　新株予約権証券提供公告をしたことを証する書面（当該新株予約権について新株予約権証券を発行していない場合にあっては、新株予約権原簿その他の当該場合に該当することを証する書面をいう（平18・3・31民商782第2部第2・3参照）。
　④　吸収合併存続会社の資本金の増加の登記を申請する際には、登録免許税法施行規則12条5項の規定に関する証明書（平19・4・25民商971第3・3）
　⑤　委任状（商登18）
② 吸収合併消滅会社がする解散登記の添付書面
　　委任状（商登18）を含め一切の添付書面を要しない。
memo.　商業登記法の改正（平25法28）により、平成27年10月5日以降、申請書に会社法人等番号（商登7）を記載した場合やその他の法務省令で定める場合には、登記事項証明書の添付が不要となる（商登19の3）。

1 簡易合併ができる場合

簡易合併とは、次の各要件を満たす場合には、吸収合併存続会社につき、株主総会で吸収合併契約の承認決議を得ないで、合併を行うことができる場合をいう（→memo.）。

Q354〔簡易合併の要件〕
簡易合併は、どのような場合に行うことができるか

(1) 要件

簡易合併を行うことができるためには、次の要件を全部満たさなければならない（会社796②）。
① 株式会社を吸収合併存続会社とする吸収合併であること。
② 吸収合併消滅会社の株主に対して交付する吸収合併存続会社の財産の額④（金銭等の合併対価）が、吸収合併存続会社の純資産額⑥の5分の1を超えない場合であること。

---

④ 吸収合併消滅会社の株主に対して交付する吸収合併存続会社の財産の額（金銭等の合併対価）は、次に掲げる額の合計額である（会社796②一）。
　ⓐ 吸収合併消滅会社の株主に対して交付する吸収合併存続会社の株式の数に、1株当たり純資産額を乗じて得た額
　ⓑ 吸収合併消滅会社の株主に対して交付する吸収合併存続会社の社債、新株予約権または新株予約権付社債の帳簿価額の合計額
　ⓒ 吸収合併消滅会社の株主に対して交付する吸収合併存続会社の株式等（株式、社債、新株予約権をいう（会社107②））以外の財産の帳簿価額の合計額

---

⑥ 吸収合併存続会社の純資産額（会社796②二）は、次のように計算する（会社規196）。

吸収合併存続会社の純資産の額＝算定基準日（吸収合併契約の締結日または吸収合併契約で定めた日）における資本金の額＋資本準備金の額＋利益準備金の額＋剰余金の額（会社446）＋最終事業年度の末日（最終事業年度がない場合にあっては、吸収合併存続会社の成立の日）における評価・換算差額等に係る額＋新株予約権の帳簿価額－自己株式および自己新株予約権の帳簿価額の合計額（この額が500万円を下回るときは、500万円）

(2) 簡易合併における吸収合併契約の承認機関
　　簡易合併の手続によった場合には、吸収合併存続会社における吸収合併契約の承認は、株主総会の決議に代えて、取締役会設置会社では取締役会の決議で、また、非取締役会設置会社では取締役の過半数による決定で行う（会社法要説378頁）。
(3) 種類株主総会の決議の要否
　　吸収合併存続会社の譲渡制限株式である種類株式が交付される場合に要する種類株主総会の決議（会社795④）は、省略できない。簡易合併の要件を満たす場合に省略できるのは、株主総会決議のみである（簡易合併ができる要件を定める会社法796条2項は、「前条［筆者注：795条］第1項から第3項までの規定［筆者注：吸収合併契約を承認する株主総会についての規定］は」とあり、同条4項で定める種類株主総会決議についての規定を除外している）。

② 簡易合併ができない場合
　　次の場合には、吸収合併は簡易合併の手続によることができない。
① 吸収合併存続会社に合併差損が生ずる場合（会社796②ただし書）。合併差損の発生により吸収合併存続会社の分配可能額が減少し、吸収合併存続会社の株主に影響があるからである。
② 吸収合併存続会社が株式譲渡制限会社であって、合併対価として自己の株式を交付する場合（会社796①ただし書）。株式譲渡制限会社の募集株式の発行等（会社199①）は、株主総会の決議を要する（会社199②）こととの権衡上、株主総会の決議は省略できない。
③ 法務省令（会社規197・後掲）で定める数の株式（吸収合併契約を承認する株主総会を開催したならば、議決権を行使することができるものに限る）を有する株主が、株式買取請求に係る通知または公告の日から2週間以内に、吸収合併に反対する旨を吸収合併存続会社に対し通知した場合（会社796③）。

【会社法施行規則197条】

　　法務省令で定める数は、次に掲げる数のうちいずれか小さい数とする。
① 特定株式（会社法796条3項に規定する［吸収合併の反対］行為に係る株主総会において議決権を行使することができることを内容とする株式をいう）の総数に、2分の1（当該株主総会の決議が成立するための要件として当該特定株式の議決権の総数の一定の割合以上の議決権を有する株主が出席しなければならない旨の定款の定めがある場合にあっては、当該一定の割合）を乗じて得た数に、3分の1（当該株主総会の決議が成立するための要件として当該株主総会に出席した当該特定株主（特定株式の株主をいう）の有する議決権の総数の一定

の割合以上の多数が賛成しなければならない旨の定款の定めがある場合にあっては、1から当該一定の割合を減じて得た割合）を乗じて得た数に1を加えた数
② 会社法796条3項に規定する行為に係る決議が成立するための要件として一定の数以上の特定株主の賛成を要する旨の定款の定めがある場合において、特定株主の総数から株式会社に対して当該行為に反対する旨の通知をした特定株主の数を減じて得た数が当該一定の数未満となるときにおける当該行為に反対する旨の通知をした特定株主の有する特定株式の数
③ 会社法796条3項に規定する行為に係る決議が成立するための要件として前①②の定款の定め以外の定款の定めがある場合において、当該行為に反対する旨の通知をした特定株主の全部が株主総会において反対したとすれば当該決議が成立しないときは、当該行為に反対する旨の通知をした特定株主の有する特定株式の数
④ 定款で定めた数

memo. 吸収合併手続を簡易合併の手続によることができる場合であっても、簡易合併の手続によるか否かは吸収合併存続会社の自由であり、強制されるものではない（江頭・会社法879頁）。

Q355〔特別支配会社〕
特別支配会社とは、どのような会社か

特別支配会社とは、ある株式会社（D会社）の総株主の議決権の10分の9（これを上回る割合を当該株式会社の定款で定めた場合にあっては、その割合）以上を、他の会社（A会社）および当該他の会社（A会社）が発行済株式の全部を有する株式会社（B会社）その他これに準ずるものとして法務省令（会社規136・後掲）で定める法人（C法人）が有している場合における当該他の会社（A会社）をいう（会社468①）。Q373(2)を参照

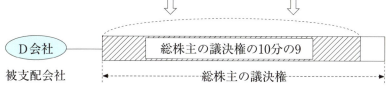

308　株式会社　10　合　併

【会社法施行規則136条】

　法務省令で定める法人は、次に掲げるものとする。
① 会社法468条1項に規定する他の会社が、その持分の全部を有する法人（株式会社を除く）
② 会社法468条1項に規定する他の会社および特定完全子法人（当該他の会社が発行済株式の全部を有する株式会社および①に掲げる法人をいう）または特定完全子法人がその持分の全部を有する法人

簡易合併・略式合併

Q356〔略式合併〕
略式合併とは、どのようなことか

1　略式合併ができる場合

　会社法で創設された制度である。吸収合併が、特別支配関係にある会社間（特別支配会社→Q355）において行われる場合において、①吸収合併存続会社が吸収合併消滅会社の特別支配会社である場合には、吸収合併消滅会社の吸収合併契約承認の株主総会の決議は不要であり、またその逆に、②吸収合併消滅会社が吸収合併存続会社の特別支配会社である場合には、吸収合併存続会社の吸収合併契約承認の株主総会の決議は不要となる（会社784①・796①〜被支配会社における株主総会の承認が不要となる）。

　略式合併の手続をとる場合には、被支配会社における吸収合併契約の承認は、株主総会の決議に代えて業務執行の判断に委ねることになる（会社法入門707頁参照。取締役会設置会社では取締役会の決議で、また、非取締役会設置会社では取締役の過半数による決定で行う）。

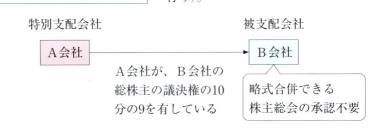

	支配会社	被支配会社	吸収合併契約承認の株主総会の決議
①	吸収合併存続会社	吸収合併消滅会社	吸収合併消滅会社の株主総会の決議による承認を要しない
②	吸収合併消滅会社	吸収合併存続会社	吸収合併存続会社の株主総会の決議による承認を要しない

2 略式合併ができない場合

次の場合には、略式合併の手続によることができない。

① 吸収合併消滅会社の承認を要する場合

吸収合併の合併対価等（会社783②）の全部または一部が譲渡制限株式等（→memo.）である場合であって、吸収合併消滅会社が公開会社であり、かつ、種類株式発行会社でない場合は、吸収合併契約の承認は、株主総会の特殊決議で行う（会社784①ただし書・309③二）。

② 吸収合併存続会社の承認を要する場合

吸収合併消滅会社の株主に交付する金銭等の全部または一部が吸収合併存続会社の譲渡制限株式であって、吸収合併存続会社が公開会社でないときは、吸収合併契約の承認は、株主総会の特別決議で行う（会社796①ただし書・309②十二。株主総会で説明を要する（会社795②③））。

③ 被支配会社の株主は、合併が法令または定款に違反している場合等には、合併の差止めを請求できる（会社784の2・796の2・805の2）。

memo. 譲渡制限株式等とは、吸収合併存続会社の譲渡制限株式、取得条項付株式（当該取得条項付株式に係る会社法108条2項6号ロの他の株式の種類が当該各号に定める株式会社の譲渡制限株式であるものに限る）、または取得条項付新株予約権（当該取得条項付新株予約権に係る会社法236条1項7号ニの株式が当該各号に定める株式会社の譲渡制限株式であるものに限る）をいう（会社783③、会社規186）。

Q353に掲載。

Q357〔添付書面〕
簡易合併・略式合併の場合の添付書面

株式会社　11　会社分割

> 本項で記述する会社分割は、分割会社および権利義務承継会社は、いずれも株式会社の場合である。

会社分割制度の概要

Q358〔会社分割の制度〕
会社分割とは、どのような制度か

　会社分割は、株式会社または合同会社が、その事業に関して有する権利義務の全部または一部を、すでに設立されている他の会社（承継会社＝吸収分割）または分割により設立する会社（設立会社＝新設分割）に承継させることを目的とする会社の行為である。
　事業に関して有する権利義務のどの部分が承継されるかは、吸収分割の場合にあっては吸収分割計画、新設分割の場合にあっては新設分割計画の定めに従って定まる。
memo. 旧商法では、会社分割と認められるには、「営業」（会社法にいう「事業」）自体の承継が必要と規定されていたが（旧商373・374ノ16）、会社法では、会社分割の定義は「事業に関して有する権利義務の承継」と定められ、「事業」自体の承継は要件ではなくなった（江頭・会社法889頁）。

Q359〔新設・吸収分割〕
新設分割・吸収分割とは、どのようなことか

1　新設分割
　(1)　1または2以上の株式会社または合同会社（A会社）がその事業に関して有する権利義務の全部または一部を、分割により設立する会社（B会社）に承継させることをいう（会社2三十）。会社法は、1または2以上の株式会社または合同会社（A会社）が新設分割をする場合において、この会社を「新設分割会社」と称し（会社763①五）、新設分割により設立する会社（B会社）を「新設分割設立会社」と称している（会社763柱書括弧書）。
　(2)　新設分割の場合は、新設分割設立会社（B会社）が事業の承継の対価として発行する株式等の分割対価を、分割会社（A会社）に割り当てることになる。
2　吸収分割
　(1)　株式会社または合同会社（A会社）がその事業に関して有する権利義務

の全部または一部を分割後他の会社（C会社）に承継させることをいう（会社2二十九）。会社法は、株式会社または合同会社（A会社）が分割会社となった場合において、この会社を「吸収分割会社」と称し（会社758一）、吸収分割会社が事業に関して有する権利義務の全部または一部を承継する会社（C会社）を「吸収分割承継会社」と称している（会社757括弧書）。

(2) 吸収分割の場合は、吸収分割承継会社（C会社）が事業の承継の対価として発行する新株等の分割対価を、分割会社（A会社）に割り当てることになる。

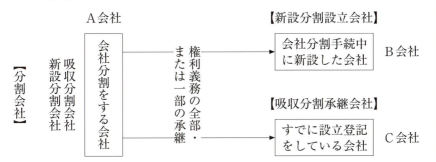

memo. 旧商法では、会社分割制度については、①吸収分割または新設分割の際に、承継会社または新設会社が発行する株式等が分割会社に割り当てられる物的分割（分社型分割）と、②吸収分割または新設分割の際に、承継会社または新設会社が発行する株式等が分割会社の株主に割り当てられる人的分割（分割型分割）とがあったが、会社法では、人的分割制度は廃止された。

しかし、人的分割については、実質的には、物的分割と剰余金の配当等とが合わせて行われるという性質を有するものであることから、会社法では、人的分割制度を廃止することとした上で、物的分割により分割会社が得た対価としての承継会社または新設会社の株式または持分等（以下「承継会社株式等」という）を剰余金の配当または全部取得条項付種類株式の取得の手続により分割会社の株主に分配する場合には、当該配当金または取得については財源規制を課さないものとすることにより（会社792・812）、旧商法の人的分割に係る規律の実質を維持することとしている（会社法の解説186頁）。

Q360〔分割の可否〕
会社分割ができる会社・権利義務を承継できる会社の種類

株式会社および合同会社は、分割会社（会社を分割する会社）となることができる（会社757・762）。合名会社および合資会社は、分割会社となることができない。

これに対し、株式会社および持分会社（合同会社・合名会社・合資会社）は、いずれも権利義務を承継する承継会社（吸収分割承継会社）または新設会社（新設分割設立会社）となることができる（会社758・760・763・765）。

株式会社　11　会社分割

会社分割制度の概要

会社分割ができる会社	株式会社　合同会社
会社分割ができない会社	合名会社　合資会社
権利義務を承継できる会社	株式会社・合同会社・合名会社・合資会社のいずれも、吸収分割承継会社または新設分割設立会社になれる

株式会社　11　会社分割

次のとおり。

Q361〔新設分割手続の概要〕
株式会社が新設分割をする場合の手続の概要図

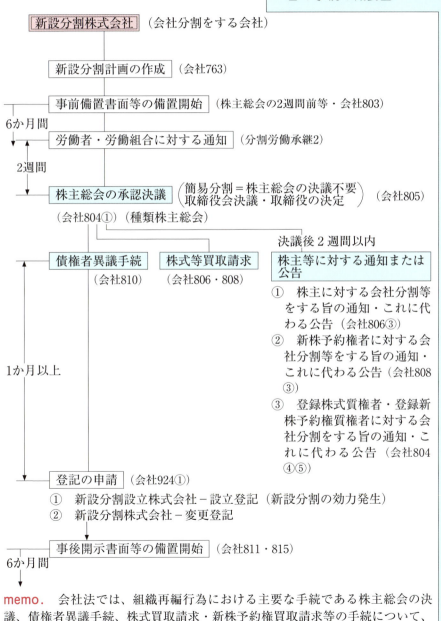

memo.　会社法では、組織再編行為における主要な手続である株主総会の決議、債権者異議手続、株式買取請求・新株予約権買取請求等の手続について、

時間的な先後関係を定めずに並行的に行うことを可能としている。これらの手続は、いずれも組織再編行為の効力が発生するまでに終了する必要がある（会社法の解説193頁）。

Q362〔新設分割計画〕
新設分割会社が株式会社で、分割により設立する会社が株式会社の場合に、新設分割計画で定める事項

① 新設分割計画の作成
　株式会社が新設分割をする場合には、新設分割計画を作成しなければならない（会社762）。

② 法定記載（記録）事項
　(1) 新設分割により設立する会社（以下「新設分割設立会社」という）が株式会社であるときは、新設分割計画で次の事項を定める（会社763①）。

① 株式会社である新設分割設立会社（以下「新設分割設立株式会社」という）の目的、商号、本店の所在地、発行可能株式総数
② ①に掲げるもののほか、新設分割設立株式会社の定款で定める事項
③ 新設分割設立株式会社の設立時取締役の氏名
④ 次の区分に応じた事項
　イ 新設分割設立株式会社が会計参与設置会社である場合には、新設分割設立株式会社の設立時会計参与の氏名または名称
　ロ 新設分割設立株式会社が監査役設置会社（監査役の監査の範囲を会計に関するものに限定する旨の定款の定めがある株式会社を含む）である場合には、新設分割設立株式会社の設立時監査役の氏名
　ハ 新設分割設立株式会社が会計監査人設置会社である場合には、新設分割設立株式会社の設立時会計監査人の氏名または名称
⑤ 新設分割設立株式会社が新設分割により新設分割をする会社（以下「新設分割会社」という）から承継する資産、債務、雇用契約その他の権利義務（新設分割株式会社（新設分割会社が株式会社の場合をいう）の株式および新株予約権に係る義務を除く）に関する事項
⑥イ 新設分割設立株式会社が新設分割に際して新設分割会社に対して交付するその事業に関する権利義務の全部または一部に代わる当該新設分割設立株式会社の株式の数（種類株式発行会社にあっては、株式の種類および種類ごとの数）、またはその数の算定方法
　ロ 新設分割設立株式会社の資本金および準備金の額に関する事項
⑦ 2以上の株式会社または合同会社が共同して新設分割をするときは、新設分割会社に対する⑥の株式の割当てに関する事項
⑧ 新設分割設立株式会社が、新設分割に際して新設分割会社に対して、その事業に関する権利義務の全部または一部に代わる当該新設分割設立株式会社の社債等を交付するときは、当該社債等（社債および新株予約権をいう）についての次に掲げる事項

イ　当該社債等が新設分割設立株式会社の社債（新株予約権付社債についてのものを除く）であるときは、当該社債の種類および種類ごとの各社債の金額の合計額またはその算定方法
　ロ　当該社債等が新設分割設立株式会社の新株予約権（新株予約権付社債に付されたものを除く）であるときは、当該新株予約権の内容および数またはその算定方法
　ハ　当該社債等が新設分割設立株式会社の新株予約権付社債であるときは、当該新株予約権付社債についてのイに規定する事項および当該新株予約権付社債に付された新株予約権についてのロに規定する事項
⑨　⑧に規定する場合において、2以上の株式会社または合同会社が共同して新設分割をするときは、新設分割会社に対する⑧の社債等の割当てに関する事項
⑩　新設分割設立株式会社が新設分割に際して新設分割株式会社の新株予約権の新株予約権者に対して当該新株予約権に代わる当該新設分割設立株式会社の新株予約権を交付するときは、当該新株予約権についての次に掲げる事項
　イ　当該新設分割設立株式会社の新株予約権の交付を受ける新設分割株式会社の新株予約権の新株予約権者の有する新株予約権（以下「新設分割計画新株予約権」という）の内容
　ロ　新設分割計画新株予約権の新株予約権者に対して交付する新設分割設立株式会社の新株予約権の内容および数またはその算定方法
　ハ　新設分割計画新株予約権が新株予約権付社債に付された新株予約権であるときは、新設分割設立株式会社が当該新株予約権付社債についての社債に係る債務を承継する旨、ならびにその承継に係る社債の種類および種類ごとの各社債の金額の合計額またはその算定方法
⑪　⑩の場合には、新設分割計画新株予約権の新株予約権者に対する⑩の新設分割設立株式会社の新株予約権の割当てに関する事項
⑫　新設分割株式会社が新設分割設立株式会社の成立の日に次に掲げる行為をするときは、その旨
　イ　全部取得条項付種類株式（会社171①）の取得（会社法171条1項1号に規定する取得対価が新設分割設立株式会社の株式（これに準ずるものとして法務省令（会社規179）で定めるものを含む。ロにおいて同じ）のみであるものに限る）
　ロ　剰余金の配当（配当財産が新設分割設立株式会社の株式のみであるものに限る）
(2)　新設分割設立株式会社が監査等委員会設置会社である場合には、(1)の③に掲げる事項は、設立時監査等委員である設立時取締役とそれ以外の設立時取締役とを区別して定めなければならない（会社763②）。

Q363〔株主総会の承認〕

新設分割をする場合には、株主総会の承認を要するか

次の表のように、株主総会の承認を要する場合と要しない場合とがある。

新設分割

(1)	株主総会の承認を要する場合（原則）	＜(2)以外の場合＞ ① 分割会社は、株主総会の特別決議により、新設分割計画の承認を受けなければならない（会社804①・309②十二）。 ② 分割計画の承認段階では、まだ新設分割設立株式会社は設立されていないので、分割会社の株主総会のみの承認となる。
(2)	株主総会の承認を要しない場合＜簡易分割の場合＞	① 新設分割により新設分割設立会社に承継させる資産の帳簿価額の合計額が、新設分割株式会社の総資産額として法務省令（会社規207・後掲）で定める方法により算定される額の5分の1（これを下回る割合を新設分割株式会社の定款で定めた場合にあっては、その割合）を超えない場合には、株主総会の決議による承認を要しない（会社805）。 ② 簡易分割の場合にあっては、取締役会設置会社では取締役会の決議により、非取締役会設置会社では取締役の過半数で承認することができる。

＜会社法施行規則207条：総資産の額＞

第207条　法第805条に規定する法務省令で定める方法は、算定基準日（新設分割計画を作成した日（当該新設分割計画により当該新設分割計画を作成した日と異なる時（当該新設分割計画を作成した日後から当該新設分割の効力が生ずる時の直前までの間の時に限る。）を定めた場合にあっては、当該時）をいう。以下この条において同じ。）における第1号から第8号までに掲げる額の合計額から第9号に掲げる額を減じて得た額をもって新設分割株式会社の総資産額とする方法とする。

一　資本金の額
二　資本準備金の額

三　利益準備金の額
　四　法第446条に規定する剰余金の額
　五　最終事業年度（法第461条第2項第2号に規定する場合にあっては、法第441条第1項第2号の期間（当該期間が二以上ある場合にあっては、その末日が最も遅いもの）。以下この項において同じ。）の末日（最終事業年度がない場合にあっては、新設分割株式会社の成立の日。以下この項において同じ。）における評価・換算差額等に係る額
　六　新株予約権の帳簿価額
　七　最終事業年度の末日において負債の部に計上した額
　八　最終事業年度の末日後に吸収合併、吸収分割による他の会社の事業に係る権利義務の承継又は他の会社（外国会社を含む。）の事業の全部の譲受けをしたときは、これらの行為により承継又は譲受けをした負債の額
　九　自己株式及び自己新株予約権の帳簿価額の合計額
2　前項の規定にかかわらず、算定基準日において新設分割株式会社が清算株式会社である場合における法第805条に規定する法務省令で定める方法は、法第492条第1項の規定により作成した貸借対照表の資産の部に計上した額をもって新設分割株式会社の総資産額とする方法とする。

memo.　新設分割の場合には、特別支配会社という概念が存在しないので、吸収分割で認められている略式分割（会社796①）は認められていない。

Q364〔簡易分割〕
簡易分割ができる要件は何か

(1)　株主総会の承認不要：簡易分割の要件を満たす場合には、分割会社は、株主総会において分割計画の承認を得ることを要しない（→**Q363**の表(2)）。
(2)　要件：新設分割により新設分割設立会社に承継させる資産の帳簿価額の合計額が、新設分割株式会社の総資産額として法務省令（会社規207→**Q363**＜会社法施行規則207条：総資産の額＞）で定める方法により算定される額の5分の1（これを下回る割合を新設分割株式会社の定款で定めた場合にあっては、その割合）を超えないことを要する。

memo.　新設型再編（例：新設分割）においては、吸収型再編（例：吸収分割）と異なり、略式組織再編（例：略式分割）の制度は設けられていない。

1　債権者異議手続の対象となる債権者
(1)　新設分割後、新設分割株式会社に対して債務の履行（当該債務の保証人として新設分割設立会社と連帯して負担する保証債務の履行を含む）を請求することができない新設分割株式会社の債権者は、新設分割株式会社に対し、新設分割について異議を述べることができる（会社810①二）。

Q365〔債権者異議手続〕
新設分割において債権者異議手続はどのようにすべきか

(2) 新設分割株式会社が新設分割設立株式会社の成立の日に、旧商法の人的分割に相当する①全部取得条項付種類株式の取得と引換えにする新設分割設立株式会社の株式等の交付、②剰余金の配当（配当財産が新設分割設立株式会社の株式のみであるものに限る）の行為をする定めがあるとき（会社763①十二）は、すべての債権者は、新設分割株式会社に対して、新設分割について異議を述べることができる（会社810①二）。
(3) 旧商法においては、吸収分割および新設分割において、物的分割であって、分割後も分割会社に対し債権の全額を請求できる債権者は、債権者異議手続の対象にならないとされていた（旧商374ノ4②・374ノ20②）。会社法においても、旧商法におけるこのような整理を維持することとし、吸収分割または新設分割とともに剰余金の配当または全部取得条項付株式の取得をしない場合において、分割後も分割会社に対し債権の全額を請求できる債権者については、債権者異議手続の対象とされていない（会社法の解説202頁）。

2 債権者に対する公告・各別の催告
(1) 原則
新設分割株式会社の債権者の全部または一部が新設分割について異議を述べることができる場合には、新設分割株式会社は、次に掲げる事項を官報に公告し、かつ、知れている債権者（異議を述べることができるものに限る）には、各別にこれを催告しなければならない（会社810②）。
① 新設分割をする旨
② 他の新設分割株式会社および設立会社の商号・住所
③ 新設分割株式会社の計算書類に関する事項として法務省令（会社規208・後掲）で定めるもの
④ 債権者が1か月を下らない一定の期間内に異議を述べることができる旨
(2) 各別の催告を要しない場合
新設分割株式会社が(1)の公告を、官報のほかに、定款の定めに従い、時事に関する事項を掲載する日刊新聞紙への掲載または電子公告の公告方法によって行う場合には、各別の催告をすることを要しない。ただし、新設分割をする場合における不法行為によって生じた新設分割株式会社の債務の債権者については、各別の催告を省略することはできない（会社810③）。
(3) 債権者に対する弁済等
債権者が上記(1)④の期間内に異議を述べなかったときは、当該債権者は、当該新設分割について承認をしたものとみなされる（会社810④）。
債権者が上記(1)④の期間内に異議を述べたときは、新設分割株式会社は、当該債権者に対し、弁済し、もしくは相当の担保を提供し、または当

該債権者に弁済を受けさせることを目的として信託会社等に相当の財産を信託しなければならない。ただし、当該新設分割をしても当該債権者を害するおそれがないときは、担保の提供、相当の財産の信託等をする必要はない（会社810⑤）。

<会社法施行規則208条：計算書類に関する事項>

第208条　法第810条第2項第3号に規定する法務省令で定めるものは、同項の規定による公告の日又は同項の規定による催告の日のいずれか早い日における次の各号に掲げる場合の区分に応じ、当該各号に定めるものとする。
一　最終事業年度に係る貸借対照表又はその要旨につき公告対象会社（法第810条第2項第3号［新設分割株式会社の計算書類に関する事項として法務省令(会社規208)で定めるもの］の株式会社をいう。以下この条において同じ。）が法第440条第1項［貸借対照表の公告］又は第2項［貸借対照表の要旨の公告］の規定により公告をしている場合　次に掲げるもの
　イ　官報で公告をしているときは、当該官報の日付及び当該公告が掲載されている頁
　ロ　時事に関する事項を掲載する日刊新聞紙で公告をしているときは、当該日刊新聞紙の名称、日付及び当該公告が掲載されている頁
　ハ　電子公告により公告をしているときは、法第911条第3項第28号イに掲げる事項［＝電子公告の場合におけるウェブページアドレス］
二　最終事業年度に係る貸借対照表につき公告対象会社が法第440条第3項［貸借対照表の5年間継続開示］に規定する措置を執っている場合　法第911条第3項第26号に掲げる事項［＝ウェブページアドレス］
三　公告対象会社が法第440条第4項［金融商品取引法の規定による有価証券報告書の提出］に規定する株式会社である場合において、当該株式会社が金融商品取引法第24条第1項の規定により最終事業年度に係る有価証券報告書を提出しているとき　その旨
四　公告対象会社が会社法の施行に伴う関係法律の整備等に関する法律第28条［計算書類の公告・計算書類の写しの支店における備置き］の規定により法第440条［計算書類の公告］の規定が適用されないものである場合　その旨
五　公告対象会社につき最終事業年度がない場合　その旨
六　公告対象会社が清算株式会社である場合　その旨
七　前各号に掲げる場合以外の場合　会社計算規則第6編第2章の規定による最終事業年度に係る貸借対照表の要旨の内容

Q366〔効力発生日〕
新設分割の効力はいつ発生するか

新設分割の効力は、その本店の所在地において設立の登記をすることによって生ずる（会社49・764①。登記の創設的効力）。

memo. 吸収分割の場合の効力発生日は、吸収分割契約で定めた日であり、登記は効力発生要件となっていない（会社758七）。

Q367〔会社分割の登記申請〕
新設分割による変更登記・設立登記の申請手続

新設分割をする会社が株式会社、新設分割によって設立する会社が株式会社の場合における申請する登記および申請期間は次のとおり。

1 申請すべき登記

新設分割をするためには、次の登記を申請する（会社924①一）。

新設分割をする株式会社については	→新設分割による変更の登記
新設分割により設立する株式会社については	→新設分割による設立の登記

2 申請期間

株式会社が新設分割をする場合において、新設分割により設立する会社が株式会社であるときは、下記表の(1)区分に応じ、当該区分(2)に定める日（①～⑥のいずれか遅い日）から2週間以内に、その本店の所在地において、新設分割をする会社については変更の登記をし、新設分割により設立する会社については設立の登記をしなければならない（会社924①一）。

	(1) 区　分	(2) 定める日（起算日）
①	簡易分割（会社805）以外の場合	新設分割計画を承認した株主総会の決議の日（会社804①）
②	新設分割をするために種類株主総会の決議を要するとき	当該決議の日
③	簡易分割（会社805）以外の場合	会社法806条3項の規定による株主への通知〔反対株主による株式買取請求権行使の機会を保障するための通知〕または通知に代わる同条4項の公告をした日から20日を経過した日

④	会社法808条3項の規定による通知［株主総会決議の日から2週間以内に設立会社の商号等の通知］を受けるべき新株予約権者があるとき	会社法808条3項の規定による通知または同条4項の公告をした日から20日を経過した日
⑤	会社法810条の規定による手続［債権者異議手続］をしなければならないとき	当該手続［債権者異議手続］が終了した日
⑥	新設分割をする株式会社が定めた日	その定めた日

3 申請の方式
 (1) 新設分割株式会社における変更の登記と、新設分割設立株式会社の設立の登記とは、同時に申請しなければならない（商登87②）。
 (2) 新設分割設立株式会社の本店の所在地を管轄する登記所の管轄区域内に、新設分割株式会社の本店がない場合には、新設分割株式会社についてする変更の登記の申請は、新設分割設立株式会社の本店の所在地を管轄する登記所を経由してしなければならない（商登87①）。

Q368〔添付書面〕
新設分割の登記の添付書面

1 新設する株式会社の設立登記の添付書面
次の書面を添付する（商登86）。
 ① 新設分割計画書
 ② 新設分割設立株式会社に関する書面
  (イ) 定款
   公証人の認証は不要である。
  (ロ) 株主名簿管理人を置いたときは、その者との契約を証する書面
  (ハ) 設立時取締役が設立時代表取締役を選定したときは、これに関する書面
  (ニ) 新設分割設立株式会社が指名委員会等設置会社であるときは、設立時執行役の選任ならびに設立時委員および設立時代表執行役の選定に関する書面
  (ホ) 設立時取締役、設立時監査役および設立時代表取締役（設立しようとする会社が監査等委員会設置会社である場合にあっては設立時監査等委員である設立時取締役およびそれ以外の設立時取締役ならびに設立時代

表取締役、指名委員会等設置会社である場合にあっては、設立時取締役、設立時委員、設立時執行役および設立時代表執行役）が就任を承諾したことを証する書面
- ⓐ 非取締役会設置会社にあっては、設立時取締役の就任承諾書の印鑑について、印鑑証明書を添付しなければならない（商登規61④、平20・1・25民商307）。
- ⓑ 取締役会設置会社にあっては、設立時代表取締役の就任承諾書の印鑑について、印鑑証明書を添付しなければならない（商登規61⑤、平20・1・25民商307）。
- ⓒ 取締役、監査役、執行役が就任承諾書に記載した氏名および住所と同一の氏名および住所が記載されている本人確認証明書（→**Q45**）を添付しなければならない。ただし、就任承諾書に印鑑証明書を添付する場合は添付不要（商登規61⑦）。

㈥ 設立時会計参与または設立時会計監査人を選任したときは、次に掲げる書面
- ⓐ 就任を承諾したことを証する書面
- ⓑ これらの者が法人であるときは、当該法人の登記事項証明書
- ⓒ これらの者が法人でないときは、会社法333条1項［会計参与＝公認会計士または税理士］または337条1項［会計監査人＝公認会計士］に規定する資格者であることを証する書面

㈦ 特別取締役による議決の定めがあるときは、特別取締役の選定およびその選定された者が就任を承諾したことを証する書面

㈧ 資本金の額が会社法445条5項の規定に従って計上されたことを証する書面（会社規116九）

③ 新設分割会社に関する書面
- ㈠ 新設分割会社の登記事項証明書
  当該登記所の管轄区域内に新設分割株式会社の本店がある場合を除く。
- ㈡ⓐ 新設分割会社が株式会社であるときは、新設分割計画の承認があったことを証する書面（株主総会または種類株主総会の議事録、株主リスト）
  - ⓑ 簡易分割の場合には、ⓐの書面に代えて、取締役の過半数の一致があったことを証する書面または取締役会議事録、および、簡易分割の要件を満たすことを証する書面（新設分割会社の代表者が証明する分割会社の承継される財産の会計帳簿に記載した価額の合計額が会社法施行規則207条1項で定める算定額の5分の1（定款で定めた場合は、その割合）を超えないことを証する書面）（商業登記の手続746頁）
- ㈢ 債権者異議手続関係書面（不法行為によって生じた新設分割会社の債務の債権者に対する各別の催告をしたことを証する書面を省略することはできない。）

債権者異議手続関係書面とは、債権者異議手続のための公告および催告（公告を官報のほか時事に関する事項を掲載する日刊新聞紙または電子公告によってした場合にあっては、これらの方法による公告）をしたことならびに異議を述べた債権者があるときは、当該債権者に対し弁済しもしくは相当の担保を提供しもしくは当該債権者に弁済を受けさせることを目的として相当の財産を信託したことまたは当該債権者を害するおそれがないことを証する書面をいう（平18・3・31民商782第2部第4・2(3)イ）。

㈢ 新設分割株式会社が新株予約権を発行している場合において、その新株予約権者に対して当該新株予約権に代わる新設分割設立株式会社の新株予約権を交付するときは、新株予約権証券提供公告等関係書面

新株予約権証券提供公告等関係書面とは、新株予約権証券提供公告をしたことを証する書面（当該新株予約権について新株予約権証券を発行していない場合にあっては、新株予約権原簿その他の当該場合に該当することを証する書面）をいう（平18・3・31民商782第2部第2・3(3)カ）。

④ 委任状（商登18）

② 分割会社についてする変更登記の添付書面

新設分割株式会社については、新設分割による変更の登記をしなければならない（会社924①一）。この変更登記の申請書に添付する書面は次のとおり（商登18・87③）。

(1) 新設分割設立株式会社の本店の所在地を管轄する登記所の管轄区域内に、新設分割株式会社の本店の所在地がある場合

① 委任状（商登18）

他の書面の添付を要しない（商登87③参照）。

(2) 新設分割設立株式会社の本店の所在地を管轄する登記所の管轄区域内に、新設分割株式会社の本店がない場合

新設分割株式会社についてする変更の登記の申請は、新設分割設立株式会社の本店の所在地を管轄する登記所を経由してしなければならない（商登87①）。

この場合における添付書面は次のとおり（商登87③）。

① 登記所において作成した新設分割株式会社の代表取締役（指名委員会等設置会社にあっては、代表執行役）の印鑑の証明書

② 委任状（商登18）

上記以外の書面の添付を要しない（商登87③）。

memo. 商業登記法の改正（平25法28）により、平成27年10月5日以降、申請書に会社法人等番号（商登7）を記載した場合やその他の法務省令で定める場合には、登記事項証明書の添付が不要となる（商登19の3）。

株式会社　11　会社分割

Q369〔吸収分割手続の概要〕
吸収分割会社・吸収分割承継会社のいずれもが株式会社である場合の吸収分割手続の概要図

1 吸収分割株式会社の手続の概要図

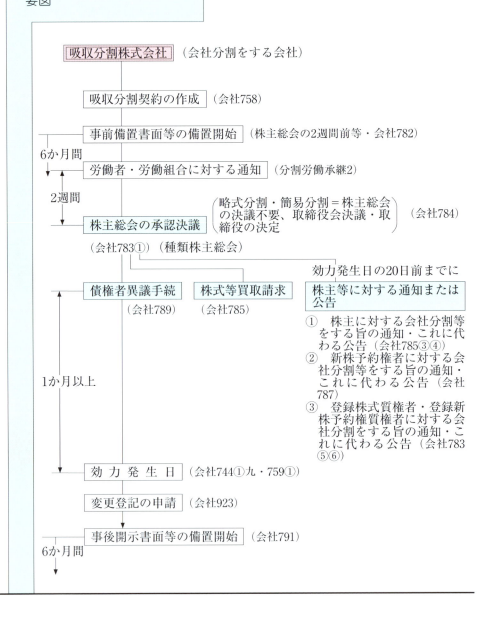

memo. 会社法では、組織再編行為における主要な手続である株主総会の決議、株式買取請求・新株予約権買取請求の手続、債権者異議手続等の手続について、時間的な先後関係を定めずに並行的に行うことを可能としている。これらの手続は、いずれも組織再編行為の効力が発生するまでに終了する必要がある（会社法の解説193頁）。

2　吸収分割承継株式会社の手続の概要図

(注)　1図のmemo.を参照。

> **Q370〔吸収分割契約〕**
> 吸収分割会社・吸収分割承継会社がいずれも株式会社の場合に、吸収分割契約で定める事項

1 吸収分割契約の締結

　株式会社が吸収分割をする場合には、吸収分割をする株式会社（以下「吸収分割株式会社」という）と権利義務の全部または一部を承継する株式会社（以下「吸収分割承継株式会社」という）との間で、吸収分割契約を締結しなければならない（会社758）。

2 法定記載（記録）事項

　吸収分割株式会社と吸収分割承継株式会社との間で締結する吸収分割契約においては、次の事項を定める（会社758）。

① 吸収分割株式会社および吸収分割承継株式会社の商号・住所
② 吸収分割承継株式会社が吸収分割により吸収分割株式会社から承継する資産、債務、雇用契約その他の権利義務（吸収分割株式会社および吸収分割承継株式会社の株式ならびに吸収分割株式会社の新株予約権に係る義務を除く）に関する事項
③ 吸収分割により吸収分割株式会社または吸収分割承継株式会社の株式を吸収分割承継株式会社に承継させるときは、当該株式に関する事項
④ 吸収分割承継株式会社が吸収分割に際して吸収分割会社に対してその事業に関する権利義務の全部または一部に代わる金銭等（会社151①）を交付するときは、当該金銭等についての次に掲げる事項

　　イ 当該金銭等が吸収分割承継株式会社の株式であるときは、当該株式の数（種類株式発行会社にあっては、株式の種類および種類ごとの数）またはその数の算定方法ならびに当該吸収分割承継株式会社の資本金および準備金の額に関する事項
　　ロ 当該金銭等が吸収分割承継株式会社の社債（新株予約権付社債についてのものを除く）であるときは、当該社債の種類および種類ごとの各社債の金額の合計額またはその算定方法
　　ハ 当該金銭等が吸収分割承継株式会社の新株予約権（新株予約権付社債に付されたものを除く）であるときは、当該新株予約権の内容・数またはその算定方法
　　ニ 当該金銭等が吸収分割承継株式会社の新株予約権付社債であるときは、当該新株予約権付社債についてのロに規定する事項、および当該新株予約権付社債に付された新株予約権についてのハに規定する事項
　　ホ 当該金銭等が吸収分割承継株式会社の株式等以外の財産であるときは、当該財産の内容および数もしくは額、またはこれらの算定方法

⑤ 吸収分割承継株式会社が吸収分割に際して吸収分割株式会社の新株予約権の新株予約権者に対して当該新株予約権に代わる当該吸収分割承継株式会社の新株予約権を交付するときは、当該新株予約権についての次に掲げる事項
　㋑ 当該吸収分割承継株式会社の新株予約権の交付を受ける吸収分割株式会社の新株予約権の新株予約権者の有する新株予約権（以下「吸収分割契約新株予約権」という）の内容
　㋺ 吸収分割契約新株予約権の新株予約権者に対して交付する吸収分割承継株式会社の新株予約権の内容および数、またはその算定方法
　㋩ 吸収分割契約新株予約権が新株予約権付社債に付された新株予約権であるときは、吸収分割承継株式会社が当該新株予約権付社債についての社債に係る債務を承継する旨ならびにその承継に係る社債の種類・種類ごとの各社債の金額の合計額、またはその算定方法
⑥ ⑤の場合には、吸収分割契約新株予約権の新株予約権者に対する⑤の吸収分割承継株式会社の新株予約権の割当てに関する事項
⑦ 吸収分割がその効力を生ずる日（以下「効力発生日」という）
⑧ 吸収分割株式会社が効力発生日に次に掲げる行為をするときは、その旨
　㋑ 会社法171条1項〔全部取得条項付種類株式の取得〕の規定による株式の取得（同項1号に規定する取得対価が吸収分割承継株式会社の株式（吸収分割株式会社が吸収分割をする前から有するものを除き、吸収分割承継株式会社の株式に準ずるものとして法務省令（会社規178）で定めるものを含む。㋺において同じ）のみであるものに限る）
　㋺ 剰余金の配当（配当財産が吸収分割承継株式会社の株式のみであるものに限る）

吸収分割

Q371〔株主総会の承認〕
吸収分割をする場合には、株主総会の承認を要するか

次の表のように、株主総会の承認を要する場合と要しない場合とがある。
[1] 吸収分割株式会社の承認手続

(1)	株主総会の承認を要する場合（原則）	＜(2)(3)以外の場合＞ ① 分割会社は、効力発生日の前日までに、株主総会の特別決議によって、吸収分割契約の承認を受けなければならない（会社783①・309②十二）。
		① 吸収分割により吸収分割承継会社に承継させる資産の帳簿価額の合計額が、吸収分割株式会社の

(2)	株主総会の承認を要しない場合<簡易分割の場合>	総資産額として法務省令（会社規187・後掲）で定める方法により算定される額の5分の1（これを下回る割合を吸収分割株式会社の定款で定めた場合にあっては、その割合）を超えない場合には、株主総会の決議による承認を要しない（会社784②）。 ② 簡易分割の場合にあっては、取締役会設置会社では取締役会の決議により、非取締役会設置会社では取締役の過半数で承認することができる。
(3)	株主総会の承認を要しない場合<略式分割の場合>	① 吸収分割承継会社が吸収分割株式会社の特別支配会社(注)である場合には、株主総会の決議による承認を要しない（会社784①）。 ② 略式分割の場合にあっては、取締役会設置会社では取締役会の決議により、非取締役会設置会社では取締役の過半数で承認することができる。

（注）　特別支配会社＝ある株式会社の総株主の議決権の10分の9（これを上回る割合を当該株式会社の定款で定めた場合にあっては、その割合）以上を他の会社および当該他の会社が発行済株式の全部を有する株式会社その他これに準ずるものとして法務省令（会社規136＝**Q373**に掲載）で定める法人が有している場合における当該他の会社をいう（会社468①）。**Q373**(2)参照。

memo.　吸収分割の当事会社の一方が他方（従属会社）の総株主の議決権の10分の9（従属会社の定款でそれを上回る割合を定めることは可能）以上を有するとき（特別支配会社）は、従属会社が分割会社になる場合（会社784①）でも、承継会社になる場合（会社796①）でも、従属会社における分割承認の株主総会決議を要しない。ただし、承継会社である従属会社が株式譲渡制限会社であって分割会社に対し株式の交付を行う場合には、略式分割の手続をとることができない（会社796①ただし書、江頭・会社法920頁）。

<会社法施行規則187条：総資産の額>

第187条　法第784条第2項に規定する法務省令で定める方法は、算定基準日（吸収分割契約を締結した日（当該吸収分割契約により当該吸収分割契約を締結した日と異なる時（当該吸収分割契約を締結した日後から当該吸収分割の効力が生ずる時の直前までの間の時に限る。）を定めた場合にあっては、当該時）をいう。以下この条において同じ。）における第1号から第8号までに掲げる額の合計額

から第9号に掲げる額を減じて得た額をもって吸収分割株式会社の総資産額とする方法とする。
一　資本金の額
二　資本準備金の額
三　利益準備金の額
四　法第446条に規定する剰余金の額
五　最終事業年度（法第461条第2項第2号に規定する場合にあっては、法第441条第1項第2号の期間（当該期間が二以上ある場合にあっては、その末日が最も遅いもの）。以下この項において同じ。）の末日（最終事業年度がない場合にあっては、吸収分割株式会社の成立の日。以下この項において同じ。）における評価・換算差額等に係る額
六　新株予約権の帳簿価額
七　最終事業年度の末日において負債の部に計上した額
八　最終事業年度の末日後に吸収合併、吸収分割による他の会社の事業に係る権利義務の承継又は他の会社（外国会社を含む。）の事業の全部の譲受けをしたときは、これらの行為により承継又は譲受けをした負債の額
九　自己株式及び自己新株予約権の帳簿価額の合計額
2　前項の規定にかかわらず、算定基準日において吸収分割株式会社が清算株式会社である場合における法第784条第2項［吸収合併契約等の承認を要しない場合］に規定する法務省令で定める方法は、法第492条第1項［財産目録等の作成］の規定により作成した貸借対照表の資産の部に計上した額をもって吸収分割株式会社の総資産額とする方法とする。

2　吸収分割承継株式会社の承認手続

	(1) 株主総会の承認を要する場合（原則）	①　吸収分割承継株式会社は、効力発生日の前日までに、株主総会の特別決議によって、吸収分割契約の承認を受けなければならない（会社795①・309②十二）。
		①　㋑に記載する額の㋺に記載する額に対する割合が5分の1を超えない場合（これを下回る割合を吸収分割承継株式会社の定款で定めた場合にあっては、その割合）には、株主総会の決議による承認を要しない（会社796②、(A)欄(4)を参照）。 ㋑に記載する額＝次の額の合計額 　ⓐ　吸収分割会社に対して交付する吸収分割承

吸収分割	(A) 種類株式発行会社以外	(2) 株主総会の承認を要しない場合＜簡易分割の場合＞	継株式会社の株式の数に1株当たり純資産額を乗じて得た額 　ⓑ　吸収分割会社に対して交付する吸収分割承継株式会社の社債、新株予約権または新株予約権付社債の帳簿価額の合計額 　ⓒ　吸収分割会社に対して交付する吸収分割承継株式会社の株式等（株式・社債・新株予約権（会社107②ニホ））以外の財産の帳簿価額の合計額 　ロ　吸収分割承継株式会社の純資産額として法務省令（会社規196・後掲）で定める方法により算定される額 ＜なお、(A)欄(4)を参照。＞ ②　簡易分割の場合にあっては、取締役会設置会社では取締役会の決議により、非取締役会設置会社では取締役の過半数で承認することができる。
		(3) 株主総会の承認を要しない場合＜略式分割の場合＞	①　吸収分割会社が吸収分割承継株式会社の特別支配会社（→前記①(注)）である場合には、株主総会の決議による承認を要しない（会社796①）。 ②　略式分割の場合にあっては、取締役会設置会社では取締役会の決議により、非取締役会設置会社では取締役の過半数で承認することができる。 (A)欄(4)を参照。
		(4) 備　考	組織再編行為の対価が、吸収分割承継株式会社の譲渡制限株式である場合は次による。 ①　公開会社の場合→(A)欄(1)・(2)または(3)による（会社795①・796①②）。 ②　株式譲渡制限会社の場合→簡易分割・略式分割の適用はなく、(A)欄(1)の株主総会の特別決議が必要（会社795①）。
		(1) 株主総会の承認を要する場合(原則)	①　吸収分割承継株式会社は、効力発生日の前日までに、株主総会の特別決議によって、吸収分割契約の承認を受けなければならない（会社795①・309②十二）。

(B) 種類株式発行会社	(2) 株主総会の承認を要しない場合＜簡易分割の場合＞	① ㋑に記載する額の㋺に記載する額に対する割合が5分の1を超えない場合（これを下回る割合を吸収分割承継株式会社の定款で定めた場合にあっては、その割合）には、株主総会の決議による承認を要しない（会社796②、(A)欄(4)を参照）。 ㋑に記載する額＝次の額の合計額 　ⓐ 吸収分割会社に対して交付する吸収分割承継株式会社の株式の数に1株当たり純資産額を乗じて得た額 　ⓑ 吸収分割会社に対して交付する吸収分割承継株式会社の社債、新株予約権または新株予約権付社債の帳簿価額の合計額 　ⓒ 吸収分割会社に対して交付する吸収分割承継株式会社の株式等（株式・社債・新株予約権（会社107②ニホ））以外の財産の帳簿価額の合計額 ㋺ 吸収分割承継株式会社の純資産額として法務省令（会社規196・後掲）で定める方法により算定される額 　＜なお、(B)欄(4)を参照。＞ ② 簡易分割の場合にあっては、取締役会設置会社では取締役会の決議により、非取締役会設置会社では取締役の過半数で承認することができる。
	(3) 株主総会の承認を要しない場合＜略式分割の場合＞	① 吸収分割会社が吸収分割承継株式会社の特別支配会社（→前記1(注)）である場合には、株主総会の決議による承認を要しない（会社796①）。 ② 略式分割の場合にあっては、取締役会設置会社では取締役会の決議により、非取締役会設置会社では取締役の過半数で承認することができる。(B)欄(4)を参照。
	(4) 備考	組織再編行為の対価が、吸収分割承継株式会社の譲渡制限株式である場合は次による。 ① 公開会社の場合→(B)欄(1)・(2)または(3)＋種類株主総会の特別決議による（会社795④・324②六）。

② 株式譲渡制限会社の場合→簡易分割・略式分割の適用はなく、(B)欄(1)＋種類株主総会の特別決議による（会社796①ただし書・②ただし書・795①④・324②六）。

＜会社法施行規則196条：純資産の額＞

第196条　法第796条第2項第2号に規定する法務省令で定める方法は、算定基準日（吸収合併契約、吸収分割契約又は株式交換契約を締結した日（当該これらの契約により当該これらの契約を締結した日と異なる時（当該これらの契約を締結した日後から当該吸収合併、吸収分割又は株式交換の効力が生ずる時の直前までの間の時に限る。）を定めた場合にあっては、当該時）をいう。以下この条において同じ。）における第1号から第6号までに掲げる額の合計額から第7号に掲げる額を減じて得た額（当該額が500万円を下回る場合にあっては、500万円）をもって存続株式会社等（法第794条第1項に規定する存続株式会社等[吸収分割承継株式会社]をいう。以下この条において同じ。）の純資産額とする方法とする。

一　資本金の額
二　資本準備金の額
三　利益準備金の額
四　法第446条[剰余金の額の計算方法]に規定する剰余金の額
五　最終事業年度（法第461条第2項第2号に規定する場合にあっては、法第441条第1項第2号の期間（当該期間が二以上ある場合にあっては、その末日が最も遅いもの））の末日（最終事業年度がない場合にあっては、存続株式会社等の成立の日）における評価・換算差額等に係る額
六　新株予約権の帳簿価額
七　自己株式及び自己新株予約権の帳簿価額の合計額

吸収分割

Q372〔簡易分割の要件〕
簡易分割ができる要件は何か

(1) 株主総会の承認不要：簡易分割の要件を満たす場合には、吸収分割承継株式会社は、株主総会において分割契約の承認を得ることを要しない（→Q371 2 の表(A)(B)(2)）。
(2) 要件：①に記載する額の②に記載する額に対する割合が5分の1を超えない場合（これを下回る割合を吸収分割承継株式会社の定款で定めた場合にあっては、その割合）（会社796②）。

①に記載する額＝次の額の合計額
- イ 吸収分割会社に対して交付する吸収分割承継株式会社の株式の数に1株当たり純資産額を乗じて得た額
- ロ 吸収分割会社に対して交付する吸収分割承継株式会社の社債、新株予約権または新株予約権付社債の帳簿価額の合計額
- ハ 吸収分割会社に対して交付する吸収分割承継株式会社の株式等（株式・社債・新株予約権（会社107②ニホ））以外の財産の帳簿価額の合計額

② 吸収分割承継株式会社の純資産額として法務省令（会社規196＝Q371に掲載）で定める方法により算定される額

Q373〔略式分割の要件〕
略式分割ができる要件は何か

(1) 要件：吸収分割の当事会社の一方が、他方（従属会社）の総株主の議決権の10分の9（従属会社の定款でそれを上回る割合を定めた場合にあっては、その割合）以上を有するとき（特別支配会社）は、従属会社が、分割会社になる場合あるいは承継会社になる場合のいずれであっても、従属会社における分割承認の株主総会決議を要しない（会社784①・796①）。

(2) 特別支配会社：ある株式会社(D)の総株主の議決権の10分の9（これを上回る割合を当該株式会社の定款で定めた場合にあっては、その割合）以上を、①他の会社(A)が単独で、あるいは、②他の会社(A)および当該他の会社(A)が発行済株式の全部を有する株式会社（Aの完全子会社B）（これに準ずるものとして法務省令（会社規136・後掲）で定める法人（Aの完全子法人C）を含む）場合における当該他の会社(A)をいう（会社468①）。

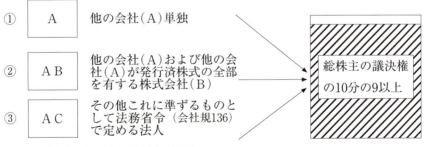

＜会社法施行規則136条：特別支配会社＞

第136条 法第468条第1項に規定する法務省令で定める法人は、次に掲げるものとする。
一 法第468条第1項に規定する他の会社がその持分の全部を有する法人（株式会社を除く。）

二 法第468条第1項に規定する他の会社及び特定完全子法人（当該他の会社が発行済株式の全部を有する株式会社及び前号に掲げる法人をいう。以下この項において同じ。）又は特定完全子法人がその持分の全部を有する法人

2 前項第2号の規定の適用については、同号に掲げる法人は、同号に規定する特定完全子法人とみなす。

Q374〔債権者異議手続〕
吸収分割において債権者異議手続はどのようにすべきか

1 吸収分割株式会社の債権者異議手続
(1) 債権者異議手続の対象となる債権者
　　吸収分割後、吸収分割株式会社に対して債務の履行（当該債務の保証人として吸収分割承継会社と連帯して負担する保証債務の履行を含む）を請求することができない吸収分割株式会社の債権者（会社法758条8号［取得対価を吸収分割承継株式会社の株式とする全部取得条項付種類株式の取得・配当財産を吸収分割承継株式会社の株式とする剰余金の配当］または760条7号［持分の場合］に掲げる事項についての定めがある場合にあっては、吸収分割株式会社の債権者）は、吸収分割株式会社に対し異議を述べることができる（会社789①）。

(2) 債権者異議手続の対象とならない債権者
① 剰余金の配当または全部取得条項付種類株式の取得をしない場合において、分割後も分割会社に対し債権の全額を請求できる債権者については、債権者異議手続の対象とはされていない（会社法の解説202頁）。
② 吸収分割承継会社が承継する債務につき、分割会社が連帯保証する場合には、債権者異議手続が不要となる（会社789①二・810①二、会社法の解説203頁）。

(3) 債権者に対する公告・各別の催告
（イ）原 則
　　吸収分割株式会社の債権者の全部または一部が吸収分割について異議を述べることができる場合には、吸収分割株式会社は、次に掲げる事項を官報に公告し、かつ、知れている債権者（異議を述べることができるものに限る）には、各別にこれを催告しなければならない（会社789②）。
① 吸収分割をする旨
② 吸収分割承継株式会社の商号・住所
③ 吸収分割株式会社および吸収分割承継株式会社の計算書類に関する事項として法務省令（会社規188・後掲）で定めるもの

④　債権者が1か月を下らない一定の期間内に異議を述べることができる旨
(ロ)　各別の催告を要しない場合
　　吸収分割株式会社が(イ)の公告を、官報のほかに、定款の定めに従い、時事に関する事項を掲載する日刊新聞紙への掲載または電子公告の公告方法によって行う場合には、各別の催告をすることを要しない（会社789③）。
　　ただし、吸収分割をする場合における不法行為によって生じた吸収分割株式会社の債務の債権者については、各別の催告を省略することはできない（会社789③括弧書）。
(ハ)　債権者に対する弁済等
　　債権者が上記(イ)④の期間内に異議を述べなかったときは、当該債権者は、当該吸収分割について承認をしたものとみなされる（会社789④）。
　　債権者が上記(1)④の期間内に異議を述べたときは、吸収分割株式会社は、当該債権者に対し、弁済し、もしくは相当の担保を提供し、または当該債権者に弁済を受けさせることを目的として信託会社等に相当の財産を信託しなければならない。ただし、当該吸収分割をしても当該債権者を害するおそれがないときは、担保の提供、相当の財産の信託等をする必要はない（会社789⑤）。

＜会社法施行規則188条：計算書類に関する事項＞

第188条　法第789条第2項第3号に規定する法務省令で定めるものは、同項の規定による公告の日又は同項の規定による催告の日のいずれか早い日における次の各号に掲げる場合の区分に応じ、当該各号に定めるものとする。
一　最終事業年度に係る貸借対照表又はその要旨につき公告対象会社（法第789条第2項第3号［吸収分割株式会社および吸収分割承継株式会社の計算書類に関する事項として法務省令（会社規188）で定めるもの］の株式会社をいう。以下この条において同じ。）が法第440条第1項［貸借対照表の公告］又は第2項［貸借対照表の要旨の公告］の規定により公告をしている場合　次に掲げるもの
　イ　官報で公告をしているときは、当該官報の日付及び当該公告が掲載されている頁
　ロ　時事に関する事項を掲載する日刊新聞紙で公告をしているときは、当該日刊新聞紙の名称、日付及び当該公告が掲載されている頁

ハ　電子公告により公告をしているときは、法第911条第3項第28号イに掲げる事項［＝電子公告の場合におけるウェブページアドレス］
　二　最終事業年度に係る貸借対照表につき公告対象会社が法第440条第3項［貸借対照表の5年間継続開示］に規定する措置を執っている場合　法第911条第3項第26号に掲げる事項［＝ウェブページアドレス］
　三　公告対象会社が法第440条第4項［金融商品取引法の規定による有価証券報告書の提出］に規定する株式会社である場合において、当該株式会社が金融商品取引法24条第1項の規定により最終事業年度に係る有価証券報告書を提出しているとき　その旨
　四　公告対象会社が会社法の施行に伴う関係法律の整備等に関する法律第28条［計算書類の公告等］の規定により法第440条［計算書類の公告］の規定が適用されないものである場合　その旨
　五　公告対象会社につき最終事業年度がない場合　その旨
　六　公告対象会社が清算株式会社である場合　その旨
　七　前各号に掲げる場合以外の場合　会社計算規則第6編第2章の規定による最終事業年度に係る貸借対照表の要旨の内容

2　吸収分割承継株式会社の債権者異議手続
　(1)　債権者異議手続の対象となる債権者
　　　吸収分割承継株式会社の債権者は、無条件に吸収分割承継株式会社に対し吸収分割につき異議を述べることができる。吸収分割承継株式会社のすべての債権者が異議手続の対象となる（会社799①二）。
　(2)　債権者に対する公告・各別の催告
　　(イ)　原則
　　　　吸収分割承継株式会社は、次に掲げる事項を官報に公告し、かつ、知れている債権者には、各別にこれを催告しなければならない（会社799②）。
　　　①　吸収分割をする旨
　　　②　吸収分割株式会社の商号・住所
　　　③　吸収分割株式会社および吸収分割承継株式会社の計算書類に関する事項として法務省令（会社規199・後掲）で定めるもの
　　　④　債権者が1か月を下らない一定の期間内に異議を述べることができる旨
　　(ロ)　各別の催告を要しない場合
　　　　吸収分割承継株式会社が(イ)の公告を、官報のほかに、定款の定めに従い、時事に関する事項を掲載する日刊新聞紙への掲載または電子公告の公告方法によって行う場合には、各別の催告をすることを要しない（会社799③）。

(ハ) 債権者に対する弁済等
　　債権者が(イ)④の期間内に異議を述べなかったときは、当該債権者は、当該吸収分割について承認をしたものとみなされる（会社789④）。
　　債権者が(イ)④の期間内に異議を述べたときは、吸収分割承継株式会社は、当該債権者に対し、弁済し、もしくは相当の担保を提供し、または当該債権者に弁済を受けさせることを目的として信託会社等に相当の財産を信託しなければならない。ただし、当該吸収分割をしても当該債権者を害するおそれがないときは、担保の提供、相当の財産の信託等をする必要はない（会社799⑤）。

＜会社法施行規則199条：計算書類に関する事項＞

第199条　法第799条第2項第3号に規定する法務省令で定めるものは、同項の規定による公告の日又は同項の規定による催告の日のいずれか早い日における次の各号に掲げる場合の区分に応じ、当該各号に定めるものとする。
一　最終事業年度に係る貸借対照表又はその要旨につき公告対象会社（法第799条第2項第3号［吸収分割株式会社および吸収分割承継株式会社の計算書類に関する事項として法務省令（会社規199）で定めるもの］の株式会社をいう。以下この条において同じ。）が法第440条第1項［貸借対照表の公告］又は第2項［貸借対照表の要旨の公告］の規定により公告をしている場合　次に掲げるもの
　　イ　官報で公告をしているときは、当該官報の日付及び当該公告が掲載されている頁
　　ロ　時事に関する事項を掲載する日刊新聞紙で公告をしているときは、当該日刊新聞紙の名称、日付及び当該公告が掲載されている頁
　　ハ　電子公告により公告をしているときは、法第911条第3項第28号イに掲げる事項［＝電子公告の場合におけるウェブページアドレス］
二　最終事業年度に係る貸借対照表につき公告対象会社が法第440条第3項［貸借対照表の5年間継続開示］に規定する措置を執っている場合　法第911条第3項第26号に掲げる事項［＝ウェブページアドレス］
三　公告対象会社が法第440条第4項［金融商品取引法の規定による有価証券報告書の提出］に規定する株式会社である場合において、当該株式会社が金融商品取引法第24条第1項の規定により最終事業年度に係る有価証券報告書を提出しているとき　その旨
四　公告対象会社が会社法の施行に伴う関係法律の整備等に関する法律第28条［計算書類の公告等］の規定により法第440条［計算書類の公告］の規定が適用されないものである場合　その旨

五　公告対象会社につき最終事業年度がない場合　その旨
六　公告対象会社が清算株式会社である場合　その旨
七　前各号に掲げる場合以外の場合　会社計算規則第6編第2章の規定による最終事業年度に係る貸借対照表の要旨の内容

Q375〔効力発生日〕
吸収分割の効力はいつ発生するか

吸収分割の効力は、吸収分割契約で定めた「効力発生日」に効力が生じる（会社758七）。吸収分割による変更登記は、吸収分割の効力発生要件ではない。

memo.　新設分割の効力は、吸収分割承継会社が、その本店の所在地において設立の登記をすることによって生ずる（会社49・764①。登記の創設的効力）。

Q376〔会社分割の登記申請〕
吸収分割による変更登記の申請手続

1　吸収分割会社・吸収分割承継会社の変更登記

会社が吸収分割をしたときは、その効力が生じた日（分割契約で定めた効力発生日）から2週間以内に、その本店の所在地において、吸収分割会社および吸収分割承継会社についての変更登記をしなければならない（会社923）。

2　管轄が異なる場合
(1)　本店の所在地における吸収分割会社がする吸収分割による変更登記の申請は、当該登記所の管轄区域内に吸収分割承継会社の本店がないときは、吸収分割承継会社の本店の所在地を管轄する登記所を経由してしなければならない（商登87①）。
(2)　本店の所在地における吸収分割会社の変更登記の申請と吸収分割承継会社の変更登記の申請とは、同時にしなければならない（商登87②）。
(3)　(1)の登記（吸収分割会社がする変更登記）の申請書には、登記所において作成した吸収分割会社の代表取締役（指名委員会等設置会社にあっては、代表執行役）の印鑑の証明書を添付しなければならない。この場合においては、商業登記法18条の書面（代理権限証書）を除き、他の書面の添付を要しない（商登87③）。

株式会社　11　会社分割

1　吸収分割承継株式会社がする吸収分割による変更登記の添付書面

Q377〔添付書面〕
株式会社の吸収分割による変更登記の添付書面

次の書面を添付する（商登85）。
① 吸収分割契約書
　分割契約で定めた効力発生日に変更があった場合は、次のイおよびロの書面を添付する（平18・3・31民商782第5部第3・2(1)）。
　イ　吸収分割承継株式会社において取締役の過半数の一致があったことを証する書面または取締役会議事録（商登46）
　ロ　効力発生日の変更に係る当事会社の契約書（商登24九参照）
② 吸収分割承継株式会社の手続に関する次の書面
　イ　分割契約の承認に関する書面（商登46）
　　吸収分割契約の承認機関に応じ、株主総会、種類株主総会の議事録、株主リストもしくは取締役会の議事録、または取締役の過半数の一致があったことを証する書面を添付する。
　ロ　略式分割または簡易分割の場合には、その要件〔略式分割＝会社796①本文・468①、簡易分割＝会社796②〕を満たすことを証する書面
　　ⓐ　略式合併の要件を満たすことを証する書面としては、具体的には、吸収分割承継株式会社の株主名簿等が該当する（前掲平18・3・31民商782）。
　　ⓑ　簡易分割に反対する旨を通知した株主がある場合には、その有する株式の数が会社法施行規則197条の規定により定まる数に達しないことを証する書面をも添付する（前掲平18・3・31民商782）。
　ハ　債権者異議手続関係書面
　　債権者保護手続のための公告および催告（公告を官報のほか時事に関する事項を掲載する日刊新聞紙または電子公告によってした場合にあっては、これらの方法による公告）をしたことならびに異議を述べた債権者があるときは当該債権者に対し弁済しもしくは相当の担保を提供しもしくは当該債権者に弁済を受けさせることを目的として相当の財産を信託したことまたは当該債権者を害するおそれがないことを証する書面をいう。
　ニ　資本金の額が会社法445条5項の規定に従って計上されたことを証する書面
③ 吸収分割株式会社の手続に関する次に掲げる書面
　イ　吸収分割会社の登記事項証明書（当該登記所の管轄区域内に吸収分割会社の本店がある場合を除く）
　ロ　吸収分割会社における分割契約の承認機関に応じ、株主総会または種

類株主総会の議事録、株主リスト（略式分割または簡易分割の場合には、その要件を満たすことを証する書面および取締役の過半数の一致があったことを証する書面または取締役会議事録）
- (ハ) 債権者異議手続関係書面（不法行為によって生じた吸収分割会社の債務の債権者に対する各別の催告をしたことを証する書面を省略することはできない）

  債権者異議手続関係書面→②ハ。
- (ニ) 吸収分割株式会社が新株予約権を発行している場合において、その新株予約権者に対して当該新株予約権に代わる吸収分割承継株式会社の新株予約権を交付するときは、新株予約権証券提供公告等関係書面

  新株予約権証券提供公告をしたことを証する書面（当該新株予約権について新株予約権証券を発行していない場合にあっては、新株予約権原簿その他の当該場合に該当することを証する書面をいう。

④ 委任状（商登18）

2 吸収分割株式会社がする吸収分割による変更登記の添付書面

次の書面を添付する。

① 登記所において作成した吸収分割株式会社の代表取締役（指名委員会等設置会社にあっては、代表執行役）の印鑑の証明書（商登87③）

吸収分割株式会社がする吸収分割による変更登記の申請は、当該登記所の管轄区域内に吸収分割承継株式会社の本店がないときは、吸収分割承継株式会社の本店の所在地を管轄する登記所を経由して行う。この場合には、吸収分割株式会社の変更登記の申請書には、前掲の印鑑の証明書を添付しなければならない（商登87①③）。

② 委任状（商登18）

【備考】 上記以外の書面の添付を要しない（商登87③）。

memo. 商業登記法の改正（平25法28）により、平成27年10月5日以降、申請書に会社法人等番号（商登7）を記載した場合やその他の法務省令で定める場合には、登記事項証明書の添付が不要となる（商登19の3）。

株式会社　12　株式交換・株式移転　341

　株式会社は、株式会社または合同会社を完全親会社として株式交換をすることができるが、本項では特に断りがない限り、株式会社間の株式交換について記述する。

1　株式交換と株式移転の相違

Q378〔株式交換とは〕
株式交換とは、どのような制度か

　株式交換・株式移転はともに、完全親子会社関係を創設するための制度である。株式交換は既存の会社（既に設立登記がされている株式会社または合同会社）を完全親会社とするための制度であり、株式移転は完全親会社となる株式会社を新たに設立するための制度である（会社767・772）。

2　株式交換の制度

(1)　株式交換制度とは、既存会社A社と既存会社B社とが株式交換契約を締結し、株式交換日に、B社の株主が、その有するB社の株式全部をA社に移転し（この移転の結果、B社の株主はA社のみとなる）、この見返りに、A社の新株または自己株式をB社の株主であった者（A社に株式を移転した株主）に割り当てることにより、B社の株主であった者全員がA社の株主となり、B社はA社の100％子会社（株式交換完全子会社）となる制度である。A社は株式交換完全親会社となる（次頁の図を参照）。

(2)　B社（株式交換完全子会社）の発行済株式の全部を取得する会社（A社）（株式交換完全親会社）は、株式会社または合同会社でなければならない（会社767）。

株式交換完全親会社	株式会社または合同会社	会社767・768①一
株式交換完全子会社	株式会社	会社767・768①一

(3)　株式交換をする場合には、株式交換をする株式会社（B社。以下「株式交換完全子会社」という）と当該株式会社の発行済株式の全部を取得する会社（A社。以下「株式交換完全親会社」という）との間で、株式交換契約を締結しなければならない（会社767）。

<株式交換の図>
【株式交換契約】

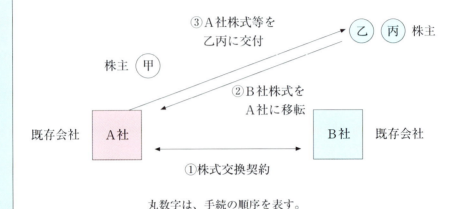

丸数字は、手続の順序を表す。

【株式交換後】

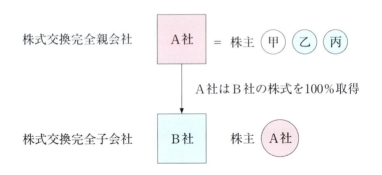

Q379〔株式交換の手続概要〕
株式交換の手続の概要を示せ

株式交換完全子会社（株式交換をする株式会社）と株式交換完全親株式会社（株式交換により発行済株式の全部を取得する株式会社）における手続の概要は、基本的に同じである。ただし、株式交換完全親株式会社においては、新株予約権買取請求の制度は存在しない。

株式会社　12　株式交換・株式移転

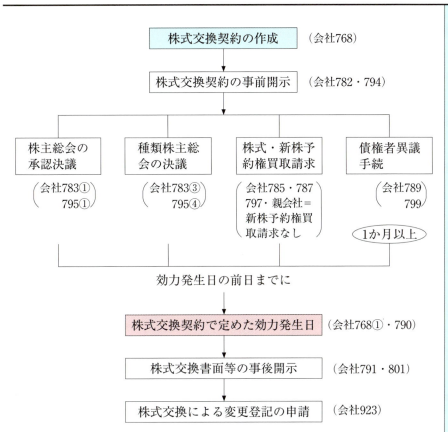

memo.1　株式交換の手続においては、①株式交換契約の作成、②当事会社における株式交換契約の事前開示を行った後に、③株主総会の承認決議、種類株主総会の決議、株式（新株予約権）買取請求、債権者異議手続を、それぞれ効力発生日の前日までの間に行うこととして各手続の同時進行が可能である（会社法の解説192頁、会社法実務ハンドブック800頁）。

memo.2　株券・新株予約権証券の提出の公告・通知→Q383。

1　法定事項

株式会社が株式交換をする場合において、株式交換完全親会社が株式会社であるときは、株式交換契約において、次に掲げる事項を定めなければならない（会社768①）。

① 株式交換をする株式会社（以下「株式交換完全子会社」という）および株式会社である株式交換完全親会社（以下「株式交換完全親株式会社」と

Q380〔株式交換契約〕
株式交換契約で定める事項は何か

いう）の商号および住所
② 株式交換完全親株式会社が株式交換に際して株式交換完全子会社の株主に対してその株式（株式交換完全子会社の株式）に代わる金銭等（金銭その他の財産をいう－会社151①）を交付するときは、当該金銭等についての次に掲げる事項
　㈰ 当該金銭等が株式交換完全親株式会社の株式であるときは、当該株式の数（種類株式発行会社にあっては、株式の種類および種類ごとの数）、またはその数の算定方法、ならびに当該株式交換完全親株式会社の資本金および準備金の額に関する事項
　㈪ 当該金銭等が株式交換完全親株式会社の社債（新株予約権付社債についてのものを除く）であるときは、当該社債の種類および種類ごとの各社債の金額の合計額、またはその算定方法
　㈫ 当該金銭等が株式交換完全親株式会社の新株予約権（新株予約権付社債に付されたものを除く）であるときは、当該新株予約権の内容および数、またはその算定方法
　㈬ 当該金銭等が株式交換完全親株式会社の新株予約権付社債であるときは、当該新株予約権付社債についての㈪に規定する事項および当該新株予約権付社債に付された新株予約権についての㈫に規定する事項
　㈭ 当該金銭等が株式交換完全親株式会社の株式等［株式、社債および新株予約権をいう（会社107②ニホ）］以外の財産であるときは、当該財産の内容および数もしくは額、またはこれらの算定方法
③ ②の場合には、株式交換完全子会社の株主（株式交換完全親株式会社を除く）に対する金銭等の割当てに関する事項
④ 株式交換完全親株式会社が株式交換に際して株式交換完全子会社の新株予約権の新株予約権者に対して当該新株予約権に代わる当該株式交換完全親株式会社の新株予約権を交付するときは、当該新株予約権についての次の事項
　㈰ 当該株式交換完全親株式会社の新株予約権の交付を受ける株式交換完全子会社の新株予約権の新株予約権者の有する新株予約権（以下「株式交換契約新株予約権」という）の内容
　㈪ 株式交換契約新株予約権の新株予約権者に対して交付する株式交換完全親株式会社の新株予約権の内容および数、またはその算定方法
　㈫ 株式交換契約新株予約権が新株予約権付社債に付された新株予約権であるときは、株式交換完全親株式会社が当該新株予約権付社債についての社債に係る債務を承継する旨、ならびにその承継に係る社債の種類および種類ごとの各社債の金額の合計額、またはその算定方法

⑤ ④の場合には、株式交換契約新株予約権の新株予約権者に対する④の株式交換完全親株式会社の新株予約権の割当てに関する事項
⑥ 株式交換がその効力を生ずる日（以下「効力発生日」という）

2 種類株式発行会社である場合
　1の場合において、株式交換完全子会社が種類株式発行会社であるときは、株式交換完全子会社および株式交換完全親株式会社は、株式交換完全子会社の発行する種類の株式の内容に応じ、1③に掲げる事項として次に掲げる事項を定めることができる（会社768②）。
① ある種類の株式の株主に対して金銭等の割当てをしないこととするときは、その旨および当該株式の種類
② 金銭等の割当てについて株式の種類ごとに異なる取扱いを行うこととするときは、その旨および当該異なる取扱いの内容

3 持株数に応じた交付
　1③についての定めは、株式交換完全子会社の株主（株式交換完全親株式会社および2①の種類の株式の株主を除く）の有する株式の数（2②に掲げる事項についての定めがある場合にあっては、各種類の株式の数）に応じて金銭等を交付することを内容とするものでなければならない（会社768③）。

株式交換契約の承認機関は次のようになる。
1 株式交換完全子会社における承認機関

> **Q381〔株主総会等の承認〕**
> 株式交換契約は株主総会の承認を要するか

(A) 種類株式発行会	(1) 株主総会の承認を要する場合（原則）	① 株式交換完全子会社は、効力発生日の前日までに、株主総会の特別決議によって、株式交換契約の承認を受けなければならない（会社783①・309②十二）。
	(2) 株主総会の承認を要しない場合＜略式株式交換の場合＞	① 株式交換完全親会社が株式交換完全子会社の特別支配会社（→Q373の(2)）である場合には、株主総会の決議による承認を要しない（会社784①）。(A)欄(3)を参照。 ② 略式株式交換の場合にあっては、取締役会設置会社では取締役会の決議により、非取締役会設置会社では取締役の過半数で承認することができる（→memo.）。

株式交換	(B) 種類株式発行会社 以外 （続き）	(3) 備考	組織再編行為の対価が、株式交換完全親会社の譲渡制限株式である場合は次による。 ① 公開会社の場合→(A)欄(1)による（会社784①ただし書）。 ② 株式譲渡制限会社の場合→略式株式交換の適用はなく、(A)欄(1)の株主総会の特別決議が必要（会社784①ただし書）。
	(B) 種類株式発行会社	(1) 株主総会の承認を要する場合（原則）	① 株式交換完全子会社は、効力発生日の前日までに、株主総会の特別決議によって、株式交換契約の承認を受けなければならない（会社783①・309②十二）。
		(2) 株主総会の承認を要しない場合＜略式株式交換の場合＞	① 株式交換完全親会社が株式交換完全子会社の特別支配会社（→Q373の(2)）である場合には、株主総会の決議による承認を要しない（会社784①）。(B)欄(3)を参照。 ② 略式株式交換の場合にあっては、取締役会設置会社では取締役会の決議により、非取締役会設置会社では取締役の過半数で承認することができる（→memo.）。
		(3) 備考	株式交換完全子会社となる会社の譲渡制限株式でない株主に対する組織再編行為の対価が、株式交換完全親会社の譲渡制限株式である場合は次による。 ① 公開会社の場合→株主総会の特殊決議または(B)欄(2)＋種類株主総会の特殊決議による（会社309③二・783③・324③二）。 ② 株式譲渡制限会社の場合→簡易・略式株式交換の適用はなく、(B)欄(1)＋種類株主総会の特殊決議による（会社783③・324③二）。

memo. 株式交換制度では、株式交換完全子会社における略式株式交換手続は認められているが（会社784①）、簡易株式交換手続は認められていない（会社法784条2項は、株式交換の場合を定めていない）。

2 株式交換完全親会社における承認機関

(A) 種類株式発行会社以外	(1) 株主総会の承認を要する場合（原則）	① 株式交換完全親会社は、効力発生日の前日までに、株主総会の特別決議によって、株式交換契約の承認を受けなければならない（会社795①・309②十二）。
	(2) 株主総会の承認を要しない場合＜略式株式交換の場合＞	① 株式交換完全子会社が株式交換完全親会社の特別支配会社（→Q373の(2)）である場合には、株主総会の決議による承認を要しない（会社796①）。(A)欄(4)を参照。 ② 略式株式交換の場合にあっては、取締役会設置会社では取締役会の決議により、非取締役会設置会社では取締役の過半数で承認することができる。
	(3) 株主総会の承認を要しない場合＜簡易株式交換の場合＞	① ㋑株式交換完全子会社の株主等に対して交付する株式交換完全親株式会社の株式の数に1株当たり純資産額を乗じて得た額、および㋺株式交換完全子会社の株主等に対して交付する株式交換完全親株式会社の社債・新株予約権・新株予約権付社債・株式等以外の財産の帳簿価額の合計額が、株式交換完全親会社の純資産額として法務省令（会社規196）で定める方法により算定される額の5分の1（これを下回る割合を株式交換完全親会社の定款で定めた場合にあっては、その割合）を超えない場合には、株主総会の決議による承認を要しない（会社796②）。(A)欄(4)を参照。 ② 簡易分割の場合にあっては、取締役会設置会社では取締役会の決議により、非取締役会設置会社では取締役の過半数で承認することができる。
		組織再編行為の対価が、株式交換完全親会社の譲渡制限株式である場合は次による。 ① 公開会社の場合→(A)欄(1)による（会社796①

株式交換		(4) 備考	ただし書)。 ② 株式譲渡制限会社の場合→略式株式交換・簡易株式交換の適用はなく、(A)欄(1)の株主総会の特別決議が必要（会社796①ただし書）。
		(1) 株主総会の承認を要する場合（原則）	① 株式交換完全親会社は、効力発生日の前日までに、株主総会の特別決議によって、株式交換契約の承認を受けなければならない（会社795①・309②十二）。
		(2) 株主総会の承認を要しない場合＜略式株式交換の場合＞	① 株式交換完全親会社が株式交換完全子会社の特別支配会社（→Q373の(2)）である場合には、株主総会の決議による承認を要しない（会社796①）。(B)欄(4)を参照。 ② 略式株式交換の場合にあっては、取締役会設置会社では取締役会の決議により、非取締役会設置会社では取締役の過半数で承認することができる。
	(B) 種類株式発行会社	(3) 株主総会の承認を要しない場合＜簡易株式交換の場合＞	① ㋑株式交換完全子会社の株主等に対して交付する株式交換完全親株式会社の株式の数に1株当たり純資産額を乗じて得た額、および、㋺株式交換完全子会社の株主等に対して交付する株式交換完全親株式会社の社債・新株予約権・新株予約権付社債・株式等以外の財産の帳簿価額の合計額が、株式交換完全親会社の純資産額として法務省令（会社規196）で定める方法により算定される額の5分の1（これを下回る割合を株式交換完全親会社の定款で定めた場合にあっては、その割合）を超えない場合には、株主総会の決議による承認を要しない（会社796②）。(B)欄(4)を参照。 ② 簡易分割の場合にあっては、取締役会設置会社では取締役会の決議により、非取締役会設置会社では取締役の過半数で承認することができる。

(4) 備　考	株式交換完全子会社となる会社の譲渡制限株式でない株主に対する組織再編行為の対価が、株式交換完全親会社の譲渡制限株式である場合は次による。 ① 公開会社の場合→株主総会の特殊決議または(B)欄(2)＋種類株主総会の特別決議による（会社795④・324②六）。 ② 株式譲渡制限会社の場合→簡易・略式株式交換の適用はなく、(B)欄(1)＋種類株主総会の特別決議による（会社796①ただし書・796②ただし書・795①④・324②六）。

＜会社法施行規則196条＞
　Q371に掲載。

1　株式交換完全子会社における債権者異議手続
　(1)　異議を述べることができる債権者
　　　株式交換契約新株予約権（注）が新株予約権付社債に付された新株予約権である場合には、当該新株予約権付社債についての社債権者は、株式交換完全子会社に対し、株式交換について異議を述べることができる（会社789①三）（→memo.）。

Q382〔債権者異議手続〕
株式交換をするについて債権者異議手続はどのように行うべきか

（注）　株式交換契約新株予約権＝株式交換完全親株式会社が、株式交換に際して、株式交換完全子会社の新株予約権の新株予約権者に対して当該新株予約権に代わる株式交換完全親株式会社の新株予約権を交付する場合において、当該株式交換完全親株式会社の新株予約権の交付を受ける株式交換完全子会社の新株予約権の新株予約権者の有する新株予約権のことを、「株式交換契約新株予約権」という（会社768①四参照）。

　(2)　異議手続をする時期
　　　株式交換完全子会社は、(2)以下の債権者異議手続を、株式交換の効力発生日（株式交換契約で定めた日（会社768①六）・効力発生日の変更（会社

790①))より前に終了させなければならない（会社769⑥）。異議手続開始の時期は、株式交換契約を承認する機関（株主総会等）の開催時期との先後を問わない。
（3）債権者に対する公告・各別の催告
　（イ）原則
　　　株式交換完全子会社において異議を述べることができる債権者（(1)の債権者）がある場合には、株式交換完全子会社は、次に掲げる事項を官報に公告し、かつ、知れている債権者（異議を述べることができるものに限る）には、各別にこれを催告しなければならない（会社789②）。
　　① 株式交換をする旨
　　② 株式交換完全親会社の商号・住所
　　③ 株式交換完全子会社および株式交換完全親会社の計算書類に関する事項として法務省令（会社規188＝**Q374**に掲載）で定めるもの
　　④ 債権者が1か月を下らない一定の期間内に異議を述べることができる旨
　（ロ）各別の催告を要しない場合
　　　株式交換完全子会社が（イ）の公告を、官報のほかに、定款の定めに従い、時事に関する事項を掲載する日刊新聞紙への掲載または電子公告の公告方法によって行う場合には、各別の催告をすることを要しない（会社789③）。
　（ハ）債権者に対する弁済等
　　　債権者が上記（イ）④の期間内に異議を述べなかったときは、当該債権者は、株式交換について承認をしたものとみなされる（会社789④）。
　　　債権者が上記(1)④の期間内に異議を述べたときは、株式交換完全子会社は、当該債権者に対し、弁済し、もしくは相当の担保を提供し、または当該債権者に弁済を受けさせることを目的として信託会社等に相当の財産を信託しなければならない。ただし、株式交換をしても当該債権者を害するおそれがないときは、担保の提供、相当の財産の信託等をする必要はない（会社789⑤）。

memo. 株式交換完全子会社の株式交換契約新株予約権が新株予約権付社債に付された新株予約権である場合に、株式交換によって、この新株予約権に代わるものとして株式交換完全親株式会社の新株予約権に新株予約権付社債が付されたものが交付されるときは、株式交換完全子会社の社債権者にとっては、免責的債務引受けまたは債務者の交替による更改（民514）となるからである（江頭・会社法939頁参照）。

2 株式交換完全親株式会社の債権者異議手続

(1) 債権者異議手続を要する場合
　　次の場合には、株式交換完全親株式会社の債権者は、株式交換完全親株式会社に対し株式交換につき異議を述べることができるので、株式交換完全親株式会社は債権者異議手続をしなければならない。
① 株式交換完全親株式会社の株式その他これに準ずるもの以外の交付：株式交換をする場合において、株式交換完全子会社の株主に対して交付する金銭等（会社151①）が株式交換完全親株式会社の株式その他これに準ずるものとして法務省令（会社規198・後掲）で定めるもののみである場合以外の場合（会社799①三）。
② 新株予約権付社債の承継：株式交換完全親株式会社が株式交換契約新株予約権（会社768①四イ）として株式交換完全子会社の新株予約権付社債についての社債に係る債務を承継する場合（会社768①四ハ・799①三）

(2) 債権者に対する公告・各別の催告
　(イ) 原　則
　　　株式交換完全親株式会社は、次に掲げる事項を官報に公告し、かつ、知れている債権者には、各別にこれを催告しなければならない（会社799②）。
① 株式交換をする旨
② 株式交換完全子会社の商号・住所
③ 株式交換完全親株式会社および株式交換完全子会社の計算書類に関する事項として法務省令（会社規199）で定めるもの
④ 債権者が1か月を下らない一定の期間内に異議を述べることができる旨
　(ロ) 各別の催告を要しない場合
　　　株式交換完全親株式会社が(イ)の公告を、官報のほかに、定款の定めに従い、時事に関する事項を掲載する日刊新聞紙への掲載または電子公告の公告方法によって行う場合には、各別の催告をすることを要しない（会社799③）。
　(ハ) 債権者に対する弁済等
　　　債権者が(イ)④の期間内に異議を述べなかったときは、当該債権者は、当該株式交換について承認をしたものとみなされる（会社799④）。
　　　債権者が(イ)④の期間内に異議を述べたときは、株式交換完全親株式会社は、当該債権者に対し、弁済し、もしくは相当の担保を提供し、または当該債権者に弁済を受けさせることを目的として信託会社等に相当の財産を信託しなければならない。ただし、株式交換をしても当該債権者を害するおそれがないときは、担保の提供、相当の財産の信託等をする必要はない（会社799⑤）。

株式会社　12　株式交換・株式移転

＜会社法施行規則198条：株式交換完全親株式会社の株式に準ずるもの＞

第198条　法第799条第1項第3号に規定する法務省令で定めるものは、第1号に掲げる額から第2号に掲げる額を減じて得た額が第3号に掲げる額よりも小さい場合における法第768条第1項第2号及び第3号の定めに従い交付する株式交換完全親株式会社の株式以外の金銭等とする。
一　株式交換完全子会社の株主に対して交付する金銭等の合計額
二　前号に規定する金銭等のうち株式交換完全親株式会社の株式の価額の合計額
三　第1号に規定する金銭等の合計額に20分の1を乗じて得た額

株式交換

Q383〔株券等の提出〕
株式交換完全子会社は、株券または新株予約権証券の提出の公告・通知を要するか

1　株券の提出
　株式交換完全子会社が株券発行会社であるときは、株式の全部について株券を発行していない場合を除き、株式交換の効力が生ずる日までに当該株券発行会社に対し全部の株式に係る株券を提出しなければならない旨を、株式交換の効力が生ずる日の1か月前までに、公告し、かつ、当該株式の株主およびその登録株式質権者には、各別に通知をしなければならない（会社219①）。

2　新株予約権証券の提出
　株式交換に際して株式交換完全子会社の新株予約権者に対し当該新株予約権に代わる株式交換完全親株式会社の新株予約権が交付される場合において、株式交換完全子会社が新株予約権証券（当該新株予約権が新株予約権付社債に付されたものである場合にあっては、当該新株予約権付社債に係る新株予約権付社債券）を発行しているときは、株式交換完全子会社は、株式交換の効力が生ずる日までに株式交換完全子会社に対し新株予約権証券を提出すべき旨を株式交換の効力が生ずる日（新株予約権証券提出日）の1か月前までに、公告し、かつ、当該新株予約権の新株予約権者および登録新株予約権質権者には、各別に

通知しなければならない（会社293①）。
memo. 株式交換前の株式交換完全親会社となる会社の株主の地位は、株式交換によって何ら変わらない。したがって、株式交換完全親株式会社は株券・新株予約権の提出手続を要しない。

株式交換の効力は、株式交換契約で定めた「効力発生日」に生じる（会社769）。株式交換完全子会社は、株式交換完全親株式会社との合意により、効力発生日を変更することができる（会社790）。吸収分割による変更登記は、吸収分割の効力発生要件ではない。
memo. 株式移転の効力は、株式移転設立完全親株式会社が、その本店の所在地において設立の登記をすることによって生ずる（会社49・774。登記の創設的効力）。

Q384〔効力発生日〕
株式交換の効力はいつ発生するか

---

1 申請すべき登記

Q385〔株式交換の申請手続〕
株式交換による変更登記の申請手続は、どのようにすべきか

親・子会社の別	登記すべき事項	根　拠
(1) 株式交換完全親株式会社	① 発行可能株式総数（変更があった場合）、発行済株式総数、資本金の額の変更登記をする。 ② 株式交換完全親株式会社が、株式交換完全子会社の新株予約権者に株式交換契約新株予約権を交付したときは、新株予約権の登記をする。	会社915①
	① 次の②の場合を除き、変更登記をする必要はない（→**memo.**）。 ② 株式交換完全子会社が新株予約権を	

(2) 株式交換完全子会社	発行していた場合に、その新株予約権者に株式交換完全親株式会社の新株予約権（株式交換契約新株予約権）が交付されるときは、株式交換完全子会社の新株予約権の変更登記をする。	会社915①

memo. 株式交換をした場合には、株式交換完全子会社においては、株主に変動があっただけであるから（株式交換完全子会社となる会社の株主は株式交換完全親株式会社の株主となり、株式交換完全親株式会社が株式交換完全子会社の株主となる）、(2)欄②の場合を除き、変更登記をする必要はない。

2 申請期間

　　株式交換による変更登記は、株式交換の効力発生日から、本店の所在地において2週間以内に申請しなければならない（会社915①）。

3 申請の方式

(1) 経由申請

　　株式交換完全子会社となる会社が新株予約権を発行していた場合に、その新株予約権者に株式交換完全親株式会社の新株予約権を交付するときは、株式交換完全子会社の新株予約権の変更登記をする必要がある（会社915①）。

　　本店の所在地における株式交換完全子会社がする株式交換による新株予約権の変更の登記の申請は、当該登記所の管轄区域内に株式交換完全親会社の本店がないときは、株式交換完全親株式会社の本店の所在地を管轄する登記所を経由してしなければならない（商登91①）。

(2) 同時申請

　　株式交換完全親株式会社が株式交換に際して株式交換完全子会社の新株予約権の新株予約権者に対して当該新株予約権に代わる株式交換完全親株式会社の新株予約権を交付する場合（会社768①四）には、本店の所在地における株式交換完全子会社がする株式交換による新株予約権の変更登記の申請（商登91①）と、株式交換完全親株式会社がする株式交換による変更登記の申請（商登89）とは、同時にしなければならない（商登91②）。

Q386〔添付書面〕
株式会社の株式交換による変更登記の添付書面

① 株式交換完全親株式会社がする変更登記の添付書面

次の書面を添付する（商登89）。

① 株式交換契約書

株式交換契約で定めた効力発生日に変更があった場合は、次の㋑および㋺の書面を添付する（平18・3・31民商782第5部第4・2(1)）。

　㋑ 株式交換完全親株式会社において取締役の過半数の一致があったことを証する書面または取締役会議事録（商登46）
　㋺ 効力発生日の変更に係る当事会社の契約書（商登24九参照）

② 株式交換完全親株式会社の手続に関する次の書面

　㋑ 株式交換契約の承認に関する書面（商登46）

　　株式交換契約の承認機関に応じ、株主総会、種類株主総会の議事録、株主リストもしくは取締役会の議事録、または取締役の過半数の一致があったことを証する書面を添付する。

　㋺ 略式株式交換または簡易株式交換の場合には、その要件〔略式株式交換＝会社796①本文・468①、簡易株式交換＝会社796②〕を満たすことを証する書面

　　ⓐ 略式株式交換の要件を満たすことを証する書面としては、具体的には、株式交換完全親株式会社の株主名簿等が該当する（平18・3・31民商782第5部第2・2(1)ア参照）。
　　ⓑ 株式交換に反対する旨を通知した株主がある場合には、その有する株式の数が会社法施行規則197条の規定により定まる数に達しないことを証する書面をも添付する（前掲平18・3・31民商782）。

　㋩ 債権者異議手続関係書面

　　債権者異議手続のための公告および催告（公告を官報のほか時事に関する事項を掲載する日刊新聞紙または電子公告によってした場合にあっては、これらの方法による公告）をしたことならびに異議を述べた債権者があるときは当該債権者に対し弁済しもしくは相当の担保を提供しもしくは当該債権者に弁済を受けさせることを目的として相当の財産を信託したことまたは当該債権者を害するおそれがないことを証する書面をいう。

　㋥ 資本金の額が会社法445条5項の規定に従って計上されたことを証する書面（商登規92・61⑦）

③ 株式交換完全子会社の手続に関する次に掲げる書面

　㋑ 株式交換完全子会社の登記事項証明書（当該登記所の管轄区域内に株式交換完全子会社の本店がある場合を除く）

ロ　株式交換完全子会社における株式交換契約の承認機関に応じ、株主総会または種類株主総会の議事録、株主リスト（略式分割または簡易分割の場合には、その要件を満たすことを証する書面および取締役の過半数の一致があったことを証する書面または取締役会議事録）
　　ハ　債権者保護手続関係書面
　　　　債権者保護手続関係書面→②ハ。
　　ニ　株式交換完全子会社が株券を発行しているときは、株券提供公告等関係書面
　　　　株券提供公告をしたことを証する書面（当該株式の全部について株券を発行していない場合にあっては、株主名簿その他の当該場合に該当することを証する書面）を添付する（商登62）。
　　ホ　株式交換完全子会社が新株予約権を発行している場合において、その新株予約権者に対して当該新株予約権に代わる株式交換完全親株式会社の新株予約権を交付するときは、新株予約権証券提供公告等関係書面
　　　　新株予約権証券提供公告をしたことを証する書面（当該新株予約権について新株予約権証券を発行していない場合にあっては、新株予約権原簿その他の当該場合に該当することを証する書面をいう）。
　④　委任状（商登18）
② 株式交換完全子会社がする変更登記の添付書面
　　新株予約権の変更登記を経由申請でする場合には、次の書面を添付する。
　①　登記所において作成した株式交換完全子会社の代表取締役（指名委員会等設置会社にあっては、代表執行役）の印鑑の証明書（商登91③）
　　　株式交換完全子会社による新株予約権の変更登記の申請は、当該登記所の管轄区域内に株式交換完全親株式会社の本店がないときは、株式交換完全親株式会社の本店の所在地を管轄する登記所を経由して行う（商登91①）。この場合には、株式交換完全子会社の新株予約権の変更登記の申請書には、株式交換完全子会社の代表取締役（指名委員会等設置会社にあっては、代表執行役）の印鑑の証明書を添付しなければならない（商登91③）。
　②　委任状（商登18）
【備考】　上記以外の書面の添付を要しない（商登91③）。

(1) 株式移転の制度とは、純粋持分会社（完全親会社）を設立するための手法である。株式移転が行われた場合には、既存会社（既に設立登記を完了している会社）A社の株主が有するA社の株式全部が新たに設立されたB社に移転し（B社のみがA社の株主となる）、A社の株主であった者はB社の株式等の交付を受けることになる。

　　A社だけではなくC社、D社など複数の会社が共同でB会社を設立する共同株式移転もできる（会社772②）。

Q387〔株式移転とは〕
株式移転とは、どのような制度か

(2) 株式交換の場合にあっては、完全親会社となることができる会社は株式会社または合同会社であるが（会社767）、株式移転の場合にあっては、設立される完全親会社は株式会社のみに限られている（会社772・773①一）。

区　分	完全子会社となる会社	完全親会社となる会社	会社法
株式交換	株式会社	株式会社または合同会社	767
株式移転	株式会社	株式会社	772・773①

<株式移転の図>

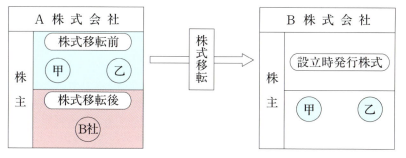

① 株式移転により、A社の株主全員の株式はB社に移転する。
② A社の株主全員は対価として、B社の設立時発行株式の交付を受ける。これにより、A社の株主全員は、B社の株主となる。
③ 株式移転の結果、A社の株主はB社のみとなる。

　株式移転完全子会社における手続は、概略次のようになる（株式移転設立完全親会社は、設立登記・株式移転計画の事後開示を行う）。

Q388〔株式移転の手続概要〕
株式移転の手続の概要を示せ

株式会社　12　株式交換・株式移転

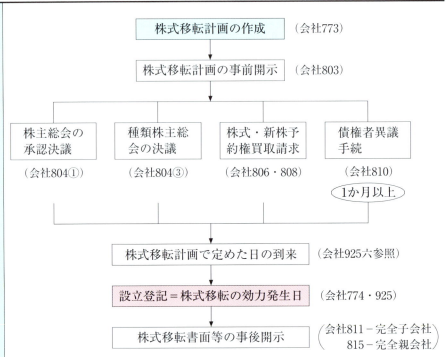

memo.1 株式移転の手続においては、①株式移転計画の作成、②当事会社における株式移転計画の事前開示を行った後に、③株主総会の承認決議、種類株主総会の決議、株式・新株予約権の買取請求、債権者異議手続を、それぞれ効力発生日の前日までの間に行うこととして各手続の同時進行が可能である（会社法の解説194頁、会社法実務ハンドブック801頁）。

memo.2 ①株式・新株予約権の買取請求における通知・公告手続等については、株主総会の決議から2週間以内にしなければならないとされているが（会社806・808）、これは株主総会決議後にすることを必要とする趣旨ではない。②したがって、株主総会決議より前に買取請求の手続を開始することも可能である。もっとも、株式買取請求を行使するためには、株主総会および種類株主総会における反対が必要であるため（会社806②）、株式買取請求の行使期間満了前には株主総会・種類株主総会が終了していることが必要である（会社法の解説194頁）。

memo.3 株券・新株予約権証券の提出公告・通知→**Q393**。

Q389〔株式移転計画の作成〕
株式移転計画はだれが作成するのか

(1) 移転計画作成者：1または2以上の株式会社は、株式移転をすることができる。この場合においては、株式移転計画を作成しなければならない。2以上の株式会社が共同し

て株式移転をする場合には、その2以上の株式会社は、共同して株式移転計画を作成しなければならない（会社772）。株式移転制度は株式交換制度と異なり、株式会社の設立の時までは相手会社（完全親会社となる株式会社）は存在しないので、完全子会社となる株式会社（1または2以上の株式会社）が株式移転計画を作成する。
(2) 発起人不要：株式移転制度は、既存の株式会社が、自らは完全子会社となって、新たに完全親会社（株式会社）を設立するものであるが、発起人は存在しない。これは、株式移転制度が新設合併に類似する組織法的行為としてとらえられているからである。

1 法定事項
(1) 次の事項を定めなければならない（会社773①）。

Q390〔株式移転計画〕
株式移転計画で定める事項は何か

① 株式移転により設立する株式会社（以下「株式移転設立完全親会社」という）の目的、商号、本店の所在地および発行可能株式総数
② 上記①に掲げるもののほか、株式移転設立完全親会社の定款で定める事項
③ 株式移転設立完全親会社の設立時取締役の氏名
④ 会計参与・監査役・会計監査人に関する次の事項
　イ 株式移転設立完全親会社が会計参与設置会社である場合には、株式移転設立完全親会社の設立時会計参与の氏名（名称）
　ロ 株式移転設立完全親会社が監査役設置会社（監査役の監査の範囲を会計に関するものに限定する旨の定款の定めがある株式会社を含む）である場合には、株式移転設立完全親会社の設立時監査役の氏名
　ハ 株式移転設立完全親会社が会計監査人設置会社である場合には、株式移転設立完全親会社の設立時会計監査人の氏名（名称）
⑤ 株式移転設立完全親会社が株式移転に際して株式移転をする株式会社（以下「株式移転完全子会社」という）の株主に対して交付するその株式に代わる当該株式移転設立完全親会社の株式の数（種類株式発行会社にあっては、株式の種類および種類ごとの数）またはその数の算定方法、ならびに、当該株式移転設立完全親会社の資本金および準備金の額に関する事項

⑥　株式移転完全子会社の株主に対する上記⑤の株式の割当てに関する事項
⑦　株式移転設立完全親会社が株式移転に際して株式移転完全子会社の株主に対してその株式に代わる当該株式移転設立完全親会社の社債等を交付するときは、当該社債等についての次に掲げる事項
　　イ　当該社債等が株式移転設立完全親会社の社債（新株予約権付社債についてのものを除く）であるときは、当該社債の種類および種類ごとの各社債の金額の合計額またはその算定方法
　　ロ　当該社債等が株式移転設立完全親会社の新株予約権（新株予約権付社債に付されたものを除く）であるときは、当該新株予約権の内容および数またはその算定方法
　　ハ　当該社債等が株式移転設立完全親会社の新株予約権付社債であるときは、当該新株予約権付社債についてのイに規定する事項および当該新株予約権付社債に付された新株予約権についてのロに規定する事項
⑧　上記⑦の場合には、株式移転完全子会社の株主に対する社債等の割当てに関する事項
⑨　株式移転設立完全親会社が株式移転に際して株式移転完全子会社の新株予約権の新株予約権者に対して当該新株予約権に代わる当該株式移転設立完全親会社の新株予約権を交付するときは、当該新株予約権についての次に掲げる事項
　　イ　当該株式移転設立完全親会社の新株予約権の交付を受ける株式移転完全子会社の新株予約権の新株予約権者の有する新株予約権（以下「株式移転計画新株予約権」という）の内容
　　ロ　株式移転計画新株予約権の新株予約権者に対して交付する株式移転設立完全親会社の新株予約権の内容および数またはその算定方法
　　ハ　株式移転計画新株予約権が新株予約権付社債に付された新株予約権であるときは、株式移転設立完全親会社が当該新株予約権付社債についての社債に係る債務を承継する旨、ならびに、その承継に係る社債の種類および種類ごとの各社債の金額の合計額またはその算定方法
⑩　上記⑨の場合には、株式移転計画新株予約権の新株予約権者に対する⑨の株式移転設立完全親会社の新株予約権の割当てに関する事項
(2)　株式移転設立完全親会社が監査等委員会設置会社である場合には、(1)の③に掲げる事項は、設立時監査等委員である設立時取締役とそれ以外の設立時取締役とを区別して定めなければならない（会社773②）。

2　株式移転完全子会社が種類株式発行会社であるとき
　　株式移転完全子会社が種類株式発行会社であるときは、株式移転完全子会社は、その発行する種類の株式の内容に応じ、株式移転完全子会社の株主に対する上記1(1)の⑥に掲げる事項（会社773①六）として次に掲げる事項を定めることができる（会社773③）。

① ある種類の株式の株主に対して株式移転設立完全親会社の株式の割当てをしないこととするときは、その旨および当該株式の種類
② ①に掲げる事項のほか、株式移転設立完全親会社の株式の割当てについて株式の種類ごとに異なる取扱いを行うこととするときは、その旨および異なる取扱いの内容

memo. 株式移転完全子会社の株主に対する株式の割当て（1(1)の⑥）についての定めは、株式移転完全子会社の株主（2①の種類の株式の株主を除く）の有する株式の数（2②に掲げる事項についての定めがある場合にあっては、各種類の株式の数）に応じて、株式移転設立完全親会社の株式を交付することを内容とするものでなければならない（会社773④）。

次の区分に従う。

> **Q391〔計画の承認機関〕**
> 株式移転計画を承認する機関はどこか

(A) 種類株式発行会社以外	(1) 株主総会の承認を要する場合（原則）	株式移転完全子会社は、株主総会の特別決議によって、株式移転計画の承認を受けなければならない（会社804①・309②十二）。種類株主総会の決議は不要（会社804③参照）。
	(2) 備考	① 公開会社であり、かつ、株式交換完全親会社から交付される株式が譲渡制限株式である場合は、特殊決議による（会社804①・309③三）。 ② 略式・簡易株式移転の制度はない。
(B) 種類株式発行会社	(1) 株主総会の承認を要する場合（原則）	株式移転完全子会社は、株主総会の特別決議によって、株式移転計画の承認を受けなければならない（会社804①・309②十二）。
	(2) 備考	株式移転完全子会社となる会社の株主に対する組織再編行為の対価が、株式移転完全親会社の譲渡制限株式である場合は次による。 ① 公開会社の場合→株主総会の特別決議＋種類株主総会の特殊決議による（会社804①・309②十二・324③二）。 ② 株式譲渡制限会社の場合→略式・簡易株式移転の制度はなく、(B)欄(1)＋種類株主総会の特殊決議による（会社804③・324③二）。

Q392〔債権者異議手続〕
株式移転をするについて債権者異議手続はどのように行うべきか

株式移転の効力が発生する前に行う債権者異議手続の段階では、まだ完全親会社（株式移転設立完全親会社（会社773①一））は設立されていないので、債権者異議手続は株式移転により完全子会社となる会社が行う（株式移転手続を規定する会社法5編5章3節2款（814条・815条）には、債権者異議手続は規定されていない）。

1 異議を述べることができる債権者

株式移転計画新株予約権（注）が新株予約権付社債に付された新株予約権である場合には、当該新株予約権付社債についての社債権者は、株式移転完全子会社に対し、株式移転について異議を述べることができる（会社810①三）。

> （注） 株式移転計画新株予約権＝株式移転設立完全親会社が、株式移転に際して、株式移転完全子会社の新株予約権の新株予約権者に対して当該新株予約権に代わる株式移転設立完全親会社の新株予約権を交付する場合において、当該株式移転設立完全親会社の新株予約権の交付を受ける株式移転完全子会社の新株予約権の新株予約権者の有する新株予約権のことを、「株式移転計画新株予約権」という（会社773①九参照）。

2 異議手続をする時期

株式移転完全子会社は、3以下の債権者異議手続を、株式移転設立完全親会社の成立日（設立登記日）の前日までに終了させなければならない（会社774参照）。異議手続開始の時期は、株式移転計画を承認する機関（株主総会等）の開催時期との先後を問わない。

3 債権者に対する公告・各別の催告
(1) 原　則

株式移転完全子会社において異議を述べることができる債権者（1の債権者）がある場合には、株式移転完全子会社は、次に掲げる事項を官報に公告し、かつ、知れている債権者（異議を述べることができるものに限る）には、各別にこれを催告しなければならない（会社810②）。
① 株式移転をする旨
② 他の株式移転完全子会社および設立会社の商号・住所
③ 株式移転完全子会社の計算書類に関する事項として法務省令（会社規208・後掲）で定めるもの
④ 債権者が1か月を下らない一定の期間内に異議を述べることができる旨

(2) 各別の催告を要しない場合

　　株式移転完全子会社が(1)の公告を、官報のほかに、定款の定めに従い、時事に関する事項を掲載する日刊新聞紙への掲載または電子公告の公告方法によって行う場合には、各別の催告はすることを要しない（会社810③）。

(3) 債権者に対する弁済等

　　債権者が上記(1)④の期間内に異議を述べなかったときは、当該債権者は、株式移転について承認をしたものとみなされる（会社810④）。

　　債権者が上記(1)④の期間内に異議を述べたときは、株式移転完全子会社は、当該債権者に対し、弁済し、もしくは相当の担保を提供し、または当該債権者に弁済を受けさせることを目的として信託会社等に相当の財産を信託しなければならない。ただし、株式移転をしても当該債権者を害するおそれがないときは、担保の提供、相当の財産の信託等をする必要はない（会社810⑤）。

＜会社法施行規則208条：計算書類に関する事項＞

第208条　法第810条第2項第3号に規定する法務省令で定めるものは、同項の規定による公告の日又は同項の規定による催告の日のいずれか早い日における次の各号に掲げる場合の区分に応じ、当該各号に定めるものとする。
一　最終事業年度に係る貸借対照表又はその要旨につき公告対象会社（法第810条第2項第3号の株式会社をいう。以下この条において同じ。）が法第440条第1項［定時株主総会後の貸借対照表の公告］又は第2項［官報・日刊新聞紙による貸借対照表要旨の公告］の規定により公告をしている場合　次に掲げるもの
　　イ　官報で公告をしているときは、当該官報の日付及び当該公告が掲載されている頁
　　ロ　時事に関する事項を掲載する日刊新聞紙で公告をしているときは、当該日刊新聞紙の名称、日付及び当該公告が掲載されている頁
　　ハ　電子公告により公告をしているときは、法第911条第3項第28号イ［アドレス］に掲げる事項
二　最終事業年度に係る貸借対照表につき公告対象会社が法第440条第3項に規定する措置［電子公告－5年開示］を執っている場合　法第911条第3項第26号に掲げる事項［アドレス］
三　公告対象会社が法第440条第4項［有価証券報告書の提出］に規定する株式会社である場合において、当該株式会社が金融商品取引法第24条第1項の規定により最終事業年度に係る有価証券報告書を提出しているとき　その旨
四　公告対象会社が会社法の施行に伴う関係法律の整備等に関する法律第28条［特例有限会社における計算書類公告の適用除外］の規定により法第440条［計算書類の公告］の規定が適用されないものである場合　その旨

五　公告対象会社につき最終事業年度がない場合　その旨
　六　公告対象会社が清算株式会社である場合　その旨
　七　前各号に掲げる場合以外の場合　会社計算規則第6編第2章の規定による最終事業年度に係る貸借対照表の要旨の内容

Q393〔株券等の提出〕

株式移転完全子会社は、株券または新株予約権証券の提出の公告・通知を要するか

1　株券の提出

　株式移転完全子会社が株券発行会社であるときは、株式の全部について株券を発行していない場合を除き、株式移転の効力が生ずる日までに当該株券発行会社に対し全部の株式に係る株券を提出しなければならない旨を、株式移転の効力が生ずる日の1か月前までに、公告し、かつ、当該株式の株主およびその登録株式質権者には、各別に通知をしなければならない（会社219①）。

　上記の株式に係る株券は、株券提出日に無効となる（会社219③）。

2　新株予約権証券の提出

　株式移転に際して株式移転完全子会社の新株予約権者に対し当該新株予約権に代わる株式移転完全親株式会社の新株予約権が交付される場合において、株式移転完全子会社が新株予約権証券（当該新株予約権が新株予約権付社債に付されたものである場合にあっては、当該新株予約権付社債に係る新株予約権付社債券）を発行しているときは、株式移転完全子会社は、株式移転の効力が生ずる日までに株式移転完全子会社に対し新株予約権証券を提出すべき旨を新株予約権証券提出日の1か月前までに、公告し、かつ、当該新株予約権の新株予約権者および登録新株予約権質権者には、各別に通知しなければならない（会社293①）。

> **Q394〔設立の定款・特則〕**
> 設立会社の定款はだれが作成するか、また設立事項の特則は何か

1 定款の作成者

　株式移転によって設立される会社の定款には、発起人の制度は適用されない。したがって、株式移転によって設立される会社（株式移転設立完全親株式会社）の定款は、株式移転完全子会社が作成する（会社814②）。

2 特則事項

　株式移転による株式移転設立完全親会社の設立については、株式会社の設立を定める会社法第2編（株式会社）第1章（設立）の規定は、原則として、適用されない。ただし、適用される規定ついては表のとおり（会社814①）。

適用されない規定	原則として、会社法第2編（株式会社）第1章（設立）	
適用される規定	27条	定款の絶対的記載（記録）事項である目的・商号・本店の所在地。ただし、同条4号（設立に際して出資される財産の価額またはその最低額）、5号（発起人の氏名または名称・住所）は適用されない。
	29条	相対的記載（記録）事項、任意的記載（記録）事項の定款への記載（記録）
	31条	定款の備置き・閲覧等
	39条	取締役会設置会社、監査役会設置会社および監査等委員会設置会社である場合の役員の員数（3人以上）、役員等の資格
	1章6節	設立時代表取締役、指名委員会等設置会社である場合の設立時委員の選定等
	49条	株式会社の成立（本店の所在地における登記）

memo. 株式移転による株式移転設立完全親会社の設立について、原則として、株式会社の設立に関する規定の適用が排除される理由は、株式移転設立完全親会社の設立は、会社法が定める株式移転計画の規定（会社772～774）に基づくものであり、性質上、株式移転による設立には馴染まないからである。

Q395〔効力発生日〕 株式移転の効力は、いつ発生するか	(1) 株式移転は、会社成立の日、すなわち本店の所在地において設立の登記をすることによって、効力を生ずる（会社49）。 (2) 株式移転設立完全親会社は、その成立の日に、株式移転完全子会社の発行済株式の全部を取得する（会社774①）。株式移転完全子会社の株主は、株式移転設立完全親会社の成立の日に、株式移転完全子会社の株主に対する割当てに掲げる事項についての定めに従い（会社773①六）、株式移転設立完全親会社の株式の株主となる（会社774②）。社債、新株予約権については、会社法774条3項から5項を参照。
Q396〔当事会社の申請〕 株式移転完全子会社・株式移転設立完全親会社は、どのような登記をすべきか	

1 株式移転完全子会社の場合
　(1) 一般的な場合
　　次の(2)の場合を除き、株式移転完全子会社が株式移転に係る登記をする必要はない。株式移転においては、株式移転完全子会社の株主が株式移転設立完全親会社の株主となっただけであり、登記すべき事項に変更がないからである。
　(2) 新株予約権がある場合
　　株式移転設立完全親会社が株式移転に際して株式移転完全子会社の新株予約権の新株予約権者に対して当該新株予約権に代わる株式移転設立完全親会社の新株予約権を交付するときは、株式移転完全子会社は、変更原因が生じた日から2週間以内に本店の所在地において新株予約権の変更登記を申請しなければならない（商登91①、会社915①）。

2 株式移転設立完全親会社の場合
　株式会社が株式移転をする場合には、次の表の「区分」に応じて「掲げる日」のいずれか遅い日から2週間以内に、株式移転により設立する株式会社について、その本店の所在地において、設立の登記をしなければならない（会社925）。

	区　分	掲げる日
①	株主総会の決議がある場合	株式移転完全子会社における株式移転承認の株主総会決議の日（会社804①）
②	種類株主総会の決議がある場合	株式移転をするために種類株主総会の決議を要するときは（会社804③）、当該決議の日
③	株主に対する株式移転に関する株主総会決議事項の通知・公告	株式移転完全子会社は株式移転を承認する株主総会決議の日から2週間以内に、その株主に対し、株式移転をする旨等の通知または公告をしなければならないが（会社806③④）、この通知または公告をした日から20日を経過した日
④	新株予約権者に対する株式移転に関する株主総会決議事項の通知・公告	株式移転完全子会社は株式移転を承認する株主総会決議の日から2週間以内に、新株予約権の新株予約権者に対し、株式移転をする旨等の通知または公告をしなければならないが（会社808③④）、この通知または公告をした日から20日を経過した日
⑤	債権者異議手続の終了	会社法810条の規定による債権者の異議の手続をしなければならないときは、当該手続が終了した日
⑥	株式移転完全子会社が定めた日	株式移転をする株式会社が定めた日（2以上の株式会社が共同して株式移転をする場合にあっては、当該2以上の株式移転をする株式会社が合意により定めた日）

(1) 経由申請

　株式移転完全子会社となる会社が新株予約権を発行していた場合に、その新株予約権者に株式移転完全親株式会社の新株予約権を交付するときは、株式移転完全子会社

Q397〔申請の方式〕
株式移転完全子会社と株式移転設立完全親会社の同時申請を要する場合

の新株予約権の変更登記をする必要がある（会社915①）。

この場合における本店所在地での株式移転完全子会社がする株式移転による新株予約権の変更の登記の申請は、当該登記所の管轄区域内に株式移転完全会社の本店がないときは、株式移転完全親株式会社の本店の所在地を管轄する登記所を経由してしなければならない（商登91①）。

(2) 同時申請

株式移転設立完全親会社が株式移転に際して株式移転完全子会社の新株予約権の新株予約権者に対して当該新株予約権に代わる株式移転設立完全親会社の新株予約権を交付する場合（会社773①九）には、本店の所在地における株式移転完全子会社がする株式移転による新株予約権の変更登記の申請（商登91①）と、株式移転設立完全親会社がする株式移転による設立登記の申請（商登90）とは、同時にしなければならない（商登91②）。

Q398〔添付書面〕
株式移転設立完全親会社・株式移転完全子会社の登記の添付書面

1 株式移転設立完全親会社がする設立登記の添付書面

次の書面を添付する（商登90）。
① 株式移転計画書
② 株式移転設立完全親会社に関する書面として、次のものを添付する。
　㈦ 定　款
　㈣ 株主名簿管理人を置いたときは、その者との契約を証する書面
　㈥ 設立時取締役が設立時代表取締役を選定したときは、これに関する書面
　㈡ 新設合併設立株式会社が指名委員会等設置会社であるときは、設立時執行役の選任ならびに設立時委員および設立時代表執行役の選定に関する書面
　㈭ 設立時取締役、設立時監査役および設立時代表取締役（設立しようとする会社が監査等委員会設置会社である場合にあっては設立時監査等委

員である設立時取締役およびそれ以外の設立時取締役ならびに設立時代表取締役、指名委員会等設置会社である場合にあっては、設立時取締役、設立時委員、設立時執行役および設立時代表執行役）が就任を承諾したことを証する書面
- ⓐ 非取締役会設置会社にあっては、設立時取締役の就任承諾書の印鑑について、印鑑証明書を添付しなければならない（商登規61④、平20・1・25民商307）。
- ⓑ 取締役会設置会社にあっては、設立時代表取締役の就任承諾書の印鑑について、印鑑証明書を添付しなければならない（商登規61⑤、平20・1・25民商307）。
- ⓒ 取締役、監査役、執行役が就任承諾書に記載した氏名および住所と同一の氏名および住所が記載されている本人確認証明書（→**Q45**）を添付しなければならない。ただし、就任承諾書に印鑑証明書を添付する場合は添付不要（商登規61⑦）。

(ヘ) 設立時会計参与または設立時会計監査人を選任したときは、次に掲げる書面
- ⓐ 就任を承諾したことを証する書面
- ⓑ これらの者が法人であるときは、当該法人の登記事項証明書
　　当該登記所の管轄区域内に当該法人の主たる事務所がある場合を除く。
- ⓒ これらの者が法人でないときは、会社法333条1項［会計参与＝公認会計士または税理士］または337条1項［会計監査人＝公認会計士］に規定する資格者であることを証する書面

(ト) 特別取締役による議決の定めがあるときは、特別取締役の選定およびその選定された者が就任を承諾したことを証する書面

(チ) 資本金の額が会社法445条5項の規定に従って計上されたことを証する書面

③ 株式移転完全子会社の手続に関する書面として、次のものを添付しなければならない。
- (イ) 株式移転完全子会社の登記事項証明書
　　登記事項証明書は、作成後3か月以内のものでなければならない（商登規36の2）。株式移転設立完全親会社の本店の所在地の管轄区域内に株式移転完全子会社の本店がある場合は不要（商登90五）。
- (ロ) 株式移転の承認機関に応じ、株主総会または種類株主総会の議事録、株主リスト
- (ハ) 債権者保護手続関係書面
　　債権者保護手続をした場合（会社810）に添付する。次の書面が該当する。債権者保護手続のための公告および催告（公告を官報のほか時事に関する事項を掲載する日刊新聞紙または電子公告によってした場合にあっては、これらの方法による公告）をしたこと、ならびに異議を述べた

債権者があるときは当該債権者に対し弁済しもしくは相当の担保を提供しもしくは当該債権者に弁済を受けさせることを目的として相当の財産を信託したことまたは当該債権者を害するおそれがないことを証する書面。
　㈡　株式移転完全子会社が株券発行会社であるときは、株券提供公告等関係書面
　　　株券提供公告等関係書面とは、株券提供公告をしたことを証する書面（当該株式の全部について株券を発行していない場合にあっては、株主名簿その他の当該場合に該当することを証する書面）をいう。
　㈭　株式移転完全子会社が新株予約権を発行している場合において、その新株予約権者に対し当該新株予約権に代わる株式移転設立完全親会社の新株予約権を交付するときは、新株予約権証券提供公告等関係書面
　　　新株予約権証券提供公告等関係書面とは、新株予約権証券提供公告をしたことを証する書面（当該新株予約権について新株予約権証券を発行していない場合にあっては、新株予約権原簿その他の当該場合に該当することを証する書面）をいう。
　④　印鑑証明書
　　　設立時取締役（取締役会設置会社にあっては設立時代表取締役または設立時代表執行役）の就任承諾書の印鑑については、市区町村長の作成に係る作成後3か月以内の印鑑証明書を添付しなければならない（商登規61④⑤、平20・1・25民商307参照）。
　⑤　委任状（商登18）
　【参考】　印鑑届書が必要である（商登20①②、商登規9）。
② 株式移転完全子会社がする変更登記の添付書面
　新株予約権の変更登記を経由申請でする場合には、次の書面を添付する。
　①　登記所において作成した株式移転完全子会社の代表取締役（指名委員会等設置会社にあっては、代表執行役）の印鑑の証明書（商登91③）
　　　株式交換完全子会社による新株予約権の変更登記の申請は、当該登記所の管轄区域内に株式交換完全親株式会社の本店がないときは、株式交換完全親株式会社の本店の所在地を管轄する登記所を経由して行う（商登91①）。この場合には、株式交換完全子会社の新株予約権の変更登記の申請書には、株式移転完全子会社の代表取締役（指名委員会等設置会社にあっては、代表執行役）の印鑑の証明書を添付しなければならない（商登91③）。
　②　委任状（商登18）
　【備考】　上記以外の書面の添付を要しない（商登91③）。
memo.　商業登記法の改正（平25法28）により、平成27年10月5日以降、申請書に会社法人等番号（商登7）を記載した場合やその他の法務省令で定める場合には、登記事項証明書の添付が不要となる（商登19の3）。

Q399〔公告の方法〕
公告をする方法には、どのようなものがあるか

1 定款の任意的記載事項
　会社が公告をする方法は、旧商法では定款の絶対的記載（記録）事項であったが（旧商166①九）、会社法では任意的記載（記録）事項とされている（会社27・939参照）。

2 公告の方法
　会社が公告をする方法は次のとおり（会社939①④）。

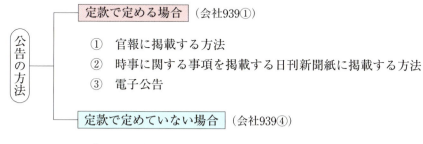

公告の方法
- 定款で定める場合（会社939①）
  ① 官報に掲載する方法
  ② 時事に関する事項を掲載する日刊新聞紙に掲載する方法
  ③ 電子公告
- 定款で定めていない場合（会社939④）
  官報に掲載する方法

Q400〔電子公告〕
電子公告をするためには、定款でどのように定めればよいか

1 定款の記載事項
　会社が公告をする方法を電子公告とするときは、定款で「電子公告の方法で行う。」旨を定める。ウェブページアドレスは、定款で定める必要はない（会社939③）。

2 事故等に対する予備的定め
　電子公告を公告方法とする場合においては、事故その他やむを得ない事由によって電子公告による公告をすることができない場合の公告方法として、定款で、次のいずれかの方法を定めることができる（会社939③）。
　① 官報に掲載する方法
　② 時事に関する事項を掲載する日刊新聞紙に掲載する方法

3 添付書面
　公告方法を、電子公告とする変更登記の添付書類は次のとおり。
　① 定款変更をした株主総会議事録、株主リスト（商登46②、商登規61③）
　② 委任状（商登18）

株式会社　13　公　告

4　商業登記記録例
(1)　電子公告により行う旨およびアドレスのみを定めた場合

| 公告をする方法 | 電子公告の方法により行う。
http://www.dai-ichi-denki.co.jp/koukoku/index.html |

【注】アルファベットは、全角文字で入力する（以下同じ。）。
(2)　事故等の場合における予備的な公告方法をも定めている場合

| 公告をする方法 | 電子公告の方法により行う。
http://www.dai-ichi-denki.co.jp/koukoku/index.html
当会社の公告は、電子公告による公告をすることができない事故その他のやむを得ない事由が生じた場合には、官報に掲載してする。 |

memo.　電子公告をするウェブページアドレスは、取締役会設置会社にあっては取締役会で、非取締役会設置会社にあっては株主総会または取締役の決定で定めればよい。

Q401〔貸借対照表等の公告〕
計算書類の公告は、電磁的方法ですることができるか

1　貸借対照表（損益計算書）の公告
(1)　定時株主総会の終結後遅滞なく、定時株主総会で承認（会計監査人設置会社で法務省令（会社規116、会計規135）で定める要件に該当する会社にあっては、取締役の報告－会社438②・439）を受けた貸借対照表（大会社の場合は貸借対照表および損益計算書。以下、本Q同じ）を公告しなければならない（会社440①）。
(2)　会社法の規定により、貸借対照表の公告を要しない会社→Q402。

2　公告方法が電子公告の会社の場合
(1)　貸借対照表の公告は、登記されている電子公告をするためのウェブページアドレスによって行うことができるが、貸借対照表の公告のみを行うウェブページアドレスを別に登記することもできる（会社規220②）。貸借対照表の全文を公告しなければならない（会社440①②参照）。

【商業登記記録例】
＜貸借対照表の公告アドレスを別に定めた場合＞

| | 電子公告の方法により行う。
http://www.dai-ichi-denki.co.jp/koukoku/index.html |

公告をする方法	貸借対照表の公告 http://www.dai-ichi-denki.co.jp/kessan/index.html

(2) 貸借対照表の公告は、定時株主総会の終結の日後5年を経過する日までの間、継続して電磁的方法により不特定多数の者が提供を受けることができる状態に置くことが必要である（会社440③・940①二）。電子公告調査機関による調査は不要（会社941括弧書）。

③ 公告方法が官報・日刊新聞紙の会社の場合

(1) 電磁的方法（ウェブページ）により貸借対照表の公告をすることができる（会社のホームページで公告してもよい）。この電磁的方法による公告をするためには、定款の公告方法（官報または時事に関する事項を掲載する日刊新聞紙）を変更する必要はなく、取締役会設置会社の場合には取締役会で決定することができる。貸借対照表の公告をするためのウェブページアドレスを登録しなければならない（会社911③二十六）。

【商業登記記録例】
＜会社法440条3項の貸借対照表に係る情報の提供を受けるために必要な事項を定めた場合＞

貸借対照表に係る情報の提供を受けるために必要な事項	http://www.dai-ichi-denki.co.jp/kessan/index.html	平成19年10月1日設定
		平成19年10月8日登記

(2) 借対照表の公告は、定時株主総会の終結の日後5年を経過する日までの間、継続して電磁的方法により不特定多数の者が提供を受けることができる状態に置くことが必要である（会社440③）。電子公告調査機関による調査は不要（会社941括弧書）。

memo. 特例有限会社は貸借対照表の公告不要→Q408。

Q402〔公告を要しない会社〕
株式会社であっても貸借対照表の公告を要しない会社があるか

金融商品取引法24条1項（証券取引所に上場されている有価証券を発行している会社である等）の規定により有価証券報告書を内閣総理大臣に提出しなければならない会社（以下「有価証券報告会社」という）については、公告以外の方法によって計算書類の内容を知ることが確保されているため、計算書類の公告義務はない（会社440④）。

公告		memo. 上記の有価証券報告会社となった場合には、貸借対照表の公告義務がなくなるので、「貸借対照表に係る情報の提供を受けるために必要な事項」として登記されているアドレスを廃止する変更登記をしなければならない。この変更登記の申請においては、有価証券報告会社に該当することを証する書面の添付を要しない。また、この登録免許税額は、登記事項の抹消ではなく変更登記とされるので金3万円となる（登税別表1二十四（一）ツ）（宗野・諸問題39頁）。
	Q403〔添付書面〕 電子公告・貸借対照表の公告をする変更登記の添付書面	1 定款を変更して公告方法を電子公告とした場合 　① 定款変更の決議をした株主総会議事録、株主リスト（商登46②、商登規61③） 　② 委任状（商登18） 2 貸借対照表に係る情報の提供を受けるために必要な事項（アドレス）を登記する場合 　① 委任状（商登18） memo. 1 2 いずれの場合も委任状にウェブページアドレスを記載する。

(1) 有限会社法の廃止：有限会社法（昭和13年法律74号、以下「旧有限会社法」という）は、平成18年5月1日整備法の施行によって廃止された（整備1三・附則）。

Q404〔有限会社の取扱い〕
整備法施行日前に設立された有限会社の取扱い

(2) 旧有限会社の存続：旧有限会社法の規定による有限会社であって、整備法施行の際現に存する有限会社（以下「旧有限会社」という）は、整備法施行日以後は、整備法1章（法律の廃止等）2節（有限会社法の廃止に伴う経過措置）の定めるところにより、会社法の規定による株式会社として存続する（整備2①）。

(3) 特例有限会社：上記(2)の存続する株式会社（旧有限会社）は、その商号中に有限会社という文字を用いなければならない（整備3①）。整備法3条1項の規定により、商号中に有限会社という文字を用いなければならない株式会社（旧有限会社）のことを、「特例有限会社」という（整備3②）。

旧有限会社法に基づく規定であって、整備法でみなし規定がある主なものは次のとおり。

Q405〔みなし規定〕
旧有限会社法に基づく規定の整備法によるみなし規定

	旧有限会社	整備法によるみなし規定	整備法
①	旧有限会社の定款	株式会社の定款	2②
②	社員・持分・出資1口	左欄の順で、株主・株式・1株	2②
③	社員名簿	株主名簿（会社121）	8①
④	社員名簿に記載（記録）された社員の氏名（名称）・住所	株主名簿に記載（記録）された株主の氏名（名称）・住所（会社121一）	8②一
⑤	社員名簿に記載（記録）された社員の出資の口数	④の株主名簿の株主の有する株式の数（種類株式発行会社にあっては、株式の種類・種類ごとの数）（会社121二）	8②二
⑥	会計帳簿・計算書類等	会社法の相当規定により作成	27①
⑦	資本の総額の登記	特例有限会社の資本金の額の登記	42①
⑧	旧有限会社法の規定による登記	会社法の相当規定による特例有限会社の登記	42②

⑨	有限会社登記簿	株式会社登記簿	136⑮
⑩	整備法施行日において登記されたものとみなす措置（発行可能株式総数・発行済株式の総数・株式譲渡制限規定・公告方法等）		42③〜⑦

Q406〔定 款〕
旧有限会社法による定款規定の整備法によるみなし規定

旧有限会社の定款規定について、整備法によるみなし規定は次のとおり。

	旧有限会社の定款の記載（記録）	特例有限会社の定款上の取扱い	整備法
①	目的・商号・本店の所在地	左の記載があるものとみなされる。	5①
②	資本の総額・出資1口の金額・社員の氏名住所・各社員の出資口数	記載がないものとみなされる。	5①
③	資本減少などの公告を、時事に関する事項を掲載する日刊新聞紙または電子公告によって行う、という規定	官報、時事に関する事項を掲載する日刊新聞紙または電子公告によって行う、との記載があるものとみなされる。	5②
④	電子公告を公告方法としている場合において、電子公告ができないときは、官報または時事に関する事項を掲載する日刊新聞紙で代わりに公告する、という規定	左の記載があるものとみなされる。	5③
⑤	定款に公告方法の定めがない場合	官報に掲載する方法とする。	会社939④
⑥	法定準備金の減少・資本減少・合併・会社分割・組織変更の公告について、異なる2つ以上の公告方法を定款に定めている場合	整備法施行日に、左の定款の定めは効力を失う。	5④

⑦	———————	定款の絶対的記載事項である「設立に際して出資される財産の価額又はその最低額、発起人の氏名又は名称及び住所」については、特例有限会社には適用されない。	5⑤
⑧	———————	イ 特例有限会社の定款には、発行する全部の株式の内容として当該株式を譲渡により取得することについて、当該特例有限会社の承認を要する旨の定めがあるものとみなされる。 ロ 特例有限会社の定款には、当該特例有限会社の株主が当該株式を譲渡により取得する場合においては、特例有限会社が承認をしたものとみなす旨の定めがあるものとみなされる。	9①
⑨	議決権の数、議決権を行使することができる事項、利益配当、残余財産の分配について、定款に別段の定めがある持分	株主総会において議決権を行使することができる事項、剰余金の配当、残余財産の分配についての定めがある種類の株式とみなされる（会社108①一・二・三）。	10
⑩	2人以上の取締役の選任につき、累積投票の請求ができる旨の定めがない場合	2人以上の取締役の選任につき、累積投票の請求ができない旨の定めがあるものとみなされる（会社342①）。	経過措置政令5

Q407〔特例有限会社の登記〕
株式会社の登記事項中、特例有限会社が登記できない事項

特例有限会社は、次の登記を申請することができない。

1 株式の譲渡制限に関する変更登記
  (1) 整備法9条
    ① 「特例有限会社の定款には、その発行する全部の株式の内容として当該株式を譲渡により取得することについて当該特例有限会社の承認を要する旨及び当該特例有限会社の株主が当該株式を譲渡により取得する場合においては当該特例有限会社が会社法第136条［株主からの承認請求］又は第137条第1項［株式取得者からの承認請求］の承認をしたものとみなす旨の定めがあるものとみなす。」
    ② 「特例有限会社は、その発行する全部又は一部の株式の内容として前項の定めと異なる内容の定めを設ける定款の変更をすることができない。」
  (2) 整備法9条2項の規定により、同条1項の定め（上記(1)①）と異なる内容の定めを設ける定款の変更をすることができないとされているから、株式譲渡制限の定めに関する変更の登記を申請することはできない。

2 取締役・監査役以外の機関設置の登記
  (1) 整備法17条
    ① 「特例有限会社の株主総会以外の機関の設置については、会社法第326条第2項中『取締役会、会計参与、監査役、監査役会、会計監査人、監査等委員会又は指名委員会等』とあるのは、『監査役』とする。」
    ② 「特例有限会社については、会社法第328条第2項［公開会社でない大会社の会計監査人の設置義務］の規定は、適用しない。」
  (2) 特例有限会社には株主総会、取締役、代

表取締役、監査役以外の機関を置くことができない。したがって、取締役会、監査役会、特別取締役、会計参与、会計監査人を置く旨の登記、あるいは監査等委員会設置会社又は指名委員会等設置会社である旨の登記は、いずれも申請することができない（**Q409**参照）。

③ 吸収合併存続会社となる登記

「特例有限会社は、会社法第749条第1項〔株式会社が存続する吸収合併契約〕に規定する吸収合併存続会社〔略〕となることができない。」（整備37）とされているので、特例有限会社は吸収合併において存続会社となることができない。

④ 吸収分割承継会社となる登記

「特例有限会社は、会社法〔略〕第757条〔吸収分割契約の締結〕に規定する吸収分割承継会社となることができない。」（整備37）。

⑤ 株式交換・株式移転の登記

「特例有限会社については、会社法第5編第4章〔株式交換および株式移転〕並びに第5章〔組織変更、合併、会社分割、株式交換および株式移転の手続〕中株式交換及び株式移転の手続に係る部分の規定は、適用しない。」（整備38）とされているので、特例有限会社は、株式交換および株式移転の登記を申請することができない。

⑥ 取締役全員が代表権を有する場合における代表取締役の登記

会社法は、「取締役の氏名」（会社911③十三）および「代表取締役の氏名及び住所」（会社911③十四）を登記すべき事項としているが、整備法43条1項は、特例有限会社については、前記「取締役の氏名」とあるのは「取締役の氏名及び住所」と、「代表取締役の氏名及び住所」とあるのは「代表取締役の氏名（特例有限会社を代表しない取締役がある場合に限る。）」とするとしている。

したがって、特例有限会社における代表取締役の登記は、特例有限会社を代表しない取締役がある場合に限って申請することができる。

Q408〔計算書類の開示〕
特例有限会社は計算書類を開示する必要があるか

特例有限会社には、貸借対照表（大会社にあっては、貸借対照表および損益計算書）を公告する必要はない（会社440）。また、計算書類等（計算書類・事業報告これらの附属明細書）の写しを支店に備え置く必要はない（会社442②）。

memo. 整備法28条は、「特例有限会社については、会社法第440条及び第442条第2項の規定は、適用しない。」と定めている。

Q409〔機 関〕
特例有限会社の機関は、どのようになっているか

特例有限会社の機関は次のとおり。

機 関（機関の設置）

区 分	機 関	根 拠
必ず置かなければならない機関	株主総会	会社295
	取締役（1人以上）	会社326①
	代表取締役の取扱い ① 原則－取締役は会社を代表する ② 特則－代表取締役の定めがあるときは、その者が会社を代表する（詳細→Q429）	会社349①②③
定款の定めにより置くことができる機関	監査役（1人以上）	会社326②
置くことができない機関	取締役会・会計参与・監査役会・会計監査人・監査等委員会・指名委員会等	整備17

Q410〔役員登記事項の比較〕
特例有限会社における取締役・代表取締役・監査役の登記事項

役員の登記事項につき、特例有限会社と株式会社を比較すると次のようになる。

役 員	特例有限会社の登記事項		株式会社の登記事項	
取締役	氏名・住所	整備43①	氏 名 （監査等委員会設置会社であるときは、監査等委員である取締役およびそれ以外の取締役の氏名）	会社911③十三・二十二

代表取締役	氏　名 （特例有限会社を代表しない取締役がある場合に限る）	整備43①	氏名・住所 （指名委員会等設置会社である場合を除く）	会社911③十四
監査役	氏名・住所	整備43①	氏名・監査役設置会社である旨 監査役の監査の範囲を会計に関するものに限定する旨の定款の定めがある株式会社であるときは、その旨	会社911③十七

（注）　ここでいう「株式会社」とは、特例有限会社でない株式会社のことをいう。

　特例有限会社では、監査役の監査の範囲を会計に関するものに限定する旨の登記は不要である（平27・2・6民商13第2部第11・2）。

Q411〔**監査限定の登記**〕
　特例有限会社は、監査役の監査の範囲を会計に限定する登記を要するか

memo.　株式会社の場合は、監査役の監査の範囲を会計に関するものに限定するか否か区別されるので（→Q231）、定款に、監査役の監査の範囲を会計に関するものに限定する旨の定めがあるときは、「監査役の監査の範囲を会計に関するものに限定する旨の定款の定めがある」登記を要する。

　監査役を置く旨の定款の定めのある特例有限会社の定款には、監査役の監査の範囲を会計に関するものに限定する旨の定款の定めがあるものとみなされて（整備24）、株式会社の監査役のように権限に区別がない（会社381①・389①）ことから、監査役の監査の範囲を会計に関するものに限定する旨の定款の定めがあることは、登記事項とされていない。

memo.　特例有限会社が、会社法施行後に会計限定の定款の定めを廃止したときは、監査役設置会社に関する規律が適用される（郡谷・新・会社法210頁）。Q440参照。

機関（株主総会・定款変更）

Q412〔招集時期〕 定時株主総会・臨時株主総会はいつ開催すべきか	定時株主総会は、毎事業年度の終了後一定の時期に招集しなければならない。株主総会は、必要がある場合には、いつでも、招集することができる（会社296①②）。
Q413〔招集権者〕 株主総会を招集するのは、だれか	次の者が招集する。 ① 取締役 　株主総会は、原則として、取締役が招集する（会社296③）。 ② 少数株主 　㋑　定款に別段の定めがある場合を除き、特例有限会社の総株主の議決権の10分の1以上を有する株主は、取締役に対し、株主総会の目的である事項および招集の理由を示して、株主総会の招集を請求することができる（整備14①）。 　㋺　次の場合には、㋑の請求をした株主は、裁判所の許可を得て株主総会を招集することができる（整備14②）。 　　ⓐ　㋑の請求の後遅滞なく招集の手続が行われない場合 　　ⓑ　㋑の請求があった日から8週間（これを下回る期間を定款で定めた場合にあっては、その期間）以内の日を株主総会の日とする株主総会の招集の通知が発せられない場合 memo．　特例有限会社については、会社法297条の規定（総株主の議決権の100分の3以上の議決権を有する株主による株主総会の招集請求・裁判所による招集許可）は適用されない（整備14⑤）。
Q414〔招集期間〕 株主総会の招集通知は、いつまでに発するのか	(1)　特例有限会社は公開会社でない株式会社（株式譲渡制限会社）であるから（整備9①）、①原則として、株主総会の日の1週間前までに、または、②これを下回る期間を定款で定めている場合は、その期間前までに、株主に対して、招集通知を発しなければならない。

(2) 旧有限会社の定款で社員総会の招集期間を定めていた場合には（例：5日）、特例有限会社における招集期間は、当該定款の定めによる期間（例：5日）となる（旧有限36、整備2②）

memo. 特例有限会社の定款には、その発行する全部の株式の内容として当該株式を譲渡により取得することについて当該特例有限会社の承認を要する旨の定めがあるものとみなされる（整備9①）。また、特例有限会社は、取締役会を置くことができない（整備17①）。

Q415〔招集方法〕
株主総会の招集方法には、どのような方法があるか

特例有限会社の株主総会の招集方法としては、次の方法がある。
1 書面で招集通知を発しなければならない場合（会社299②）
　① 株主総会に出席しない株主が書面によって議決権を行使することを認める場合（書面投票）
　② 株主総会に出席しない株主が、電磁的方法によって議決権を行使することを認める場合（電磁的方法による投票）
　（注）取締役は、書面による招集通知の発出に代えて、会社法施行令2条1項2号で定めるところにより、株主の承諾を得て、電磁的方法（電子メール等）により通知を発することもできる（会社299③）。
2 口頭等適宜の方法による場合
　1の書面投票または電磁的方法による投票を認める場合を除き、取締役は、口頭、電話等適宜の方法によって、招集通知を発することができる（会社299②参照）。
3 株主全員の同意により招集手続が省略できる場合
　1の書面投票または電磁的方法による投票を認める場合を除き、株主総会は、株主全員の同意があるときは、招集の手続を経ることなく開催することができる（会社300）。
4 全員出席総会の場合
　株主総会の招集権者による招集の手続を欠

く場合であっても、株主全員がその開催に同意して出席したいわゆる全員出席総会において決議したときは、その決議は有効に成立する（最判昭60・12・20民集39・8・1869）。

　株主が1人の会社の場合には、その1人が出席すれば株主総会は成立し、招集の手続を要しない（最判昭46・6・24民集25・4・596）。

⑤　株主全員の同意による株主総会決議の省略の場合

　取締役または株主が株主総会の目的である事項について提案をした場合において、当該提案につき株主（当該事項について議決権を行使することができるものに限る）の全員が書面または電磁的記録により同意の意思表示をしたときは、当該提案を可決する旨の株主総会の決議があったものとみなされる（会社319①）。

⑥　少数株主による招集
　→**Q413**の②。

Q416〔参考書類等の交付〕
招集通知をするに際して、参考書類等の交付が必要か

　特例有限会社の場合は、会社法301条および302条の適用が除外されているので、株主総会参考書類および議決権行使書面の交付または提供は必要ない（整備14⑤）。

Q417〔株主総会の権限〕
特例有限会社の株主総会は、どのような権限を有するか

　取締役会を設置しない株式会社の株主総会は、会社法に規定する事項および株式会社の組織、運営、管理その他株式会社に関する一切の事項について決議をすることができる（会社295①）。特例有限会社は取締役会を設置しないので（整備17①）、株主総会は上記の権限を有することになる。

memo.　旧有限会社の社員総会は、法令・定款に定められた事項に限り決議できるという制限がなく、強行規定または有限会社の本質に反しない限り、いかなる事項についても決議できる（万能な機関）とされていた。特例有限会社の株主総会は、旧有限会社の社員総会と同じ権限を有するといえる（株式会社・有限会社法286頁、特例有限会社の法律実務125頁参照）。

Q418〔決議の方法〕
特例有限会社の株主総会の決議の種類

次の種類がある。
① 普通決議
　定款に別段の定めがある場合を除き、議決権を行使することができる株主の議決権の過半数を有する株主が出席し、出席した当該株主の議決権の過半数をもって行う（会社309①）。
② 特別決議
　総株主の半数以上（これを上回る割合を定款で定めた場合にあっては、その割合以上）であって、当該株主の議決権の4分の3（これを上回る割合を定款で定めた場合にあっては、その割合）以上に当たる多数をもって行う（会社309②柱書前段、整備14③）。この場合においては、当該決議の要件に加えて、一定の数以上の株主の賛成を要する旨その他の要件を定款で定めることができる（会社309②柱書後段）。

memo.　②の「当該株主の議決権の4分の3」とは、「総株主の議決権の4分の3」をいう（「総株主の半数以上であって、総株主の議決権の4分の3」という意味であり、「出席した株主の議決権の4分の3」という意味ではない）（施行前後の法律問題237頁）。①の「出席した当該株主の議決権」とは異なる。

Q419〔議事録の作成方法〕
特例有限会社の株主総会議事録の作成方法

　株主総会議事録には、出席した取締役・監査役名・議事録作成者等を明示する→Q185。
　押印については→Q186。

Q420〔定款変更〕
特例有限会社の定款変更の決議は、どのようにすべきか

　Q418②の特別決議による（会社309②・466、整備14③）。

取締役	**Q421〔取締役の任期〕** 取締役には、任期の定めがあるか	特例有限会社については、取締役の任期を定める会社法332条の規定は、適用されない（整備18）。したがって、定款で任期を定めていなければ、辞任・解任・欠格事由の発生等がない限り任期が継続する。 memo. 特例有限会社がその商号を変更して株式会社となった場合には、会社法332条の取締役の任期規定が適用される（→Q450）。
	Q422〔員　数〕 取締役の員数は1人でもよいか	特例有限会社は取締役会を置くことができない（整備17①）。非取締役会設置会社は、1人または2人以上の取締役を置かなければならない（会社326①）。
	Q423〔補欠役員〕 特例有限会社においても補欠役員を選任できるか	①　選　任 株主総会で役員（取締役、監査役）の選任決議をする場合には、法務省令（会社規96）で定めるところにより、役員が欠けた場合または会社法もしくは定款で定めた役員の員数を欠くこととなるときに備えて、補欠の役員を選任することができる（会社329③）。 ②　任　期 補欠の会社役員の選任に係る決議が効力を有する期間は、定款に別段の定めがある場合を除き、当該決議後最初に開催する定時株主総会の開始の時までとする。ただし、株主総会（当該補欠の会社役員を会社法108条1項9号に掲げる事項についての定め〔種類株主総会において取締役・監査役を選任することができる株式の発行〕に従い種類株主総会の決議によって選任する場合にあっては、当該種類株主総会）の決議によってその期間を短縮することができる（会社規96③）。
	Q424〔選任の決議〕 取締役を選任する決議は、どのようにすべきか	取締役を選任する株主総会の決議は、会社法309条1項の規定（一般的な普通決議の要件）にかかわらず、議決権を行使することができる株

主の議決権の過半数（3分の1以上の割合を定款で定めた場合にあっては、その割合以上）を有する株主が出席し、出席した当該株主の議決権の過半数（これを上回る割合を定款で定めた場合にあっては、その割合以上）をもって行う（会社341）。

memo.1　取締役を選任するための定足数は、定款で定める場合であっても、議決権を行使することができる株主の議決権の3分の1を下回ることはできない（会社341－取締役を選任する決議は普通決議であるが、定足数の下限（3分の1）が法定されている）。

取締役の選任決議	議決権を行使することができる株主の議決権の過半数（3分の1以上の割合を定款で定めた場合にあっては、その割合以上）を有する株主が出席し、出席した当該株主の議決権の過半数（これを上回る割合を定款で定めた場合にあっては、その割合以上）をもって行う。	会社341
	【参考】　定款で、定足数を「議決権を行使することができる株主の議決権の3分の1以上を有する株主が出席し」と、引き下げる例が多い。	
一般的な普通決議	株主総会の決議は、定款に別段の定めがある場合を除き、議決権を行使することができる株主の議決権の過半数を有する株主が出席し、出席した当該株主の議決権の過半数をもって行う。	会社309①
	【参考】　定款で、定足数を排除する例が多い。	

memo.2　株主総会の目的である事項が2人以上の取締役の選任である場合には、株主（取締役の選任について議決権を行使することができる株主に限る）は、定款に別段の定めがあるときを除き、会社に対し、累積投票により取締役を選任すべきことを請求することができる（会社342）。

取締役	Q425〔書面による選任〕 株主総会を開催しないで、書面の同意によって取締役を選任できるか	① 株主総会決議の省略・書面同意 　取締役または株主が株主総会の目的である事項について提案をした場合において、当該提案につき株主（当該事項について議決権を行使することができるものに限る）の全員が書面（または電磁的記録）により同意の意思表示をしたときは、当該提案を可決する旨の株主総会の決議があったものとみなされる（会社319①）。 ② 株主総会議事録の作成 　上記の同意により株主総会の決議があったものとみなされた場合には、次の事項を内容とする株主総会議事録を作成しなければならない（会社規72④一）。株主リストを添付する。 　① 株主総会の決議があったものとみなされた事項の内容 　② ①の事項の提案をした者の氏名（名称） 　③ 株主総会の決議があったものとみなされた日 　④ 議事録の作成に係る職務を行った取締役の氏名 memo. 登記すべき事項につき会社法319条1項の規定により株主総会の決議があったものとみなされる場合には、登記申請書に、株主総会が開催された場合に作成する株主総会議事録（会社規72③、商登46②参照）に代えて、「当該場合に該当することを証する書面」を添付しなければならない（商登46③）。詳細→Q428の①ロ。
	Q426〔解任の決議〕 取締役を解任する決議は、どのようにすべきか	① 原　則 　Q424と同一である（会社341）。 ② 累積投票で選任していた場合 　累積投票で選任された取締役の解任は、特別決議（総株主の半数以上であって、総株主の議決権の4分の3以上に当たる賛成）で行わなければならない（会社309②七、整備14③）。 ③ 少数株主権 　Q413の②を参照。

1 基本的権限
取締役は、次の権限を有する。
① 取締役は、定款に別段の定めがある場合を除き、会社の業務を執行する。取締役が2人以上ある場合には、会社の業務は、定款に別段の定めがある場合を除き、取締役の過半数をもって決定する（会社348①②）。
② 取締役は、会社を代表する。ただし、他に代表取締役その他会社を代表する者を定めた場合は、この限りでない（会社349①）。代表取締役については、後掲「4　代表取締役」を参照。

Q427〔取締役の権限〕
取締役は、どのような権限を有するか

2 整備法による特則
会社法では、取締役は、(1)欄に掲げる事項についての決定を各取締役に委任することができないとしているが（会社348③）、特例有限会社の場合には、会社法348条3項の規定は適用されない（整備21）。

(1)　会社法348条3項	(2)　整備法21条
取締役は、次の事項についての決定を各取締役に委任することができない。	特例有限会社については、(1)欄の①～⑤の事項を、各取締役に委任することができる。
①　支配人の選任および解任 ②　支店の設置、移転および廃止 ③　会社法298条1項各号（325条において準用する場合を含む）に掲げる事項［株主総会の招集事項］ ④　取締役の職務の執行が法令および定款に適合することを確保するための体制その他会社の業務ならびに当該株式会社およびその子会社から成る企業集団の業務の適正を確保するために必要なものとして法務省令（会社規98）で定める体制の整備 ⑤　会社法426条1項［責任の軽減］の規定による定款の定めに基づく423条1項［取締役・監査役の損害賠償］の責任の免除	

memo． 上記表(1)の①から⑤までの事項は会社にとって重要事項に属するので、会社法（348③）は、取締役が複数いる場合には、1人の取締役にその意思決定を委任することができないとしている。しかし、整備法は、特例有限会社に対する会社法348条3項の規定の適用を排除しているので（整備21）、①から⑤までの事項を1人の取締役が委任を受けて決定することも可能である。

Q428〔就任の添付書面〕
取締役の就任の登記に必要な添付書面

取締役

次の書面を添付しなければならない。
① 取締役を選任した株主総会議事録、株主リスト（商登46②、商登規61③）
　イ　代表取締役を定める場合と異なり（商登規61⑥）、この議事録に押すべき印鑑については制限がない。ただし、この議事録を取締役の就任を承諾したことを証する書面として援用する場合（再任の場合を除く）には、当該就任承諾者は市区町村長の作成した印鑑の証明書と同一の印を押す。
　ロ　当該事項につき議決権を行使できる株主全員の同意（会社319①。株主全員の同意による株主総会決議の省略）により、株主総会の決議があったものとみなされる場合には、株主総会議事録に代えて、当該場合に該当することを証する書面を添付する（商登46③）。
② 就任を承諾したことを証する書面（商登54①）
　再任の場合を除き、取締役が就任承諾書に記載した氏名および住所と同一の氏名および住所が記載されている本人確認証明書（**Q45**）を添付しなければならない。ただし、就任承諾書に印鑑証明書を添付する場合は添付不要（商登規61⑦）。
③ 印鑑証明書
　再任の場合を除き、取締役の就任を承諾したことを証する書面の印鑑については、市区町村長の作成した証明書を添付しなければならない（商登規61④）。
④ 委任状（商登18）

特例有限会社は非取締役会設置会社である（整備17①）。したがって、代表取締役を定める方法は、定款で直接定める、定款の規定に基づき取締役の互選で定める、株主総会の決議で定める、のいずれかになる。

Q429〔代表機関〕
代表機関を定める形態には、どのようなものがあるか

①	取締役が1人の場合	原則＝当該取締役が特例有限会社を代表する（会社349①本文）。
②	取締役が2人以上の場合	原則＝取締役は、各自、会社を代表する（会社349②）。 特則＝他に代表取締役その他会社を代表する者を定めた場合は、その定めに従う（会社349①ただし書）（次の③④⑤およびmemo.参照）
③	定款によって、取締役の中から代表取締役を定めた場合	代表取締役が、特例有限会社を代表する（会社349③）。
④	定款の定めに基づく取締役の互選によって、取締役の中から代表取締役を定めた場合	代表取締役が、特例有限会社を代表する（会社349③）。
⑤	株主総会の決議によって、取締役の中から代表取締役を定めた場合	代表取締役が、特例有限会社を代表する（会社349③）。

memo. 「他に代表取締役その他株式会社を代表する者を定めた場合」とは、①会社が会社を代表する者を定めた場合のみならず、②裁判所等が会社を代表する者を定めた場合を含む。特例有限会社にあっては、次の場合が該当する。
イ 定款、定款の定めに基づく取締役の互選、または株主総会の決議によって、取締役の中から代表取締役を定めた場合（会社349③）。
ロ 裁判所が、代表取締役に欠員が生じた場合において「一時代表取締役の職務を行うべき者」（会社351②）、または民事保全法56条に基づき「代表取締役の職務を代行する者」を定めた場合（会社352①）。

代表取締役

Q430〔互選規定〕
互選規定がない場合でも、取締役の互選で代表取締役を定めることができるか

定款に取締役の互選によって代表取締役を選ぶ旨の定めがない限り、取締役の互選で代表取締役を選ぶことはできない（登研244号70頁参照、鈴木・登記の手続326頁）。

memo． 旧有限会社の例：有限会社の定款に「代表取締役は、取締役の互選により定める。」とある場合には、社員総会で代表取締役を選任することはできない（登研244号70頁）。

Q431〔株主総会による選任〕
株主総会で代表取締役を定めることができるのは、どのような場合か

特例有限会社の株主総会で代表取締役を定めることができるのは、次の場合である（会社349③）。
① 定款に、代表取締役は株主総会の決議で選任する旨の定めがある場合
② 定款で代表取締役を定めていない場合
③ 定款に、取締役の互選によって代表取締役を定める旨の規定がない場合

memo． 特例有限会社は、取締役会を設置することができない（整備17①）。

Q432〔代表取締役の地位〕
定款または株主総会で定められた代表取締役と、取締役の互選規定で定められた代表取締役とでは、どのように異なるのか

【設例】 株主総会でＡＢを取締役に選任し、次いで、株主総会または互選規定によってＡを代表取締役に定めるという例で説明する。

1 株主総会の決議で定められた代表取締役の地位

取締役ＡＢを選任するとともにＡを代表取締役に定めたときは、同一の選出機関・選出方法で代表取締役を定めたことになる。この場合には、取締役の定めと代表取締役の定めとが混在した形で行われており、Ａは「代表権を有する取締役」として一体的に選任され、Ｂは「代表権を有しない取締役」として選任されたことになる。

したがって、この場合には、Ａの地位については、「取締役の地位」と「代表取締役の地位」とを分けて処理することはできない。

[株主総会で選任]　代表権を有する取締役A　　代表権を有しない取締役B
⇩
会社を代表する

2　定款の規定に基づき取締役の互選で定められた代表取締役の地位

　この場合は、株主総会で取締役ＡＢを選任し、次いで、定款の規定に基づき取締役ＡＢの互選で代表取締役を定めた形態をとり、選出機関が分かれることになる。株主総会で選任されたＡＢは、ともに「代表権を有しない取締役」であり、互選規定によって「代表権を有する取締役」が決定されるという仕組みをとる。これは、取締役会設置会社である株式会社の代表取締役が取締役会で選定される（会社362③）のと類似の形態となる。

　この 2 の場合においては、Ａの地位については、「取締役の地位」と「代表取締役の地位」とを分けて考えることになる。

[①　株主総会で選任]　取締役　Ａ　　　取締役　Ｂ
[②　互選規定で選任]　代表取締役　Ａ
⇩
会社を代表する

memo．　定款または株主総会で代表取締役を定める方法を「特定代表」、定款の規定に基づき取締役の互選で代表取締役を定める方法を「互選代表」ということがある。

次の表のようになる。

Q433〔就任承諾〕
代表取締役は就任の承諾をする必要があるか

代表取締役の選出方法	代表取締役としての就任承諾の要否	就任承諾書・印鑑証明書
定款または株主総会で定められた代表取締役	取締役と代表取締役の地位は一体となっていると考えられるから、取締役について就任承諾をしていれば、これとは	取締役についての就任承諾書の添付は必要（印鑑証明書の印を押印・印鑑証明書要）。

	別に代表取締役についての就任承諾は必要がない。	代表取締役についての就任承諾書の添付は不要。
定款の定めに基づき取締役の互選で定められた代表取締役	取締役と代表取締役の地位は分離していると考えられるから、取締役についての就任承諾と代表取締役についての就任承諾を要する。	取締役についての就任承諾書の添付は必要（印鑑証明書の印を押印・印鑑証明書要）。
		代表取締役についての就任承諾書の添付も必要（印鑑の制約なし）。

Q434〔代表取締役の登記〕

特例有限会社の取締役が1人の場合、その者は代表取締役として登記されるか

特例有限会社において取締役が1人の場合には、代表取締役の登記はできない（整備43①）。特例有限会社と通常の株式会社とを比較すると、次のようになる。

会社の種類	代表取締役に関する登記事項	根　拠
特例有限会社	①　取締役の氏名および住所 ②　代表取締役の氏名（特例有限会社を代表しない取締役がある場合に限る） ☆　特例有限会社を代表しない取締役がある場合に限って、代表取締役の登記をすることができる。	整備43①
通常の株式会社	①　取締役の氏名 ②　代表取締役の氏名および住所（委員会設置会社を除く） ☆　取締役が1人の場合でも、代表取締役の登記をする。取締役が2人以上の場合において、代表取締役の定めがあるときは、その者について代表取締役の登記をする。	会社349①・911③十三・十四

【特例有限会社】

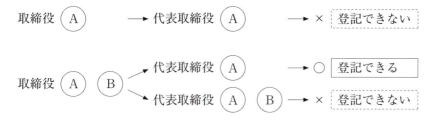

平18商業登記記録例（取締役が1名の場合）

役員に関する事項	東京都新宿区新宿三丁目1番1号 　　取締役　　甲　野　太　郎	平成19年10月1日就任
		平成19年10月1日登記

> 【参考】　取締役がＡＢ2名いるが代表取締役を定めていない場合には、代表取締役の登記はされない。この場合は、ＡＢが各自会社を代表することとなり（会社349②）、「特例有限会社を代表しない取締役がある場合」に該当しないからである（整備43①）。

【通常の株式会社】

平18商業登記記録例（取締役が1名の場合）

役員に関する事項	取締役　　甲　野　太　郎	平成19年10月1日就任
		平成19年10月8日登記
	東京都新宿区新宿三丁目1番1号 代表取締役　　甲　野　太　郎	平成19年10月1日就任
		平成19年10月8日登記

memo．＜旧有限会社の事案＞　取締役ＡＢＣの3名、代表取締役がＡＢの2名である有限会社が社員総会でＣを代表取締役に選任し、その登記の申請があった場合は受理することができない。取締役の全員が代表取締役となったときは、「代表取締役の氏名」の登記の抹消登記を申請するのが相当である（昭31・12・4民甲2740）。

Q 435〔代表取締役の地位のみの辞任〕
代表取締役の地位のみを辞任する場合の手続

特例有限会社の代表取締役が、代表取締役の地位のみを辞任する場合の手続は、選出方法の違いにより次のように異なっている。

1 株主総会で定められた代表取締役
  (1) 株主総会の承認
      代表取締役の地位のみを辞任する意思表示によって、代表取締役の地位のみを辞任することはできない。株主総会で代表取締役に選ばれた場合には、取締役と代表取締役との地位は一体となっていると考えられるから、代表取締役のみの地位を辞任するためには株主総会の決議を要する（登研597号126頁）。
  (2) 添付書面
      代表取締役の地位のみを辞任する旨の辞任届ではなく、代表取締役の辞任を承認した株主総会議事録、株主リストを添付する（登研597号126頁参照）。
2 定款で定められた代表取締役
  (1) 定款の変更
      代表取締役の地位のみを辞任する意思表示によって、代表取締役の地位のみを辞任することはできない。定款で定められた代表取締役は、取締役と代表取締役との地位は一体となっていると考えられるから、代表取締役のみの地位を辞任するためには定款の変更を要する（登研432号130頁）。
  (2) 添付書面
      代表取締役の地位のみを辞任する旨の辞任届ではなく、定款変更の承認決議をした株主総会議事録、株主リストを添付する（登研432号130頁参照）。
3 取締役の互選で定められた代表取締役
  (1) 承認不要
      定款の規定に基づき取締役の互選で選任された代表取締役については、取締役の地位と代表取締役の地位とは分離していると考えられるから、代表取締役の地位のみを辞任する意思表示をすることにより、代表取締役の地位を辞任できる。他の取締役の承認は不要（登研432号131頁）。
  (2) 添付書面
      代表取締役の地位のみを辞任する旨の辞任届を添付する。

次の例に基づいて説明する（鈴木・登記の手続353頁以下、神﨑・有限会社法と登記の実務192頁以下を参照）。

Q 436〔代表取締役の退任と後任手続〕
代表取締役が退任（死亡・辞任）した場合、後任者の選任を要するか

1 代表取締役1名の場合に、その代表取締役が退任したとき

【設例】 取締役A・B、代表取締役Aの場合に、Aが退任

| 取締役・代表取締役 | A | → | A 退任 |
| 取締役 | B | | |

上記の設例について、代表取締役を、(1)互選規定で定めた場合と(2)株主総会で定めた場合とに分ける。

(1) 定款の定めに基づく取締役の互選で代表取締役を選任していた場合

（イ） 定款に、「取締役2人以内を置き、取締役の互選をもって1人を代表取締役とする」旨の定めがある場合

(a) 昭37・6・28民甲1650は、有限会社につき1人のみの代表取締役死亡は、定款の規定にかかわらず、後任代表取締役から申請するのが相当としている。なお、本例の場合には、定款の規定（「取締役2人以内を置き」）によれば取締役は1人でもよいことになるので、定款を変更してBの代表権制限を解除すればBから申請できる。ただし、取締役がB1人のときは、整備法43条1項で定める「特例有限会社を代表しない取締役がある場合」に該当しないので、代表取締役の登記はすることができない。

(b) Bは、後任代表取締役の就任がなくても、A退任による変更登記の申請をすることができるとする見解がある（登研254号73頁、鈴木・登記の手続358頁参照）。

(c) 上記の見解に対しては、千問309頁Q426を参照。

（ロ） 定款に、「取締役2人を置き、取締役の互選をもって1人を代表取締役とする」旨の定めがある場合（「取締役2人以上」の定めの場合も同じ）

(a) 本設例は、取締役の選任機関と代表取締役の選任機関が分離している。定款の規定（「取締役2人を置き」）によれば取締役の定数は2人であるから、退任した取締役Aの後任取締役の選任が必要となる。互選規定に基づき代表取締役が定められている場合には、取締役Aが退任したことにより、残る取締役の代表権が当然に復活することはない、と解されている（昭37・6・28民甲1650、後掲参考文献）。

(b) 本設例の場合には、株主総会の普通決議で取締役1人を選任した後に、定款の規定に基づく取締役の互選で代表取締役を定め、その新代表取締役からA退任および後任取締役・代表取締役の就任による変更登記を申請する（登研181号76頁、整備43①参照）。
(2) 株主総会で代表取締役が定められていた場合
(イ) 定款に、「取締役2人以内を置き、株主総会の決議により代表取締役を選任する」旨の定めがある場合
(a) 本設例は、株主総会で会社を代表する取締役と代表しない取締役とを選任するものであり、代表取締役が欠けたとしても、「会社を代表する取締役」として選任されていない他の取締役が当然に代表権を取得するものではないと解される。
(b) 本設例の場合は、株主総会で後任の取締役および代表取締役を選任し、その後に、後任代表取締役から、前任取締役・代表取締役Aの退任登記、後任取締役・代表取締役の就任登記をする。
(ロ) 定款に、「取締役2人を置き、株主総会の決議により代表取締役を選任する」旨の定めがある場合
上記(イ)と同一である。

② 代表権を有しない取締役が退任したとき
【設例】 取締役A・B、代表取締役Aの場合に、Bが退任

| 取締役・代表取締役 | A |
| 取締役 | B |

→ B 退任

上記の設例について、代表取締役を、(1)互選規定で定めた場合と(2)株主総会で定めた場合とに分ける。
(1) 定款の定めに基づく取締役の互選で代表取締役を選任していた場合
(イ) 定款に、「取締役2人以内を置き、取締役の互選をもって1人を代表取締役とする」旨の定めがある場合
後任取締役の選任をしないで、Bの退任登記をAから申請することができる。本設例において後任取締役の就任を併せて申請しない場合は、取締役がA1人となり、特例有限会社が代表取締役の登記をすることができる「特例有限会社を代表しない取締役がある場合」という要件に該当しなくなるので（整備43①）、Bの退任登記とともに代表取締役の氏名の抹消の登記もしなければならない。
(ロ) 定款に、「取締役2人を置き、取締役の互選をもって1人を代表取締役とする旨の定めがある場合

(a)　この場合は、残存取締役Aの代表取締役たる資格者がそのまま維持されるので、取締役の退任（辞任）および後任取締役の就任の登記のみを申請すれば足り（昭42・5・1民甲1012）、この場合には、代表取締役の氏名の抹消を申請する必要はない。
　　(b)　取締役Bが死亡した場合には、後任取締役の選任をしないでAから取締役Bの死亡による退任登記を申請することができるが、この場合には、代表取締役の氏名の抹消の登記もしなければならない（鈴木・登記の手続357頁）。
(2)　株主総会で代表取締役が定められていた場合
　(イ)　定款に、「取締役2人以内を置き、株主総会の決議により代表取締役を選任する」旨の定めがある場合
　　　(1)の(イ)と同じである。
　(ロ)　定款に、「取締役2人を置き、株主総会の決議により代表取締役を選任する」旨の定めがある場合
　　　(1)の(ロ)と同じである。

Q437〔代表取締役の氏名抹消〕
代表取締役の氏名の抹消登記を申請するのは、どのような場合か

　特例有限会社が代表取締役の登記をするのは、「特例有限会社を代表しない取締役がある場合」に限られる（整備43①）。したがって、この要件に該当しない場合は、代表取締役の登記をすることができない。
　代表取締役の氏名の抹消登記の要否につき、例を挙げると次のようになる。
① 代表取締役の登記は、取締役で会社を代表しない者がなくなった場合（取締役全員が会社を代表することとなった場合）には、抹消する（昭31・12・4民甲2740）。
② 定款に、「取締役2名以上あるときは、内1名を取締役の互選によって代表取締役とする」旨の定めがあり、取締役A・B、代表取締役Aの登記がある場合において、取締役Bが退任（死亡・辞任）したときは、B退任登記のほかに代表取締役Aの氏名の抹消登記も併せてする（登研470号101頁、Q436の2(1)(イ)・(ロ)を参照）。
③ 定款に、「取締役2名置き、取締役の互選を

もって1名を代表取締役とする」旨の定めがあり、取締役A・B、代表取締役Aの登記がある場合において、取締役Bが辞任し後任者が就任した場合には、取締役Aの代表権には影響はなく、後任取締役の就任および前任取締役の辞任による変更登記を併せて申請する（代表取締役の氏名の抹消登記を要しない）（昭42・5・1民甲1012、**Q436**の②(1)(イ)・(ロ)を参照）。

Q438〔代表取締役就任の添付書面〕
代表取締役の就任登記に必要な添付書面

① 株主総会の決議（または定款の定め）により代表取締役を定めた場合
次の書面を添付しなければならない。
① 株主総会議事録、株主リスト（商登46②、商登規61③）
代表取締役を定めた株主総会議事録または代表取締役を定めた定款の変更に係る株主総会議事録および株主リストを添付する。
代表取締役を定めた株主総会議事録については、議長および出席取締役は市区町村長の作成した印鑑証明書と同一の印鑑を押さなければならない。ただし、変更前の代表取締役が株主総会議事録に押した印鑑と、その者が登記所に提出している印鑑とが同一であるときは、他の者については、押すべき印鑑について制限はない（商登規61⑥一参照）。
② 印鑑証明書（商登規61⑥）
代表取締役を選任した株主総会議事録について、議長および出席取締役が押印した印鑑につき、市区町村長の作成した印鑑証明書を添付しなければならない。ただし、変更前の代表取締役が株主総会議事録に押した印鑑と、その者が登記所に提出している印鑑とが同一であるときは、印鑑証明書の提出を要しない（商登規61⑥一）。
③ 委任状（商登18）
【参考】 代表取締役の就任承諾書は添付書面でない。株主総会（または定款）で定められた代表取締役については、取締役の地位と代表取締役の地位は一体となっていると考えられるから、取締役について就任承諾しているときは、これとは別に、代表取締役としての就任承諾を要しない。
② 定款の定めに基づく取締役の互選により代表取締役を定めた場合
次の書面を添付しなければならない。
① 定款（商登規61①）
取締役の互選規定があることを証するために添付する。
② ある取締役の一致を証する書面（取締役の互選を証する書面、商登46①）

取締役がこの書面に押す印鑑は、市区町村長の作成した印鑑証明書の印鑑である。ただし、変更前の代表取締役が当該互選を証する書面に押した印鑑と、その者が登記所に提出している印鑑とが同一であるときは、他の取締役については、押すべき印鑑について制限はない（商登規61⑥一参照）。
③ 印鑑証明書（商登規61⑥）
　取締役の互選によって代表取締役を定めた場合には、取締役がその互選を証する書面に押印した印鑑につき、市区町村長の作成した印鑑証明書を添付しなければならない。ただし、変更前の代表取締役が当該互選を証する書面に押した印鑑と、その者が登記所に提出している印鑑とが同一であるときは、印鑑証明書の提出を要しない（商登規61⑥一）。
④ 就任を承諾したことを証する書面（商登54①）
　㋑ この書面に押すべき印鑑について制限はない（「取締役」としての就任承諾書には、再任の場合を除き、市区町村長の作成した印鑑証明書の印鑑を押すが（商登規61④）、代表取締役の就任承諾書については規定がない）。
　㋺ ある取締役の一致を証する書面（取締役の互選を証する書面）に、被選任者が就任承諾した旨の記載があり同人の押印がある場合には（押すべき印鑑の制限なし）、この書面の記載を援用することができる。
⑤ 委任状（商登18）

memo. ①および②のいずれの場合も、再任代表取締役を除き、印鑑を提出しなければならない（商登20、商登規9）。

監査役	**Q439〔監査役の設置〕** 監査役の設置は、旧商法と同じく任意か	監査役は任意設置機関である。特例有限会社は、定款で定めることによって監査役を置くことができる（会社326②、整備17①）。なお、整備法施行時に存在する旧有限会社の監査役は、引き続き特例有限会社の監査役となる（整備16・17①・20参照）。 memo.1　特例有限会社が新たに監査役を設置するためには、株主総会の特別決議により監査役を設置する旨の定款変更をしなければならない。この場合の特別決議の要件は、整備法14条3項の規定に従う。 memo.2　特例有限会社については、監査役設置会社である旨は登記事項でない（平18・3・31民商782第3部第2・2(1)）。
	Q440〔権限の範囲〕 監査役は、どのような権限を有するか	整備法施行時に存在する旧有限会社（特例有限会社）の定款に監査役を置く旨の定めがある場合には、監査役の監査の範囲を会計に関するものに限定する旨の定款の定めがあるものとみなされる（整備24、会社389①）。→Q411参照。 memo.　特例有限会社の監査役の監査の範囲を会計に関するものに限定する旨の定款の定めがあるものとみなされる場合において、別途定款変更を行うことにより、監査役に業務監査権限を付与することも可能である（施行前後の法律問題175・178頁）。→Q411のmemo.参照。
	Q441〔選　任〕 監査役の選任方法	(1)　監査役は、株主総会の決議によって選任する（会社329①）。この株主総会の決議は、議決権を行使することができる株主の議決権の過半数（3分の1以上の割合を定款で定めた場合にあっては、その割合以上）を有する株主が出席し、出席した当該株主の議決権の過半数（これを上回る割合を定款で定めた場合にあっては、その割合以上）をもって行わなければならない（会社341）。書面決議によることもできる（会社319）。

(2) 監査役の選任については、累積投票は認められていない。

memo.1 整備法施行時に存在する旧有限会社の監査役は、引き続き特例有限会社の監査役となる（整備16・17①・20参照）。

memo.2 通常の株式会社においては、取締役は、監査役がある場合において、監査役の選任に関する議案を株主総会に提出するには、監査役（監査役が2人以上ある場合にあっては、その過半数）または監査役会の同意を得なければならないが（会社343）、特例有限会社については、この規定は適用されない（整備法18条により会社法343条の適用が排除されている）。

Q442〔任　期〕
監査役の任期は定めがあるか

(1) 特例有限会社における監査役の任期は、法定されていない。監査役の任期を定めている会社法336条の規定は、特例有限会社には適用されない（整備18）。

(2) 会社法では、株式会社は、監査役の監査の範囲を会計に関するものに限定する旨の定款の定めを廃止する定款の変更をした場合には、監査役の任期は、当該定款の変更の効力が生じた時に満了するとされている（会社336④三）。

(3) 特例有限会社については、監査役の監査の範囲を会計に関するものに限定する旨の定款の定めがあるものとみなされるが（整備24、会社389①）、監査役の任期を定めている会社法336条の規定は、特例有限会社には適用されないため（整備18）、監査役の権限を拡大する(2)の定款変更をしても、監査役が退任することはない（施行前後の法律問題178頁）。

Q443 〔添付書面〕
監査役の就任登記をする場合の添付書面

次の書面を添付しなければならない。
① 株主総会議事録、株主リスト（商登46②、商登規61③）

監査役選任に係る株主総会議事録、株主リスト。監査役を新たに設置するときは、監査役を設置する旨を定めた定款変更および監査役選任に係る株主総会議事録、株主リストを添付する。この議事録については、押すべき印鑑について制限はない。

② 監査役が就任を承諾したことを証する書面（商登54①）

押すべき印鑑について制限はない。①の書面から監査役が就任を承諾したことが分かるときは、当該議事録の記載を援用できる。

再任の場合を除き、監査役が就任承諾書に記載した氏名および住所と同一の氏名および住所が記載されている本人確認証明書（→Q45）を添付しなければならない（商登規61⑦）。

③ 委任状（商登18）

特例有限会社は商号を変更することができる。商号の変更の形態には、次の2つがある。
① 有限会社という文字を用いる商号の変更
　　例：有限会社　昭和商会　→　有限会社　平成商会
② 株式会社という文字を用いる商号の変更
　　例：有限会社　平成商会　→　株式会社　平成商会

Q444〔商　号〕
特例有限会社の商号変更の形態

memo.1　①の商号変更の場合には、商号変更前と同じように特例有限会社の規律（整備法）が適用される。②の商号変更の場合は、通常の株式会社に移行することとなり、会社法の定める株式会社の規律が全面的に適用されることになる。

memo.2　特例有限会社の商号を変更して通常の株式会社とする移行手続は、特例有限会社の商号変更として整理されており、特例有限会社から株式会社への組織変更として取り扱うものではない。会社法において組織変更とは、会社の組織を、株式会社から持分会社とする、あるいは持分会社を株式会社とするものであり（会社2二十六）、株式会社という同一会社類型内にある特例有限会社を通常の株式会社に組織を変更するということはあり得ない（整備2①・3①②参照）。

商号変更による通常の株式会社への移行手続を図にすると、次のようになる。

Q445〔移行の手続〕
特例有限会社の商号変更による通常の株式会社への移行手続の概要

（整備45）

本店所在地では2週間内に申請
支店所在地では3週間内に申請

設立登記と解散登記は同時に申請する
（整備136㉑）

商号変更による通常の株式会社への移行

Q446〔変更後の商号〕 株式会社移行に際し、商号中の会社の種類を表す部分以外を変えることができるか	商号「有限会社　昭和商会」を「株式会社　昭和商会」と変更することができる。また、「有限会社　昭和商会」を、「株式会社　平成商会」、「平成商会株式会社」、「株式会社　HEISEI」あるいは「株式会社　日本商事」等、変更後定款で自由に定めることができる（郡谷・新・会社法370頁）。
Q447〔定款の作成〕 株式会社移行に際し作成する定款とは、どのような内容のものか	特例有限会社がその商号を変更して株式会社に移行するために作成する株式会社の定款は、基本的には、新たに株式会社を設立する場合に作成する通常の定款内容、たとえば、商号・目的・本店所在地等の定款の絶対的記載事項（会社27）、機関の設置等の定款の相対的記載事項、その他任意的記載事項を備えていればよい（→memo.）。

　ただし、次の点に留意を要する。
① 　認　　証
　　株式会社の定款については、公証人の認証を要しない。
② 　商　　号
　　Q446のとおり。
③ 　目　　的
　　特例有限会社の目的と同一である必要はない。
④ 　発行可能株式総数
　　整備法施行時における特例有限会社の発行可能株式総数・発行済株式総数は、旧有限会社における資本の総額÷出資1口の金額の計算式から算出されている（整備2③。例：資本の総額300万円÷出資1口5万円＝60口→発行可能株式総数60株・発行済株式総数60株）。
　　したがって、整備法施行後に発行可能株式総数を増加していない場合において、株式会社移行に際して募集株式の発行をしようとするときは、作成する定款の発行可能株式総数は増加させておく必要がある。募集株式の発行をしない場合でも、特例有限会社当時よりも増加した発行可能株式総数を記載することは可能。
⑤ 　設立に関する事項
　　会社自体は特例有限会社として既に成立しているので、設立に際して出資される財産の価額またはその最低額（会社27四）、発起人の氏名（名称）・住所（会社27五）、発起人の定款への記名押印（会社26①）、設立時発行株式事項（会

社32)、変態設立事項（会社28）等の設立に関する事項は、定款に記載（記録）することを要しない。

⑥　その他の登記事項

　　Q451のmemo.を参照。

⑦　附　則

　　一般的に、「この定款は有限会社○○の商号を変更して設立する株式会社○○につき作成したものであって、商号の変更の効力が発生した日から施行する」旨を定款の附則に記載（記録）している。

memo.　株式会社移行に際して作成する定款は、原則として、変更後の商号（株式会社の文字を含む商号）を定めればよい。ただし、移行と同時に目的の変更、機関の設置等を行う場合は、当該変更事項を定款に反映することになる。

Q448〔株主総会の決議〕
株式会社移行のためにする商号変更は、株主総会の決議を要するか

商号を変更するために定款変更を行う必要があるので、株主総会の特別決議による承認を要する（会社309②十一・466）。特例有限会社の株主総会の特別決議は、総株主の半数以上（これを上回る割合を定款で定めた場合にあっては、その割合以上）であって、当該株主の議決権の4分の3（これを上回る割合を定款で定めた場合にあっては、その割合）以上に当たる多数をもって行う。この場合においては、当該決議の要件に加えて、一定の数以上の株主の賛成を要する旨その他の要件を定款で定めることもできる（整備14③、会社309②）。

memo.　特例有限会社の株主総会の特別決議は、総株主の半数以上であって、当該株主の議決権の4分の3以上に当たる多数をもって行うが（整備14③）、「当該株主」とは総株主のことをいう。「出席した株主」ではない。

Q449〔効力の発生〕
株式会社移行の効力は、いつ発生するか

商号変更に係る定款の変更は、特例有限会社の本店の所在地において解散登記および設立登記をすることによって、その効力を生ずる（整備45②）。

商号変更による通常の株式会社への移行

Q450〔移行時の役員の任期〕
株式会社移行時に在任中の取締役・監査役の任期は、どうなるか

　特例有限会社の場合は、定款に別段の定めがない限り、取締役・監査役につき任期の定めはない（整備18）。しかし、株式会社に移行した場合には、取締役・監査役の任期は会社法の規定（会社332・336）が適用される。
　株式会社に移行した場合の任期の計算は、次のようになる。

1　任期の起算日

　商号変更後の株式会社の取締役・監査役の任期は、商号変更前の就任時から計算される（郡谷・新・会社法371頁）。特例有限会社の設立時からの取締役・監査役については、会社成立の日から任期が計算されることになる。

2　任期の計算例

　特例有限会社の取締役・監査役のうち、選任後の期間が通常の株式会社の取締役・監査役の任期の範囲内である者については、商号変更によりその任期が満了することはない。取締役の法定任期（会社332①～選任後2年以内に終了する事業年度のうち最終のものに関する定時株主総会の終結の時まで）を例にすると、具体的には次のようになる（石井・任期の取扱い111頁参照）。

① 選任後1年を経過している取締役の場合は、商号変更後更に1年間任期が継続する。

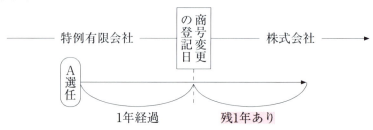

② 選任後、例えば15年を経過している取締役は、商号変更と同時に任期が満了する（→memo.2）。

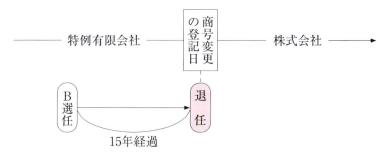

③ 選任後、例えば6年を経過している取締役の場合において、商号変更とともに取締役の任期を10年に伸長する定款変更が行われたときは、その商号変更後、更に4年間任期が継続する。

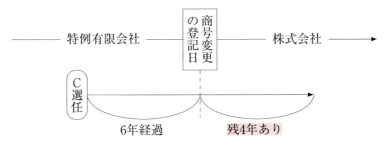

memo.1 ＜定款を変更して取締役の任期を変更した場合に関する先例＞
① 任期を伸長した例
　　定款を変更して取締役の任期を伸長した場合には、現任の取締役の任期も、特別の事情がない限り伸長される（昭30・9・12民甲1886）。
② 任期を短縮した例
　　定款を変更して取締役の任期を短縮した場合には、現任の取締役の任期も短縮され、定款の変更時において既に変更後の任期が満了しているときは、当該取締役は退任することとなる（昭35・8・16民四146）。
③ 会社法施行に伴う通達
　　上記①②と同一の取扱い（平18・3・31民商782第2部第3・3(1)ウ(ウ)参照）。
memo.2　特例有限会社の取締役が、株式会社の定款に定めた任期規定を適用すると既に任期が満了しているときであっても、移行時に任期が満了するものであり、さかのぼって任期が満了することはない（宗野・諸問題42頁）。

変更日（払込期日または払込期間の末日）が移行による設立登記申請日であれば可能と考えられる（商業登記実務Q＆A8頁）。
memo.　商号を有限会社から株式会社に変更する定款の変更と同時に、資本金の額の増加その他の登記事項の変更が生じた場合において、移行による設立の登記の申請書に当該変更後の登記事項が記載されたときは、組織変更による設立の登記と同様に、これを受理して差し支えないとされている（平18・3・31民商782第3部第3・2・(2)ア）。

Q451〔増　資〕
株式会社移行による設立の登記において資本金の額等を募集株式発行後のものとして登記をすることはできるか

商号変更による通常の株式会社への移行

Q452〔本店移転〕 株式会社移行による設立の登記と併せて本店移転の登記をすることができるか	できない。設立される株式会社の登記には、特例有限会社の商号・商号を変更した旨が登記されるが、特例有限会社の本店を移転した旨の登記がされないため、登記簿上の連続性が確認できないという不都合が生じるからである（矢部・諸問題35頁）。 memo. 登記所の管轄を異にする所在地に本店を移転する場合には、通常、特例有限会社の状態で本店を移転し、新所在地において商号変更による設立登記を行うことになる。同一管轄内で移転する場合には、連件（1/3：本店移転、2/3：商号変更による設立、3/3：特例有限会社の解散）で申請することとなる（矢部・前掲35頁）。
Q453〔取締役会設置会社・代表取締役の登記〕 株式会社移行による設立登記と併せて、取締役会設置会社である旨・代表取締役の登記をすることができるか	(1) 特例有限会社は取締役会を設置することができず（整備17①）、株式会社移行前に取締役会を開催して代表取締役を選定することはできない。したがって、株式会社移行による設立登記と取締役会設置会社である旨および代表取締役の登記は、併せて申請することができない（矢部・諸問題34頁）。 (2) ただし、株式会社の設立時においては、取締役会設置会社であっても定款で直接に代表取締役を定めることができることから、移行による設立の場合についても、定款に取締役会設置会社の定めとともに代表取締役の氏名等を併せて定め、これらの定めの効力発生時を移行による設立の登記日とすることで、移行による設立登記と併せて、代表取締役の登記および取締役会設置会社の定めの設定の登記を申請することができる（矢部・前掲34頁）。

(1) 株式会社移行時に特例有限会社の取締役・代表取締役の任期が満了し、その後任として取締役が選任される場合、当該取締役は商号変更による設立と同時に就任するものであることから、それ以前に、新たに取締役となるべき者を含む取締役の互選によって代表取締役の選定行為をすることはできない（矢部・諸問題8頁）。
(2) 移行による設立登記と併せて取締役会設置会社の定めの設定登記および代表取締役の定め方としては、定款に直接に氏名等を規定するか、定款に株主総会の決議によるとの規定を置いた上で、株主総会の決議で代表取締役を定めるかによることとなる（矢部・諸問題8頁）。

Q454〔任期満了と代表取締役の登記〕
株式会社移行時に任期が満了する取締役の代表取締役就任の登記・取締役会設置会社の登記

1 登記期間・申請方法
　特例有限会社がその商号を変更して株式会社に移行するために定款の変更をする株主総会の決議をしたときは、本店の所在地においては2週間以内に、支店の所在地においては3週間以内に、当該特例有限会社については解散の登記をし、商号の変更後の株式会社については設立の登記をしなければならない（整備46）。これらの登記の申請は、同時にしなければならない（整備136㉑）。

Q455〔登記手続〕
特例有限会社の商号を変更して株式会社に移行する登記手続

2 商号の変更後の株式会社についてする設立の登記事項
(1) 登記すべき事項は、株式会社の設立の登記（平18・3・31民商782第2部第1・2(2)参照）と同一の事項のほか、会社成立の年月日、特例有限会社の商号、商号を変更した旨、その年月日である（整備136⑲）。
(2) 特例有限会社がその商号を変更して株式会社に移行するための定款の変更と同時に、資本金の額の増加その他の登記事項の変更が生じた場合において、移行による設立の登記の申請書に当該変更後の登記事項が記載されたときは、組織変更による設立の登記と同様に、受理して差し支えないとされている（平18・3・31民商782第3部第3・2(2)）。
(3) 移行による設立の登記においては、登記官は、職権で、すべての取締役および監査役につきその就任年月日を記録するものとする。特例有限会社の取締役または監査役が商号の変更の時に退任しない場合には、その就任年月日（会社成立時から在任する取締役または監査役にあっては、会社成立の年月日）を移記し、取締役または監査役が商号の変更の時に就任

した場合には、商号の変更の年月日が記録される（平18・3・31民商782第3部第3・2(2)ア）。

3 特例有限会社についてする解散の登記
登記すべき事項は、解散の旨、その事由、その年月日であり、この登記をしたときは、その登記記録が閉鎖される（商登71①、平18・2・9法務省令15号附則4③）。

Q456〔添付書面〕

特例有限会社の商号を変更して通常の株式会社に移行する登記の添付書面

次の書面を添付しなければならない。

1 商号の変更後の株式会社についてする設立の登記
① 商号変更を決議した株主総会議事録、株主リスト（商登46②、商登規61③）
② 商号変更後の株式会社の定款（整備136⑳）
③ 商号変更の効力発生と同時に、資本金の額の増加その他の登記事項の変更が生じた場合において、移行による設立登記の申請書に当該変更後の登記事項が記載されたときは、当該変更に係る書面も添付する（平18・3・31民商782第3部第3・2(2)イ）。
④ 委任状（商登18）

2 特例有限会社についてする解散の登記
委任状を含め添付書面は要しない（整備136㉒）。

memo. 商号変更に併せて役員の選任を行う場合（取締役会を設置しない場合）には、取締役（監査役を置くときは取締役および監査役）の就任承諾書（取締役につき印鑑証明書、監査役につき本人確認証明書（→Q45）を添付）を要する。ただし、再任の場合は不要（商登規61④⑦、商業登記の手続510、商業登記ハンドブック594頁参照）。

文献一覧（五十音順）

<略称>　　　　　　　　　　<著者名・書籍名・出版社名>

【あ行】

石井・任期の取扱い	石井裕介「会社法の施行に伴う役員等の任期・責任の取扱い」商事法務1754号
一問一答会社法（2年）	法務省民事局参事官室編『一問一答　改正会社法』（商事法務研究会）
江頭・会社法	江頭憲治郎『株式会社法第6版』（有斐閣）

【か行】

会社法Ｑ＆Ａ	相澤哲・清水毅「商業登記実務のための会社法Ｑ＆Ａ」登記情報540号・541号
会社法コンメンタール	山下友信編『会社法コンメンタール4』、江頭憲治郎『会社法コンメンタール6』（商事法務）
会社法実務ハンドブック	高野一郎『会社法実務ハンドブック（第2版）』（中央経済社）
会社法入門	前田庸『会社法入門［第12版］』（有斐閣）
会社法の解説	相澤哲編著『立案担当者による新・会社法の解説』（商事法務）
会社法100問	葉玉匡美編著『新・会社法100問［第2版］』（ダイヤモンド社）
会社法要説	田邊光政『新版　会社法要説』（税務経理協会）
株券電子化後の株式実務	中央三井信託銀行証券代行部編『株券電子化後の株式実務』（商事法務）
株式会社・有限会社法	江頭憲治郎『株式会社・有限会社法［第4版］』（有斐閣）
神田・会社法	神田秀樹『会社法［第16版］』（弘文堂）
郡谷・新・会社法	郡谷大輔編著『中小会社・有限会社の新・会社法』（商事法務）

神﨑・有限会社法と登記の実務	神﨑満冶郎「先例・実例　有限会社法と登記の実務(4)」登記研究632号
計算規則逐条解説	郡谷大輔他『「会社計算規則」逐条解説』（税務研究会出版局）

【さ行】

佐藤・平成27年商業登記事務の取扱い	佐藤真紀子「平成27年改正商業登記規則等に基づく商業・法人登記事務の取扱いについて」民事月報70巻4号
実務相談	稲葉威雄他編著『新訂版　実務相談株式会社法』（商事法務研究会）
実務相談室	神﨑満冶郎「商業登記実務相談室」市民と法
清水・登税法詳解	清水湛『登録免許税法詳解』（金融財政）
商業登記の手続	日本法令商業登記研究会編『商業登記の手続（14訂版）』（日本法令）
商業登記実務Ｑ＆Ａ	土手敏行「商業登記実務Ｑ＆Ａ」登記情報540号
商業登記ハンドブック	松井信憲『商業登記ハンドブック（第3版）』（商事法務）
省令の解説	相澤哲編著『立案担当者による新会社法関係法務省令の解説』（商事法務）
書式精義（上）	登記研究編集室編『商業登記書式精義（全訂第5版）上』（テイハン）
鈴木・登記の手続	鈴木智旦『特例有限会社の登記の手続』（日本法令）
ストック・オプションの実務	内藤良祐他編著『ストックオプションの実務　全訂版』（商事法務）
施行前後の法律問題	郡谷大輔編著『会社法施行前後の法律問題』（商事法務）
千問	相澤哲他編著『論点解説　新・会社法　千問の道標』（商事法務）
速報集	東京法務局商業登記研究会編『商業法人登記速報集』（日本法令）

【た行】

登記の手続	立花宣男・秋山幹夫編集代表『株式会社登記の手続』（日本加除出版）

登　研	登記研究（テイハン）
特例有限会社の法律実務	土岐敦司監修『新会社法による特例有限会社の法律実務』（新日本法規）

【な行】

中川・商業登記事務の取扱い	中川晃「商法等の一部を改正する法律等の施行に伴う商事登記事務の取扱い」登記研究671・90
西田・諸問題	西田淳二「会社法施行後における商業登記実務の諸問題(2)」登記情報539号

【は行】

平成18年法務省令87の解説	細川充他『「会社法施行規則及び会社計算規則の一部を改正する省令」（平成18年法務省令第87号）の解説』登記情報542号
平成26年改正会社法の概要(1)	坂本三郎・渡辺邦広「平成26年改正会社法の概要(1)」民事月報69巻10号
平成27年通達解説	南野雅司『「会社法の一部を改正する法律等の施行に伴う商業・法人登記事務の取扱いについて（平成27年2月6日付け法務省民商第13号民事局長通達）」の解説』民事月報70巻3号

【ま行】

松井・改正の概要	松井信憲「会社法の制定に伴う商業登記事務に関する改正の概要（2・完）」民事月報60巻7号
民　月	民事月報（法曹会）
宗野・諸問題	宗野有美子「会社法施行後における商業登記実務の諸問題(3)」登記情報542号

【や行】

矢部・諸問題	矢部博志「会社法施行後における商業登記実務の諸問題」登記情報536号

【ら行】

留意事項	篠原辰夫「会社法施行に当たっての商業登記の留意事項」登記情報534号

著者略歴

青山　修（あおやま　おさむ）

　司法書士・土地家屋調査士（名古屋市で事務所開設）
　昭和23年生まれ　　日本土地法学会中部支部会員
　名古屋大学大学院修士課程（法学研究科）修了
　元東海学園大学人文学部非常勤講師
　一般社団法人日本ペンクラブ会員

主な著書・論文

　「Q&A　抵当権の法律と登記」、「会社計算書面と商業登記」、「第三者の許可・同意・承諾と登記実務」、「用益権の登記実務」、「仮登記の実務」、「利益相反行為の登記実務」、「不動産取引の相手方」、「民法の考え方と不動産登記の実務」(共著)、「抹消登記申請MEMO」、「相続登記申請MEMO」、「不動産登記申請MEMO－権利登記編－」、「不動産登記申請MEMO－建物表示登記編－」、「不動産登記申請MEMO－土地表示登記編－」、「商業登記申請MEMO－持分会社編－」、「図解　株式会社法と登記の手続」、「図解　有限会社法と登記の手続」、「合資・合名会社の法律と登記」、「共有に関する登記の実務」、「図解　相続人・相続分確定の実務」、「建物の新築・増築・合体と所有権の帰属」、「不動産担保利用マニュアル」、「最新　不動産登記と税務」(共著)、「根抵当権の法律と登記」（以上、新日本法規出版）、「会社を強くする増資・減資の正しいやり方」（かんき出版）、「株式会社・有限会社登記用議事録作成の手引き」（税務経理協会）　など

三訂版
商業登記申請MEMO

平成14年10月16日	初 版 発 行
平成27年8月10日	三訂初版発行
平成30年5月28日	第二版発行

著者　青　山　　　修

発行者　新日本法規出版株式会社
代表者　服　部　昭　三

発行所	新日本法規出版株式会社
本　社 総轄本部	（460-8455）名古屋市中区栄1－23－20 電話　代表　052(211)1525
東京本社	（162-8407）東京都新宿区市谷砂土原町2－6 電話　代表　03(3269)2220
支　社	札幌・仙台・東京・関東・名古屋・大阪・広島 高松・福岡
ホームページ	http://www.sn-hoki.co.jp/

※本書の無断転載・複製は、著作権法上の例外を除き禁じられています。
※落丁・乱丁本はお取替えします。
50906　三訂商登メモ

ISBN978-4-7882-8047-2
Ⓒ青山修 2015 Printed in Japan